我国竞技项目运动员专项体能训练理论与方法实践研究

李宗烈　杨琦　李羚玮　著

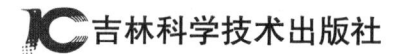

吉林科学技术出版社

图书在版编目（CIP）数据

我国竞技项目运动员专项体能训练理论与方法实践研究 / 李宗烈，杨琦，李羚玮著. —— 长春：吉林科学技术出版社，2023.7
ISBN 978-7-5744-0830-2

Ⅰ.①我… Ⅱ.①李…②杨…③李… Ⅲ.①竞技体育—运动员—人才培养—研究—中国 Ⅳ.①G812.5

中国国家版本馆 CIP 数据核字（2023）第 177115 号

我国竞技项目运动员专项体能训练理论与方法实践研究

著	李宗烈　杨　琦　李羚玮
出 版 人	宛　霞
责任编辑	鲁　梦
封面设计	木　子
制　　版	北京星月纬图文化传播有限责任公司
幅面尺寸	185mm×260mm
开　　本	16
字　　数	486 千字
印　　张	19.5
印　　数	1-1500 册
版　　次	2023年7月第1版
印　　次	2024年2月第1次印刷
出　　版	吉林科学技术出版社
发　　行	吉林科学技术出版社
地　　址	长春市福祉大路5788号
邮　　编	130118
发行部电话/传真	0431-81629529 81629530 81629531
	81629532 81629533 81629534
储运部电话	0431-86059116
编辑部电话	0431-81629518
印　　刷	三河市嵩川印刷有限公司

书　　号　ISBN 978-7-5744-0830-2
定　　价　117.00元

版权所有　翻印必究　举报电话：0431-81629508

前　言

　　体能是竞技体育中运动员竞技能力的主导因素，它是运动员技战术进一步发展的重要基础，只有在良好的体能下，一切技术与战术行为才能得到有效的开展。可以说，体能是技战术训练的重要基础，不仅能很好地培养运动员坚忍不拔、吃苦耐劳的心理品质，还能有效预防运动损伤，保证运动训练和比赛的顺利进行。体能训练属于竞技项目运动员运动训练体系中非常重要的内容，是发展和提高运动员竞技能力的重要途径。加强竞技项目运动员的体能训练，不仅能够促进运动员心理健康的进一步发展，还能够有效增强运动员的肌肉耐力、心肺功能、身体敏捷度，提高运动员的综合水平。目前，由于体能训练对提高运动员的运动技术水平有着十分显著的作用，现已成为运动员进行身体锻炼活动不可或缺的一部分。伴随着体能训练地位的不断提升，它逐渐融入了技术训练、战术训练和心理训练，形成了完整的训练体系，推动着我国竞技体育的发展。

　　人的体能素质主要包括力量素质、速度素质、耐力素质、柔韧素质和灵敏素质等几个方面，科学的体能训练对运动员运动能力的提升具有举足轻重的作用。因此制定一个科学的体能训练方案或计划尤为重要。然而随着当前竞技体育项目竞技激烈程度的不断增加，其对运动员的体能要求也越来越高，而当前我国竞技体育项目运动员的体能训练中，仍然普遍存在着一些亟待解决的问题，这些问题在很大程度上影响了竞技项目运动员体能素质水平以及其技战术水平的提升，并在一定程度上制约了我国竞技体育发展水平的提升。而对于不同的竞技体育项目而言，由于其项目特点的不同，其对运动员的体能素质也有着不同的要求，这就是一般体能与专项体能的区别所在。因此，除了需要注重各个竞技项目基础体能素质的训练之外，还需要在此基础上结合各个竞技体育项目的特征及其不同的体能训练要求，开展有针对性的专项体能训练，以进一步增加各个竞技体育项目专项体能训练的针对性与科学性，进而真正实现我国竞技项目运动员体能素质水平与技战术水平的有效提升。基于此，我们撰写了《我国竞技项目运动员专项体能训练理论与方法实践研究》这一著作，以期能够为我国竞技体育项目的体能训练工作的科学开展提供一定的理论帮助。

　　本著作共分十章，严格遵循竞技项目运动员体能发展的规律与特点，科学地设计不同竞技体育项目运动员体能训练的方法与策略，主要包括理论与实践两个部分的内容。其中理论部分主要涉及运动员体能训练的基本理论、竞技项目中体能训练的重要性以及当前我国竞技体育中体能训练方面所存在的主要问题，以期能帮助各个竞技项目运动员深刻理解体能训练的内涵与价值，从思想上更加重视体能训练。关于实践方面，全面细致地研究与分析了我国一些常见竞技体育项目的专项体能训练方法，具体涉及田径、体操、游泳、足球、篮球、排球、乒乓球、羽毛球、网球等竞技体育项目的基本理论及其专项体能训练的科学方法，以期能够真正帮助我国竞技项目运动员有效地提升自己的体能水平。本著作非常重视理论与实践的结合，关于竞技项目运动员体能训练理论的研究深入而透彻，关于竞技项目运动员专项体能训练方法的设计通俗易懂，便于运动员理解和训练，对于竞技项目运动员参加体能训练具有重要的指导作用。

本书由李宗烈、杨琦、李羚玮共同撰写完成，具体分工如下：

李宗烈（中国地质大学（北京））第二章第三节、第五章、第六章、第七章、第九章第一节；

杨琦（武汉体育学院体育科技学院）第一章、第二章第一二节、第三章、第四章；

李羚玮（郑州轻工业大学）第八章、第九章第二三节、第十章；

最后由李宗烈、杨琦、李羚玮进行统稿与定稿。

本著作在撰写过程中参考和借鉴了大量的有关体能训练方面的书籍和资料，在此向有关专家及学者致以诚恳的谢意。当然，由于时间和精力有限，不足之处在所难免，恳请广大读者批评指正！

作　者
2023 年 4 月

目 录

第一章 体能训练基本理论解析 ……………………………………………………… (1)
 第一节 体能与体能训练基本理论 ………………………………………………… (1)
 第二节 竞技项目体能训练的重要性 ……………………………………………… (22)
 第三节 我国竞技体育中体能训练现状 …………………………………………… (24)

第二章 田径运动员专项体能训练方法 ……………………………………………… (27)
 第一节 田径运动基本理论 ………………………………………………………… (27)
 第二节 田径运动员体能特征 ……………………………………………………… (33)
 第三节 田径运动专项体能训练方法 ……………………………………………… (36)

第三章 体操运动员专项体能训练方法 ……………………………………………… (61)
 第一节 体操运动基本理论 ………………………………………………………… (61)
 第二节 体操运动员体能特征 ……………………………………………………… (70)
 第三节 体操运动专项体能训练方法 ……………………………………………… (75)

第四章 游泳运动员专项体能训练方法 ……………………………………………… (85)
 第一节 游泳运动理论及其体能特征 ……………………………………………… (85)
 第二节 游泳运动员基础体能训练方法 …………………………………………… (96)
 第三节 游泳运动员专项体能训练方法 …………………………………………… (109)

第五章 足球运动员专项体能训练方法 ……………………………………………… (123)
 第一节 足球运动理论及其体能特征 ……………………………………………… (123)
 第二节 足球运动员基础体能训练方法 …………………………………………… (133)
 第三节 足球运动员专项体能训练方法 …………………………………………… (154)

第六章 篮球运动员专项体能训练方法 ……………………………………………… (159)
 第一节 篮球运动理论及其体能特征 ……………………………………………… (159)
 第二节 篮球运动员基础体能训练方法 …………………………………………… (167)
 第三节 篮球运动员专项体能训练方法 …………………………………………… (175)

第七章 排球运动员专项体能训练方法 ……………………………………………… (193)
 第一节 排球运动理论及其体能特征 ……………………………………………… (193)
 第二节 排球运动员基础体能训练方法 …………………………………………… (205)
 第三节 排球运动员专项体能训练方法 …………………………………………… (211)

第八章 乒乓球运动员专项体能训练方法 …………………………………………… (222)
 第一节 乒乓球运动理论及其体能特征 …………………………………………… (222)
 第二节 乒乓球运动员基础体能训练方法 ………………………………………… (231)
 第三节 乒乓球运动员专项体能训练方法 ………………………………………… (249)

第九章　羽毛球运动员专项体能训练方法 ………………………………………（252）
　　第一节　羽毛球运动理论及其体能特征 ……………………………………（252）
　　第二节　羽毛球运动员基础体能训练方法 …………………………………（259）
　　第三节　羽毛球运动员专项体能训练方法 …………………………………（269）
第十章　网球运动员专项体能训练方法 …………………………………………（278）
　　第一节　网球运动理论及其体能特征 ………………………………………（278）
　　第二节　网球运动员基础体能训练方法 ……………………………………（287）
　　第三节　网球运动员专项体能训练方法 ……………………………………（294）
参考文献 ……………………………………………………………………………（301）

第一章 体能训练基本理论解析

第一节 体能与体能训练基本理论

一、体能的相关理论

（一）体能的内涵

"体能"是20世纪80年代中后期在我国各类体育报刊和文献上出现频率较多的一个词语，也是当前各项运动中使用频率很高的一个概念性词汇。国际运动医学委员会在1964年东京奥运会期间就成立了"国际体能测试标准化委员会"，并制订了标准体能测试的6大内容（身体资源调查、运动经历调查、医学检查与测验、生理学测验、体格和身体组织测验、运动能力测验）。对此，拉森提出了构成体能的10大因素：防卫能力、肌力能力、肌爆发力、柔韧性、速度、敏捷性、协调性、平衡性、技巧性和心肺耐力。自20世纪80年代中期以来，我国在各竞技运动项目的训练中陆续开始强调"体能"训练，自此"体能"一词频繁出现在运动训练及运动训练学、运动生理学和各种体质研究的文献资料里，但它们所界定的含义并不完全一致。如在训练学中，体能是构成运动员竞技能力的一个组成部分，体能训练、技战术训练、心理训练与智力训练一起构成运动训练的整体。它能够提高运动员有机体的竞技能力，增强身体素质，改善身体形态，发展一般和专项运动素质，预防和治疗伤病等。由此看来，体能的含义包括身体能力、人体机能、身体素质和身体适应能力等。在运动生理学研究中，体能多指身体功能、生理机能和运动能力，其中有氧和无氧能力都属于体能的范围；而在体质研究中，体能更多的是指身体素质和身体适应能力。由此看来，有关体能的概念和定义所描述的事物本质属性和外延的准确性问题，一直以来都为各领域的专家学者和训练学科理论界所关注。

1984年出版的《体育词典》和1993年出版的《现代汉语词典》（第3版）中均有"体能"这一词条，并对体能做出了相同的解释："体能"是在体育活动中，指人体各器官系统机能表现出来的能力，包括力量、速度、耐力、灵敏和柔韧等基本的身体素质与人体的基本活动能力（如走、跑、跳、投掷、攀登、爬越和支撑等）两部分。我国现行的《运动训练学》教材中，专家把体能视为运动员先天具有的遗传素质和后天训练形成的运动员在专项中所表现的机体持续运动的能力。对其定义为：运动员体能是指运动员机体的基本运动能力，是运动员竞技能力的重要组成部分。在广义上，体能包括形态、机能和素质三个方面的状况；而在狭义上，运动员的体能水平主要通过运动素质进行表现。运动员体能发展水平是由其身体形态、生理机能和运动素质的发展状况决定的。其中，身体形态是指反映人体生长发育状况的各环节高度、围度、长度、宽度和充实度等外部形态特征与心脏大小、肌肉的横截面等内部形态特征；身体机能是指人体各内脏器官的机能状态；运动素质是指在运动过程中，有机体在中枢神经系统的控制支配下，通过肌肉活动表现出来的各种基本运动能力。

尽管"体能"一词内涵多样，具有多种不同的理解和表达，但综合以上对"体能"的诸多定义，它至少阐明了以下要点：来自先天遗传和后天身体训练，包含各项运动素质，受外界环境影响。它是我国在体育科学实践中融合了古今中外的诸多概念与思想而形成的具有我国特色的东西。根据我国的体育科学实践界定体能，定义如下：体能是指有机体在先天遗传的基础上，通过后天训练而获得的在形态结构、功能和调节方面及其在物质能量的贮存与转移方面所具有的潜在能力及与外界环境相结合所表现出来的综合运动能力。其大小由机体形态结构、系统器官的机能水平、能量物质的贮备与基础代谢水平及外界环境等条件决定，运动素质是主要的外在表现形式，在运动时表现为力量、速度、耐力、柔韧和灵敏等各种运动能力，其发展和提高的最主要手段是运动训练。

(二) 体能的构成

1. 身体形态

身体形态指人体的内外部形状。其中，反映外部形态特征的指标有：高度（身高、坐高、足弓高等）、长度（腿长、臂长、手长、头长、颈长、足长）、围度（胸围、臂围、腿围、腰围、臀围和头围等）、宽度（肩宽、髋宽）和充实度（体重、皮脂厚度等）等；反映内部形态的指标包括心脏纵横径、肌肉的形状与横断面等。

身体形态与运动成绩有密切联系，不同的运动项目对身体形态有不同的要求，而遗传和环境等因素对身体形态起着重要的决定作用，因此，选材时应从遗传等因素出发，把具有优越身体形态条件的儿童、少年挑选出来。另外，身体形态在一定程度上反映着相应的生长发育水平、身体机能水平和竞技水平，身体形态在一定程度上影响运动素质的发展。

影响身体形态的因素很多，如遗传、环境（自然环境、地理环境、气候等）、生活习惯、饮食等都会在一定程度上决定或影响运动员的身体形态，因此，身体形态的训练不能只从训练的角度出发，也应注意其他手段的运用。

2. 身体机能

身体机能指机体各器官系统的功能，是身体活动能力的基础。某一机能水平直接影响着运动时所需要的某一方面能力。人体的生理机能包括中枢神经系统、心血管系统、呼吸系统、消化系统、生殖系统、内分泌系统、物质和能量代谢、感官、体温等。运动训练中经常涉及的身体机能指标包括心血管系统中的心率、血压、血红蛋白、心血管系统运动负荷（哈佛台阶试验）、心电图；呼吸系统中的肺活量、呼吸频率、最大摄氧量；肌肉结构中的肌纤维数量、长度、类型；感官功能中的视觉、听觉、平衡机能；高级神经活动类型、血睾酮等。人的一切正常身体机能都是有遗传的，同时又有变异。如血型、血红蛋白、红白肌纤维比例等，就表现出遗传特征；神经类型也有强烈遗传基础，且表现出一种显性遗传；其他如最高心率、最大吸氧量、血乳酸系统、ATP、ADP、CP、磷酸盐系统等受遗传影响也较大。

良好的身体机能是达到高水平运动成绩的先决条件，身体机能的许多指标既受遗传决定，也受环境影响，同时又有变异性，因此必须采用系统、科学的方法提高身体机能。身体机能的训练主要通过体能训练、专项训练的途径去实现。科学合理的体能训练、专项训练可以有效地发展运动员的身体机能；同时，运动员身体机能水平的提高又能有效地促进体能训练水平和专项成绩的提高与发展。

3. 身体素质

1984年中文版《体育词典》中指出："身体素质是指人体活动的一种能力，指人体在运动、劳动与生活中所表现出来的力量、速度、耐力、灵敏及柔韧性等机能能力。"这条定义指出了身体素质不仅仅包含人体运动的机能能力，而且也包含人体劳动和生活机能能力。

身体素质在体育运动中，可以看成是人体表现出来的力量、速度、耐力、灵敏以及柔韧等机能能力。这些机能能力在人体运动时主要表现为肌肉收缩力量的大小、完成单个动作频率的快慢、体位移动一定距离用时的多少、保持肌肉持续工作时间的长短、肌肉群之间活动的协调配合和各个关节活动范围的大小等。因为这些机能能力是在大脑皮质神经调节和有关组织器官的配合下以肌肉活动的形式反映出来的，所以身体素质又可以看成是人体在大脑及神经中枢的调控下，通过肌肉的活动所反映出来的机能能力。

人与人之间身体素质的水平差别很大，即使同一个人在不同年龄段和不同条件下也会发生很大的变化。变化的形式主要有自然增长、自然减退和训练增长。人们通过对各种肌肉群进行不同形式的练习，能有效地提高身体素质或在一定程度上延缓身体素质自然减退的速度。

（三）体能的分类

中国台湾学者龚忆琳认为，体（适）能可分为竞技体（适）能和健康体（适）能。竞技体（适）能即运动体能，特指运动员为追求在竞技比赛中创造优异运动成绩所需的体（适）能。健康体（适）能是为促进健康、预防疾病和增进日常生活工作效率所需的体（适）能，包括心肺耐力适能、肌力适能、肌耐力适能、柔韧性适能、适当的体脂肪百分比。

我国学者熊斗寅认为，体能分为大体能和小体能。大体能泛指身体能力，它包括身体运动能力，身体适应能力，身体机能状态和各种身体素质。小体能即运动训练中的体能训练和体能性项目训练。

王兴认为，体能即体力与专项运动能力的统称。体力包括身体素质与潜力，身体素质特指专项身体素质；专项运动能力是指在对抗或与比赛相似的情境下掌握各种技术的能力。

袁运平认为，体能是人体通过先天遗传和后天训练，获得的形态结构、功能与调节及其在物质能量储存与转移方面所具有的潜在能力及结合外界环境所表现出来的综合能力。

王保成认为，体能包括人的有形体能和无形体能，前者指身体能力，后者指心智能力。体能由身体结构、身体机能和智力意志三部分组成。从社会生活角度而言，体能是积极适应生活的身体能力、工作能力和抵抗疾病的生存适应能力。

我国学者蓝荣认为，体（适）能特指身体健康方面的状态。人体对环境的良好适应包括对基本生存的适应、对日常生活和基本活动的适应、对生产劳动的适应、对竞技运动的适应。其中，对基本生存的适应、对日常生活和基本活动的适应、对生产劳动的适应是体能的最基本状态，对运动训练和运动竞赛的适应是体能的高级适应。

综上所述，体（适）能是人体对环境适应过程所表现出来的综合能力。体能包健康体能和竞技运动体能两个层次。

（1）健康体能。健康体能以增进健康和提高基本活动能力为目标，竞技运动体能以追求在竞技比赛中创造优异运动成绩所需体能为目标。体（适）能的最高层次是机体对竞技运动的适应，运动训练是对人体极限能力的开发，要想创造优异的运动成绩，必须将影响运动成绩发挥的各种机体适应能力进行综合性训练，并调整到最佳状态。

（2）运动体能。竞技体育领域所讨论的体能，特指运动体能，运动训练界习惯将之简称为体能。运动体能是运动员为提高运动技术水平和创造优异运动成绩所必需的身体各种运动能力的总称。它是运动员机体对外界刺激或外界环境适应过程所表现出来的综合能力，与人的运动能力、人体适应能力及人的心理因素（主要是意志力）有关。本著作主要研究的是竞技体育项目中运动员的体能训练方法，也就是运动体能。

二、体能训练的相关知识

（一）体能训练的概念

体能训练是运动训练的重要内容，是发展运动员竞技运动能力的重要途径。人们对体能训练理论及基本概念的认识是一个历史的过程。早在远古时期，人类在与大自然的搏斗中所产生的原始体能活动，如攀、蹬、跑步、跳跃、投掷、超越障碍和游泳等，就孕育了现代人类力量、速度、耐力、柔韧、灵敏等运动素质的基本痕迹。随着人类社会的发展，公元前776年到公元393年的古希腊奥运会时期，就已经出现了掌握一定训练知识的专业教练员。当时人们已懂得运用负重练习发展跳跃能力、用举重物发展力量的方法。

到了近代，人们对体能训练的有关问题有了更多认识。1787年，德国学者P. 菲劳梅发表《身体形成问题》，阐述了身体练习原理。1836年，德国的韦伯兄弟将力学实验引入运动人体的研究，撰写《人走步器官的运动力学》一书，对走、跑及其他运动结构进行了分析研究。1883年，法国人格拉朗热将生理学应用于运动训练，发表了《不同年龄身体练习的生理学》，用生理学的有关原理阐述了体能练习的一些基本问题。

1896年现代奥运会兴起以后，运动训练先后经历了四个发展阶段，即自然发展阶段（19世纪到20世纪20年代）、新技术阶段（20世纪20—50年代）、大运动量阶段（20世纪60—70年代）、多学科综合利用暨科学训练阶段（20世纪80年代至今）。特别是20世纪50年代，随着训练实践不断发展，运动技术水平不断提高，新兴科学技术应用在体育领域，新的训练理论、方法不断涌现，运动训练理论有了很大发展，先后形成一般训练理论、项群训练理论和专项训练理论，运动员体能训练问题的研究受到普遍重视。苏联的奥卓林、扎图奥尔斯基、库兹涅佐夫、霍缅科夫、马特维耶夫、库兹涅佐娃、普拉托诺夫，原民主德国的哈雷，原联邦德国的葛欧瑟，加拿大的博姆帕，日本的猪饲道夫，英国的狄克·沃森，美国的霍克，我国的过家兴、田麦久、延烽、董园珍、万德光、王保成、唐思宗、杨世勇等学者，在其著作或发表的文章中，都先后探讨了与体能有关的身体素质训练问题，有些还进行了比较深入、系统的研究。

根据前人的认识，我们认为体能是指运动员机体的运动能力，是竞技能力的重要组成部分，是运动员为提高技战术水平和创造优异成绩所必需的各种身体运动能力的综合。这些能力包括身体形态、身体机能、运动素质。其中运动素质是体能最重要的决定因素，身体形态、身体机能是形成良好运动素质的基础。体能训练的概念可以表述为：体能训练是运动训练的重要组成部分，是结合专项需要并通过合理负荷的动作练习，改善运动员身体形态，提高有机体各器官系统机能的活动能力，充分发展运动素质，促进运动成绩提高的训练过程。它是技术训练和战术训练的基础，并在掌握专项技术、战术，承担大负荷训练和激烈比赛，促进运动员身体健康，防止伤病及延长运动寿命等方面，都具有极为重要的意义。

体能训练包括一般体能训练和专项体能训练。二者的主要区别如表 1-1 所示。

表 1-1　一般体能训练与专项体能训练的区别

	专项体能训练	一般体能训练
任务	（1）提高与专项运动有关的器官系统机能； （2）最大程度地发展专项运动素质； （3）塑造专项运动所需的体型； （4）精确掌握与专项运动技术、战术有关的知识和技能； （5）促进专项运动成绩和技术水平的提高。	（1）提高各器官系统机能，促进身体健康； （2）全面发展运动素质； （3）改善身体形态； （4）掌握非专项运动技术、知识和技能； （5）为提高技术水平创造一定条件。
内容	直接发展专项运动素质的练习，以及在动作特点上与专项动作结构相似的练习，或有紧密联系的专门练习	使用多种多样的有益于运动素质、身体机能的身体练习手段，如球类、体操等
作用	直接提高专项运动素质，促使运动员创造优异的专项运动成绩	为专项运动素质的全面发展和专项成绩的提高打好基础

一般体能训练是指为增进运动员的身体健康，提高各器官系统机能，全面发展运动素质，改善身体形态，采用多种非专项的体能练习手段，掌握非专项的运动技术、技能和知识，为专项成绩提高打好基础的训练。

专项体能训练是指采用直接提高专项素质的练习以及与专项有紧密联系的专门性体能练习，最大程度地发展与专项成绩有直接关系的专项运动素质，以保证掌握专项技术和战术，并在比赛中顺利有效地运用，从而创造出优异成绩的训练。一般体能训练和专项体能训练的主要联系在于，一般体能训练是专项体能训练的基础，为专项运动素质的提高创造必要的条件；专项体能训练是提高专项运动成绩的特殊需要，并直接为创造优异的运动成绩服务。随着专项水平的不断提高，一般体能训练提供的基础及专项体能训练的要求也随之改变，以适应专项提高后的要求。一般体能训练和专项体能训练总目标是一致的，在训练实践中往往难以分开。

（二）体能训练与身体训练的区别

传统的身体训练主要偏重追求某一运动素质（速度、力量、耐力、柔韧），忽略了整体机能潜力和机能能力的提高及对拼搏向上的心理素质的培养。

首先，身体训练以往注重某项运动素质的提高，对运动员的整体运动能力、对抗能力、适应大负荷与高强度的抗疲劳能力及顽强拼搏的心理品质没有给予应有的重视。

其次，运动素质是机能能力在基本运动能力某一方向的具体表现，如力量、速度能力等，既是体能的构成因素，也是运动实践、评价和检查体能水平的常用指标。换句话说，运动素质是体能水平的外在表现形式，体能是运动素质的内在决定因素。运动素质水平取决人体器官和系统的机能能力水平。因此，体能与运动素质有密切的联系，体能训练与身体训练有密切的联系，两者既有联系，又有区别。

最后，体能训练要求把运动素质训练纳入运动员整体运动能力，将其作为人体生物学机能发展和机能适应训练的一部分。通常，身体训练是以单一运动素质的提高为目标任务，体能训练则从人体整体工作能力、人体机能潜力提升的角度研究和提高运动能力。也就是说，体能训练是人体器官和机能系统在结构和机能能力上的适应性再塑造工作，是运动员心理意志品质的再塑造工作。

(二) 体能训练的构成要素

1. 训练时间

体能训练的训练时间应依据体能训练的具体内容和形式而定，一般来说，一次体能训练应保证20～30分钟一定强度的练习，这样才有助于改善和提高练习者的心肺功能。以肌肉耐力与力量训练为例，训练时间与训练中的重复次数成正比。对于一般训练者来说，在足够阻力的情况下，使肌肉全力以赴地练习8～12次的重复量，能够同时发展肌肉的耐力与力量。当训练者有了进步后，每种抗阻力的训练应重复2～3组，以便使训练者获得更大的力量。再以柔韧素质训练为例，在准备活动中，如在跑步之前，每个伸展动作应保持10～15秒。为了提高训练者的韧性，最好在整理活动中做伸展练习，每个伸展动作保持30～60秒。

2. 训练形式

体能训练的训练形式，即我们平常所说的练习形式。在体能训练实践中，练习形式的选择应遵循科学训练的专门性原则。例如，为了增强训练者的心肺功能，应让其做提高心肺功能的练习。

3. 训练强度

合理安排训练强度是体能训练中必须要考虑的重要问题。不同的体能训练内容，训练强度的具体指向是不同的。一般情况下，训练强度会根据体能训练形式的变化而发生改变。例如，在以提高心肺功能为目的的训练中，应将训练心率提高到心率储备的60%～90%水平。体能较差的训练者则应该以心率储备的60%这样较低的训练心率为训练的起点。

4. 训练负荷

体能训练中的训练负荷由两个因素构成，即负荷量和负荷强度。负荷量是指负荷作用的持续时间和单个训练练习或系列练习时间内完成的工作总数（这里的"工作"既包括物理力学的又包括生理学的）；负荷强度是指每个练习时刻的用力值、功能紧张度和作用力度或训练工作量在某一时间里的集中程度，简单来说就是单位时间内的负荷量。

运动负荷以身体练习为基本手段对训练者有机体施加的训练刺激，是训练者在承受一定的外部刺激时在生理和心理方面所表现出来的应答反应程度。通常情况下，训练负荷对训练者体能训练的训练效果有着决定性的意义。通过对训练负荷诸因素的控制，可以构建起不同特征的训练方法，从而有针对性地提高训练者的体能素质水平。

(三) 体能训练的基本要求

1. 全面发展，突出重点

全面发展、突出重点是体能训练的基本要求之一，它主要表现在以下两个方面。一方面，运动员的体能素质内容各方面是相互联系的。因此，运动员应全面发展自身的运动能力，从而为专项训练打下良好的体能基础，为专项体能训练的进一步发展创造有利条件。专项训练和比赛要求运动员具有良好的身体素质和运动能力，这就要求运动员具备全面发展的体能素质。另一方面，运动员从事的运动项目决定了其必须具备该项目所要求的体能专项素质，具备个人特长。因此，在进行体能训练时，运动员不仅要全面发展身体运动能力，还要根据个人的具体情况和专项比赛的需要，做到因人、因项、因时而异，突出体能训练重点。

2. 紧密结合技战术进行

运动员进行体能训练的根本目的是发展运动技能、提高技战术的运用水平。因此，在进行体能训练时，运动员应紧密结合技术和战术，合理安排体能训练的内容、强度、时间，科学选择体能训练的方法，使体能训练获得的训练效果与专项技术和战术有机联系在一起，从而在比赛中通过技术和战术的形式充分发挥出来。

在体能训练中，训练手段的选择和运用是使体能训练与技术、战术训练紧密结合的关键，体能训练的内容和手段要突出专项特征，在表现形式上尽量与专项技、战术动作一致，并充分考虑身体练习的生物力学等特征，通过体能训练使运动员的技术、战术顺利转化到比赛中。

3. 合理安排训练内容比例

合理安排训练内容比例是体能训练的基本要求之一，具体来说，是在体能训练中合理安排一般身体训练和专项身体训练的比例。该体能训练要求的科学依据在于，一般身体训练发展的机能潜力是专项训练发展的基础，可以促进专项运动素质的发展，为训练者技战术水平的提高打下良好的机能基础。每名运动员的身体状况不同，因此，不能单一地使用同一种内容比例去面对所有运动员，而随着训练内容的变化，两种训练的比例也需要适当调整。当运动员处在高水平训练阶段中时，只有更多地进行强化专项身体训练，才能最有效地发展专项运动能力。

4. 重视训练效果的科学评价

重视对体能训练效果的科学评价，有助于训练者及时了解自己的训练情况，明确自己与预期目标之间的差距。因此，在体能训练过程中，教练员应系统地对运动员的身体运动能力进行定期或不定期的测量与评价。测量与评价的方式要做到科学、客观，运用量化分析和定性分析评定体能训练是否达到预期目标，及时了解运动员的运动素质和机能水平是否达到全部或阶段训练预期的目标，还可以为下一阶段的训练收集数据，从而找出体能训练的薄弱环节和改进方法，成为制订训练计划的重要依据，真正做到科学控制运动员体能训练的进度和进程，提高体能训练的科学性和针对性。

（四）体能训练的主要方法

1. 分解训练法

将完整的技术动作或战术配合过程合理地分成若干个环节或部分，按照按环节或部分而分别进行训练的方法称为分解训练法。运用分解训练法，可集中精力完成专门的训练任务，加强主要技术动作和战术配合环节的训练，从而获得更高的训练效益。

分解训练法多应用于对技术动作或战术配合过程较为复杂、可予分解且运用完整训练法又不易使运动员直接掌握的情况，或者运用于技术动作、战术配合的某些环节需要较为细致地专门训练的情况。

（1）分解训练方法的类型

分解训练法的基本类型主要分为四种，即单纯分解训练法、递进分解训练法、顺进分解训练法和逆进分解训练法。分解训练法的4个亚类对不同运动技术特征的分解具有不同功能，因此，选择和采用分解训练方法时应根据运动技术特点和复杂程度。

（2）分解训练法的应用

①单纯分解训练法的应用

单纯分解训练法的应用特点是分解的技术动作和战术配合相对复杂，分解后的各个部分可以独立训练。练习顺序没有特别要求，便于教练员安排就可以。应用单纯分解训练法要求：首先分别学习、掌握被分解成若干部分或环节的训练内容后，再综合各部分进行整体学习。这种方法在技术和战术的学习与训练中被广泛采用。例如，采用此训练法进行标枪技术的训练时，可将整个标枪技术过程分解成三个部分，即持枪加速跑，交叉跑和挥臂投掷。训练进程是先训练"持枪加速跑"，掌握后再训练"交叉跑"和"原地挥臂投掷"；也可先练习"原地挥臂投掷"，再练"持枪加速跑"和"交叉跑"，最后把这三个部分合起来完整训练。如此便实现了单纯分解训练法的应用。

②递进分解训练法的应用

应用递进分解训练法，需把训练内容分成若干部分，先训练第一部分；掌握后，再训练第二部分；掌握后，将一、二两部分合成起来训练；掌握两部分后，再训练第三部分；待掌握后，将三部分合成起来训练。如此递进式地训练，直至完整地掌握技术或战术。此方法虽然对练习内容各个环节的练习顺序并不刻意要求，但对相邻环节的衔接部分有专门的要求。例如采用此法进行标枪训练时，其训练进程是先训练"持枪加速跑"，掌握后再进行"交叉跑"的训练，将"持枪加速跑"与"交叉跑"两环节进行合成训练，掌握后再训练"原地挥臂投掷"，掌握后再把三个部分合成起来进行完整训练。显然，递进分解训练法的应用目的是逐步合成技术动作或战术环节的过程。

③顺进分解训练法的应用

应用顺进分解训练法，需把训练内容分成若干部分，先训练第一部分；掌握后，再训练第一部分和第二部分；掌握后，再将三个部分一起训练。如此步步前进，直至完整地掌握技术或战术。例如，采用此法进行标枪训练的进程是先训练"持枪加速跑"，掌握后再训练"持枪加速跑"环节及"交叉跑"环节，使其衔接为一体，然后再训练"持枪加速跑""交叉跑"和"挥臂投掷"动作，直至掌握完整的标枪技术。顺进分解训练法的应用特点为训练内容的进程与技术动作、战术配合过程的顺序大体一致，后一步骤的练习内容包括前一部分的内容。此方法便于建立技术动作过程和战术配合过程的完整概念，较易形成良好动力定型和战术意识。如此便实现了单纯分解训练法的应用。

④逆进分解训练法的应用

逆进分解训练方法与顺进分解训练方法相反，应用时把训练内容分成若干部分，先训练最后一部分，逐次增加训练内容到最前一部分，如此进行直至掌握完整的技术或战术。例如，采用此法进行标枪技术训练的训练进程是先训练"原地挥臂投掷"，掌握后再结合"挥臂投掷"训练"交叉步"，然后再将"挥臂投掷""交叉步"与"持枪加速跑"串成一体训练，直至掌握完整的标枪技术。逆进分解训练法的应用特点为训练内容的进程与技术动作、战术配合过程的顺序恰恰相反，多运用于最后一个关键环节的技术和战术的训练，如投掷、扣杀、踢蹬等动作。一般来说，采用逆进分解训练方法进行练习的动作或技术，往往这些身体动作或技术的最后环节是动作或技术的关键环节。

2. 完整训练法

（1）完整训练法释义

从技术动作或战术配合的开始到结束，不分部分和环节，完整地进行练习的训练方法称为完整训练法。运用完整训练法，对运动员完整掌握技术动作或战术配合，保持技术动作或战术配合的完整结构和各个部分之间的内在联系起着一定作用。

（2）完整训练法的应用

完整训练法可用于单一动作的训练，也可用于多元动作的训练；可用于个人成套动作的训练，也可用于集体配合动作的训练。用于单一动作训练时，要注意各个动作环节之间的紧密联系，注意逐步提高负荷强度练习质量；用于多元动作训练时，在完成好各个单个动作的同时，要特别注意掌握多个动作之间的串联和衔接；用于个人成套动作训练时，着重强调全套动作的流畅性；用于集体配合战术的训练时，着重强调技术串联的密切配合和衔接技术的熟练应用。

3. 重复训练法

（1）重复训练法释义

重复训练法是指多次重复同一练习，两次（组）练习之间安排相对充分休息的练习方法。通过多次重复同一动作或同组动作，不断强化运动条件反射的过程，有利于运动员掌握和巩固技术动作；通过相对稳定的负荷强度的多次刺激，可使机体尽快产生较高的适应性机制，有利于运动员发展和提高身体素质。

构成重复训练法的主要因素有单次（组）练习的负荷量、负荷强度及每两次（组）练习之间的休息时间。休息的方式通常采用静止、肌肉按摩或散步。

（2）重复训练法的类型

依单次练习时间的长短，可将重复训练法分为短时间重复训练方法、中时间重复训练方法和长时间重复训练方法三种类型。

（3）重复训练法的应用

①短时间重复训练方法的应用

短时间重复训练方法普遍适用于磷酸盐系统供能条件下，爆发力强、速度快的运动技术和运动素质的训练。例如，排球单个扣球技术动作练习，足球单个射门技术动作的练习或接与传、接与投、掷（踢）技术动作的组合练习，拳击运动中各种直拳、勾拳的练习或组合练习等。

此法的应用特点为一次练习负荷时间短（约在6秒内），负荷强度最大，动作速度最快，间歇时间充分，单一动作或组合动作的各个环节前后稳定，间歇过程多采用肌肉按摩放松方式，以便能尽快促使机体恢复机能。重复次数和组数相对较少。此法可有效提高负荷强度很高的单个技术关键动作熟练性、规范性和技巧性，提高运动员的磷酸盐系统的储能和供能能力，提高运动员有关肌群的收缩速度和爆发力。

②中时间重复训练方法的应用

中时间重复训练方法普遍适用于磷酸盐系统和快速糖酵解供能条件下的运动技术、战术和素质的训练。如多种技、战术的串联技术练习，单个技术动作的变异组合练习、成套动作的固定组合练习和速度耐力、力量耐力训练等。

应用特点：一次练习的负荷时间通常为6～30秒钟；练习时，负荷时间可略长于主项比赛时间或负荷距离可略长于主项比赛距离；负荷强度较大（负荷心率应在180次/分以上），并与负荷时间呈现负相关性；间歇时间应当充分。间歇方式应采用慢跑深呼吸以及按摩放松方式进行，以便能尽快清除体内乳酸。此法可有效提高速度素质、速度耐力和力量耐力，可有效提高对抗性运动项群中各种技术串联和衔接技术的熟练性、稳定性以及机体的耐乳酸能力。

③长时间重复训练方法的应用

长时间重复训练方法主要适用于磷酸盐系统和慢速糖酵解供能条件下的运动技术、战术、素质的训练，如技能主导类运动项群多种技战术的串联练习、一次负荷持续时间为30秒～2分钟的各种运动素质的练习等。

应用特点：一次练习过程的负荷时间通常在30秒～2分钟之间；采用此法的战术训练必须具有磷酸盐系统和慢速糖酵解混合供能的强度。因此，必须精心组织战术训练，一次练习完毕后间歇时间应当充分，此法可有效提高运动员的磷酸盐系统和慢速糖酵解的混合代谢能力，有效提高磷酸盐系统和慢速糖酵解混合供能状态下的速度和力量耐力及各种技术应用的熟练性和稳定性。在实践中，此法与间歇、持续和变换训练法的有机结合，可以更好地提高训练效果。

4. 间歇训练法

（1）间歇训练法释义

间歇训练法是指对练习过程组间间歇时间做出严格规定，使机体处于不完全恢复状态，反复进行训练的练习方法。实践证明，通过严格的间歇训练过程，可使运动员的心脏功能得到明显的增强；通过调节运动负荷的强度，可使机体各机能产生与有关运动项目相匹配的适应性变化；通过不同类型的间歇训练，可使糖酵解代谢供能能力、或磷酸盐与糖酵解混合代谢的供能能力、或糖酵解与有氧代谢混合供能能力得以有效地发展和提高；通过严格控制间歇时间，有利于运动员在激烈对抗和复杂困难的比赛环境中稳定、巩固技术动作；通过较高负荷心率的刺激，可使机体抗乳酸能力得到提高，以确保运动员在保持较高强度的情况下具有持续运动的能力。

（2）间歇训练法的类型

间歇训练法的基本类型主要分为三种，即高强性间歇训练方法、强化性间歇训练方法和发展性间歇训练方法。

（3）间歇训练法的应用

①高强性间歇训练方法的应用

高强性间歇训练方法是发展糖酵解供能系统供能能力、磷酸盐与糖酵解供能混合代谢系统供能能力的一种重要训练方法。此方法不仅适用于体能类速度耐力性或力量耐力性运动项群的素质、技术训练，而且适用于技能类对抗性运动项群中的身体训练和攻防技、战术训练，如球类运动的连续攻防技术、战术训练和格斗项群中各种格斗组合练习等。

应用特点：一次练习的负荷时间较短，通常在20～40秒之内；负荷强度大，心率多在每分190次左右；间歇时间极不充分，以心率降至120次为开始下一次练习的确定依据；练习内容多为单个技术或组合技术。此法可有效提高此类系统供能条件下的速度耐力和力量耐力，糖酵解供能状态下技、战术运用的稳定性和熟练性。

②强化性间歇训练方法的应用

强化性间歇训练方法是发展糖酵解与有氧代谢系统混合供能能力及心脏功能的一种重要训练方法，适用于一切需要这种混合系统供能能力和良好心脏功能的运动项目的技术、战术及素质的训练。此方法适合技术串联练习或衔接技术练习，如排球扣球与传接球技术串联的练习、网球网前、底线攻防战术的组合练习，篮球局部攻防战术的配合练习和拳击各种格斗组合练习等，体能类中短距离项目也广泛运用此法训练。

应用特点：一次练习的负荷时间为40～180秒，负荷的强度通常心率控制在每分钟180或170次左右即可，间歇时间同上。其中，A型方法有利于提高以糖酵解供能为主的力量耐力素质；B型方法有利于提高无氧与有氧混合供能下的力量耐力素质。

③发展性间歇训练方法的应用

发展性间歇训练方法是发展有氧代谢系统供能能力、有氧代谢下的运动强度及心脏功能的一种重要训练方法，适用于需要较高耐力素质的项群训练。技能主导类运动项群中也采用此法，如篮球、足球的"三对三"攻防转换练习，格斗项群中的体能训练和"一对二"格斗训练也可采用此法进行。

应用特点：一次练习的负荷时间较长，至少在5分钟以上；平均负荷强度较低，负荷时心率指标控制在每分钟160次左右；间歇时间以心率降至110次左右为下组练习开始的依据，以有氧代谢系统供能为主。实践中，此法通常与强化性间歇和持续训练方法结合应用。

5. 持续训练法

（1）持续训练法释义

持续训练法是指负荷强度较低、负荷时间较长、无间断连续进行训练的练习方法。练习时，平均心率应每分钟130～170次。持续训练主要用于发展一般耐力素质，并有助于完善负荷强度不高但过程细腻的技术动作，可使机体运动机能在较长时间的负荷刺激下产生稳定的适应，内脏器官产生适应性的变化；可提高有氧代谢系统供能能力及该供能状态下有氧运动的强度；可为进一步提高无氧代谢能力及无氧工作强度奠定坚实的基础。

（2）持续训练法的类型

根据训练持续时间的长短，持续训练法可分三种基本类型，即短时间持续训练方法、中时间持续训练方法和长时间持续训练方法。实践中，技能对抗性项群以多球方式体现。这种方式也常用在重复训练和间歇训练法中。

（3）持续训练法的应用

①短时间持续训练方法的应用

短时间持续训练方法广泛应用于体能主导类项目的运动素质训练中，也适用于技能主导类运动项群中动作强度较高的素质、技术和战术的训练工作。例如，排球中传球、防守等组合技术的练习，篮球、足球中接球、运球、传球、投篮（射门）等组合技术的攻防战术练习等。

应用特点：一次持续练习负荷时间为5～10分钟；负荷强度相对较高，平均心率负荷指标控制在每分钟170次左右；练习动作的组合可以固定，亦可改变；练习过程不中断。此方法可有效提高运动员以有氧代谢为主的供能能力和该供能状态下所表现出来的速度耐力和力量耐力，可有效提高攻防战术的转换性、强度变换的节奏性、攻防技术的衔接性。此法与间歇训练方法结合，可提高以有氧供能为主的运动强度。

②中时间持续训练方法的应用

中时间持续训练方法普遍适用于技能主导类运动项群各个项目中多种技术的串联、攻防技术的局部对抗、整体配合战术或技术编排成套的技术或战术训练及体能主导类耐力性运动项群训练，中时间持续训练方法具有两种典型的练习形式，即匀速持续训练和变速持续训练。匀速持续训练是一种以发展有氧代谢供能为主要目的的方法，负荷强度心率指标每分 160 次左右，负荷强度变化较小，运动速度相对均匀，运动能量消耗较小；变速持续训练是一种以发展混合供能能力为目的的方法，负荷强度一般心率每分钟 180～150 次，负荷强度变化较大，运动速度变化较多，运动能量消耗相对较大。

应用特点：一次练习持续负荷时间至少应为 10～30 分钟，过程不得中断。

③长时间持续训练方法的应用

长时间持续训练方法对于体能主导类耐力性运动项群具有直接训练的价值。实践中，长时间持续训练方法具有三种典型的变化形式，即匀速持续训练、变速持续训练和法特莱克训练。其中，匀速持续训练、变速持续训练形式与中时间持续训练方法的主要不同之处是负荷强度相对更低，负荷时间相对更长；法特莱克训练是在自然环境条件下利用不同地形，以发展有氧代谢系统为主，适当发展有氧与无氧代谢系统混合供能能力为己任的一种耐力训练方法。

应用特点：运动路线不固定，负荷时间较长；运动速度的快、慢变化不具有明显的节奏性，但具有明显的随意性；运动过程始终不断，练习过程负荷强度呈现高、低交错，心率指标为每分钟 160～130 次；心理感受相对轻松。

6. 变换训练法

（1）变换训练法释义

变换训练法是指一种对运动负荷、练习内容、练习形式及其条件实施变换，以提高运动员积极性、趣味性、适应性及应变能力的训练方法。变换训练法是根据运动项目实际比赛过程的复杂性、对抗程度的激烈性、运动技术的变异性、运动战术的变化性、运动能力的多样性、中枢神经系统的灵活性等一般特性而提出的。通过变换训练，可使机体产生与有关运动项目相匹配的适应性变化，可使运动员不同运动素质、运动技术和运动战术得到系统的训练和协调的发展，从而有助于提高比赛时承受不同运动负荷的能力，有助于提高战术应变能力、技术串联和衔接技术能力。

（2）变换训练法的类型

依据变换的内容，可将变换训练法分为三种，即负荷变换训练方法、内容变换训练方法和形式变换训练方法。

（3）变换训练法的实践应用

①负荷变换训练方法的应用

负荷变换训练方法是一种功能独特的重要训练方法，不仅适用于身体训练，而且适用于技、战术训练。实践中，负荷的变换主要体现在负荷强度或负荷量。由于负荷强度与负荷量的变化具有四种不同搭配形式，所以，负荷变换的训练方式也是多种多样的。一般认为有：

A. 负荷强度与负荷量均保持恒定的搭配形式。可使机体某一机能或素质产生适应，或使某项运动技术形成稳定的动力定型。

B. 负荷强度恒定、负荷量变化的搭配形式。可通过量的提高，发展机体某一运动机能或运动素质耐力水平，或通过量的减少，促使机体恢复。

C. 负荷强度变化、负荷量恒定的搭配形式。可通过提高强度，发展机体某一运动机能或运动素质工作强度，或通过降低强度，促使机体恢复，或学习、掌握某种高难技术。

D. 负荷强度与负荷量均有变化的搭配形式。可通过提高负荷强度、减少负荷量，发展机体某一机能或素质的工作强度或技术动作的难度和强度，或通过降低负荷强度、提高负荷量，发展某一运动机能或素质水平，或巩固基本技术。

应用特点：降低负荷强度，可利于学习和掌握运动技术；提高负荷强度及密度，可使机体适应比赛的需要。此方法可通过变换练习动作的负荷强度、练习次数与时间、练习质量、间歇时间、间歇方式和练习组数等变量方式，促使运动素质、能量代谢系统的发展与提高，以满足专项运动的需要；可有效促使机体适应比赛强度的变化特点，使运动员机体产生与比赛相符的生理适应力及与之相配的运动能力。

②内容变换训练方法的应用

内容变换训练方法是技能主导类运动项群中广泛应用的一种重要训练方法。内容变换训练方法主要适用于对抗性项群各种技术串联和衔接技术的练习。此方法也适用于难美性运动项目的技术动作的组合练习。

应用特点：练习内容的动作结构可为变异组合或固定组合，技术串联或衔接技术的训练负荷性质多为无氧代谢，练习内容的变换顺序符合比赛规律，练习动作的用力程度符合专项要求。科学选用内容变换训练方法，可使训练内容的变换节奏适应专项运动技术和战术变化的基本规律；可使训练内容的变化种类适合运动技术、战术应用的要求；可使练习内容之间的变换符合实际比赛变化的需要，进而提高运动员比赛的应变能力。此法若与间歇训练结合，会取得更好的效果。

③形式变换训练方法的应用

形式变换训练方法的运用主要反映在场地、线路、落点和方位等条件或环境的变换上。例如，隔网类运动项群中的发球练习，在负荷、动作大体一致的情况下，可以发出各种不同直线、斜线、前排、后排的球；同场类运动项群中侧身带球技术的运用，在交叉换位的战术配合时，可以形成"掩护"或"反掩护"的不同战术形式。当然，经常变换不同的训练场所往往可促使运动员尽快适应不同环境的比赛场地。

应用特点：通过变换训练环境、变换训练气氛、变换训练路径、变换训练时间和变换练习形式进行训练。例如，通过变换训练形式，可使各种技术更好地串联和衔接起来；通过变换训练环境，可使运动员产生新的刺激，激发起较高的训练情绪，可使运动员产生强烈的表现欲望。

7. 循环训练法

（1）循环训练法释义

循环训练法是指根据训练的具体任务，将若干练习手段设置为相应的若干个练习站（点），运动员按照既定顺序和路线，依次完成每站（点）练习任务的训练方法。运用循环训练法，可有效激发训练情绪、累积负荷"痕迹"、交替刺激不同体位。循环训练法结构因素包括每站练习内容、每站运动负荷、练习站安排顺序、练习站之间的间歇、每遍循环的间歇、练习的站数与循环练习的组数。实践中，循环训练法中所说的"站"是练习点，如果一个循环内的站数中有若干个练习点可以以一种无间歇方式衔接，那么这几个练习点的集合可称之为练习"段"。

（2）循环训练法的类型

依各组练习之间间歇的负荷特征，可把循环训练法的基本类型分为三种，即循环重复、循环间歇和循环持续训练方法。

三种循环训练法的组织形式共有三类，即流水式、轮换式和分配式。其中，流水式循环训练的做法是：建立若干练习站（点）后，运动员按一定的顺序，一站接一站地周而复始地进行循环练习。此种组织形式可以有效地全面发展多种运动能力，并可使机体各个部位及内脏器官得到训练。轮换式循环训练的做法是：将运动员分成若干组，各组运动员在同一时间内在各自的练习站中练习，然后，按规定要求，依次轮换练习站。此种组织形式可以有效地集中发展某一运动机能和机体的某一部位，使身体局部产生深刻反应。分配式循环训练的做法是：设立较多的练习站，然后根据运动员具体情况指定每名运动员在特定的若干练习站内进行训练。可见，循环训练法的关键要素是组织形式的安排。

（3）循环训练法的应用

①循环重复训练方法的应用

循环重复训练方法是指按照重复训练法的要求，对各站之间和各组循环之间的间歇时间不做特殊规定，以使机体得以基本恢复，并全力进行每站或每组循环练习的方法。此法既可用于技术训练，也可用于素质训练。例如，在篮球运动训练中，可将曲线折跑、跑动接球、运球过杆、急停跳投、冲抢篮板球和补篮等作为练习站实施循环重复训练，或将各个练习站两两结合并成几个有机相连的练习"段"实施循环训练。

应用特点：可将各种练习设置为若干个练习站，练习动作熟练规范，练习顺序符合比赛特点，间歇时间较为充分，两轮循环的间歇时间较长。

应用目的：提高高强度下的技术规范性、熟练性和攻防过程中的对抗性；提高速度、爆发力及运动技术有机结合能力。

②循环间歇训练法的应用

循环间歇训练方法是指按照间歇训练法的要求，对各站和各组之间的间歇时间做出特殊规定，使机体处于不完全恢复的状态下进行练习的方法。此法常用于发展运动员体能，也用于协调发展技术、战术、素质和机能之间有机联系的训练。例如，将排球扣球、拦网及防守等作为练习站实施循环重复训练，如将4号位强攻、3号位快攻、2号位背飞及2号位拦网、3号位拦网、4号位拦网设定6个练习站，实施循环间歇训练。

应用特点：将各种练习设置为若干个练习站，各练习站的负荷时间至少20秒以上，站与站之间的间歇较不充分，循环组之间间歇可以充分，亦可不充分。其应用目的是：有效提高糖酵解系统的供能的能力及这种供能状态下的速度耐力和力量耐力等的体能。

③循环持续训练方法的应用

循环持续训练方法是指按照持续训练法的要求，各站和各组之间不安排间歇时间，用较长时间进行连续练习的方法。例如，将隔网项目中的扣球（杀、吊）、拦（截）、传（挡、推、防）等技术练习设定成练习站，并编排成技术串联；将同场对抗性项目中的运球、传球、接球、投篮（射门）或跑动、接球、投篮（射门）或跑动、策应、传球、投篮（射门）等练习内容设定为练习站，并编排成技术串联。

应用特点：各练习站有机联系，各个练习的平均负荷强度相对较低，各组循环内的站之间无明显中断，一次循环持续时间应在5分钟以上；负荷强度高低搭配，循环组数相对较多；组织方式可采用流水式或轮换式。此方法可提高运动员攻防对抗的转换能力、有氧代谢能力和抗疲劳的能力。

8. 比赛训练法

（1）比赛训练法释义

比赛训练法是指在近似、模拟或真实、严格的比赛条件下，按照比赛的规则和方式，以提高训练质量为目的的训练方法。比赛训练法是根据人类先天的竞争和表现意识、竞技能力形成过程的基本规律和适应原理、现代竞技运动的比赛规则等因素而提出的一种训练方法。运用比赛训练法有助于培养竞技能力和比赛的适应能力，形成竞技状态和适度的应激状态。比赛训练方法来源于游戏训练方法，但是训练的要求又高于游戏。比赛训练方法构成要素的核心元素是比赛的氛围和使用的规则。此法的应用目的，是激发运动员的心理能量，提高训练质量。

（2）比赛训练法的类型

依比赛性质可将比赛训练法分为四种，即教学性比赛方法、检查性比赛方法、模拟性比赛方法和适应性比赛方法。

（3）比赛训练法的应用

①教学性比赛训练法的应用

教学性比赛方法是指在训练条件下，根据教学的规律或原理、专项比赛的基本规则或部分规则，进行专项练习的训练方法。例如，运动队内部之间的对抗性教学比赛，不同运动队之间的邀请性教学比赛，不同训练程度运动员之间的让先性教学比赛，部分基本技术、战术的对抗性教学比赛等，都可视为教学性比赛训练方法的应用。

应用特点：可采用部分比赛规则进行局部配合的训练；比赛环境相对封闭，便于集中精力训练；比赛过程可以人为中断以便指导训练；运动员的心理压力小，有利于正常发挥技术水平；可激发运动员训练激情和负荷强度；提高技术串联和衔接技术的熟练程度；强化局部或整体配合的密切程度；激励运动员产生强烈的竞争意识，从而更好地挖掘运动潜力。

②检查性比赛训练法的应用

检查性比赛方法是指在模拟或真实的比赛条件下，严格按照比赛规则，对赛前训练过程的训练质量进行检验的训练方法。检查性比赛训练方法适用的范围很广，包括专项运动成绩、主要影响因素、运动负荷能力、运动技术质量及训练水平检查性比赛等。由于检查性比赛是在比赛或类似比赛的条件下进行训练质量的检查，因此，便于重大赛事之前发现问题和解决问题。正因如此，有经验的教练员经常采用此法训练。

应用特点：可采用正式比赛规则的全部或部分规则；比赛环境可以封闭或开放；运动员的心理压力较大；可以设置检查设备进行赛况监控。检查性比赛方法主要应用于检验训练质量，寻找薄弱环节，分析失利因素，提出解决方案，提供改进训练工作的反馈信息。

③模拟性比赛训练法的应用

模拟性比赛方法指在训练的条件下，模拟真实比赛的环境和对手，并严格按照比赛规则进行比赛的训练方法。模拟比赛环境中的不良因素对于提高运动员的竞技能力是至关重要的。比赛环境中的不良因素，诸如比赛噪音、观众起哄、裁判偏袒、对手干扰、组织紊乱、赛程变更、气候变化等，都可能影响运动水平的正常发挥。因此，有意识地在训练过程中采用此法，可以有效地提高运动员排除不良因素干扰的能力，从而有利于运动员逐步形成心定、心静、心细的竞技心理，为重大比赛中运动技术的正常发挥奠定心理基础。

应用特点：比赛环境类似真实比赛环境，按照比赛规则严格进行，模拟对手类似比赛对手，具有实战特征。另外，此法可以增强运动员心理抗压能力，可以检验训练指导思想的正确性，可以加强训练的针对性和提高真实比赛的预见性。

④适应性比赛训练法的应用

适应性比赛训练方法是指在真实比赛条件下，力求尽快适应重大比赛环境的训练方法。适应性比赛训练方法与模拟性比赛训练方法的不同在于，前者在正式比赛的环境下进行，后者则在人为模拟比赛环境下进行。适应性比赛训练方法的应用形式较多，如重大比赛前的系列邀请赛、访问赛、对抗赛及表演赛等，都是适应性比赛训练方法的运用形式。一般地说，适应性比赛前应有一套完整的赛前准备、赛中实施及赛间调整的方案。

应用特点：通过真实的比赛环境，与真实的对手或类似真实的对手进行比赛，可以提前发现影响重大赛事成绩的关键问题，可以促进各项竞技能力因素实现高质量匹配，可以促使运动员产生旺盛的竞争欲望和促成与重大比赛相适应的最佳竞技状态。

（五）体能训练的科学原理

1. 物质和能量代谢原理

在体能训练中，运动员机体需要承受一定负荷，这时候就会消耗大量的能量，但其在消耗能量的同时，还要注意补充所消耗的能量。针对补充能量的来源，最直接的是三磷酸腺苷，也就是平时所说的 ATP。磷酸肌酸（CP）的分解对 ATP 分解后的再合成有着一定的影响，因此会使其产生一定的依赖性。肌肉中 CP 的再合成主要是依靠三大能源物质的分解才能完成的。另外，需要强调的是，人体短时间的极量运动主要由 ATP 和 CP 分解供能。

以能量分解时间的不同为主要依据，可以对供能的方式进行划分，比如，糖酵解的供能方式，通常出现在 10 秒以上到 3 分钟以内的运动中；而有氧氧化系统的供能方式，则主要出现在持续时间在 3 分钟以上的运动中。

将人体三种能源物质进行对比，糖的利用率是最快的，其次是脂肪，最后是蛋白质。当运动刚刚开始时，机体首先对肌糖原进行分解，并且在不同运动项目中，对肌糖原的分解时间也有所不同。如田径运动中，100 米跑在运动开始 3~5 秒，肌肉就已经开始用糖酵解方式参与供能；参加长跑时，在运动 5~10 分钟后，糖的分解和供能才开始出现；随着运动时间的不断延长，骨骼肌、大脑等组织由于大量氧化分解而利用血糖，会使血糖水平有所降低，这时候就会出新肝糖分解，从而较好地补充血糖；脂肪的分解对氧的供应有着非常严格的要求，因而，在长时间的运动中，脂肪分解的动用往往是在肌糖原大量消耗或接近耗竭且氧供应充足时，最大输出功率的出现时间往往是运动达到 30 分钟左右。通常情况下，蛋白质的供能会出现在持续 30 分钟高强度运动的耐力项目中。

一般可以把机体恢复划分成运动中恢复阶段、运动后恢复到运动前水平阶段、运动后超量恢复阶段。超量恢复的形成与运动负荷关系密切，通常在适当的运动负荷刺激下，有机体的消耗过程的激烈程度越高，就会有更加明显的超量恢复过程。鉴于此，及时给予新的负荷就显得非常重要且必要，如果超量恢复保持一段时间，那么其又会回到原有的水平，对训练效果产生不利的影响。

超量恢复的客观存在具有非常重要意义：一方面，超量恢复能够为训练过程中机能的提高、素质的增进及运动负荷的合理安排提供极为重要的生物学依据；另一方面，超量恢复规律和生物的应激、适应性原理一样，都可以产生显著的积极作用，具体作用反映为把超量恢复规律当成依据能够对体能训练产生支撑作用。

2. 训练负荷原理

只有通过对受训者施加适量的运动负荷，才能引起机体的形态结构与机能产生生物适应，从而保证体能训练整个过程的顺利完成。以负荷因素的基本特征为主要依据，通常在体能训练中的不同阶段，体能训练水平提高的途径有所差别。比如，一般基础训练和一个训练周期的初期阶段；机体适应过程的逐步实现通过的途径都是负荷量的增加；而在专项训练阶段和比赛阶段，通过提高负荷强度刺激使人体的适应过程逐步得到加深，这样才能提高体能训练水平。通常情况下，训练水平越高，训练的负荷强度就会越大。另外，在发展不同的身体素质时，采用的负荷程度也会不一样。例如，在发展一般耐力、基本力量等基础素质时，往往应用的是量大强度低的负荷方式；相反，如果是想使最大力量、爆发力、速度等专项素质得到有效的提高，那么往往会将负荷的突出刺激强度这一特征充分体现出来。

在进行年度周期的体能训练时，其负荷变化具有一定的规律，具体来说，表现在以下方面：在进入竞技状态准备之前，体能训练负荷主要是在量的方面有一定的增长，同时限制强度；而在后期的训练中，由于这时候运动员的训练水平有了一定程度的提高，其负荷强度的增加趋势就是逐渐上升，因此也要限制一下强度的提高量，如果负荷强度的增加和强度的提高量两者同时增多，就会使得总负荷出现成倍增长的趋势。但需要注意的是，倘若体能训练过程中负荷强度与负荷量都无法同时达到最大限度，则必然会产生过度训练的情况，进而使运动员出现功能失调的问题，最终导致运动员的运动成绩和训练水平受到负面影响。

3. 训练适应原理

以生理学的有关原理为依据，能够把体能训练的适应过程划分成以下五个阶段。

（1）刺激阶段

刺激阶段的刺激是指运动员在训练中、比赛中和生活中（饮食、作息制度、时差等）各个阶段所承受的刺激，即运动员一直都在接受来自各方面的各种刺激。

（2）应答反应阶段

在外部刺激的影响下，运动员机体内外感受器官就会产生兴奋，而运动员工作状态的进入主要是通过将兴奋传输到各内脏机能器官和运动器官而完成的，此外其还能对外来刺激做出运动必需的应答性反应。

（3）暂时适应阶段

当运动员接受一定程度的刺激后，机体器官和系统的机能状况会产生或多或少的变化，具体变化是指从起初快速上升慢慢朝着平衡状态发展。但需要注意的是，尽管随着时间推移运动员机体的某项应答指标不再上升，但对外部刺激仍然有一定承受力，这表明运动员机体已经对刺激产生训练适应。

（4）长久适应阶段

在长久适应阶段，运动员机体对应的机能系统和组织器官，不仅能够全面增加和系统重复各种外部训练刺激，还能够在此基础上出现明显的结构和机能改造，所以运动员运动器官和相关机能系统的结构会更加完善、更加协调。

(5) 适应衰竭阶段

倘若体能训练安排未能达到科学性要求和合理性要求，运动员长期训练适应的部分机能会由此衰竭，比较常见的是运动员承受过度训练负荷或过大的比赛负荷。

通常情况下，要想使已达到的训练适应水平得到较好的保持，就必须采用"维持性运动负荷"；要想使训练适应有一定程度的消退，并且达到使各种已获得的运动机能能力和运动性适应结构慢慢消失的目的，就必须做到完全停止训练或急剧地、长时间地降低训练负荷。一般来说，训练适应出现的时间与消退的速度成反比，即产生训练适应所用的时间越短，其消退的速度越快。因此，体能训练不但要避免适应的消退和再适应过程的重复出现，而且要避免通过盲目地长时间、高强度的刺激来追求训练适应现象的出现。

4. 按需发展原理

从运动训练学的基本原理来看，体能训练的目的是促进运动员各种能力的提高，尤其是满足运动员所从事的项目对其提出的体能方面的要求。球类的体能训练也是如此。

拉马克曾提出，环境的变化会使生活在这个环境中的生物发生变化为中心论点的"用进废退"学说。其中提到"有的器官由于经常使用而发达，有的器官因为不用而退化，这些变化了的性状（即后天获得的性状）能够遗传下去，久而久之，就会形成新的物种"，由此说明拉马克的"用进废退"观点。

通过归纳和整合能够发现，"用进废退"这一学说中含有两种明显的主题思想：第一，经常使用的身体部位会更加有力量、更加强壮，不使用的身体部位会呈现出退化的趋势；第二，受遗传作用的影响，原生物的特质会在生物钟反缺出来，同时生物会以子代的方式发生变异现象。对于体能训练来说，同样可以充分应用拉马克的"用进废退"学说，这项学说可为体能训练达到科学性和有序性提供理论依据。

5. 优先发展原理

由于人不同的时期存在着身体不同素质发展的最佳时期，因而教练员在组织和开展体能训练的过程中，需要对运动员在不同时期的敏感素质进行优先训练与发展，在各种敏感素质中，能够决定运动员运动成绩好坏的身体素质尤其要重点培养与优先训练。

哲学的辩证唯物主义原理表明，一个问题的解决主要在于主要矛盾的解决，或主要在于矛盾的主要方面的解决，次要矛盾及矛盾的次要方面的解决要暂时放在后面。对于体能训练来说，解决问题的方法就是针对运动员不同时期的敏感素质进行优先发展。

6. 均衡发展原理

只有整个运动素质水平有所进步与提升后，才能对之后要重点发展的身体素质做出决定，这就是身体素质所需要的均衡性。

运动水平得到较好的提升离不开整体素质的提高，如果部分素质过高而其他素质较差，整体运动水平就不会很好地得到提升效果，甚至得不到提高。

管理学中的"木桶理论"指出，一只木桶，如果其沿口是不齐的，那么最短的那块木板会决定其存多少水，最长的那块木板对存水量不起决定作用。对于参与体能训练的运动员来说，体能训练和各项机能素质的均衡发展尤为关键，当运动员的各项机能素质获得均衡发展以后，才能保证体能训练获得预期效果。

7. 符合实战需要原理

体能训练的主要目的是运动员在比赛中占据优势并获得优异成绩，不论哪类运动项目的发展都会呈现出把训练和比赛有机结合的走向。在各类运动项目比赛中，训练中发挥着至关重要的作用，其不仅能充当比赛的导师，训练需要解决的任务和内容会对运动比赛乃至比赛结果产生直接性影响。体能训练形式的主体就是各类运动项目比赛的形式。

现代体育运动的发展趋势表明，运动员要掌握相应的运动技术，就必须具备一定的身体素质，而良好的身体素质离不开体能训练。换句话说，运动员身体素质的提高，要通过实战技术的训练达到与体育运动发展同步的目的。在比赛过程中，运动员对技战术的发挥离不开运动员身体素质的促进作用。由此说明，身体素质对技战术的发展能起到积极的促进作用；而技战术的变化、发展和创新也能在一定程度上促进运动员身体素质的提高。运动员身体素质和技战术的发展存在着相互依存、相互促进、共同发展的关系。

8. 最佳化训练控制原理

从现实条件出发，以能够达到的最高水平为目标，采用与实际情况最符合的、最适宜的科学训练方法，对整个训练过程实施定时、定量、低消耗、高效能的训练控制过程，即最佳化训练控制。

最佳化训练控制原理是由模式化训练产生和变化而来的，它是对现代训练目标控制的训练原理的一种反映。体能的最佳化训练控制就是指对体能训练实施有目的、有方向的调节、指挥及掌握，其不仅是体能训练科学发展的关键性依据，也是各项运动项目体能训练的一项重要原理。

（六）体能训练的基本原则

1. 激励性原则

要想获得预期的体能训练效果，不仅需要科学训练理论指导和教练员或指导员的训练科学安排，还需要参与训练的运动员的积极配合，并全身心投入体能训练中去。体能训练是一项历时较长的工作，运动员需要在这个过程中坚持完成艰苦的训练，同时不断突破自我。由于体能训练具有长期性和艰苦性特征，所以教练员应当积极鼓励参与体能训练的运动员，促使运动员坚定不移地为相关目标和理想参与训练。

运动员是体能训练的参与者，是体能训练的主体，在体能训练期间，必须充分调动运动员的训练积极性，使运动员在参与运动训练的过程中，具有一个比较明确的目标，使其主动参与到运动训练之中来，并进行积极的训练思考，这就是激励性原则的基本要求。

激励性原则对教练员或指导员提出的要求是：在思想观念方面，教练员或指导员要树立良好的价值观，加强体能训练的目的性教育，注重运动员主体性的发挥，使其积极参与到训练计划的制定、训练管理中去；在训练方法方面，教练员或指导员要借助多种手段调动运动员参与体能训练的积极性和主动性，保证体能训练达到预期效果；在制度与发展需要方面，教练员或指导员不但要制定严格的规定，也要保证运动员的合理需要得到满足；在指导和宏观调控方面，教练员或指导员要严于律己、以身作则、言行一致，为运动员树立良好的榜样。

2. 全面性原则

要想使运动员的身体素质得到全面发展，教练员就需要进步加强身体素质的训练，使运动员的身体得到正常发育，从根本上提高运动员的生理机能。体能训练涉及运动员体能素质的各个方面，同时各项体育运动项目对运动员的体能素质要求越来越高，所以教练员组织和开展体能训练时，应注重运动员各方面体能素质的综合发展。详细来说，适用于体能训练的全面性原则对体能训练教练员提出的要求如下：

（1）合理安排各素质训练内容和比例。重视构成运动员的体能的力量、速度、耐力、柔韧、灵敏、弹跳等多个素质的训练。

（2）合理安排一般素质训练与专项素质训练的内容与比例。以运动员水平、年龄、项目特点和不同的训练阶段为主要依据来将两者的比重确定下来。通常来说，初学者和训练水平较低者，一般训练的比重应大些；而随着训练水平的不断提高，专项训练的比重随之增大。

（3）合理选用体能训练的方法与手段。体能训练的方法和手段应更加科学化、多样化、综合化、全面化，并运用一些新的技术手段。

（4）体能素质训练内容与方法应与运动员身心特点相符，并且能够使运动员在不同形式的训练中灵活掌握。

3. 个性化原则

个性化原则是指在确定训练目的、选择运动项目、安排运动时间和运动负荷时，要将运动员个人和外界环境条件的实际情况作为依据，结合个体差异，因人而异。从本质上来说，坚持个性化原则是人们进行体能训练的根本要素，对训练效果的好坏起着决定性作用，同时坚持个性化原则实际上是要求运动员进行体能训练要从实际出发。

教练员要想使体能训练达到针对性要求，需要注意三个要点：首先，教练员要将提高专项成绩和技术水平作为目的来进行；其次，教练员要将运动员的主观需要和客观条件及专项需要作为依据，对体能训练的内容和负荷进行合理的确定和安排；最后，为达到适应提高运动技术水平要求的目的，教练员要使运动员的运动素质实现均衡发展。

4. 系统性原则

体能训练是一项长期的过程，要想使身体训练和技术训练水平都得到有效的提高，就必须持续不间断地进行科学、系统的训练，所以说教练员在体能训练中应进行长期规划，以人体发展规律和体能训练规律为依据，有步骤地开展体能训练。因此，组织和开展体能训练活动的教练员应坚持系统控制原则，对各方面进行监控，从系统的整体发展入手，协调好系统内各个要素之间的关系，从而使要素和系统得到协同发展，使"整体大于要素之和"。

系统性原则的具体要求如下：

第一，在系统训练中，保证各训练课之间的连续，要将各个训练组织形式之间紧密衔接起来，此外从选材到确定训练计划都应以体能训练的系统性和连续性为原则。

第二，合理安排训练的内容和手段，始终遵循由易到难、由浅入深、由已知到未知的规律。

第三，教练员组织和开展体能训练前必须先制订出切实可行的训练计划。

第四，教练员要想使运动员主动投入训练，就应当建立和强化正确的训练动机。

第五，教练员应当建立和健全体能训练的多级训练机制。

5. 周期性原则

体能训练是一个系统的过程，需要经历一个漫长的过程，不可能一蹴而就、一步到位，通常需要运动员不断地进行周期性的反复训练，从而使体能训练效果更加理想。在体能训练中贯彻周期性原则应当达到的要求如下。

第一，根据具体的训练任务、训练要求及具体的训练阶段，将整个的训练过程划分为几个运动周期循环进行。

第二，以运动员的实际特征及需要完成的任务为依据，来合理地安排训练周期。

第三，后一周期应在前一周期的基础上提高，使每个周期都能在前一周期的基础上有所提高，并起到"承上启下"的作用，以保持良好的训练效果和创造运动成绩。

第四，保证各个训练阶段之间有紧密联系，在每一个周期或不同的训练阶段中，都有着各自的训练任务、训练内容与负荷量、训练手段与方法，它们彼此之间存在着相互独立、相互衔接的关系。

第五，教练员要把握好每个小周期的训练，并且及时纠正不妥当的地方。

6. 循序渐进原则

体能训练需长期坚持，运动员的各项体能素质的提高是长期训练的结果，而且需要经历一个由量变到质变的过程，所以说体能训练过程中必须遵循循序渐进的原则，具体要求如下。

一方面，要以动作技能形成规律、生理机能负荷规律及人体对事物的认识规律作为依据，按照从简到繁、从易到难、从小到大、从低级到高级的顺序来逐步进行；另一方面，体能训练过程中切忌盲目和急于求成，否则就很难获得理想的训练效果，有可能会导致运动损伤的出现，不利于运动员的身体健康和未来体能素质健康发展。

7. 持续训练原则

在体能训练中，运动员有机体的各组织系统机能的加强和完善，运动技战术水平的形成与提高，都是机体反复工作参与的强化。与此同时，以生物界"用进废退"规律和个体的学习认知和运动形成规律为理论依据可以发现，人的身体素质提高、人体机能改善和人体结构改善都有着制约作用。倘若运动员未能坚持参与持续性训练，那么之前积累的体能训练效果就会慢慢消退。由此可见，参与体能训练的教练员和运动员必须坚持遵循持续训练原则。

持续训练原则对体能训练教练员提出了两方面的要求：一方面，体能训练前制定好科学的训练计划，保持训练的持续性；另一方面，对于多种内容的体能训练，教练员应合理安排各部分、各阶段的训练任务，保证各项训练内容不间断。

8. 自觉积极原则

自觉性原则是指对于已设定的行为目标，运动员采取的一种主动性行为。从某种角度来说，体能训练是伴随着运动员克服自身惰性和战胜各种困难决心的一种自我训练，从而不断完善自身的过程。这个过程有助于运动员形成良好的运动习惯。

对于参与体能训练的运动员来说，只有养成自觉的训练习惯而不是被动训练，才能在获得愉快的运动训练体验的同时，取得良好的训练效果。

9. 持之以恒原则

持之以恒原则是指在进行体能训练时，运动员必须长期坚持，以达到最佳的训练效果为目的。体能训练的效果是一个在长期坚持的过程下慢慢积累的结果，即使已经取得了较好的效果，也不能随时放松，已经取得的效果会在长时间不训练的情况下逐渐消退。

10. 训练与比赛相结合原则

就运动员而言，参与体能训练的常见目的是提高运动技能及增强运动能力，终极目标是提高自身的实战能力、获得理想的运动成绩。由此可见,运动员的体能训练一定要和比赛充分结合起来。

比赛是训练的目的,也是提高训练效果的关键性方法,通过在比赛中的表现,运动员可以发现自己的不足之处,从而能够更加具有针对性地开展训练活动,能够进一步明显哪些是重点训练内容。在运动训练过程中,运动员的体能训练的每个训练周期的训练内容应是与比赛密切相关的内容,这样能够提高运动员的专项训练水平,也有助于增强运动员比赛的自信心,在获得良好的运动比赛成绩后,运动员往往会以更好的状态投入到具体的训练活动中,良性循环就会由此形成。

第二节　竞技项目体能训练的重要性

一、促进身体健康

运动员首先要拥有强健的体魄,这是他们从事体育运动的最基本保证,也是其进行系统化训练的必要条件。参与体能训练可以有效提升运动员机体多种系统功能的水平,如呼吸系统、心血管系统、神经系统、运动系统等机能。另外,体能训练还可以最大化地使人克服生理惰性,促进新陈代谢。一系列的优点最终使人对外界环境的适应能力得到提升,增强身体抵抗力,从而有效促进运动员的身体健康。

二、提高运动能力

在运动训练和比赛中,任何一项运动技术动作的完成,都需要一定的身体活动能力作保证,并随着运动技术动作难度的增加,对体能的要求也随之提高。因此,必须进行科学的体能训练,提高体能以满足运动训练的需要。实际上,体能训练是有机体各器官系统功能协调发展,获得完备的从事专项竞技运动能力的过程。另外,根据运动技能迁移原理,一种运动技能的学习会对另一种技能的学习产生影响,即运动员在掌握了一定运动技能后,其学习特定运动技能的能力就越强。在运动训练中,体能训练正是通过各种具体的身体训练动作予以实施的,而这些训练动作的学习和掌握,对运动员专项训练中的专项技术的深化发展有着积极的促进作用。

在现代运动竞赛篮球、足球等球类运动竞赛,越来越呈现出高对抗性的发展趋势,比赛的可观赏性提高的同时,其激烈性、竞争性的特点也越来越明显。在这样的运动竞赛中,战术行动具有高强度、多样性和多边性特征,很多技术和战术动作的完成对运动员有机体的功能和身体素质有着专门化的要求。在运动训练中,战术训练虽然也会对身体训练起到一定的作用,但这远远不能满足各专项对体能的要求,因此,只有通过对运动员进行体能训练提高身体的适应能力,才能满足专项战术的特殊要求。

三、发展运动素质

随着现代体育运动的发展,运动训练更加科学化、专业化,运动员们在竞赛场上创造出许多优异成绩,并不断刷新人类纪录,而且向着人类生理极限发起挑战。运动员要想在赛场上创造优异成绩,就必须促使五大身体素质获得最大限度的发展,人体运动能力的潜力得到充分挖掘,而体能训练正是实现这一目标的主要途径。体能训练在发展运动员的基本身体素质方面能够起到很好的促进作用,能够最大程度地提高运动员的专项运动素质,使一般运动素质获得协调一致的发展。

四、有利于适应高强度的训练和比赛

现代竞技运动越发激烈,运动员们为了争夺最终的胜利无不在训练中精益求精,为此他们几乎都接受高强度的大运动量训练,而这需要充沛的体能予以支持。只有通过大负荷的运动训练,充分挖掘体能潜力,才能保证运动员的技战术水平在比赛中的运用和发挥。现代运动训练已经进入科学化的训练阶段,在这一阶段具有高强度、高密度、高速度和大运动量的特点,而且现代科技在运动训练领域中也已经得到了广泛运用,科学系统的测评体系也日趋完善。以上这些都要求运动员必须具有强健的体魄、良好的身体机能,若没有很好的体能基础,运动员将很难在这种状况下完成训练任务。

五、延长运动寿命

运动员进行体能训练,除了常规地增进身体素质、提高机能水平外,还能有效地防止运动损伤的发生。在运动训练过程中,运动员即使出现运动损伤,也能得到很好的缓解。另外,良好的体能发展可以更好地改善运动员的身体形态结构,大幅度提高身体机能水平,在此优势下更利于训练效果的稳固,如此获得的效果可以保持得更长久,以达到延长运动寿命的作用。运动实践研究表明,机体形态的积极性改变、出色的运动素质发展水平及身体机能水平的提高是运动员取得优异运动成绩的基础。体能训练可以使身体形态在最短的时间内获得最大的适应性改变,如果坚持长期训练,这种良好效果可以保持很长时间。在这种情况下,运动专项技战术能力也会随之得到提升和巩固,从而使运动员的运动寿命得到有效的延长。

六、提高心理品质,增强心理稳定性

在现代运动竞赛中,许多运动都需要运动员在高速度、高对抗的条件下完成,因此,决定比赛走势的除了过硬的技战术能力和体能素质外,心理素质也是不能被忽视的。科学的体能训练,能够有效地培养运动员吃苦耐劳、坚韧不拔的心理品质。据研究发现,以足球运动为例,当运动员在场上出现心理方面问题时,其大多数原因在于体能下滑,体能的下滑使得运动员的注意力开始分散,除要考虑常规的技战术外,还要更多地考虑对自身体能的分配,如此就能避免稳定的心理被打乱。良好的体能会给运动员带来旺盛的精力、充沛的体力和抵抗疲劳的能力,使他们在训练和比赛中具有较好的充实感和自信感,从而提高比赛训练的稳定性,反之,就会因担忧比赛所需的体力而使运动员稳定的比赛心理受到影响。

第三节　我国竞技体育中体能训练现状

一、我国竞技体育体能训练问题

（一）我国竞技体育体能训练起步较晚，发展较为落后

随着现代竞技体育的不断发展，我国竞技体育体能训练中存在着一些问题，如运动员伤病问题日益突出。竞技体育具有一定的危险性，因其不断挑战体能、技能极限的客观发展规律，而潜伏着较大的危险性，给运动员的心理、生理带来很大的压力，长期违反生物活动规律进行高强度训练，极易造成运动员身体伤害，甚至丧失生存能力。竞技体育运动员伤病问题不仅给运动员自身和家庭带来巨大伤害，也会影响到体育项目的可持续发展。而这个问题的出现，很多一部分原因是我国现代竞技体育体能训练起步较晚，在体能训练方式、策略等方面的发展较为落后，导致很多运动员难以进行科学、系统的体能训练，进而导致不恰当的体能训练，影响运动员发展。因此，对我国竞技体育体能训练理念进行改革是必要的，如核力量训练、PNF 训练、运动链训练等对传统体能训练理论进行了改革。

（二）缺乏专业的训练场地

目前，我国对竞技体育体能训练认识不够、研究不深，在很大程度上制约着运动员体能训练水平。第一，缺乏体能训练实验室。目前已在德国、美国设立了多家运动训练实验室，重点研究如何在运动训练实践中操作与控制训练过程及其相关的知识与经验，并针对项目特点选择与设计专项训练方法。它在设计理念、应用目的、测试原理及操作方法等方面的突出特点是与特殊动作特性紧密结合。而我国目前缺乏与之紧密结合的体育训练基地；第二，缺乏体能训练中心。现代竞技体育体能训练中，我国体能训练缺乏很多先进的观念和方法，这些观念和方法的实施，不仅有助于观念和方法的提高，也有助于相应的硬件设施的提高，每一种新的训练方法都配有相应的训练设备，如体核的动态平衡训练、稳态训练等，常常需要借助不稳定的平面来进行，如平衡盘、训练球、平衡板、动态平衡训练器、平衡踏板等。不同项目的具体要求不同，为了满足不同项目对体能训练的要求，需要建立专业性的运动场所，如此才能保证运动员进行有效的体能训练。

（三）缺乏良好的体能训练方法

体能训练方法的设计必须与运动技术特点、比赛规则与参赛方式紧密结合，要使体能训练方法与力量结构、能量代谢、神经肌肉系统功能相适应，同时要对每一位运动员的运动技术特点与体能特点进行深入研究，使训练方法设计更具有针对性和实效性。当前，我国许多项目的体能训练方法、手段在专门化、精细化、个性化等方面与世界大国还有较大差距。因此，体能训练中必须树立整体观，训练的方法和手段不仅要提高运动员专门所需的运动能力，而且要有效地预防和减少损伤。例如，主动肌和拮抗肌的力量不平衡，大肌群和小肌群的力量不平衡，关节周围的肌肉、韧带力量弱及身体感觉能力差等都会导致运动损伤。动态链理论认为，当身体在运动中完成力量的传递和整合时，它的弱点不仅影响力量的传递和整合，而且是力量传递和整合中最容易受伤的部分。因

此，训练方法和手段的设计，不仅要考虑项目特点和个体差异，而且要注意提高不同功能肌肉力量的均衡程度，提高大小肌肉群的均衡程度，提高本体感觉能力，提高不同运动员的能力薄弱部位，同时要提高不同专项运动员身体力量链上各个环节的最佳力量比例。

二、竞技体育体能训练的几点思考

（一）对竞技体育中运动员保护的思考

一是签订保险。国际上对体育保险的立法比较完善，许多发达国家都明确规定，体育组织和运动员必须参加体育保险，但我国在竞技体育保险这方面还没有形成自己的正式法律文件体系。针对我国当前体育发展的现状，应及时制定体育保险法，以规范对相关主体行为的约束，保障我国体育事业的健康发展，促进体育保险的商业化运作；二是扩大保险资金来源。竞技体育的风险不可避免，随时都可能发生。保险无疑是防范风险的重要手段，正确的保险意识和保险理论是投保的前提。要加大宣传力度，制定相应的保险险种，降低保险费标准，消除侥幸心理，鼓励或强制体育院校和运动队伍积极参加体育保险。增强全民体育保险意识，扩大我国体育保险覆盖面，同时拓宽各级各类体育人群的资金来源渠道，根据当前国情，采取政府拨款、社会捐助、单位补助、个人负担及体育彩票、门票收入、商业广告收入等多种渠道筹集体育经费，并引入商业机制，解决体育保险资金问题；三是完善保险制度。竞技运动员的职业类型决定了运动员不管是在春夏秋冬，还是在严寒酷暑，都要进行艰苦的超负荷训练，这或多或少会对身体造成一定的伤害。因此，建立运动员大病医疗保险制度具有重要意义。

（二）对竞技体育运动能力的思考

不同竞技体育项目对运动员的运动能力有不同的要求，但决定运动员运动能力的基本因素是相同的，即运动员的身体体能、技术、战术能力、运动智力和心理素质，它们相互作用，产生相应的运动能力。身体体能主要是通过力量、速度、耐力这三个基本素质的组合来体现。技术能力是运动员完成运动动作的一种手段，衡量一个运动员技术水平的好坏，主要是看其技术是否合理、稳定，技术水平越高，其技术水平协调一致，成功率越高，反之，技术水平有限，则与标准动作存在差距。按照运动能力产生的途径，运动员能力可以分为先天和后天两种，二者是决定运动员运动能力水平的基本条件。其中，技战术能力、运动智力和心素质可以归结为后天性能力，战术是赢得比赛的重要因素，运动员运用战术就是在比赛中将自己平时训练的成果完美地展现出来，在规则允许的范围内干扰对手，从而形成有利于自己的局面。赛场变化很快，当运动员在身体、技术、智力和心理素质上都比较接近的时候，正确的使用战术是取得好成绩的关键。战术能力的提高需要运动员有扎实的技术技能、良好的战术意识和较高的智力水平。运动智力属于智能的一种，运动智力的高低对运动员掌握运动技术具有重要意义，运动智力高的运动员能够在短时间内学习运动技能，具有较强的心理素质，能够在比赛过程中控制自己的情绪，时刻保持镇定，灵活运用战术，取得理想的运动成绩。心理素质对运动成绩有很大的影响，据调查显示，在高水平比赛中，心理因素对成绩的影响占 80% 以上，尤其是后期，运动员之间的水平差距很小，此时运动员是否具有优良的心理素质，决定着运动员能否在关键时刻保持冷静。

(三) 对竞技体育体能训练进行优化的思考

第一，引入先进的体能训练理论知识。体能训练理论的发展与竞技水平的提高相伴而生，先进的训练理论促进了竞技运动水平的提高，进而丰富和发展了训练内容。"体能训练理论"是在理论与实践的互动中不断探索、不断完善而来的，具有重要的指导意义。因此，当有些传统的理论不再适应训练实践发展的需要时，即使它仍旧在训练中起着重要作用，也应该加以适当的修正和完善。为了使竞技体育体能训练理论得到及时的更新，要求所有教练员密切关注国内外培训理论的发展变化，及时学习、消化、应用，指导自己的培训工作。

第二，创新体能训练方法和手段。传统的体能训练方法单一，缺乏科学合理的计划和指导，运动员兴趣不高，技术水平难以有效提高。传统的体能训练只注重对运动员的力量训练，而忽略了耐力和灵敏度的训练，致使运动员技术水平停滞不前，难以调动运动员的积极性。因此，要改变传统的体能训练方法和手段，不断丰富体能训练内容。在力量训练方面，可以对运动员进行最大力量、速度力量、爆发力和核心力量的训练，使其力量素质得到最大提高；就耐力训练而言，可对运动员进行有氧耐力和无氧耐力训练，制订合理的训练计划，以提高其耐力素质。就灵敏度训练而言，可采取器械训练、组合训练等多种训练方式，提高运动员灵敏度素质。科学合理的体能训练方法，可以最大限度地激发运动员的身体潜能，为提高其竞技技术打下坚实的基础，促进我国竞技体育不断改革与发展。

第三，制定科学有序的体能训练体系。体能训练是一个逐步的过程，为了有效地发挥体能训练的作用和价值，必须制定出合理的训练方案。但是，当前竞技运动员的体能训练处于一种混乱的状态，既没有合理的训练计划和目标，也没有进行及时的调整，体能训练质量和效率不高，运动员的技术水平也没有得到有效的提高。因此，应制定科学有序的体能训练体系，根据运动员不同阶段的训练目标，制定合理、有效的体能训练计划，将重点放在体能训练的核心内容上，定期安排体能训练，逐步提高运动员的综合素质。此外，负荷训练也是体能训练的重要内容，教练员应考虑个体差异性化，制订相应的运动员训练计划，以更好地促进远动员的健康成长，发挥其价值，提高运动员的技能水平。

在竞争日益激烈的竞技体育项目中，对运动员的体能要求越来越高。目前的竞技体育训练过程中，要求科学进行运动员体能训练，提高运动员综合水平，如此，才能有效促进运动员竞技能力发展。竞技体育的发展离不开体能训练的发展，从近几年我国体育健儿在国际比赛中取得的成绩来看，我国运动员的体能在逐渐提高，在世界体育中占获得的成绩也就越高。因此，加强竞技体育体能训练势在必行，不仅可以促进人的身心健康发展，而且还是建设体育强国的重要要求。目前，体能训练对提高运动员的运动技术水平有着十分显著的作用，它已成为运动员进行身体锻炼活动不可或缺的一部分。伴随着体能训练地位的不断提升，它逐渐融入了技术训练、战术训练和心理训练，形成了完整的训练体系，推动着我国竞技体育发展。

第二章 田径运动员专项体能训练方法

　　任何一个的项目运动成绩，都不是某个单一因素所决定的，而是多种复合因素的综合效应。田径运动员比赛成绩的获得也必定是主、客体多种因素的综合效应。当然，其主要取决于运动员自身竞技水平，而体能的发展水平是取得体能类项群比赛成败的决定性因素。本章根据田径各项体能训练的特点分为走跑、跳跃和投掷三个部分，并分别进行说明。

第一节 田径运动基本理论

一、田径运动的起源与发展

（一）田径运动的起源

　　早在远古时期，人们为了获得生活资料，在与大自然及飞禽走兽斗争的过程中，逐渐意识到必须具有快速奔跑、敏捷跳跃和准确投掷等生存本领，才能更好地生存下去。而他们在长期的劳动实践中保持这些动作的经常与反复，于是逐渐掌握了走、跑、跳、投等各种技能。为了提高在大自然中的生存能力，人们开始有意识地进行走、跑、跳跃、投掷等的练习，从而形成了田径比赛项目的雏形。

　　据史料记载，公元前776年，在古希腊奥林匹克村举行的第一届古代奥运会上，就有了短跑项目，也就是从那时起，田径运动成为正式的比赛项目之一。公元前490年，雅典战士菲力比斯为了把希腊战胜波斯的消息尽快送到雅典，从马拉松镇一直跑到雅典，传达了胜利的消息后力竭而死。后来的马拉松比赛就是为了纪念这位伟大的雅典战士而设置的。

　　18世纪初，英国已有一些职业赛跑选手进行长跑比赛，比赛很受人们的欢迎。1894年，在法国巴黎成立了现代奥运会组织。1896年第一届现代奥运会上，举行了从马拉松镇跑到雅典的比赛。在这届奥运会上的走、跑、跳跃、投掷等田径项目，被列为大会的主要项目。在迄今为止已举行的各届奥运会上，田径运动都是主要比赛项目之一。

　　公元前8世纪的古希腊奥运会上，已有跳远比赛，且是当时五项全能之一。现代跳远始于19世纪中叶，起源于英国。1896年在雅典举行第一届现代奥运会时，跳远就是正式项目。三级跳远是由多次跳演变而来的，而古代日耳曼人和克尔特人已多次跳这种运动方式。公元前200年，克尔特人运动会上就有类似三级跳远的比赛，现代三级跳远起源于爱尔兰和苏格兰。19世纪中叶以后，逐步形成了三级跳技术的几种流派。

　　公元前708年，投掷铁饼成为古代奥林匹克运动会五项全能竞技运动项目之一。赛跑、跳跃、投盘、投标枪和摔跤这五项中的"投盘"指的就是掷铁饼，不过那时仅是一种石制的圆盘，后来才用铁和青铜来制作。

铅球比赛是由炮兵投掷炮弹的比赛演变过来的。公元14世纪，在炮兵的训练中，时常进行投炮弹的比赛，炮弹重量为16磅，即7.26千克，此重量一直沿用至今。链球是由爱尔兰和苏格兰的铁匠和矿工们投掷木柄铁锤游戏演变而来的。19世纪中叶，在英国的一些大学里出现了链球这个田径项目。1890年前后，美国人把链球的木柄改为铁柄，后来改成钢链。跳高作为田径比赛的项目源于爱尔兰和苏格兰。1800年，苏格兰已把跳高列为比赛项目。跨栏跑项目是由英国牧羊人的跨栏游戏演变而来的。1864年在首届牛津、剑桥校际对抗赛上，第一次正式举行了跨栏跑比赛。撑竿跳高项目初期是由撑竿或投枪作为支撑物越过深沟、水溪和围墙演变过来的。爱尔兰的塔里蒂安运动会一直举行到公元554年，撑竿跳高就是这个传统运动会上的项目之一。后来，撑竿跳高又从爱尔兰传到苏格兰和英格兰。撑竿跳高第一次作为正式竞技运动项目是在1866年。

1896年希腊雅典举行的第一届现代奥林匹克运动会，田径比赛是核心项目，其中包括100米、110米栏、400米、800米、1 500米、马拉松、跳远、三级跳远、跳高、撑竿跳高、铅球和铁饼，共12个男子项目。这些项目有代表性地体现出"更快、更高、更强"的现代奥林匹克格言。

（二）田径运动的发展

1. 世界田径运动的发展

公元前776年，希腊奥林匹克村举行了第一届古代奥林匹克运动会，并规定每隔4年举行一次。在1896年，沿袭了古代奥运会每隔4年举行一次的制度，举办的第一届现代奥林匹克运动会上，短跑比赛项目距离为192.05米，后来增加了中跑和长跑，当时被称为"往返跑"。1896年举行的首届现代奥运会设立了田径项目，而且一直都是奥运会的主体项目。这届奥运会的田径比赛定于4月6—10日举行，共设12个项目，共10个国家的选手参加了田径比赛。在1896年4月6日进行的百米赛跑的预赛中，17名选手分三组比赛，小组前两名进入四天以后的决赛。第一组的美国选手莱恩以12秒的成绩创造了男子100米的第一个奥运会纪录，成为奥运会田径史上第一个比赛获胜者，但因为他后来在决赛中只获得第四名，所以不是田径冠军。美国选手伯克以11秒8的成绩创造了更好的奥运会纪录，获预赛第三组第一名。4月10日进行了百米的决赛，5名选手各自采用了不同的起跑姿势，唯一采用蹲踞式起跑的美国选手是伯克，他用被希腊观众认为是"发了疯"的起跑姿势，成为奥运会的第一个百米赛跑冠军。

早期奥运会还没有充分挖掘出全世界最优秀的选手，第一个突破男子100米11秒成绩的是美国运动员卡利，他于1891年8月4日在巴黎创造了10秒8的纪录，这是未获承认的第一个非正式世界纪录。1895年8月28日，英国选手比顿在鹿特丹也跑出了10秒8的世界纪录。伯克在1896年雅典奥运会上的纪录（11秒8）比世界纪录还慢1秒整。

首届奥运会就有了跨栏比赛，共设8个栏（现在是10个栏），栏高1米，但当时的距离只有100米多，并非今天的男子110米栏。当时的跨栏跑并无技术规范，严格意义上来说，应该是"跳栏"。美国选手柯蒂斯以17秒6的成绩获得冠军。

在首届奥运会12项田径比赛中，美国出尽风头，独占9项冠军，其中有6项是田赛冠军。这次跳高比赛并不是专业运动员选手的较量，只是几名参赛运动员来雅典的即兴比赛。所以冠军获得者美国人克拉克只跳了1.81米（奥运会纪录），而1895年9月21日在纽约创造的"世界纪录"已达1.97米。参加撑竿跳高比赛的美国选手并非新手，他们都已经掌握了较好的技术。美国选手霍伊特使用的粗大竿子，他在离地后下手做了一个向上移动作，以3.30米的成绩获冠军。此次奥运会的其他田径成绩低于这之前的最好成绩，如跳远、三级跳远、铅球和铁饼。当时，投掷铅球的场地不是圆圈，而是一个方形。

1928年阿姆斯特丹奥运会上将100米、800米、4×100米接力、跳高和掷铁饼5个女子项目包括在内，标志着女子田径运动第一次被正式列入奥运会。从那时起，女子田径运动不断扩大。女子短跑唯一的项目是100米，美国选手伊丽莎白·罗宾逊在决赛中以12秒2的成绩获得冠军，成为奥运史上第一个女子田径冠军，这一成绩还被宣布为世界纪录。在800米的比赛中，德国女选手莉娜为德国夺得了在奥运史上的第一枚金牌。跳高比赛，加拿大的凯瑟伍德跳过了1.59米，打败了来自9个国家的20名女参赛选手，成为奥运史上第一个女跳高冠军。凯瑟伍德的这一成绩被宣布为世界纪录。实际上，此前荷兰女选手卡萝琳娜·吉佐尔弗已创造了1.607米的世界纪录，但未被认可。

由于国际比赛和奥运会的发展，迫切需要成立一个国际田径统辖组织，需要有一个能被全世界接受的有关规则和组织章程及共同的业余运动员定义的世界性法典，也需要真实可靠地记载世界和奥运会纪录。1912年7月17日，在那年举行的奥运会最后一个田径项目结束后的两天，在斯德哥尔摩举行了国际业余田径联合会的成立大会。澳大利亚、奥地利、比利时、加拿大、智利、丹麦、埃及、芬兰、法国、德国、希腊、匈牙利、挪威、俄国、瑞典、英国和美国共17个国家的代表出席了大会。1913年的柏林代表大会通过了第一部章程，有34个国家成为第一批会员。1914年在法国里昂举行的第三次代表大会上，新任名誉秘书瑞典的海尔丁·科杰尔曼提出了第一部用于国际比赛的技术规则，并极力主张会员组织在其国内比赛中采用类似规则。

1921年，日内瓦国际奥委会代表大会召开前夕，在同一地点举行了第四届国际田联代表大会。与国际奥委会和奥运会组委会的合作，保证了在奥运会上田径项目的比赛获得成功。事实上，国际田联与国际奥委会一直联系紧密。

1914年首次公布了世界纪录表，其中有53项男子赛跑、跨栏和接力跑纪录，30项竞走纪录和12项田赛纪录，包括十项全能。在蒙特利尔举行的第三十届代表大会上，对田径比赛项目及规则做出了重大改变，删去了各项英制的比赛距离。从1977年1月1日起，只承认1英里跑的英制距离（男子和女子）。1987年为青年男子和青年女子设立了世界纪录。

1926年，为消除在终点裁判和计时中的人为因素，在荷兰出现了第一架用于终点摄影裁判的高速照相装置。1928年阿姆斯特丹奥运会使用了这种装置。1930年电子计时成绩被承认为世界纪录。

1977年起，400米和400米以下的项目只有通过全自动电子计时的成绩才被承认为世界纪录。1989年，国际奥委会与其他奥林匹克联合会合作，签署了禁止使用兴奋剂的联合宣言，同年开始对兴奋剂进行赛场外随机抽查。

2. 我国田径运动的发展

我国田径运动的发展大体可分为三个部分：一是古代田径运动的发展；二是改革开放前田径运动的发展；三是改革开放后田径运动的发展。

（1）我国古代田径运动的发展

据记载，墨子《非攻篇》中论及了吴起与魏武侯谈论练兵、用人、强国的方法。吴起说，把能跳得高、跳得远、善走路的人选为士兵。元世祖忽必烈所组建的"贵赤卫"军队，每年组织一次赛跑，按规定时间跑完规定距离。

(2) 改革开放前我国田径运动的发展

自1840年后，西方近代体育思想、体育文化和竞赛等内容传入我国，随之在我国的大城市、军队和学校中开始开展各种体育竞赛活动。19世纪末，以田径、球类运动为主要内容的欧美体育经过青年会传入我国。1890年，在上海圣约翰书院举行了第一次以田径为主要项目的运动会。进入20世纪，各类学校开设的体育课中普遍采用田径运动项目作为教材，不同规模校际之间的田径运动比赛也不断增多。第一届和第二届（1910年、1914年）全运会田径赛的组织、规程和规则的制订及裁判员、工作人员等，大多数由非中国国籍人士包办。径赛距离和田赛成绩丈量均采用英制单位，投掷器械重量以磅为单位。第一届和第二届全运会田径赛分别设有11和13个项目，参加的运动员仅有数十名。1924年，我国第三届全运会田径赛由我们中国人主办，设19个比赛项目，径赛距离和田赛成绩丈量均采用英制单位。1930年和1933年我国的第四届和第五届全运会田径赛是以省、特别市、特区、华侨团体为单位进行的，并开始设置了女子比赛项目（1930年6项、1933年11项，而1936年奥运会女子比赛仅有6个项目）。至1948年，我国共举办了7届全国运动会，参加了第十届（1人）、第十一届（23人）和第十四届（3人）奥运会的田径项目比赛，还参加过10届远东运动会。

1932年7月，在美国洛杉矶举行的第十届奥运会上，我国运动员、东北大学学生刘长春作为中国唯一的运动员，参加了100米和200米的比赛。被誉为"短跑怪杰"的刘长春在我国1933年第五届全运会上所创造的100米10.8秒的全国纪录保持了25年之久。我国撑竿跳高名将符保卢，在1936年柏林举行的第十一届奥运会上，成为唯一获得决赛资格的中国运动员。

中华人民共和国成立后，在中国共产党和政府的重视和关怀下，田径运动在大、中、小学校迅速普及与开展起来，全国各地普遍建立了青少年业余体校田径班，国家和各省、自治区、直辖市建立了田径代表队，全国性田径竞赛制度化，有力地推动了我国田径运动水平的提高。1957年，我国运动员郑凤荣以1.77米的成绩打破了美国运动员麦克·丹尼尔保持的女子跳高世界纪录，轰动世界体坛。1958年7月，优秀男子短跑运动员梁建勋以10.6秒的成绩打破刘长春10.8秒的100米全国纪录。至此，我国的田径比赛纪录全部被刷新。到1965年，中国田径运动员中有35人达到当时第十九届奥运会的报名标准，有17人在11项成绩中列入当年世界前10名。中国田径运动员开始向世界田径运动水平攀登。

(3) 改革开放后我国田径运动的发展

1978年以后，由于我国实行改革开放政策，田径运动获得发展，田径运动水平迅速提高。1979年第四届全运会田径赛中打破了18项全国纪录，38项比赛中有34项成绩都超过了1975年第三届全国运动会的水平。20世纪80年代初期，我国出现了一批具有世界先进水平的运动员，如邹振先、申毛毛、刘玉煌和郑达真等。朱建华先后以2.37米、2.38米和2.39米的成绩三次创造男子跳高世界纪录。训练和竞赛制度的恢复和健全，促进田径运动水平不断提高，我国田径运动员不仅在第十届、第十一届和第十二届亚洲运动会上保持金牌数第一，而且在20世纪90年代初又创造了一批世界纪录。如1992年第二十五届奥运会，我国女子竞走运动员陈跃玲获得10 000米竞走金牌，实现了我国田径运动员在奥运史上金牌零的突破。曲云霞于1993年以$3'50''46$的成绩创造了女子1 500米跑的世界纪录，王军霞于1993年以$8'06''41$和$29'31''78$的成绩创造了女子 3 000 米和 10 000 米跑的世界纪录。在 2004 年第二十八届奥运会上，刘翔以 12 秒 91 的成绩获得男子 110 米跨栏金牌，同时平了由英国名将科林·杰克逊保持的世界纪录。这枚金牌是中国男选手在奥运会上夺得的第一枚田径金牌，书写了中国田径新的历史。在 2012 年第三十届伦敦奥运会上，陈定以 1 小时 18 分 46 秒的成绩夺得男子 20 公里竞走冠军，并打破奥运纪录，成为继刘翔之后第二名在奥运田径赛场夺金的中国男运动员。尽管在该届奥运会中，刘翔在 110 米栏预赛中起跑后摔倒遭到淘汰，但中国在此次奥运会上仍旧取得了 1 金 6 铜的好成绩。在 2016 年的第三十一届里约奥运会上，王镇获得男子 20 公里竞走比赛冠军。同时刘虹在女子 20 公里竞走比赛中以 1 小时 28 分 35 秒夺冠。在延期至 2021 年的第三十二届 2020 东京奥运会中，刘诗颖夺得女子标枪金牌，我国选手刘虹夺得女子 20 公里竞走的铜牌。另外，值得一提的是，北京时间 2021 年 8 月 1 日晚，在 2020 东京奥运会田径男子 100 米决赛中，中国短跑名将苏炳添以 9 秒 98 的成绩获得第六名，跑出了个人最好成绩，打破了亚洲记录，成为首位跻身奥运百米决赛的中国选手，被视为中国短跑的领军人物。因此，我们应该相信，随着以苏炳添、张培萌为代表的新一代中国田径力量的崛起，中国田径军团将会再次创造辉煌。

二、田径运动的特点

田径运动具有显著的特点，正是由于这些特点，才使得这项运动能够成为一切体育运动的基础，获得广泛的普及和不断的发展。田径运动的特点很多，但为了研究方便和清楚说明，下面选择了田径运动最具代表性的特点进行阐述。

（一）田径运动的基础性

田径运动中的走、跑、跳、投等运动，不仅是人类生活和劳动过程中需要掌握的生活技能，也是人类最基本的生存技能。除此之外，田径运动中的运动形式还是人体运动最基本、最普遍、最自然的活动形式。田径运动包括许多小项，其在比赛中属基础运动能力的项目，田径运动不仅要求参与者将其极限能力发挥出来，还要求参与者基础体能水平要高，否则会影响其技术的发挥。田径运动的胜负主要取决于时间的快慢和距离的高低或长短，其中，最主要的是力量、速度、耐力等要素。田径运动员要想提升运动水平，提高运动成绩，首先就要增强自身的体力。通过田径运动的锻炼，使人体的生理机能、基本活动能力和适应外部自然环境变化的能力得到有效的提高，进而有利于人体体质的增强，由此进一步增进身心的健康程度。

（二）田径运动的竞争性

具体来说，田径运动竞赛就是体能、技术和心理等方面的较量，无论是径赛、田赛还是全能项目，竞赛者要么需要经受住长久的时间考验，要么就在瞬间决定胜负，这就要求田径运动员必须具备坚强、果敢的意志品质。特别是在高水平的比赛中，成绩相当的运动员，短跑的胜负往往取决于百分之一秒，甚至是千分之一秒的表现；在长跑、超长跑的比赛中，要想取得优异的成绩，就要求运动员必须具备坚韧不拔、超出常人的忍耐力；在跳跃项目和投掷项目上，不仅要求运动员的体能和技术水平及在比赛中表现水平的能力要高，而且还要求运动员要具有非常好的心理素质，否则会对成绩产生影响。除此之外，田径运动的规则要求比较严格，在这种情况下，田径运动竞赛非常紧张而激烈，在运动员实力的竞争和较量的整个过程中都充满了激烈竞争的紧张气氛。在这个过程中，运动员不仅要追求高、精、尖的技术动作，还要追求技术动作时效性与竞技性的有机结合,从而尽可能地达到更快、更高、更远的竞技目的。

(三) 田径运动的严格性

田径运动的严格性主要是从田径运动技术层面上来说的。从表面上看,田径运动的技术动作并不如体操、花样滑冰等技巧性运动项目难,其战术也不如足球、篮球、排球等对抗类运动项目复杂。但是,这并不能说明田径运动的技战术水平低。从技术的角度上来说,尽管它的技术动作并不难,但它对技术动作也有非常高的要求,即要求运动员要具有较高的技术发挥的稳定性、精确性和技术性。例如,在背越式跳高比赛中,就要求运动员技术发挥稳定,因为跳高对于运动员技术的稳定和心态的平静有着非常高的要求,每一次试跳稍有闪失,就会造成过竿失败的结果;在跳远项目中,要求踏板要准确,否则就会导致犯规或对成绩产生影响。在田径运动中,技术动作要在短短的一瞬间达到高度的精确,并且身体的每一个动作、每一个环节、每块肌肉或肌群的用力和放松的时间与顺序都要合理。除此之外,对运动员的技术动作产生影响的还有对手、观众、气候、场地条件等因素。要想在比赛中稳定地发挥出运动水平,取得优异的成绩,就要对自身技术有严格的要求。因此,要对自身的技术进行不断改进,使其不仅与运动生物力学的合理性相符合,而且还要与个人特点相结合,形成个人的技术风格。

(四) 田径运动组织的复杂性

众所周知,田径运动项目非常之多,而每个大项中又有很多小项,要想把这些看似零散的项目统筹合理、安排得当,就需要非常专业的赛事组织团队。

田径运动会的特点主要表现为大与多,即项目多,参赛运动员多,运动员的组别多,裁判员和工作人员多,场地大,比赛所需器材和设施多。其中比较具有代表性的项目是马拉松跑和长距离的竞走,这些项目的比赛路线长,观看比赛的观众多,这也就使得赛事活动组织的难度和复杂性变高。因此,只有严谨地组织和安排赛事,将涉及的各个方面都考虑周全,才能筹备出成功的运动会,才能够为运动员提供一个发挥水平、创造佳绩的赛事平台。

(五) 田径运动的广泛参与性

在我们的日常生活中,经常能够看到清晨或傍晚在路边慢走和慢跑的健身者,他们有意识地通过田径运动达到健身的目的,表现出了田径运动的广泛参与性。毫无疑问,田径运动是参与性最为广泛、参与人数最多的运动项目。

田径运动在不同的领域发挥着不同的健身作用,自然就有不同的人群参与其中。在群众体育中,田径运动是群众健身的主要活动方式之一;在学校体育中,它是重点教学内容,受到学生的广泛欢迎与喜爱。田径运动项目之所以受到广大群众的喜爱与青睐,主要在于其针对性强,可选择的余地大,且受条件限制的因素较少,只要想锻炼,随时都可以参与,场地不限,运动场、空地、公路、乡间小路、城市公园等。另外,田径运动的广泛参与性还体现在以下几点。

(1) 田径运动对参与的人群要求较低,不同性别、不同年龄、不同身体状况的人都可以进行田径运动锻炼。

(2) 这项运动受时间、气候方面的影响较小,因此可以在工作之余和闲暇时间进行相关锻炼。

(3) 参加田径运动健身的人还可以以自身的情况为主要依据,结合需要对运动的量和强度进行适当、灵活地调整和控制,从而达到安全健身的目的。还需要强调的是,田径运动几乎都属于户外活动,这样的运动环境不仅能使参与者更多地在日光、空气等自然条件下得到锻炼,而且还能够使人体进一步提高对外界环境的适应能力。

(六)田径运动的丰富性

田径运动是世界上各项赛事中最重要的竞赛项目之一,同时也是体育运动中最大的一个项目,它包括的单项非常多,因此在许多大型运动会中,田径比赛项目最多、参赛田径运动员最多。正因为如此,田径运动在奥运会比赛中被称为"金牌大户",一直被各个体育强国视为最重要的奖牌争夺场。

第二节 田径运动员体能特征

一、竞走类运动的体能特征

(一)竞走类项目运动员的形态特征

竞走类运动员的形态特征应为身材修长、匀称,肩宽胸厚,骨盆较窄,足弓弯曲较大,跟腱明显,膝关节自然伸直,踝关节屈伸幅度大,小腿比大腿长,肌纤维细长、富有弹性。

(二)竞走类项目运动员的机能特征

竞走类运动员中枢神经系统主要表现为兴奋过程占优势,肌肉紧张和放松能力强,心肺功能要求高。供能系统是以无氧代谢供能和有氧—无氧混合供能为主。

(三)竞走类项目运动员的素质特征

竞走是典型的周期耐力性项目,要求运动员有机体在一定强度下长时间持续工作,具有良好的有氧代谢能力和专项耐力。运动员的速度素质要求也很高,尤其是在战术安排或在比赛最后阶段是取得优异成绩的保证。竞走运动员的肌肉力量要求在长时间内发挥小量的用力,即竞走运动员应按其特点把力量素质和耐力素质结合起来,否则随着距离的延长,步幅会减小。竞走运动员的柔韧性和关节的灵活性,尤其是髋关节的灵活性为步幅和技术正确性提供保障。

二、短距离跑类运动员体能特征

(一)短距离跑类运动员形态特征

优秀运动员身高存在个体差异,一般身体匀称结实;肌肉富有弹性,成束形;皮下脂肪较少,瘦体重相对较大;小腿稍长于大腿,大小腿长比最好小于95%;踝围较小,跟腱较长,人体肌肉收缩的作用力集中,有利于踝关节的蹬伸;臀部上翘,臀后、骨盆的纵轴短,肌肉用力时发力集中。脚趾齐且较短,使运动员跑步时做功少,向前性好。跨栏运动员除了与短跑运动员相似外,一般要求下肢长与身高比大,大腿长与身高比小,有利于跨越栏架和跑过栏间距。

(二)短距离跑类运动员机能特征

由于短跑运动的特点,要求其对抗肌收缩与舒张快速交替活动,因此,神经过程灵活性高,兴奋过程占优势，但由于兴奋与抑制过程转换频繁，使得大脑皮层神经细胞易疲劳。短距离项目时间在 60 秒左右，以无氧代谢供能为主，包括磷酸原系统供能和糖酵解系统供能。项目不同两者所占比例不同。50 米、60 米、100 米和直道栏项目，磷酸原系统供能占主要部分；200 米、400 米和 400 米栏则是无氧糖酵解系统供能为主，要求无氧耐力较强，有较强的心血管和呼吸系统功能。

（三）短距离跑类运动员素质特征

短距离项目素质特点为身体素质全面发展的基础上，保证速度素质的不断提高。由于这些项目都要求运动员以自身的力量克服体重，克服静止状态使自己迅速产生快速位移运动，因而力量的发展与提高对速度素质的提高和挖掘起着重要作用，另外柔韧性、灵活性及一般耐力也很重要。如跨栏运动员的髋关节灵活性及肌肉的柔韧性对掌握合理的跨越栏架技术有很大的影响。各项素质全面发展必须有助于运动员动作频率的提高与动作幅度的增加。在速度性项群不同的单项中，速度素质构成因素的要求及这些因素在单项中所起的作用又各有不同。

由以上分析可知，在整个比赛的各个阶段，对短跑技术的要求会因肌肉的用力情况、用力时间特征和运动员的新陈代谢活动而有变化。短距离跑类运动员的素质主要集中在速度、力量、柔韧性、协调性、专项耐力上。

三、中长跑类运动员的体能特征

（一）中长跑类运动员的形态特征

中长跑运动员一般身高个体差异较大，中跑运动员身高略高于长跑运动员，一般低于田径其他项目的运动员；身体匀称结实、肌肉富有弹性，成束形，皮下脂肪较少，瘦体重相对较大；下肢长，小腿相对较长，前摆时步幅大；踝围较小，跟腱较长，人体肌肉收缩的作用力集中，有利于踝关节的蹬伸；臀纹线高，臀部上翘，臀厚，骨盆的纵轴短，肌肉用力时发力集中，脚趾齐且较短。

（二）中长跑类运动员的机能特征

中枢神经系统机能特点表现为神经过程灵活性较高，机能稳定性较高，大脑皮层神经细胞较快产生疲劳。中长跑对心血管系统和呼吸系统功能要求高，在比赛过程中植物性机能不能适应运动机能的要求，机能变化不能很快提高，而在比赛临近终点时，植物性机能变化可达到最高水平。心脏每搏输出量大，血红蛋白含量较高。其反映指标主要是心率、血乳酸、血压、每分输出量等，能量代谢以无氧代谢供能和有氧—无氧混合供能为主。

（三）中长跑类运动员的素质特征

中长跑属于体能周期性耐力项目，其竞技能力主要由身体素质决定，其中发展有氧代谢系统供能是中长跑运动员身体训练的基础内容，也是发展无氧酵解供能水平的前提条件。速度耐力是决定中长跑运动员竞技能力的最重要因素。同时，相对力量和力量耐力也不可忽视，其体能训练应主要针对发展运动员的糖酵解系统、有氧氧化系统、协调能力、力量耐力、意志品质训练等。

四、跳跃类运动员的体能特征

（一）跳跃类运动员的形态特征

跳跃类运动员一般身材修长；在人体成分中，瘦体重较大，脂肪较少；下肢较长，大腿相对较短，小腿较长；一般踝关节围度较小，跟腱较长，跳高尤为突出，人体肌肉收缩的作用力集中，有利于踝关节的蹬伸。部分项目（如撑竿跳高）由于其特点，要求运动员指距较长以提高握杆点，增加摆动半径，给杆以更大的压力，从而越过更高高度。上肢和躯干肌肉发达，躯干趋桶形。撑竿跳高运动员对这一指标要求较高。一般臀纹线高，臀部上翘，臀厚，骨盆的纵轴短，肌肉用力时发力集中。

（二）跳跃类运动员的机能特征

中枢神经系统机能表现为神经过程灵活性较高，运动员对感官机能要求较高。跳跃类项目非周期性部分踏跳、腾空、过杆、落地等动作都要求头部姿势正确，因为头部位置改变，刺激本体感受器，反射性引起身体肌肉紧张重新分配，产生状态反射，从而保障动作的完成。靠视觉判断步点、起跳点和踏板的距离。各器官机能的变化不大，次于短跑。跳高试跳次数越多，对心肺机能的要求越高。能量代谢特点是运动持续时间短，主要由磷酸原系统供能。虽然爆发力较大，但总的能量消耗不多，对能源储备、呼吸、循环系统影响皆不大，恢复较快。

（三）跳跃类运动员的素质特征

跳跃项目完整技术一般包括助跑、起跳、腾空（过杆）和落地，但每个项目的运动形式和要求又有所不同，因此对运动素质的要求也存在一定差异。但跳跃类项目专项素质主要集中在速度、力量及灵敏柔韧等能力上。其中速度能力是短跑的速度和加速能力，短跑速度与跳跃成绩之间存在显著的相关性。如跳远运动员所跳远度的 2/3 是由助跑速度决定的，是决定跳跃项目成绩的直接决定因素。所跳远度的 1/3 是由起跳垂直速度获得的，是影响跳跃成绩的间接相关因素。力量能力是指在助跑速度基础上取得良好跳跃必要的高度，需要专项的反应跳跃力量与周期性运动助跑快速转变为非周期性运动起跳的有效的转换能力。灵敏能力则是指运动员肢体协调配合以保持空中身体平衡的能力。

五、投掷类运动员体能特征

（一）投掷类运动员形态特征

投掷类运动员一般身材高大匀称，最后用力的工作距离或旋转半径加长，可以使出手点较高。由于标枪要求运动员具有较好的速度素质，能在快速助跑的条件下协调准确地完成投掷动作，因此，标枪运动员要求身材更加匀称。如上肢和躯干肌肉发达，躯干呈桶形，这对运动员投掷用力时更好发挥肩带和躯干肌肉力量十分有利。此外，上臂肱二头肌和肱三头肌具有较强的收缩力量。根据项目特点，运动员必须将器械持握在手上完成动作，因此手较长，一方面利于持握器械，保持器械稳定；另一方面可适当增加用力的工作距离。

（二）投掷类运动员机能特征

中枢神经系统机能特点是大脑皮层兴奋过程占优势，反应时间缩短，神经过程具有高度的均衡性。由于动作结构复杂，有旋转、滑步、投掷器械等，在完成这种复杂动作过程中，对感觉器官要求较强，除本体感觉传入冲动有重要作用外，还须有视觉、前庭分析器等的作用。如掷标枪需要视觉来感知助跑的第一、第二标志线的距离和标枪的飞行；铅球、铁饼和链球投掷时，要求视觉准确判断投掷圈的范围和身体与圈沿的距离。由于运动持续时间短，能量代谢主要是磷酸原系统供能，具有功率输出快、持续时间短、供能总量少及机体恢复快等特点。

（三）投掷类运动员素质特征

影响投掷类运动员运动成绩的主要因素为最大力量、双腿和躯干伸肌肌群的速度力量及对投掷进行最后加速的专项投掷反应力量。其中，协调能力也尤为重要，节奏和平衡、定向能力、加速和制动的准确运用及旋转过程中有目标的投掷，都需要高水平的协调性。从投掷项目原理分析，决定投掷远近最重要的因素是器械的出手速度。速度是投掷类项目的核心，而这个速度的获得是以绝对力量为前提的爆发力，只有瞬时爆发的最大力量才能获得一个最高的出手速度。掷标枪不仅采用近似跑的技术动作，而且要求运动员在全速跑动的过程中流畅、协调地完成投掷动作的投掷项目。掷标枪项目更多的是依赖较长距离的助跑、爆发力和专项投掷力量。

第三节 田径运动专项体能训练方法

一、竞走类运动员的体能训练

（一）竞走运动概述

1. 竞走的起源与发展

竞走是一项发展耐久力的田径运动项目，其特点是两脚交替支撑，不能同时离地，步幅大、步频高，并受一定规则的限制。经常练习竞走不仅可以增加两腿、肩背、腰腹部肌肉力量，提高呼吸系统及心血管系统机能，对改善神经系统活动能力，促进整个有机体的新陈代谢都有良好作用，还可以培养刻苦耐劳的精神和坚韧不拔的毅力。竞走的技术不难掌握，练习时也不受气候、场地、器材等条件的限制，走的距离和速度易于调整，因而它是一项在旅行走路的基础上发展起来的田径运动项目，是男女老少四季皆宜的户外运动。

（1）竞走的起源

竞走运动起源于英国。早在19世纪以前，英国有许多徒步旅行家，他们以旅行观光和锻炼身体为目的，从一个地方走到另一个地方。他们行装简单，常常是数人同行，进行徒步长途旅行。在长途步行过程中，他们总结出一些行走的姿势和基本方法。这些姿势和方法的主要特点是走得轻松，步子大与速度快，而这是现代竞走运动最原始的雏形。后来一些徒步旅行者把这种行走的姿势和方法加以改进和提高并进行推广，成了当时英国长途徒步旅行者的主要行走方法之一。但19世纪流行于英国的竞走活动并不是一种体育运动形式，而是长途徒步旅行者一种省力和轻松的行走姿势。后来，为了使更多的徒步旅行者掌握这种姿势和方法，一些有经验的徒步旅行者在公共运动场地上进行公开表演，一些人跟随着学习和练习。这样，逐渐形成了竞走活动。

19世纪初，英国出现了步行能力比赛的活动。1866年，英国业余体育俱乐部最早举行竞走冠军赛，竞走的距离是7英里（约11.26千米）。1870年，英国的托马斯在伦敦一个运动场上表演了竞走，他以2∶47∶55的成绩创造了第一个20千米场地竞走纪录。据传托马斯就是一个长途徒步旅行者，他走的姿势十分优美，不仅走得轻松，而且速度很快，因而博得了观众的赞赏。据说，自从托马斯做了第一次竞走表演后，英国的许多人就开始学习竞走。实际上，托马斯并不是第一个进行竞走活动的人。在此之前，英国的一些地方就曾举行过从一个城市到另一个城市的竞走活动。据近代相关报道，非洲一些地方的黑人，能连续40个小时，中途不停顿地跋涉200千米的距离，而且到达目的地后，还不感觉到疲倦。其原因可能除了他们的身体条件好之外，行走的姿势一定起着重要的作用。美国人在澳大利亚发现，那里的土著人的行走能力非常强。他们发现一些土著人在5个多小时内能在沙漠上走50多千米的路，平均每小时10千米。这些土著人行走的姿势十分奇怪，好像在水上飘浮一样，几乎完全利用双臂的摆动和身体向前的惯性向前滑动。所以，他们走起来不仅很省力，而且速度快。人们在长期的行走过程中总结出许多走得最快、最省力，坚持时间最长的各种姿势，以适应长途跋涉等的需要。

目前，有记载的比赛有1893年举行的从奥地利维也纳到德国柏林长达578千米的竞走比赛。除此之外，还有巴黎到里昂的竞走比赛，马赛到马德里的竞走比赛等。在这个时期，超长距离的公路竞走比赛多于场地比赛，人们对场地竞走比赛并不十分感兴趣。当时对竞走的姿势也没有严格的规定，计算成绩的方法也很不统一，有的按时间计算，也有的按里程计算。19世纪初，国际比赛中的十项全能运动之中就有中距离880米的竞走比赛。19世纪末，欧洲盛行从一个城市到另一个城市的市间竞走活动，不久又传到北美洲、大洋洲及其他地区的许多国家。起初，采取普通走步或任意走的形式，对竞走技术没有严格的要求。而现代的竞技竞走比赛，则有着严格的技术动作要求。为了用较快的速度走较长的距离，竞走的摆臂、迈腿和转髋等动作与普通走步相比都有相应的变化。其大致发展如下，1906年，在庆祝现代奥林匹克运动会十周年大会时，曾举行了1 500米和3 000米的竞走活动；1908年，第四届奥运会上，把竞走首次列为比赛项目，并举行了田径场地3 500米和10英里（约16千米）竞走比赛；1932年，第十届奥运会上，设立50千米竞走比赛；1956年，从第十六届奥运会开始，又增设20千米比赛；1983年，第一届世界田径锦标赛上，设立男子20千米和50千米竞走项目；1987年，第二届世界田径锦标赛上，首次设立女子10千米竞走项目；1992年，第二十五届奥运会把女子10千米竞走列入正式比赛项目；2000年，第二十七届奥运会取消了女子10千米竞走项目，新设女子20千米竞走项目。

（2）竞走技术的演变及发展

现代竞走分场地竞走和公路竞走两种比赛。场地竞走设世界纪录，公路竞走因路面起伏等不可控因素较多，成绩可比性差，故仅设世界最好成绩。运动员行进时，两脚必须与地面保持不间断接触，不准同时腾空，着地的支撑腿膝关节应有一瞬间地伸直，不得弯曲。竞走开始作为奥林匹克运动会男子比赛项目是在1908年第四届伦敦奥运会，当时的比赛距离为3 500米和10英里（约16千米）。第五届奥运会也是这两个项目，当时还首次设立了男子10千米竞走，加拿大的乔·古尔丁以46∶28.40的成绩获得了金牌。随即竞走运动在西欧、北美等地得到普及和发展。1932年，在第十届洛杉矶奥运会上，首次设立50千米竞走比赛，英国选手托塔尔获得金牌。这一时期主要依靠运动员的先天素质能力和运动天赋来取得好的成绩和名次。

1956年，在墨尔本举行的第十六届奥运会上首次设立男子20千米竞走项目。1976年之后，竞走运动几乎遍及世界各地。女子也积极参加竞走比赛,其中表现突出的是中国、苏联、奥地利、瑞典、意大利等国。鉴于女子竞走日趋活跃,国际田联从1981年起将5千米、10千米竞走列为女子正式比赛项目,并承认世界纪录。1983年,在第一届世界田径锦标赛上,设了男子20千米和50千米竞走项目。1984年,国际田联首次公布女子5 000米和10 000米竞走世界纪录。中国运动员阎红成为第一个女子10 000米竞走项目45:39.50的世界纪录创造者。1987年,阎红和陈跃玲又分别创造了5 000米和10 000米的竞走世界纪录,这一时期也成为中国女子竞走成绩辉煌的时期。1987年,第二届世界田径锦标赛上,首次设立女子10千米竞走项目,苏联斯特拉霍娃获冠军。1989年,在亚洲田径锦标赛上,首次举行10千米竞走比赛,中国的陈跃玲以48:59.68的成绩获得冠军。1992年,在西班牙巴塞罗那举行的第二十五届奥运会上,首次设立女子10千米竞走项目,我国运动员陈跃玲荣获奥运会史上第一枚女子10千米竞走项目金牌,成绩为44:32.00。2000年,在澳大利亚悉尼举行的第二十七届奥运会上,我国优秀运动员王丽萍荣获女子20千米竞走项目奥运史上第一枚金牌,成绩为1:29:05.00。2012年的伦敦奥运会,我国的陈定获男子20千米竞走金牌,2016年里约奥运会我国优秀选手刘虹获女子20千米竞走金牌,王镇获男子20千米金牌。

纵观竞走运动的发展,1996年以前的竞走定义是:"竞走是与地面保持不间断接触地向前跨步走。A. 每步中,在后脚离地之前,前脚必须与地面保持接触;B. 支撑腿在垂直部位时,至少有一瞬间必须伸直。"1996年的竞走新定义是:竞走是运动员用双脚向前行走的方式保持与地面的接触,没有(人眼)可见的腾空。前腿从脚触地瞬间至垂直部位应该伸直(即膝关节不得弯曲)。新旧竞走定义差异之处:一是新定义规定为没有人的肉眼可见的腾空,承认客观存在的肉眼不可见的腾空。二是新定义规定为前腿从着地瞬间到垂直部位膝关节应伸直。由于以上两点差异,必然引起竞走技术的一些改变。

国际田联修改后的竞走定义给竞走运动一个十分明确的技术动作概念,其关键是不应有人眼可见的腾空现象。针对摆动腿过渡到支撑的动作结构作了严格的规定,必须在前摆腿触地瞬间保持膝关节伸直,直到过渡到身体重心垂直面支撑腿膝关节保持伸直。旧的竞走定义下的技术动作前腿着地膝关节不要求伸直,只要求支撑腿在垂直部位时有一瞬间伸直,这就形成一种明显"扒地式"前脚着地的"跑步式"着地动作结构。"竞走的定义"规定运动员在行走的过程中,没有人眼可见的腾空,这是以裁判员肉眼观察为依据,而不是借助任何仪器。经世界大赛检验而承认成绩的优秀竞走运动员的腾空时间为40~70毫秒。所谓没有(人眼)可见的腾空,这也意味着人眼不可见腾空的客观存在,但必须清醒地认识到,加大腾空时间不是竞走技术发展的方向,只是在肉眼观察不到的腾空的条件下,谋求腾空的临界标准。

2. 竞走类项目的基本特征

(1) 竞走项目分类

竞走项目一般包括5千米、10千米、20千米、50千米等项目,是指运动员与地面保持接触连续向前迈进的过程,没有人眼可见的腾空,且前腿从触地瞬间至垂直部位应该伸直,膝关节不得弯曲。

(2) 竞走项目特性

运动属于体能主导周期耐力性运动,比赛距离长、技术要求规范、支撑时间长,易导致严重的局部疲劳,对专项耐力素质要求高,要求运动员技术动作协调并有良好的节奏。

(3) 竞走项目的运动过程

竞走项目是一个有效的向前运动的过程，这项运动通过以髋部为支点的杠杆（双腿和双脚）运动和双臂摆动维持平衡来实现。专门的技术要求和较高的评判标准要求，是参加比赛最重要的保证。在竞走比赛中，尤其是比赛的后程，正确的竞走技术动作依托于运动员的体能状况。

(4) 竞走项目

运动成绩评判是以运动员完成比赛任务耗费的时间为依据，并运用计量工具予以准确测定评价，客观公正。

(二) 竞走类运动员的体能训练的方法与手段

1. 竞走类运动员的力量训练

(1) 一般力量

一般力量训练指发展运动员全身各部位力量，主要包括符合专项技术的用力肌群的训练，以腿部、腰部、髋部、腹部、背部为主部位肌群，还包括臀肌肌群、股二头肌肌群、小腿和足关节屈肌群、肩关节和肱二头肌等。要求不同部位肌肉在完成不同练习时肌力和内协调性得到提高。

经常选用的训练方法如下：丘陵地跑——发展腿部力量耐力；连续跳跃练习——发展腿部力量耐力，如连续单腿交换向上跳、连续跨步跳；连续蛙跳——发展腿部与整体的协调力量；综合力量练习——发展整体力量和速度力量耐力及协调能力。在运动员的训练中，身体素质训练是整体训练结构中一个重要组成部分。因此，训练负荷数量、训练负荷强度、训练负荷密度的加大或减小都要与同期专项运动能力训练协调一致，这样才能有效地促进整体运动能力的提高。

(2) 专项力量

由于竞走运动员要连续较长时间或很长时间进行以下肢为主的重复动作，因此在全面发展运动员力量素质的前提下，对运动员下肢肌群的力量耐力和支撑器官（腿和踝关节）的力量能力要求更高。

训练中力量训练主要是力量耐力和支撑器官的训练。提高运动员的力量耐力应主要通过对血液循环和呼吸系统机能的改善来发挥毛细血管的作用和肌肉对血红蛋白的利用去发展力量耐力，而不应仅仅依靠提高运动员的绝对力量。所以在训练过程中，不宜过多采用过重的杠铃练习，可充分利用自然条件发展运动员的力量耐力和支撑器官的功能。

需要强调的是，竞走运动员身体中枢部位（骨盆和躯干）的稳定性、关节稳定性、髋关节前后运动时的平衡能力、克服自身体重的力量等所涉及的练习手段均应加以重视，特别应把腰、背臀部肌肉的发展和力量的提高作为练习重点。

一般采用加大难度的竞走练习，如上坡走、山地起伏地段走、适当的跳跃练习（如两腿交换跳、跳绳）、负重摆臂等。走时向前的动力主要由踝关节、趾关节、髋关节周围肌群收缩产生的水平推力提供。因此，加强支撑腿踝关节、趾关节、髋关节的伸屈力，这也是增加步频和步长的重要因素之一。综合力量练习对适合项目特征和个人特点的不同练习内容进行科学的安排。其重复次数和组数使运动员机体代谢供能达到与专项能力训练相同或接近程度，这样对运动员整体力量素质的协调发展极为有利。

2. 竞走类运动员的速度训练

最大速度是指在一定距离内最快的位移速度，运动员最大速度的水平往往是战术安排和比赛最后阶段决定胜负的关键。但最大速度不是竞走项目的决定因素，因此提高竞走运动员的速度必须与影响速度耐力水平提高的其他因素同时协调发展。单一最大速度提高的速度训练（同短跑运动员一样的速度训练），即使获得了最大速度的提高，其速度转化为速度耐力的比率也是很小的。竞走运动员既需要非乳酸无氧代谢供能的训练，也需糖酵解无氧代谢供能训练，这两种速度的同时改善才能促进运动员速度耐力水平的提高。

发展非乳酸能的速度能力是耐力项目的特殊需要，是在运动员有机体处在一定量乳酸堆积的条件下发展运动员的最大速度。实践中，教练员一般将最大速度的训练安排在专项训练负荷后且运动员有机体内乳酸含量尚未恢复时，如越野跑后，选用 200 米左右距离的间歇跑。竞走运动员发展速度素质一般采用接近专项、短于专项、大强度的竞走练习，并强调发展运动员的动作速率和节奏感。除采用专门练习外，还可以安排高频小步走和原地快速摆臂的模仿竞走练习、连续快速的仰卧摆腿练习及各种加速走和坡度走练习等。

3. 竞走类运动员的耐力训练

肌肉长时间地持续工作是竞走项目的最大特点。耐力是竞走运动员的基本素质。耐力是基础，可直接反映出一名运动员能源物质贮存量的大小、有氧代谢能力的高低及运动器官抗疲劳能力的强弱。因此，发展耐力应放在首位，并贯彻训练始终。

（1）一般耐力

一般耐力泛指运动员完成长时间工作的总体能力。因此，提高运动员的摄取氧、运输氧及利用氧的能力，保持运动员体内适宜的糖原及脂肪的储存量，提高肌肉、关节、韧带等支撑器官对长时间负荷的承受能力，并加强运动员心理调控能力，改进运动员在疲劳状态下充分动员机体潜力，坚持继续工作的自我激励是发展运动员一般耐力的基本途径。

针对竞走项目的特点，对运动员呼吸系统和心血系统的机能要求高。一般认为，长时间的单一练习既能发展机体的有氧代谢的能力，又能发展进行该项运动主要工作肌群及关节、韧带的工作耐力。而长时间变换内容的练习则减轻了局部运动装置的工作负荷，着重培养运动员有氧代谢的能力。小强度、长时间是发展一般耐力训练的负荷特点。

竞走运动员一般耐力主要训练方法如下：长时间单一运动练习；持续走、跑；变换的运动练习；法特莱克、爬山、自行车、游泳等。竞走和中长跑均为周期耐力性项目，其具体方法手段可借鉴中长跑训练部分。

（2）专项耐力

专项耐力是一定距离内发挥出尽可能高的平均速度走完全程的能力，它是竞走运动员专项成绩的一个重要标志。发展专项耐力是竞走运动员训练的核心问题，主要取决于运动员有氧代谢能力、体内能源物质的储存、支撑运动器官承受长时间工作的能力及运动员对疲劳的耐受程度等方面。专项耐力训练既要对机体产生最大刺激作用，又要使运动员在短期内得以恢复，同时配以必要的医务监督和营养保健措施，定期检查运动员各种生理变化，避免伤病和过度疲劳的产生，才能使训练负荷的能力及运动成绩逐年提高。无论使用何种方法，关键是围绕合理技术进行训练并控制好训练强度与训练量之间的关系。竞走运动员专项耐力的提高主要通过提高有氧—无氧混合能力，一般采用比赛或略高于比赛的速度，而训练的距离采用主项或接近主项距离的大强度间歇、重复、比赛训练法等。要求训练条件与比赛相同或在特定方面难于比赛。

4. 竞走类运动员的柔韧素质训练

竞走运动员的柔韧素质直接影响竞走运动员的步幅和技术，尤其是髋关节的柔韧性和灵活性。身体各个环节肌肉、关节的主动和被动的大幅度伸展和牵引练习，通常安排在准备活动和主要练习之间，练习时应注意缓慢地进行并逐步加大动作的范围。根据竞走运动员的特点，在练习时提高运动员的肩、髋、膝、踝等关节的柔韧性和灵活性，适当增加身体围绕垂直轴转动的幅度，提高肌肉紧张和放松能力，以改善动作的协调均衡性，协调能力。柔韧素质训练一般采用垫上或肋木的静力拉伸练习，在最大动作范围姿势下保持5～30秒，进行原地或行进间动力性练习，原地的模仿竞走转髋、两手支撑转髋跳等练习。竞走运动员的协调、柔韧素质及协调能力的训练不是单独进行的，反而要与专项技术训练结合并贯穿于运动员训练的全过程。由于竞走和中长跑均为周期耐力性项目，体能方法手段也可借鉴中长跑训练部分。

二、短距离跑类运动员的体能训练

（一）短距离跑概述

1. 短跑的起源与发展

短跑是田径项目中距离最短、速度最快的极限强度运动项目，是人体运动器官和内脏器官在大量缺氧的条件下完成最大强度运动的项目。短跑是发展速度素质最有效的手段，是田径运动的基础项目，在其他运动项目训练中也占有极其重要的位置。

（1）短跑的起源

短跑古称"场地跑"，它是人类历史上开展最早的一项田径运动。传说，点燃天神宙斯的妻子赫拉神坛中的"圣火"是当时奥林匹亚祭祀盛典上最为优美壮观的场面，古希腊的人们都争着要获得这个神圣而又终生难忘的机会。由于人数太多，让谁点燃赫拉神坛上的"圣火"就成了一个难以解决的问题，因而有人提议，以短跑竞赛的形式看谁最先到达神坛，就由谁来执行点燃圣火的仪式。这个意见很合理，于是大家当即就采纳了这个建议。久而久之，古希腊人便形成了传统的习惯，并以神的意志加以推行，所以这项赛跑运动很快就在希腊本土流行起来，受到古希腊人们的喜爱。

根据记载，公元前776年，在希腊奥林匹克村举行的第一届古代奥林匹克运动会上就有了短跑比赛项目。当时古希腊的人们把这项短跑运动称之为"斯太地亚"，意为"场地跑"。当初，供"斯太地亚"比赛用的跑道仅是一条笔直的场地，这条笔直的场地上也没有分道线，只是在起地线上每隔1米的地方放一块石头作为分道的标志，对于起跑后抢道的问题则没有严格的限制。另外，在起点和终点线上也均用插在地上的标枪作为标志。起跑时，竞技者把大石块置于脚后，借路石的力量来加快起跑的速度，这也是现代田径赛中短跑项目运动员起跑器的雏形。后来，随着伊利斯城邦财富的增多，运动场也修建得越来越好。

从公元前724年的第十四届古代奥林匹克运动会开始，起跑线便以铺平在地上的石板线取代了跑道尽头的标枪作为起跑线上的标志。奥林匹亚的起跑石板线是逐段分开的，总共有二十段，每段容一人，可以使竞技者独自在比赛时横占大约1.3米左右的距离。当时在起跑点的石板上还刻有两条平行槽，两槽之间的距离大约为0.23米，显示出当时的运动员在起跑时是双脚一前一后，身体直立前倾在起跑槽（即当时的起跑线）上，等待裁判的命令。同时增加了第二个短跑项目"基阿格斯"（两个"斯太地亚"），约接近400米。当时跑的技术没有文字记载可查，从古代装饰瓷器上所画的图来看，当时跑的姿势，上体前倾较大，腿抬得较高，小腿落地前有向前摆的动作，步幅开阔。起跑是采用"站立式"姿势，并把大石块置于脚后，借推蹬巨石之力来加快起跑的速度。

在即将比赛之前，裁判员还要最后一次告诫运动员：如果你们的训练无愧于奥林匹克赛会，如果你们不想因为懒惰和不光彩的行为而丢脸，那就勇敢地前进吧！那时的竞赛规则很严格，谁只要偷跑一步，就要受到鞭打的处罚，然后再重新从起跑线上开始跑起。

在当时，这个竞赛场可容纳20名运动员一起比赛。由于每届参加比赛的人数太多，比赛通常都要分批进行，每批参赛者的人数多少以便于观察为准；比赛运动员采用抽签的办法决定组次和道次。在古代奥林匹克运动会上，场地跑的优胜者不是以计算成绩快慢的方法来确定的，而是要求在每轮淘汰赛中始终跑第一名，才有资格进入下一轮，并且一直要坚持到此项目的最后一轮决赛为止。因此，在古代奥运会上从未有"最高纪录"和"破纪录"之类的成绩记载，除了一名绝对的优胜者外，其他竞争的选手都意味着失败。

（2）短跑技术的演变及发展

短跑技术的演变和发展经历了一个漫长的过程。古时赛跑的动作是上体前倾较大，大腿抬得较高，小腿前摆较大，两臂前后有力地大幅度地摆动，前摆幅度超过了头，手掌张开，后蹬腿有力地蹬地，整个身体表现出非常有力量的姿态。

最初的比赛中，运动员可以采取任意的姿势起跑。1887年，美国一名运动员查尔斯在起跑前在场地上挖了脚状的坑，并且采用蹲下的姿势起跑，这就是我们今天一直沿用的"蹲踞式"起跑的雏形。在1896年第一届现代奥林匹克运动会上，美国运动员布克采用"蹲踞式"起跑以12秒成绩获得100米冠军，又以54.2秒的成绩获得400米冠军。从此，"蹲踞式"起跑技术开始在全世界推广。

短跑技术在不断地发展演变着，19世纪末到20世纪初，人们普遍采用的短跑技术是所谓的"踏步式"跑法，动作特点是躯干前倾大，大腿抬得高，脚落地点离身体重心投影点近，步幅小，步频较快，跑的动作较为紧张。这个时期主要是靠人的天资，凭运动员的天分素质能力，创造当时的短跑纪录。所以这一时期，短跑成绩发展缓慢。从第二届奥运会100米成绩10.8秒到第八届奥运会100米成绩10.6秒，前后相隔24年，成绩仅提高0.20秒。这一阶段最著名的运动员有第五届奥运会100米和200米冠军库·克雷格及第八届奥运会100米冠军亚伯拉罕。后来，芬兰人克里麦特率先采用了"迈步式"的短跑技术，其技术特点是躯干略前倾，大腿高抬并前伸小腿，脚的着地点离重心投影点较远，步幅增大，步频稍减慢，整个短跑动作显得自然。从短跑技术上说，由"踏步式"向"迈步式"技术的发展是很大的进步，这促使短跑项目的成绩明显提高。但是，以上两种落地都用脚跟着地，影响运动员速度发挥。经瑞典体育学院研究认为，应将脚跟落地改为前脚掌落地，由此产生新的"摆动式"跑法。现代塑胶跑道的出现又使人们逐渐改进技术，开始采用摆动式"屈蹬型"跑法，这一跑法使身体各部分动作协调、自然、步频快、步幅较大，减小蹬地角度，加强蹬地的实效性。

20世纪30至50年代，是短跑技术发展史上另一个重要的里程碑时期。1929年美国选手G.辛普逊首先使用了可调节的起跑器，他以9.4秒跑完100米。因为当时不准使用起跑器，只准在地上挖起跑穴，他的成绩没有被承认为世界纪录。1936年，在第十一届奥运会上，首次规定选手必须采用"蹲踞式"起跑，并使用助跑器。此外还划分了跑道，一套较为健全的比赛规则被确立下来。1938年，起跑器才取得合法地位。这一时期，开始进入了有计划安排的全年训练，在训练的理论和方法上有较明显进步，从而促进了短跑运动水平的提高。从第九届奥运会的10.8秒到第十四届奥运会100米冠军成绩10.3秒，前后相隔20年，100米成绩提高0.5秒，这是一个很大的飞跃。美国男运动员杰西·欧文斯、荷兰女运动员布兰克尔斯·科恩是这时期杰出的典范。

20世纪五六十年代，进入大运动量训练时期，在短跑训练理论和方法上的发展也具有划时代的意义。在短跑技术结构研究和运动训练中，广泛利用生理学和生物化学等科学研究成果，促进了世界短跑运动水平迅速提高。同时由于塑胶跑道的使用，使短跑技术和运动成绩产生了大飞跃。这个时期出现了很多优秀的短跑运动员，短跑技术得到了很大的改善，并形成了现代的短跑技术。该技术的特点更加强调"摆动腿高抬膝，前摆大腿时积极送髋，支撑腿着地积极、脚掌扒地"，动作轻快柔和，后蹬动作有力，蹬摆配合协调，摆臂动作幅度大而向前。因此，其优点在于身体各部分动作协调自然，步幅大、步频快。20世纪60年代末期开始使用全自动电子计时系统计取成绩，纪录成绩的单位为1/100秒，精确度比手计时提高数倍。从那时起，体育研究人员和教练员对短跑的起跑技术和起跑器进行了大量的研究和改进，还根据运动员的形态、技术和素质状况的差异设计出如"普通式""拉长式"和"接近式"等起跑器的安装方式，使运动员在起跑时能够迅速及时地摆脱静止状态，获得尽量大的起跑初速度。

自20世纪70年代初至今，是从"经验型"训练向全面科学训练的发展阶段，是短跑成绩迅速提高的阶段，科学的、系统的短跑训练理论和方法得以形成，选材理论得到了一定的发展，是多学科的科研成果和手段在短跑项目中广泛运用的时期。在这几十年的时间里，先后出现了许多著名的短跑运动员，其中最著名的当属美国的卡·刘易斯、格林和格里菲斯·乔伊娜。此外，还有美国的史密斯、贝利、约翰逊、米歇尔、伯勒尔、马什，苏联的鲍尔佐夫，英国的克里斯蒂，意大利的门内阿、牙买加的博尔特、奥蒂等。女子短跑运动员中有美国的琼斯、阿什福德，民主德国的科赫、斯特歇尔等众多的著名短跑运动员。

2. 短跑类项目特征

（1）短跑类项目分类特征

短跑类项目一般包括60米、100米、200米、400米跑及4×100米和4×400米等项目，是田径运动径赛中距离最短、强度最大的项目，是要求人体运动器官和内脏器官在大量缺氧的情况下完成极限强度的运动项目。

（2）短跑类项目速度特征

短跑类项目是体能主导类速度性项目，速度能力是其竞技能力的主要决定因素。全程的成绩取决于反应速度、加速度和保持最高速度的能力及技术的质量。在不同距离的项目中，三者的构成例虽有不同但都是三种表现的完整结合。其中400米可视为较长段落的短跑，速度耐力的作用尤为重要。而100米对起跑的快速反应能力和爆发力要求极高，体现为反应速度与动作速度的完美结合，在极短时间内达到最大位移速度并维持快速的最大用力至终点。接力短跑体现每个运动员的单跑速度，以及传、接棒技术。

(3) 跨栏跑项目技术特征

一般包括男、女 100 米栏和男、女 400 米栏四个项目。跨栏跑是短距离跑的一种特殊形式，是指跨越障碍的短跑，是一项在固定条件（栏高、栏距）限制下，依靠加快步频提高全程跑速的非对称的周期性径赛项目。它是田径项目中技术性强、动作较为复杂，对速度、力量、柔韧、灵敏、耐力等素质及全身协调配合要求较高的项目。运动成绩是由运动员的栏间跑速度、过栏技术与跑跨结合技术决定的，主要取决于速度、力量、一般和专项耐力、技术、节奏、髋部的灵活性、协调性和平衡能力及精神集中能力等因素。

(4) 短距离跑类项目特征

短距离跑类项目肌肉工作属于（肌肉活动）动力性工作，以肌肉的爆发用力起跑、极大强度的途中跑和最大用力冲刺跑完成全部过程。工作部位以下肢为主，包括大小腿的肌群，上肢和躯干肌肉虽不产生动力但在运动过程中起着保持姿态和平衡的重要作用。

(5) 短距离跑类项目规则

短距离跑类项目比赛规则相对简单，运动成绩是以运动员完成比赛相应距离的最短时间为依据，运用计量工具予以准确测定评判，客观公正。

(二) 短距离跑类运动员的体能训练的方法与手段

训练中提高运动员体能的关键在于根据项目特点、运动员训练阶段划分、个体差异等正确地选择训练内容，优选适合运动员具体情况的训练方法和手段。当前短距离跑类项目表现出训练内容的广泛性和专项性密切结合、训练方法手段相对集中及训练方法手段选用最佳匹配（合理地组合训练手段）的特点。在训练过程中，训练内容的选择体现在一方面要与决定运动员竞技能力水平的主导因素——速度素质紧密结合。训练方法和手段主要选用发展运动员爆发力、动作速度、反应能力及动作幅度为主的练习。另一方面训练要解决专项技术的需要。如跨栏项目中"蹬摆配合"与跑与跨、跨与跑结合的练习。训练手段的合理组合有助于充分发挥各手段的综合效应（整体效应），如短跑运动员采用跑—跳、跳—跑的组合训练，用跑的专门练习然后过渡到加速跑等。

1. 短距离跑类运动员的力量训练

提高短距离跑项目运动员速度，不仅要重复专项练习，而且要提高运动员力量。肌肉力量的性质、状态直接影响专项素质，如肌肉最大力量与反应速度及加速跑相关；肌肉爆发力与加速跑和最大速度相关；肌肉力量耐力与后程速度相关。

(1) 速度力量的训练

速度力量与加速跑、最大速度跑的能力关系最为密切。在发展基本力量的同时，应着重发展速度力量。在力量和速度两个因素中，只要其中一个或两个因素提高，速度力量就会得到提高，实际上训练中提高力量相对比提高速度容易。因此提高速度力量的练习方法主要是采用发展力量的练习，在力量练习的同时应注意加快频率。

速度力量练习方法主要采用超等长的力量练习，如用最大速度做垂直跳 30 秒；单足跳 30～50 米；立定跳远，三级跳远；三级跳箱练习（用单足跳上、跳下）；单足跳下台阶；跳深练习等。不同练习内容对练习的组数及每组重复次数有不同的要求。速度力量练习也可采用近似短跑运动结构的专门练习，如运动员的快速小步跑、原地快速交换踏步、原地高抬腿跑等练习；

在外部有利条件下完成高频练习（如下坡跑、顺风跑、缩短步长跑的高频率跑）；陆上划臂练习；减阻蹬踏练习等。

（2）力量耐力的训练

力量耐力与终点跑保持速度能力关系最为密切，特别是 200 米、400 米跑、400 米栏的运动员。力量耐力兼有力量和耐力的双重特点，既要求肌肉具有较大的力量，又要求肌肉能够长时间地坚持工作。短跨项目不仅对运动员力量的大小有较高要求，对有氧代谢能力和能坚持长时间工作的经济实效的运动技术也有很高要求。通过力量耐力训练可提高运动员毛细血管和肌红蛋白的数量，改进运输氧的功能，提高无氧负荷的能力，从而延缓或减少速度下降的程度。

发展力量耐力的主要途径一般包括持续训练法、间歇训练法、循环训练法、重复训练法等训练方法，主要通过克服自身体重或负小重量的持续跑、跳跃等练习来实现；不同短距离的跑的练习；负重抗阻力练习，如负重弓箭步走、高抬腿弓步换腿跳、托重物跑和跳，各种跳跃练习，负重与不负重的双脚跳、单脚跳、水平跳、垂直跳等手段来提高运动员的力量耐力。

2. 短距离跑类运动员的速度训练

速度素质是指人体快速运动的能力，包括人体快速完成动作的能力、对外界信号刺激快速反应的能力及快速位移的能力。短距离跑类项目这三种速度素质在运动实践中既有区别又有联系，移动速度是由不同的单个动作速度，如途中跑中的后蹬速度、前摆腿动作速度、摆臂速度等组成；而反应速度往往是移动速度的开始，如起跑。但反应速度快，动作速度和移动速度并不一定快。

短距离跑类项目运动员的速度训练主要包括反应速度、加速度和最高速度。速度训练的效果在很大程度上取决于速度练习距离的选择、练习量的掌握及恢复时间的控制。实践证明，运动员从静止开始到加速到个人最高速度一般需要 5～6 秒时间，因而速度训练的最佳距离应选择在 30～80 米。由于速度训练对神经肌肉系统的要求较高，只有在神经系统高度兴奋状态下进行练习，才会取得好的效果。因此，速度训练应严格控制练习量及恢复时间的安排。练习次数一般为 4～10 次，恢复时间应保证运动员能够快速完成动作并能得到恢复，才进行下一次练习。

（1）反应速度

短距离跑运动员的反应速度主要取决于人的感受器（视觉、听觉）、其他分析器的特征及中枢神经系统与神经肌肉之间的协调关系。反应速度素质受遗传效应影响较大，此外，不同的信号刺激、不同的动作准备、不同机能状态、不同强度、接受刺激的感受器数量不同等因素都会影响运动员反应速度的表现程度。

反应速度训练常用的方法有信号刺激法（即利用突然发出的信号提高运动员对简单信号的反应能力）和运动感觉法，其练习手段包括移动目标的练习及选择性练习。

（2）动作速度

短距离跑运动员的动作速度主要受中枢神经系统兴奋与抑制的转换速度和神经—肌肉协调性的影响。提高动作速度常用的方法有利用外界助力控制运动员的动作速度，减小外界自然条件的阻力（如顺风跑），利用动作加速或利用器械重量变化而获得的后效作用发展动作速度，借助信号刺激提高动作速度等。

（3）移动速度

短距离跑类项目移动速度主要取决于步长和步频，但并不完全取决于步长和步频的对应关系。全程的动作频率和动作幅度状况的改善及两者之间的合理组合，可以保证运动员获得更快的移动速度。一般提高动作频率的途径有两种：一是提高中枢神经系统兴奋抑制转换的速度；二是增强肌肉的收缩力量与放松能力。而加大动作幅度的途径有三种：一是提高肌肉质量；二是改进动作技术；三是改善柔韧性。提高移动速度有两个基本途径：一是提高运动员力量（见力量部分）；二是重复专项练习。

重复跑是提高移动速度最主要的手段。负荷强度采用90%～100%以上的大强度的各种形式跑或利用降低条件的反复跑训练，促使运动员机体动用ATP-CP能源物质，达到发展非乳酸供能的无氧能力。为防止速度障碍，训练强度应是变化的。负荷量（持续时间）6～15秒左右。练习重复次数可以多，但必须以不降低训练强度为原则，如4～5次，练习组数视运动员的具体情况而定，水平高多些，水平低少些。间歇时间包括次间间歇和组间间歇，次间间歇一般包括短时间歇和长时间歇两种安排方式：

①短段落间歇安排，如距离30～60米，间歇时间60秒左右，目的在于使机体动员ATP-CP供能。

②较长段落长间歇安排，如100～150米，间歇时间120秒以上，目的是保证机体ATP-CP能源物质通过休息得以恢复。

组间间歇一般时间较长，如间歇5分钟，利于下一组练习。训练过程中的间歇方式一般以积极性休息为主。

3. 短距离跑类运动员的耐力训练

短距离跑运动员需要具有在大量缺氧条件下以高速度持续跑完全程的能力，在各项比赛中，后程减速造成步长缩短、频率减慢和技术变形等现象，均是其速度耐力不足的表现。通过训练，使运动员尽可能长时间保持最高速度和尽量减少最高速度下降的幅度。而造成速度下降的原因主要是中枢神经受到高频刺激所产生的疲劳。

因此，训练应以无氧糖发酵解供能为其物质基础，训练方法应选择导致产生最大乳酸的原则，采用极限下速度加大负荷的重复练习。一般采用负荷强度较大，强度为80%～90%，心率达180～190次/分钟。负荷量：一次练习的时间为1～2分钟之间，控制在300～400米或200～600米，重复次数不必过多，3～4次即可，以保持必要的训练强度为原则。重复组数的原则是使运动员在最后一组也基本能保持所规定的负荷强度，而不应下降得过多。练习的重复组数应视运动员的训练水平而定，一般为2～5组。

间歇时间安排有两种做法：一种是次间间歇时间以恒定不变，如每次练习之间休息4分钟；另一种是逐渐缩短次间间歇时间，采用这种方式可保持每次练习以后使体内乳酸堆积，达到较高值。这个值便可以成为下一次练习机体乳酸的起点值，并使下一次练习时乳酸达到更高的含量，从而达到训练的目的。

注意：由于这种安排方法练习密度大，运动疲劳深刻，训练时要谨慎。次间间歇时间为3～5分钟，以利于恢复。组间间歇时间一般要10～15分钟。

4. 短距离跑类运动员的柔韧和灵敏素质训练

短距离跑运动员主要体现动力柔韧和灵敏素质，柔韧和灵敏的水平要依据专项的需要，并有一定的柔韧储备,过分发展可能导致关节和韧带的松弛和变异,影响专项力量和技术发挥。

三、中长跑类运动员的体能训练

(一) 中长距离跑概述

1. 中长距离跑的起源与发展

(1) 中长距离跑的起源

中长跑是比拼耐力的项目,长时间、连续重复的支撑与腾空交替是这个项目的特点。它一方面要求运动员尽量减少能量消耗,维持一定的跑速,另一方面要求运动员在全程跑中能根据比赛的情况具有加速跑的能力。所以,运动员在跑的全程中,正确地掌握技术和合理地分配体力是非常重要的,如要求跑得轻松协调,重心移动平稳,直线性强,有良好的节奏;要尽量提高自身肌肉用力和放松交替的能力,既讲究动作效果,又注重节省体力。跑的距离越长,这些要求越重要。各种距离跑的技术,基本上是相同的。但由于距离的长短和跑的强度不同,所以在跑的技术细节上也有不同程度的差异。

①中距离跑起源

由于古奥林匹克运动会开始举办时只有短跑一项比赛,一个冠军。但很多人想参加比赛并夺冠。于是在公元前724年的第十四届古代奥林匹克运动会上把中距离赛跑正式列为大会的竞赛项目。

古希腊人把中距离赛跑称为"狄奥满斯"。因为当时的赛跑是按场地跑一个"斯塔季"的赛程计算。一个"斯塔季"大约是200码,相当于192.27米,而"狄奥洛斯"是四个"斯塔季"的距离,约为400码。中距离赛跑也是在场地的直道进行。因为场地不够长,所以与"斯塔季"竞技不同的是:进行中距离赛跑时,在场地跑的终点处立一根柱子作标志,要求竞技者从其左侧转弯返回起点,谁最早返回起点谁就是优胜者。中距离跑要在场地跑比赛的跑道上来回跑四次。因此,也有人把"道力霍斯"这个中距离赛跑称之为"场地往返跑"。

在现代奥林匹克运动会的田径比赛项目中,800米比赛和古奥运会的中距离赛跑很相似,虽然它们的距离是不相等的(今天的800米是当时"场地往返跑"长度的二倍),但是它们的比赛过程却是十分相似。

②长距离跑起源

尽管古代奥运会在第十四届增加了一个中距离赛跑"道力霍斯",但是仍然无法满足当时全希腊各城邦体育狂热分子想成为奥林匹克英雄的强烈愿望。为此,在公元前720年的第十五届古奥运会上,长距离赛跑又被列入正式的奥运会比赛项目。把长距离赛跑列入奥运会比赛项目,也是鉴于在前面的十四届奥运上的竞赛项目都是跑步项目。可见,跑步已在古希腊人的心目中有着不可动摇的地位。

古希腊人把长距离赛跑称为"道力霍萨"。"道力霍萨"的比赛方法和中距离赛跑一样,也都是在直道进行的,不同的只是在往返的次数上有较大的区别。"道力霍萨"赛程的距离一般是"斯塔季"距离的7~24倍,具体的距离是不确定的。此后的每一届中都有变化,但都是在1 400~4 800码之间。根据史料的记载,在古代奥运会的竞技史上从没有出现过比4 800码更长距离的赛跑路程。

长距离赛跑是一项考验耐力的竞技项目，它满足了当时那些热爱体育、积极进行体育锻炼而速度又不快的运动员成为奥林匹克运动会上令人崇拜的英雄的强烈愿望。根据古希腊史料记载，当时的古希腊人是很能跑步的，并且长跑的速度和持续的时间令后世以至今天的行家们赞叹不已。在公元前712年的第十七届古代奥运会上，有一名叫阿格的赛跑者，当时他获得了本届"道力霍斯"竞技比赛的冠军，他的心情无比激动，以至于在当天竟从奥林匹亚跑回自己的家乡亚尔科斯，向家乡的亲人们报告自己获得奥林匹克运动会冠军的胜利消息，并且又连夜从家乡亚尔科斯赶回奥林匹亚以便参加第二天的比赛。当时人们曾计算了他往返所跑的路程竟达一百千米。无独有偶，奥林匹克竞技场上还有一位运动员竟与马比赛。他由哥维尼亚跑到庇比斯，最终赶上飞奔的快马并将马击败。这名运动员的不凡身手，曾长期被人们传为佳话，并且一度成为希腊青年心目中的一位无与伦比的英雄。可惜我们今天始终不能从遗留下来的史料中查考到他的名字，这也是一件憾事。

古代奥林匹克运动会的赛跑比赛基本上确定了今天田径比赛跑步项目的雏形，为今天的赛跑奠定了基础。千百年来，跑步始终被全世界各民族作为一种最普通的体育竞技项目和身体锻炼的活动，并受到大家喜爱。

③马拉松跑起源

公元前490年，波斯的强大舰队横渡爱琴海，在雅典城东北六十千米的马拉松平原登陆。亡国的危险笼罩着雅典上空。雅典人立即派出快跑能手斐力庇第斯，向邻邦斯巴达求援。这位使者以惊人的速度，在两天之内跑了百五十千米路程，来到斯巴达。不料，斯巴达统治者以古来的风俗为借口，说："现在不行，只有等月亮圆了，才能出兵相助。"原来他们根本不想出兵。斐力庇第斯把这不愉快的消息带回雅典。雅典的将领们立即把全体公民组织起来，甚至把奴隶也编入军队。他们在著名统帅米太亚得的率领下战胜了波斯军队。米太亚得为了把胜利的消息迅速告诉雅典人，又选中了斐力庇第斯。这位长跑能手虽然已经受伤，但还是毅然接受了任务。他以飞快的速度从马拉松跑到雅典中央广场，对着盼望的人群激动地说了一声"大家欢乐吧，我们胜利了"之后，就倒在地上牺牲了。

为了纪念这次战争的胜利和表彰英雄斐力庇第斯的功绩，1896年在雅典举行的第一届现代奥林匹克运动会上，规定了一个新的竞赛项目即马拉松赛跑。运动员从马拉松起跑，大致沿着当年斐力庇第斯经过的路线，到达雅典，全程为40千米又200米。1920年，对这段距离又做了仔细测量，确定为42千米又195米。这就是现代马拉松比赛的距离。

(2) 中长跑技术的演变及发展

①中跑技术演变及发展

18世纪，随着英国出现中跑的竞赛，许多国家也相继开展起来。1896年第一届现代奥运会上，就有男子800米和1 500米两个中跑项目，其冠军为澳大利亚的埃·弗兰克，成绩分别为2：11.00和4：33.10。在中跑运动水平发展过程中，技术的不断改进也是一个重要因素。

20世纪初，中跑技术根据个人特征，形成自然跑的技术。中跑由于速度和距离的特点，基本是大步幅、慢频率，全脚掌落地或先脚跟着地再过渡到全脚掌着地技术。这样的技术产生阻力较大，身体重心上下起伏过大，增加了腿部负担，脚与地面接触时间长，影响跑速。20世纪30年代初，运动员开始注意系统训练，并开始重视速度训练。1934年，美国运动员比·邦思伦以3：48.80的成绩创造了1 500米新的世界纪录。1928年，第九届奥运会首次设立了女子800

米项目，德国女选手林·拉德尔夺得冠军，成绩为2∶16.80。但遗憾的是女子800米这个项目从奥运会比赛中不公正地取消并中断了32年之久。

随着田径运动的发展，中跑运动成绩的不断提高及钉鞋的出现，教练员更加注意对中跑技术的研究。在脚着地方式的改进过程中，由前脚掌外侧先着地过渡到全脚掌着地，但摆动腿下落消极，造成小腿前甩，脚落地距身体投影点较远。这样的技术，虽然在缓冲技术上有所改进，但由于脚落地较远，仍然影响了身体重心前移和向前的水平速度。

20世纪50年代以后，运动员摆动腿积极前摆和下压，迫使小腿自然向前下伸，适当控制步长，形成以脚前掌"扒地"的落地技术，并积极缓冲，落地点距身体重心投影点较近，减小了阻力，缩短了支撑时间，提高了跑的频率。中跑技术的发展过程强调摆动腿积极向前送髋，以及髋、膝、踝三关节充分蹬伸的技术，保证了身体的重心平稳和适当的步长，成绩提高很快。1955年，匈牙利的伊哈罗斯1 500米的成绩达到3∶40.80。1957年，捷克斯洛伐克的斯·容格维尔特将世界纪录提高到3∶38.10。同年，比利时的罗·莫恩以1∶45.70完成800米，并保持世界纪录16年之久。

20世纪七八十年代，世界上出现了许多在多个项目上打破世界纪录和夺取世界大赛金牌的运动员，如肯尼亚的凯洛、英国的塞巴斯蒂安·科、奥维特、非洲的罗诺、奥伊塔，以及女运动员中的美国选手德克尔、挪威的克里斯蒂安森和罗马尼亚的梅林特等。

随着科学技术的发展，多学科渗透到竞技体育的研究中。运动学、生物力学、高速摄影、影片解析技术的应用，对改进技术带来了明显的效益，而塑胶跑道的出现，对中跑技术要求更高了，在处理步频与步幅的变化上表现在支撑时间与腾空时间比例的变化，在前摆、后蹬技术上强调了抬腿和向前性要好。根据中跑项目的特点，要求中跑技术要根据个人身体条件、素质特点，在合理、有效的基础上注意节省能量消耗，把步幅、步频恰当统一在跑的技术中。现代中跑技术中摩洛哥、阿尔及利亚、肯尼亚、英国、丹麦等国的运动员都形成了自己的技术风格。

②长跑的技术演变及发展

20世纪30年代以前，英国首先形成了长跑训练体系，在起伏地形上进行长时间匀速跑。1920年前后，芬兰人改进了长跑训练法，在长时间的越野跑和场地跑中，增加节奏跑，以较快的稳定速度跑2～10千米，把速度训练和耐力训练结合起来，使运动水平得到显著提高。其突出的代表是帕·努米尔，他打破了5 000米（14∶28.20，1924年）和10 000米（30∶06.20，1924年）的世界纪录，并多次获得奥运会冠军，被评为20世纪"世界最佳运动员"之一。

20世纪30年代到70年代，出现了许多长跑训练方法，使长跑运动水平得到大幅度提高。第二次世界大战期间，第十二届、十三届奥运会未能举行，当时保持中立的瑞典的长跑运动水平得到大幅度提高，这应归功于著名教练员古斯塔·霍迈尔，他创造了"法特莱克"训练法，其突出代表是贡·黑格，他打破5 000米的世界纪录（13∶58.20，1942年）。与此同时，又出现了"变速跑训练方法"，其突出代表是被人们称为"人类火车头"的捷克斯洛伐克人——埃·扎托倍克，他在第十五届奥运会上获得5 000米（14∶06.60）、10 000米（29∶17.00）和马拉松3枚金牌，打破10 000米世界纪录，最好成绩为28∶54.20（1954年），成为第一个突破29分大关的人。在变速跑训练的基础上，德国学者赖因德尔和德国著名教练员创造了"间歇训练法"，该训练法在整个训练过程中，对心脏功能增强效果明显。

1960年—1970年，新西兰著名教练员里迪亚德、澳大利亚教练员谢鲁蒂创立了"马拉松"

训练法。它的特点是大负荷训练量，增加训练难度，把速度、力量训练与耐力训练结合起来，使运动水平取得较大突破。它的突出代表是澳大利亚运动员罗·克拉克，他曾 4 次打破 5 000 米和两次打破 10 000 米世界纪录，5 000 米最好成绩为 13∶16.60（1966 年），10 000 米最好成绩为 27∶39.40（1965 年），但罗·克拉克从未在奥运会上获得冠军，人们称他为"无冠皇帝"。也有人把他在奥运会比赛时的过于紧张的情况，视为"克拉克现象"。

1968 年，在墨西哥城第十九届奥运会上，5 000 米和 10 000 米的冠、亚军均被地处高原地区的肯尼亚、突尼斯、埃塞俄比亚的运动员夺走，当时引起了极大的震动。许多教练员和研究人员对高原训练进行了研究，认为低氧分环境是高原训练的主要特点，能有效地提高有氧代谢能力。许多国家的运动员都到高原（海拔 1 800～2 300 米）去训练，从而有人把这种训练称为"高原训练法"。在这一年奥运会的马拉松比赛中，一位坦桑尼亚选手在比赛途中摔倒受伤，但他还是坚持跑完了全程。当他一瘸一拐地最后一个跑过终点时，全场观众都起立为他鼓掌。赛后，有人问他为什么不索性退出比赛，他说："我的祖国把我从 7 000 英里外送到这里，不是让我开始比赛，而是要我完成比赛……"这位伟大的"失败者"也永远留在了奥运会的历史中。

20 世纪 70 年代到 21 世纪初，随着体育科研的发展，现代科学技术在训练中的广泛应用，从长跑训练内容到方法手段都给人们的大脑注入了新的认识，许多国家在训练方法上进行了创新，进一步丰富和完善了现代长跑训练法，运动员的运动水平也获得了大幅度的提高。

女子长跑项目早已在世界各国开展起来，世界田径锦标赛和洲际大赛已陆续将女子长跑项目（3 000 米、5 000 米、10 000 米）列为比赛项目，国际田联也早已开始承认各项的世界纪录。女子 3 000 米在第二十三届奥运会（1984 年）才被列为比赛项目，罗马尼亚的玛·普伊科获得第一个奥运会冠军，成绩为 8∶35.96，是这个项目的第一个奥运会纪录。苏联的塔·卡赞金娜把世界纪录提高到 8∶22.62（1984 年）。1993 年，我国的王军霞以 8∶06.11 打破了保持 9 年之久的世界纪录，将世界纪录提高了 16.5 秒，成为 20 世纪的最高纪录。女子 10 000 米在第二十四届奥运会被列为比赛项目，苏联的奥·邦达连科夺走金牌，成绩为 31∶05.21。挪威的英·克里斯蒂安森两次打破世界纪录。我国的王军霞创造了 29∶31.78 的 20 世纪最高纪录（1993 年），将世界纪录提高 41.58 秒，不仅提高的幅度大，而且她是第一位突破 30 分大关的女运动员。在 2016 年里约奥运会女子田径 10 000 米决赛中，埃塞俄比亚选手阿亚娜以 29∶17.45 的成绩获得金牌，打破中国选手王军霞 1993 年全运会赛场创造的女子 10 000 米世界纪录，将纪录提高了 14 秒之多。

女子 5 000 米在第二十六届奥运会被列为长跑比赛项目。我国的王军霞夺得 5 000 米奥运会金牌。1994 年，她把世界纪录提高到 14∶58.89，成为第一位突破 15 分的运动员。1996 年，她再次将世界纪录提高到 14∶37.33 她在做了母亲后更加青春焕发，独自包揽了 5 000 米、10 000 米和马拉松 3 项世界纪录，是 20 世纪 90 年代最突出的田坛女将。保持 11 年之久的 5∶000 米世界纪录，被我国的姜波突破，成绩为 14∶28.0（1997 年）。2008 年，埃塞俄比亚运动员蒂鲁内什·迪巴巴把世界纪录提高到 14∶11.15。

中长跑是以有氧代谢为主的耐力性和周期性的运动项目，其技术与其他田径相比相对简单，开始多采用后蹬较为充分、步幅较大、步频稍慢的摆动式跑法。进入 20 世纪 50 年代，中长跑的技术有了很大的发展，很多运动员都开始采用既有实效性，又有经济性，步幅相对缩短，步频相对快的"高频"跑法。在近一个世纪的历程中，中长跑的训练方法也有了很大的发展。开始多重视耐力，采用较单一的持续跑训练法。后来发展为在重视耐力的基础上，突出速度和专项耐力，因而出现了"法特莱克"跑、重复训练法、间歇训练法、综合训练法等一系列中长跑的训练方法。训练场地也不再局限于田径场，而移至场外，如野外的公路、丘陵、沙滩等进行训练。现代中长跑的训练正朝着更加科学化的方向发展，表现为重视选材，重视运动员全面训练，重视在大运动量的基础上科学安排运动负荷，重视运动员的心理训练、比赛中战术运用的训练和恢复训练，以及重视训练监控等，把多学科的知识引用到中长跑的训练之中，使中长跑的成绩得到了大幅度的提高。

中长跑是一种具有较大锻炼价值的运动。经常参加中长跑锻炼，能提高呼吸系统和心血管系统的功能，发展耐力素质，增强抗疲劳的能力，培养坚毅、顽强的意志和克服困难的精神。现代医学观察和研究证明，中长跑具有预防、治疗某些慢性疾病和增强体质、延年益寿的作用。尤其是长时间的跑步具有明显的预防肥胖和减肥的效果。因此，近些年来在世界范围内掀起了群众性的"长跑热"（健康长跑）。

由于中长跑锻炼不受性别、年龄、场地、器材、季节等条件的限制，因此，在世界范围内群众性的健康长跑得到了广泛开展。在我国，中长跑不仅是各级种类学校体育与健康教学大纲规定的教学内容，同时也是《国家体质健康标准》和《全国田径业余锻炼等级标准》规定的锻炼、测验项目。中长跑运动已成为广大人民群众锻炼身体的重要手段之一。

（3）中长跑技术发展的启迪

从中长跑运动本身的起源、发展及演变过程中，我们也不难获得一些启迪。

①传承性

中长跑运动发展至今，技术动作本身已发生了巨大的变化，但离不开的依然是最基本的动作，尽管古人在追杀猎物时奔跑的动作着实谈不上优美，但那种返璞归真的动作却能给人以美的想象，而中长跑发展到今天仍然传承着最原始的基本技术动作。

②先进性

现代奥运会以前，人们没有重视研究和改进中长跑的技术。在20世纪30年代，就出现了用前脚掌外侧先着地过渡到全脚掌着地的方法。第二次世界大战后，又出现了用前脚掌着地，摆动腿积极下压，脚着地距身体重心投影点较近，形成"扒"地动作，适当缩短步幅，加快步频的跑法。50年代世界上出现了"高频跑"，其技术特点表现为后蹬结束后，小腿后摆很小，没有明显的折叠动作，迅速转入前摆，摆动腿脚掌着地时离身体重心投影点较近，小腿自然下落与地面近乎垂直角度，没有明显的"扒"地动作，而且，前摆大腿抬的也不高，这样就缩短了两腿交换的时间，步长相对减小，提高了频率，加快了速度。

③实效性

过去高大运动员采用大步幅跑的技术，矮小运动员采用"高频跑"技术的模式已被打破。例如，1992年奥运会3 000米决赛中，独联体选手罗曼诺婕个子很矮，途中跑也是高频跑技术，实力并不占优势，但在最后100米处突然加大步幅跑，以有力的冲刺跑战胜其同胞多罗夫斯其克，以0.81秒之差险胜而获金牌。

④健身性

从健身角度讲，中长距离跑是人们提高身体机能水平的最简易的运动形式，它可以全面发展人们的各个器官、系统的功能，全面发展人们的综合身体素质，改善人们的生活质量，提高人们的心理适应能力,它还可以培养人们良好的思想道德品质,使人们具有竞争和吃苦耐劳的优良品质。所以,在我国,中长跑不仅是各级各类学校体育教学和《国家体育锻炼标准》的重要内容,而且是一种具有广泛群众基础的运动项目,是广大学生锻炼身体的重要手段。

⑤观赏性

体育比赛具有极强的观赏性,中长距离跑也不例外。人们会清晰地记得"东方神鹿"王军霞在奥运会上像鹿一样的奔跑,也不会忘记邢慧娜在雅典奥运会上的英姿。

⑥拓展性

田径运动是学校体育工作的重要组成部分,而中长距离跑又是竞技体育的竞赛项目。它是各项运动的基础,能全面、有效地发展人的身体素质和运动技能,对其他各项运动技术的发展和成绩的提高都有很好的作用。因此,各项体育运动都把中长距离跑作为提高身体素质的训练手段。通过中长距离跑的教学和训练,有助于培养学生的组织纪律性、团结互助的精神和吃苦耐劳、克服困难、勇于拼搏的良好品质。

2. 中长跑类运动的项目特征

(1) 中长跑分类

中长跑是中距离跑和长距离跑的总称,一般包括800米、1 500米、3 000米、5 000米、10 000米跑等项目。

(2) 属于耐力性项目

中长跑运动属于体能主导类的周期耐力性项目,距离较长,强度属于次最大强度,并以克服自身体重、较长时间多次重复相同动作为技术特征。在运动员跑动过程中,保持高速能力、跑步技术的经济性、战术能力、冲刺时的最大速度是影响运动员在不同距离项目上成功的因素。当前随着竞技水平的提高和比赛竞争的激烈,对运动员速度水平的要求也越来越高。

(3) 对意志品质要求高

中长跑运动对意志品质要求高。运动员在训练及比赛中抵抗疲劳对人体极限的挑战,要求运动员有坚强的意志,尤其是在比赛后程往往更是意志品质的较量。

(4) 成绩评判

运动成绩评判是以运动员完成比赛任务耗费的时间为依据,运用计量工具予以准确测定评价,客观公正。

(二)中长跑类运动员体能训练的方法与手段

1. 中长跑类运动员的力量训练

中长跑运动员要不间断的、连续较长时间或很长时间的多次重复单一动作。运动员的活动均是由肌肉的收缩产生的动力作用于支撑面(地面)的反作用力,从而使人体在水平方向上向前移动。因此,运动员的力量素质尤其是下肢力量是极为重要的。在任何情况下,力量尤其是力量耐力是中长跑运动员的重要基础。其中对下肢肌群的力量耐力和良好的支撑器官(腿和踝关节)力量能力的要求更高。因此,力量训练主要是进行力量耐力和支撑器官(肌肉、韧带、软组织、关节等)的训练。

利用循环训练安排全身力量协调发展的练习,不仅可以推动运动员各部位肌肉功能的发展,而且还可以改善提高运动员的内脏功能。值得注意的是,提高运动员的力量耐力应主要通过改善血液循环和呼吸系统机能,发挥毛细血管的作用和肌肉对血红蛋白的利用去发展力量耐力,而不应仅仅依靠提高运动员的绝对力量。在训练过程中,应充分利用自然条件发展运动员的力量耐力和支撑器官的功能,如利用地形条件的上坡跑或软地跑(沙滩、草地、雪地等)来增强腿部肌肉力量。经常选用的训练方法:山地跑——发展腿部力量耐力;连续跳跃练习—发展腿部各关节力量耐力;连续单腿交换向上跳、连续跨步跳—发展腿部力量耐力;循环力量练习——发展整体力量、速度力量耐力及协调能力。

另外,腰背部力量的协调发展对跑步的正确技术的重要作用不可忽视,可采用肋木悬垂举腿(直腿或屈腿)、垫上腹肌两头起、背肌等练习。

2. 中长跑类运动员的速度训练

现代中长跑被认为是速度耐力项目。速度耐力是长时间维持一定较高速度水平的能力,最大速度是指在一定距离内最快的位移速度,运动员最大速度的水平往往是战术安排和比赛最后阶段决定胜负的关键。但最大速度素质不是中长跑项目的决定因素,因此提高运动员的速度,必须与影响速度耐力水平提高的其他因素同时协调发展。单一的最大速度提高的速度训练,如同短跑运动员一样的速度训练,可能获得最大速度的提高,但其速度转化为速度耐力的比率很小。中长跑运动员既需要非乳酸无氧代谢供能的训练,也需要糖酵解无氧代谢供能训练。这两种速度的同时改善才能促进运动员速度耐力水平的提高。

发展非乳酸能的速度能力是耐力项目的特殊需要,是在运动员有机体处在一定量乳酸堆积的条件下发展运动员的最大速度。实践中,教练员一般安排在专项训练负荷后待运动员有机体内乳酸含量尚未恢复时,全力进行最大速度的训练,如越野跑后,选用200米左右距离的间歇跑。中长跑运动员发展速度素质一般采用接近专项、短于专项、大强度的竞走练习,主要采用短距离的重复跑、加速跑、行进间跑和变速跑等。

3. 中长跑类运动员的耐力训练

耐力素质的发展是耐力项目专项训练的重要组成部分,不同代谢供能耐力训练目的不同,训练方法也不同,但又必须和专项能力训练融为一个整体。

(1) 一般耐力

一般耐力是运动员有机体各器官系统机能的综合,是在不同项目中表现出专项耐力的基础。其任务是在一般身体训练的过程中有计划地对影响耐力的各个因素进行影响,扩大有机体进行一般工作的机能能力,建立提高负荷量的条件,并利用素质转移的效果为发展专项耐力打下坚实的基础。根据中长跑项目的特点分析,一般耐力训练与提高心血管、呼吸系统机能有紧密联系,适宜高强度、长时间、连续工作的能力就是"有氧耐力"的表现。"有氧耐力"具有两个任务:一是建立提高运动负荷的前提条件,二是产生耐力向专项练习转移的效果。

①持续训练法。有两种典型的练习形式,即匀速持续训练和变速持续训练。应用特点是平均强度不大,负荷时间相对更长,以有氧代谢系统供能为主。一组练习的持续负荷时间至少应为10分钟。负荷强度心率指标平均为160次/米左右。持续训练法是中长跑运动员训练过程中广泛用于发展耐力素质训练方法。

②乳酸阈训练。乳酸阈值是反映人体有氧工作能力的重要生理指标,其值越高,人体有氧工作能力越强。乳酸阈强度通常为4米摩尔/升左右,大约为最大摄氧量的60%~80%,但由于乳酸代谢存在较大的个体差异,其值在1.4~7.5毫摩尔/升之间,因此一般认为个体乳酸阈强

度是发展有氧耐力训练的最佳强度,以此强度训练,可使运动员在长时间内进行练习,从而提高氧代谢供能能力。值得注意的是,个体乳酸阈可训练性较大,有氧能力提高后,其训练强度应根据新的个体乳酸阈强度来确定。

还有其他一些方法手段发展运动员的一般耐力,如长时间进行的其他周期性运动,如速度滑冰、划船、自行车等;反复做克服自身体重的练习;坚持较长时间的抗小阻力的练习;循环练习等。

(2) 专项耐力

专项耐力是运动员有机体为了获取专项成绩,最大限度动员机能能力,克服专项负荷所产生疲劳的能力。中长跑项目的专项耐力特点是用尽可能高的平均速度通过全程,主要采用接近专项的运动距离及运动强度安排练习内容。其主要方法是间歇训练法、重复训练法等。

乳酸是周期耐力项目运动员的大敌。从训练的生物学角度分析,在运动时,乳酸积累导致机体疲劳或机能衰减是影响运动能力的主要因素之一。但大量积累乳酸可刺激机体对酸性物质的缓冲和适应,从而提高糖酵解供能能力。最大强度运动30秒~15分钟属于非乳酸和糖酵解混合供能,其中糖酵解供能起主导或重要作用,中长跑比赛属于这种情况。因此,中长跑运动员既需要非乳酸无氧代谢供能的训练,也需要糖酵解无氧代谢供能的训练,这两种速度的同时改善才能促进运动员速度耐力水平的提高。

①糖酵解无氧代谢供能的无氧耐力训练

A. 负荷强度。应使运动员机体处于糖酵解供能状态,因此强度应大,强度为80%~90%,心率达180~190次/分钟。

B. 负荷量。一次练习的时间介于1~2分钟。以跑为训练手段,控制在300~400米或200~600米;以游泳为训练手段,控制在100~200米或50~200米。

②非乳酸能无氧耐力训练学要点

A. 负荷强度。应使运动员机体动用ATP-CP能源物质,达到发展非乳酸供能的无氧能力,采用达95%以上的大强度。

B. 负荷量。持续时间10秒左右或更长。

4. 中长跑类运动员的柔韧训练

柔韧素质直接影响中长跑运动员的步幅和技术,尤其是下肢关节的柔韧性和灵活性。根据运动员的特点,采用身体各个环节肌肉、关节的主动和被动的大幅度伸展和牵引练习,有针对性地提高运动员的肩、髋、膝踝等关节的柔韧性和灵活性,适当增加身体围绕垂直轴转动的幅度,提高肌肉紧张和放松能力,以改善动作的协调均衡性,协调能力。

发展肩部、腿部、臂部和脚部的柔韧性,其主要手段有压、搬、劈、摆、踢、绷及绕环等练习。而发展腰部的柔韧性,其主要手段有站立体前屈、俯卧背伸、转体、甩腰及绕环等练习。一般采用垫上或肋木的静力拉伸练习,在最大动作范围姿势下保持5~30秒;原地或行进间正踢、侧踢等动力性练习;徒手或轻负重交换跳。

5. 中长跑类运动员的灵敏训练

灵敏素质是指在各种突然变换的条件下,运动员能够迅速、准确、协调地改变身体运动的空间位置和运动方向,以适应变化的外环境的能力。其能力的提高对运动员改进技术,培养好的节奏及提高运动中的放松能力均有帮助,对越野跑训练和比赛更为重要。

中长跑类运动员的灵敏训练主要采用以下方法：让运动员在跑、跳当中迅速、准确、协调地做出各种动作，如快速改变方向的各种跑、各种躲闪和突然起动的练习，各种快速急停和迅速转体的练习；各种调整身体方位的练习，如利用体操器械做各种较复杂的动作等；专门设计的各种复杂多变的练习，如立卧撑、十字变向跑及综合变向跑等；各种改变方向的追逐性游戏和对各种信号做出复杂应答的游戏等。

四、跳跃类项目运动员的体能训练

（一）跳跃类项目概述

1. 跳跃运动的概念

跳跃运动是指人体运用自身能力或借助一定器械，通过一定运动形式使身体重心腾越远度或高度的运动。远度项目有跳远和三级跳远，高度项目有跳高和撑竿跳高。跳跃运动均经过助跑、起跳、腾空和落地4个阶段，是由水平位移转变为抛射的非周期性运动项目。

2. 跳跃类运动的项目特征

（1）跳跃项目一般分为远度项目（如跳远、三级跳远）和高度项目（如跳高、撑竿跳高），是人体运用自身能力或借助特殊的器械，通过一定的运动形式，使身体腾越最大的高度或远度的运动项目。

（2）跳跃类项目是动力性工作，混合性练习，既有周期性练习（如助跑阶段），也有非周期性练习（如踏跳、腾空、越杆、落地等一系列动作）。其共性特征是"助跑快，着地快，起跳快"。

（3）跳跃类项目属于体能主导类快速力量性项目，速度素质和爆发性用力的能力是其竞技能力的主导因素。运动员要在很短的时间内最大限度地创造出最大的起跳爆发力，既要有很快的速度，又要有很大的力量，并把两者有机地结合起来。因此运动员要具有良好的爆发力量、绝对速度、较好的弹跳性和柔韧性及跳跃技能。

（二）跳跃类运动员体能训练的方法与手段

随跳跃类项目竞技水平的不断提高，运动员体能训练的内容也不断扩展与更新。其主要表现为训练内容更具有专项的特点，即围绕直接促进掌握技术和提高专项成绩的身体素质的强化；素质训练内容也尽量和专项动作幅度、用力性质、用力顺序与时机等相似或一致；素质与技术训练相结合；训练内容序列安排更加科学合理等。

1. 跳跃类运动员的力量训练

（1）发展相对力量

跳跃项目运动是克服自身体重的能力的项目，一方面要求运动员具有较大的最大力量，另一方面还要求运动员体重不能过大，即要求运动员具有良好的相对力量。因此要求跳跃运动员保持较低的体脂水平，对下肢肌肉质量的要求也较高。

通常采用肩负杠铃全蹲或半蹲跳的练习，以及用各种方法上举杠铃和壶铃的练习。应利用85％以上的负荷强度，动员尽可能多的运动单位工作，以减少肌肉功能性的肥大，达到在控制体重增加的前提下增大绝对力量的目的。

（2）发展速度力量

发展速度力量的目的是提高与运动员专项速度和专项技术有密切关系的力量素质，速度力量取决于肌肉收缩的力量和肌肉收缩的速度，该项目的特点应重点发展由着地到快速蹬伸的能力，其主要途径是提高最大力量和缩短表现出最大力量所需的时间。跳跃类项目需要运动员具备速度型爆发力，要求运动员在速度较快的动作中以及克服外界阻力小、用力时间短的动作中能表现出很大的优势。

一般采用在快速助跑中进行多级跳及发展速度型爆发力的练习。各种跳跃练习是指在最短的时间内完成规定的次数，即规定次数短时间内完成。在一定时间内完成较多的次数，即规定时间多次数的完成练习。负重抗阻力的专门练习是指专门练习的动作结构和肌肉的工作状态要和专项技术及比赛时的动作相似。超等长收缩练习是指采用各种踏跳练习（如连续跳跃栏架、跨步跳等）和跳深练习。

在一定速度要求情况下，要求在动作形式和用力特点上与专项动作接近。为使运动员一开始就有较快的水平速度，可采用带助跑的各种起跳和跳跃练习，如30～50米左右的跨步跳、单足跳，并以两种方式进行，一种是努力加大每一跳的远度，争取以最少的跳次完成练习的距离；另一种是在保持较大动作幅度的前提下，尽量加快蹬摆速度、加快动作频率和跳的速度（可计时或计步数）。注意专项技术练习也是发展专项弹跳力的重要手段，要深刻体会利用助跑速度增强效果的技巧。

2. 跳跃类运动员的速度训练

跳跃类项目主要表现在技术动作复杂、协调性要求高、动作结构规格化情况下，要求运动员最大限度地（或接近最大限度地）表现出动作速度素质。跳跃运动员的速度主要体现在助跑和动作中，运动员必须具备在短距离中发挥出高速度的能力和专项所需的特殊节奏，还要求运动员在短暂的起跳时间内和在很快的水平速度中爆发性地发挥出尽可能大的力量，这种对爆发力的要求与其他项目有明显区别，即对运动员的助跑速度、起跳时肌肉收缩的动作速度和完成助跑转化起跳瞬间的肌肉收缩速度要求较高。因此，训练的主要任务是提高绝对速度和动作速度以及使二者有机的结合。在此基础上完善快速、准确的助跑是跳跃运动员速度训练的主要任务。

另外，不能忽视上肢力量和技术动作对跑速的影响。跑是上下肢协调配合的周期性运动，因此摆臂动作的质量（摆动方向、力量、速度以及频率）对腿的动作质量有很大影响。

（1）发展位移速度

跳跃运动员的速度训练可以参考短跑运动员的速度训练，以发展和提高步频为主，并与掌握正确的技术紧密结合，可采用起跑、行进间最大速度跑、借助外力跑、加快步频跑、加大步幅跑等进行速度训练。但要注意将运动员平跑位移速度紧密地和跳跃项目的起跳等衔接起来。由于助跑距离的原因，运动员助跑既要快，又要有极高的准确性。运动员助跑不仅要发挥出高速度，而且还要有充沛的体力，以便在高速中有力地完成起跳，因此训练中更重要的是发展运动员在较短距离内快速加速、发挥出最高速度的能力。不同项目助跑也有所不同，应注意速度节奏的训练，以体现跳跃项目速度的特点。发展专项位移速度，各个项目采用的手段因项而异。

跳远、三级跳远项目可在跑道上或跳跃助跑道上，采用比赛的助跑距离、助跑节奏做助跑练习。长距离的助跑练习，助跑距离比正常的助跑距离至少长10米，且不需从起跳板起跳。它可以让运动员集中精力做快速起跳,因为运动员在长距离助跑末端的冲刺比正常的助跑距离末端冲刺快得多,对加快起跳极为有利。跳高项目可利用不同半径的圆圈跑(半径为5米、6米、7米)、直线进入弧线跑和弯道节奏跑等进行助跑练习,如前30米逐渐加速,后10米加快频率的跑。撑竿跳高项目持竿与不持竿的助跑、持竿的助跑插穴起跳、下坡持竿助跑和持竿助跑插穴起跳等练习可以培养运动员的助跑起跳能力。

(2)发展动作速度的助跑起跳能力

动作速度是指单个动作完成时间的长短,主要取决于由肌纤维类型的百分组成及其面积、肌肉力量、肌肉组织的兴奋性和运动条件反射的巩固程度等因素。应注意将提高动作速度与掌握和保持正确的技术动作紧密地结合在一起。同时,专门性的动作速度训练应与专项比赛动作要求相一致,快速重复地进行各个项目的各种专门练习,发展专项所需部位的肌肉力量,一般可采用徒手或负轻器械的各种专门练习、加助力的专门练习。动作速度训练中,练习的持续时间一般不宜过长,练习与练习之间的间歇是由练习的强度所决定的。

3. 跳跃类运动员的耐力训练

因为在多次试跳中需要运动员达到理想的远度,因此,跳跃运动员的专项耐力主要体现在以最大强度重复完成完整比赛动作的能力。训练内容与手段则应以多次重复完成比赛动作或接近比赛要求的专项练习为主。

一般多采用极限或极限下强度完成此类练习。例如,反复完成各专项的技术练习和专门练习,一般完成练习的量要到达最大疲劳为止;在逐渐增加训练负荷量的基础上,适当增加负荷强度,进一步提高内脏器官的功能;大量进行专门跳跃练习和短中程助跑的专项跳跃练习;全程助跑的专项跳跃练习和连续不断地参加测验和比赛。

4. 跳跃类运动员的灵敏、柔韧和平衡能力训练

在跳跃项目中柔韧和灵敏的作用可以增强肌肉的弹性,加大关节活动幅度,保证在完成专项跳跃时进行大幅度的摆动,利于提高跳跃运动员节奏控制的能力、动作的高度协调性,以及对防止受伤起保护作用。跳跃项目中平衡能力与空间感觉十分重要,失掉平衡则破坏了跳跃节奏。另外,灵敏平衡和协调性与信心有着直接的联系,在训练和比赛过程中,很多外界刺激、都可能使正确的技术遭到破坏。如果运动员有很好的灵敏协调能力,就能及时调整姿势或动作。因此对柔韧、灵敏、平衡等综合能力要求高。

通常采用如田径项目的各种辅助练习;球类、体操、武术等练习和活动性游戏;听、看信号的变换方向、速度、节奏和距离的练习;各种拉伸肌肉、肌腱和韧带的练习,发展运动员各关节的灵活性、柔韧和平衡等能力。

同时也要根据专项的需要采用那些迫使运动员发挥随机应变的能力,快速而有效地从意外的困境中摆脱出来的练习,发展灵敏、平衡等能力。如采用蹦床跳跃练习对改善平衡和空间调节能力有很大帮助。

五、投掷类项目的体能训练方法

(一)投掷类项目概述

1. 投掷类项目概念

投掷类项目主要是指体能类速度力量性非周期性动作结构的掷标枪、掷铁饼、推铅球等项目。这些项目对运动员的最大力量、速度力量（特别是爆发力）有很高要求。男子铁饼和链球运动员的力量更是大得惊人。此外，投掷类项目对运动员肌肉用力的协调性及动作速度、柔韧性和其他运动素质要求也很高。

2. 投掷类运动项目特征

（1）投掷类项目一般包括标枪、铁饼、铅球、链球等，是指运动员用旋转或直线的助跑方式给器械预先加速，然后通过最后用力使器械运行最大的水平空间距离。

（2）投掷项目属于动力性工作，其中铁饼、铅球、链球是由握法、预备姿势或预摆、滑步或旋转、最后用力、身体平衡五个部分组成，这些动作结构均属于非周期性练习。标枪助跑属于周期性练习，投掷部分属于非周期性练习，因此，标枪属于混合性练习。

（3）投掷运动是体能主导类速度力量性项目，以力量为基础，速度为核心，按照严格的用力顺序，使肌肉产生爆发式收缩，以最快的速度、最大的力量把器械投掷出去，所以对肌肉力量和速度要求高。但由于投掷器械本身的重量不同，所以对力量和速度的影响不一样。如器械较轻的标枪项目，对肌肉收缩速度要求就较高。

（二）投掷类运动员体能训练的内容、方法与手段

1. 标枪运动员的体能训练

掷标枪要求运动员具备突出的全身爆发力、快速反应和大幅度的协调用力。因此，必须具备强有力的躯干、腰、髋及上下肢肌肉的力量和速度。由于掷标枪动作是在幅度大、协调性高的情况下完成的，所以对肩、胸、腰、髋等部位柔韧性和协调性要求也很高。此外，弹跳力、速度和专项耐力的发展和培养，对促进专项成绩提高也很重要。

（1）力量训练

根据掷标枪运动的特点，力量训练不仅要大力发展和提高一般力量水平外，还要重点抓专项力量及专项速度训练。只有在发展一般力量（特别是最大力量、速度力量）的基础上紧密结合专项力量的训练，才能使最大力量和速度力量更为有效地转化为专项力量。

①一般力量训练：主要采用各种抓举、挺举、快速跳举、仰卧臂屈伸、深蹲、半蹲负重蹲跳、负重转体和屈体、颈后推举、山羊挺身、卧推、实力推、各种负重跳跃、负20~30千克杠铃的交叉步向沙坑推掷、手提壶铃蹬伸和做"满弓"、各种哑铃绕环练习、持铃直臂外旋练习及其他发展力量的专门练习等。发展大肌群力量和全身力量的练习一般采用大（中）强度、多组数、少或中次数、快速度（爆发性用力）的练习方法。

②专项力量训练：主要采用大量投掷各种重量的器械练习，如投掷2.5~3千克的小铅球、1~2千克的实心球、4~6千克的铁球或实心球、抛掷铁棒或杠铃片、投掷超重标枪等。练习方法可采用原地投、上步投或助跑投掷。

为了使一般力量训练和专项力量训练相结合，通常在大力量练习后安排轻器械练习，在中小重量练习后安排重器械练习。同时，使用先轻器械后重器械或先重后轻、速度快、强度大的器械练习。专门研究指出，标枪运动员投掷轻器械效果较好。另外，力量训练每周可安排3~5次，特别是准备期更应重视力量训练。

（2）专项速度训练

可采用200克、400克、600克等多种重量的小石块做投掷练习或做投垒球练习。练习方法可以原地对网或墙投掷、上步或短距离助跑投掷。此外，短距离速度训练也应适当安排。

（3）柔韧素质训练

柔韧素质对于保证投掷技术的正确协调、加大动作幅度、提高关节灵活性及爆发力的充分发展均具有重要作用。其主要练习手段有背"桥"、向后弯腰、吊环上的连续翻转、肩关节动作、垫子上向前手翻、蹬伸送髋、橡皮带拉"满弓"、侧面"满弓"、体侧屈、单杠上悬垂摆体振胸等。

2. 铁饼运动员的体能训练

（1）力量训练

掷铁饼是在高速旋转中，使躯干、胸大肌、投掷臂做最大限度的扭转拉紧，超越器械，接着做伸髋、转髋、挺髋、挥臂等一系列动作将铁饼掷出。掷铁饼由旋转到最后用力出手，时间极短，需要在最短时间爆发出最大力量。决定成绩的因素是出手初速度，这是由最大力量和爆发力所决定的。因此，铁饼运动员需要很强大的力量。其主要练习手段有负重挺身、弓身、弯举、抓举、挺举、深蹲、半蹲、半蹲跳、弓箭步跳、高翻、仰卧飞鸟、宽握卧推、中小重量的连续快举、负重体侧屈、体回环、负重转体、负重伸屈髋、俯卧拉、手持杠铃片或哑铃做各种绕环，以及结合最后用力的转蹬挥臂练习等。总之，力量训练强度要大（70%～100%），速度要快，尽量高速完成。此外，各种发展专项力量的专门练习，如掷重物、超重铁饼、杠铃片（2.5～4千克）、铅球（4～5千克），以及做拉力器、橡胶带和滑车装置器械等的专门练习和模仿性练习，对发展一般力量和专项力量也极为重要。

为了发展爆发力，还可采用一些不负重的跳跃练习，如立定跳远、多级跳、蛙跳、跨跳、急行跳远、纵跳等。总之，在训练中应充分发展那些有助于旋转投掷铁饼的肌肉力量。

（2）速度训练

铁饼运动员速度训练主要以各种短跑为主，特别是短距离的快频率跑、反应跑、短距离加速度跑、站立式和蹲踞式起跑等。

（3）柔韧训练

发展柔韧性的主要手段有各种肩绕环、压肩、转肩、摆腿、压腿、踢腿、腰绕环、体侧屈、转髋走等。

3. 铅球运动员的体能训练

（1）力量训练

推铅球是在高速蹬地滑步中制动，身体左侧肌肉充分拉长（以右臂投掷为例），右侧肌肉更好地收缩，使身体像一个压紧的弹簧，紧接着完成挺髋、伸膝、伸肘、拨球等一系列动作，将铅球推出。股四头肌、小腿三头肌、股二头肌、背阔肌、骶棘肌、胸大肌、三角肌、肱三头肌、肘肌、手和手指伸肌、手指屈肌等主要肌肉参与用力。

优秀运动员从滑步到球离手所用时间为0.5～0.6秒，滑步（至左脚落地）约占0.3秒，最后用力约占0.3秒。由此可见，铅球运动员要在最短时间内爆发最大的力量，需要拥有强大的力量和爆发力。据统计，男子铅球掷21米的运动员，其卧推成绩均在200千克以上，深蹲250千克以上，硬拉达300千克，平推100千克以上。

铅球运动员的力量训练应重点发展全身爆发力，以及上肢（手腕、手指力）、肩带、躯干和下肢力量，并重点采用结合专项需要的多种推、抓、挺、蹲、拉、卷腕练习，以及旋腕、指撑俯卧撑、俯卧撑击掌、抓下落铅球、抓平放杠铃片（内缘）等练习（发展铅球运动员一般力量的练习动作可参见标枪、铁饼运动员力量训练部分）。发展综合肌群、大肌群力量可采用重量大（80%～100%）、组数多（8～10组）、速度快、次数少（1～5次）的练习。发展局部肌肉则可采用重量小、组数中、次数较多的训练方法。

铅球运动员力量训练应全年安排，准备期一般每周3～5次，比赛期2～3次。训练中应多做挺举、平推、借力推、负重蹲跳等爆发力练习，卧推、硬拉、深蹲也要适当安排，练习后可做快跑、轻跳练习。

(2) 动作速度训练

动作速度的发展主要采用专门技术练习和变换重量的推铅球（特别是轻铅球）练习来实现。专门技术练习的重点是提高滑步和最后用力的结合及其动作速度。练习手段有：徒手连续滑步，每次滑步后结合右脚蹬地动作；持轻、重铅球连续滑步并结合右脚蹬地动作；成原地投掷姿势，左脚稍向上抬起，待身体平稳后，左脚着地，右脚积极蹬地；背对投掷方向，两脚前后开立（80～90厘米），上体稍前俯，快速拉收右腿，右脚着地立即用力蹬地。

变换铅球重量发展动作速度时，总的要求是在不降低速度的情况下增加重量，或在不减少重量的情况下提高速度。总之，应把提高最后用力速度放在首位。特别是在准备时期，应大量采用推轻、重和标准重量铅球的练习，并采用徒手、持器械和负重的模仿练习，以发展最后用力的动作速度和爆发力。总之，最后用力的速度训练应重点抓发力、用力的顺序及力量的结合，应使其在整个训练过程中占一定比重。

(3) 其他素质练习

铅球运动员的一般速度训练可采用多种短距离的短跑练习。另外，应采用多种手段发展肌肉用力的协调性。上肢、躯干、下肢，特别是髋关节柔韧性训练对提高大幅度的动作速度和全身爆发力也有积极作用。此外，还应适当采用各种跳跃练习发展弹跳力和爆发性用力能力。

4. 链球运动员的体能训练

链球项目要求运动员必须有强大的力量和很快的速度，以及对抗离心力和维持身体平衡的能力。因此，链球运动员的体能训练以发展最大力量、速度力量、协调和灵敏素质（主要是控制身体平衡和旋转能力）为主。

最大力量和速度力量的训练主要采用负重练习，如多种抓举、提铃上拉、高翻、推举等练习，重点发展全身大肌肉群力量和爆发力。另外，还可适当安排一些专项力量训练，如快推杠铃，用各种姿势投掷壶铃、链球、实心球，用较轻的链球进行旋转练习，轻、重和标准重量链球的变换练习，以及投掷各种器械等。

力量训练应根据不同的对象、时期进行安排。准备时期重点发展力量（可约占1/2），并可适当安排专项力量训练和技术练习。比赛期第一阶段每周力量训练2～3次（以每周8次为例），重点发展专项力量和专项技术，使力量与技术紧密结合。比赛时期第二阶段以技术训练为主，一般性力量训练减少，重点发展专项速度。休整时期应保持体能训练水平，每周应安排一些有利于发展力量的练习。

第三章 体操运动员专项体能训练方法

根据竞赛项目，体操运动可以分为竞技体操、艺术体操、健美操、技巧和蹦床。其中竞技体操分别包括男子自由体操、鞍马、吊环、跳马、双杠、单杠，女子跳马、平衡木、高低杠、自由体操；艺术体操包括绳、圈、球、棒、带的单人和团体项目；技巧运动也包括单人、双人和多人的比赛；健美操包括男单、女单、混双、三人操和集体六人操五个项目；蹦床分为网上和单跳项目，网上项目又分单人、双人和团体等项。可见，体操运动所包含的项目很多，根据项群理论，它们都属于技能主导类表现难美性项群竞技项目，该项群对于体能的要求是很高的。其中它们对体能训练要求有共性之外，对于具体项目，各项目对身体素质的具体要求又有各自特点。总的来说，力量、速度、耐力、柔韧、协调等素质构成了体操运动的重要体能要求。而随着现代体操运动技术的高速发展和竞争日趋激烈，运动员的体能训练的地位也愈发重要，往往成为决定运动成绩好坏的关键。

第一节 体操运动基本理论

一、体操的概念

体操一词来源于古希腊语 Gymnasitike（意为裸体，古希腊人崇尚裸体运动），古希腊人将走、跑、跳、攀登、爬越、舞蹈、军事游戏等锻炼内容统称为体操，体操是当时所有运动的总称，这一概念沿用了很长时间。19世纪，欧美各国相继涌现了一些新的运动项目，并建立起"体育是以身体活动为手段的教育"这一新概念。从19世纪末到20世纪初，随着体育运动的发展，一些生理学家、医学家和体育学家对体育运动的本质和价值进行了深入的研究及科学的分类，体育一词才逐步取代原来体操的概念成为身体运动的总称，体操也开始在内容、方法上区别于其他的身体运动形式，成为独立的体育运动项目。

随着社会的不断发展，体操的内涵在不断变化，其特征表现为越来越两极分化，一类沿着竞技体操的方向发展，另一类朝着以增强体质发展能力为目的的各种非竞技性体操的方向发展。

就现代体操的概念而言，体操是通过徒手、持轻器械或在器械上完成不同类型与难度的单个动作、组合动作或成套动作，充分挖掘人的潜能，表现人的控制能力，并具有一定艺术要求的体育项目。体操是我国高等学校体育教育专业中的主干课程之一，是各级各类学校体育教育的重要内容。同时，体操在大众健身中也扮演着重要的角色，它对提高人的综合素质有着非常积极的作用。

对体操概念的理解应该包括3个层面：

第一，竞技层面上的体操，即竞技体操。竞技体操源于生活，高于生活，是竞技文化的一种表现形式；竞技体操动作复杂，技术含量高，且一套动作的编排变化无穷，运动员在完成动作的过程中体现了运用技能的高超水准；竞技体操动作惊险，有极强的感官刺激，观看竞技体操比赛或表演不仅给人以赏心悦目的感觉，而且还能激起人们勇于追求的欲望，起到接受教育的效果。因此，竞技体操是大众欣赏竞技体育表演的一个重要选择。竞技体操作为奥运会的正式比赛项目，是我国竞技体育争牌夺冠的"拳头项目"。多年来，我国的竞技体操一直在国际体坛处于领先地位，形成了国家集训队、省市优秀体操队和基层不同形式的业余体操队相互衔接的三级训练网，是我国奥运争光计划的优势项目。

第二，基础层面上的体操，指队列队形、徒手体操、轻器械体操、利用器械的体操及教材化的竞技体操。长期以来，学校的体操课程，因过多地选择竞技体操的内容，导致体操课程脱离了学生的实际需要，体操教学的功效有所削弱，背离了体操对人的发展作用，忽视了体操的综合功能，这并不是体操内容本身的缺陷，而是人为的原因所致。因此，必须进一步加强对体操内涵的理解，以达到体操在体育教育中应有的效果。

由于历史的原因，我国体育院校体育教育专业体操课程的设置，较长一段时间沿袭了苏联课程体系设置的模式，教学大纲和教材内容的安排基本上按照学科体系的规律，曾以等级运动员的规定动作为主，教材内容偏深、偏难，明显脱离了教学对象的实际。然而，这一层面的体操在学校教育中具有独特的价值，尤其是体操动作中的身体倒置、变化形式繁多、艺术表现力强的特点及现实生活中自我保护能力的培养等方面是其他学校体育教学内容无法替代的。目前，体操课程改革正朝着时代发展的方向，正在从教育、文化、健身等多元层面确立体操在学校教育中的地位，更加强调生活化、实用化。这就要求学校体操教学的内容突破传统意义上的以竞技体操为主的内容体系，使新的教学内容体系重新回归到适合学生实际情况和实现体操教学目标的层面上来。

第三，拓展层面上的体操，即类别体操，包括体操、艺术体操、健美操、蹦床及舞蹈等运动项目。类别体操中的许多运动项目原本属于体操的范畴，尽管这些项目逐渐发展为独立的运动项目，但仍属于体操派生项目，它们在运动形式、竞赛特征等方面与体操有着不可分割的、千丝万缕的联系。

二、体操的分类

由于体操内容丰富、形式多样，而且随着人类对身体运动规律认识的不断深化，体操运动的基本内容还在不断地得以丰富和发展。因此，对体操概念的界定，对体操内容的科学分类等工作都比较困难。国内外对此类问题的研究由来已久，从20世纪50年代开始，我国学界对这些问题也进行过广泛的讨论和探索，但至今依然难以达成共识，还存在多种不同的见解。而对体操进行科学的分类，关系到体操理论与实践的健康发展。因此，为了更加深入、清晰地认识体操，本教材选择具有代表性的几种分类方法进行介绍。

（一）依据体操练习形式分类

依据体操练习形式的不同，可将体操分为徒手体操和器械体操两大类。其中，器械体操又包括持器械完成的体操，如跳绳、爬绳、哑铃，艺术体操中持带、绳、圈、球、棒等的体操，在器械上完成的体操，如软梯、浪木、双杠、单杠、平衡木、高低杠等。

（二）依据体操练习参与主体分类

依据体操练习参与主体的不同，可将体操分为四大类：以社会大众为主体，意在健身、娱乐的群众体操；以学校学生为主体，意在身心健康，促进全面发展的学校体操；以高水平运动员为主体，意在夺取竞赛胜利的竞技性体操；以职业军人为主体，意在提升战斗力的军事体操。

（三）依据体操所要完成的任务分类

依据体操要完成任务的不同，可将体操分为五大类：以锻炼身体、增强体质为主要任务的基本体操（包括徒手体操、队列队形练习等）；以医疗、康复为主要任务的医疗体操；以运动竞技为主要任务的竞技性体操；以宣传教育为主要任务的团体操；以适应战争环境、提升军事战斗力为主要任务的军事体操。

以上三种分类方式各有优缺点，但对我们全面认识体操，深刻理解体操的概念，指导体操实践具有一定的意义。由于学校体操在群众体操、军事体操、竞技性体操中的重要地位和作用，为提升针对性，本教材基本设计也以学校体操为主，主要介绍学校体操中常见的基本体操、器械体操的部分内容。

三、体操的内容

（一）基本体操

1. 队列队形练习

队列队形练习包括队列动作和队形变换等内容，在体育教学中具有重要的意义，其作用不仅在于对学生进行基本动作的规范训练，达到动作准确、反应迅速、姿态优美的目的，还是对学生进行集体行动的优良作风和高度组织性、纪律性教育的良好手段。

2. 徒手体操

徒手体操内容丰富、形式多样，既有针对身体各个部位、简单易做的单个动作或成套动作，又有较为复杂的倒立、翻转、腾跃、跳跃等动作。随着徒手体操的发展，其中的一部分内容发展成为竞技性体操的一部分，如技巧运动、跳跃运动、自由体操等。例如，技巧运动就包括滚动、翻滚、手翻、空翻、倒立、"桥"、平衡和各种不同形式的"叠罗汉"等动作。这些运动对激发青少年学习的兴趣，提高学生的身体机能和培养正确的身体姿势，增强学生力量、灵敏、弹跳、协调、平衡等身体素质与勇敢、果断和克服困难等品质都有良好的作用，因此，各级学校都将徒手体操列为体操教学的重要内容。

随着时代的发展与进步，人们需求的多样化发展，在音乐伴奏或指挥下的徒手体操动作展示出其极大的魅力，从徒手体操中脱颖而出，自成体系，逐渐发展成为节奏感更强，对身体柔韧性、灵活性、协调性要求更高的健美体操，深受社会大众及青少年学生的欢迎。

（二）器械体操

1. 轻器械体操

轻器械体操是在徒手体操的基础上，手持各种轻器械进行的体操练习。一般有体操棍、实心球、跳绳、木哑铃和沙袋等。它们各有各的特点，对锻炼身体的作用也各有不同。如跳绳练习，主要是作为增强腿部力量、发展弹跳力和灵巧性的有效手段，为广大青少年儿童所喜爱，适合在各级学校广泛开展。在运用轻器械体操练习时，应充分利用各种器械的特点，以达到锻炼身体的目的。

艺术体操就是典型的持器械体操，包括持带、绳、圈、球、棒等器械的动作，并有音乐伴奏，是女子特有的、符合女子生理和心理特点的、艺术性较强的体操项目。它对增强体质，发展女子柔韧、灵巧、协调等身体素质和健美的体态，具有重要作用，同时对培养高尚的情操、艺术修养、表现能力、动作节奏感，也是一种较好的手段。

2. 专门器械体操

专门器械体操通常是指利用浪木、软梯、爬杆、爬绳，以及双杠、单杠、高低杠、平衡木、吊环、鞍马等专门为体操运动设计的、较为复杂的体操器械，所进行的各种不同难度的练习。其中，双杠、单杠、鞍马、跳马、吊环、平衡木、高低杠等，由于成套动作编排的创新性、流畅性、艺术性、难美性等特征，成为现代竞技体操的主要内容。

由于进行器械体操动作（如双杠、单杠动作等）练习时，身体往往处在一个特定的位置和条件下，这些动作又是生活中不常遇到的，所以可培养人的勇敢、顽强、果断和克服困难等意志品质。同时，器械体操动作还能够有效地增强人体的各项素质，提高身体各器官的功能，促进人体正常发育，以及提高中枢神经系统的灵敏性与控制能力。

（三）团体操

团体操是一种群众性的体操表演项目，根据表演任务，规模可大可小，人数可多可少。通过各种队列队形的变换，配以舞蹈、技巧、武术等表演，以及形式多样的组字、图案和造型等，再配以音乐、服装、道具和背景等艺术装饰，构成一个表演的整体，反映出一定的主题思想，也给人以美的享受，陶冶人的情操。其不仅可以起到宣传教育的作用，同时也是进行组织性、纪律性和集体主义教育的一种手段。

体操不同于其他项目，它具有其本身的特点。只有了解这些特点，才能充分发挥体操增强人民体质的作用。

四、体操运动的特征

（一）普适性

体操内容丰富、形式多样，适合各类人群练习。基本体操、健身健美操、持器械体操、器械体操等，组成了无数的由易到难、由简到繁，不同难度、不同类型和具有不同价值指向的动作。练习者可以根据不同环境条件、不同习练目标、不同的习练要求，不同年龄、性别、身体条件和训练水平，因人、因地制宜地选择多种项目和动作进行练习，以达到增强体质、增进健康、修身塑形、锤炼精神品格等目的。

（二）针对性

体操动作很多，完成动作的方法灵活多样，但所有体操动作都是针对人体自身的活动。这一特点使得体操对练习者身体的力量、灵敏、弹跳、柔韧、爆发力、节奏感等素质具有较高的锻炼价值。练习者可以根据不同目的、任务，选择有关动作，既促进身体的全面发展，又有所侧重地锻炼身体的某一部位。例如，一些小关节、小肌肉群的灵活性、协调性与力量等，都可通过选用某类体操动作进行锻炼,以达到目的。

(三) 保护与帮助

保护与帮助在体操教学和训练中被广泛地采用,这是它的一个突出特点。实践证明,保护与帮助不仅是一种防止受伤的安全措施,还是学习和掌握动作,以及提高技术水平的有效方法和教学手段,因此是体操教学或体操训练过程中教师或教练员必须具备的技能之一。同时,通过练习者彼此间的保护与帮助,可以培养他(她)们互助友爱的思想品德和团结协作的精神。

(四) 艺术性

体操动作主要以培养和锻炼身体自我控制能力为基础,要展示身体的控制能力,就必须要求动作协调自然、舒展大方、惊险优美、节奏性强、稳定性好,合乎动作规范与身体运动规律。这就是体操动作的艺术性特点。即便是一个简单的举臂动作,也要求动作到位、横平竖直,或刚健有力,或柔顺优美,给人以艺术的享受。另外,在体操练习、表演和比赛中,如广播体操、团体操、女子自由体操、艺术体操等,广泛地运用音乐伴奏,更能展示出体操的艺术性。

(五) 创新性

无论是基本体操还是器械体操,都追求动作或成套动作组合的创新,这是体操能够不断激发人们兴趣和参与热情的重要原因之一,也是不断挑战新动作或新动作组合设计者创新精神与创新极限的原动力。例如,从20世纪70年代以来,不少体操强国重视对竞技体操的科学研究,使体操技术有了突飞猛进的发展,为创造新、惊险、高难度的动作开辟了广阔的前景。在重大的国际比赛中,动作编排创新、技术创新、难度创新,已成为获得比赛胜利的重要因素。由此可见,创新是各个体操项目的魅力和生命力之所在,是体操运动发展的强劲推动力。

五、体操的价值

体操的主要任务是通过多种多样反复的身体练习,提高运动技术水平和终身体育能力,进行人文主义精神和思想品德教育,增进身心健康和身体素质水平,强化美学修养,塑造优美形体,丰富文化生活等。

(一) 思想品德教育

体操动作练习是在一定的空间、时间和各种速度下进行的,一些动作要求统一、整齐、规范,一些动作要求节奏准、姿态美、动作稳。这对练习者培养严肃认真、纪律严明、彼此信任、协调一致、尊重大局等思想品德具有较强的作用。

体操动作主要以培养练习者对身体的控制能力为主,需要反复进行身体练习,以增进身体对习练动作的适应与体悟。这对培养练习者较强的忍耐力,敢于面对困难、勇于解决困难的意志品质,良好的抗挫能力、进取精神等心理素质具有很高的价值。

许多体操动作与人类生活中的习惯动作有较大差异(如倒立与爬倒立等),对练习者来说具有一定的难度,不宜自学自练,需要彼此保护与帮助。这对提升练习者的责任心、合作意识、协作精神等具有很大的意义。

(二) 增强体质,促进身体的全面发展

体操内容丰富、形式多样,如徒手体操和简单易做的器械体操动作,是锻炼身体的好方法。

1. 提高身体素质

身体素质是指在日常生活及运动中所表现出来的各种机能能力，包括力量、耐力、灵敏、速度、柔韧。身体素质是构成体能的重要因素，是衡量体质状况的一个重要标志。体操由于动作丰富、项目众多，锻炼的作用各有侧重。在各项体育活动中，体操对提高身体素质的效果较为明显。

2. 提高活动能力

人体的活动能力是人类生存所必备的本领，体操是发展身体活动能力的有效方法。体操源于欧洲的自然主义教育，其动作自身就是以开发自然的身体活动为主，依据走、跑、跳等基本运动动作特征，从不同角度进行改造、变化、发展，以此提高人体基本活动能力。

3. 改善机能状况

机能是指组织细胞或器官等的活动能力，适应能力是指人体受到外界环境的影响，在中枢神经系统支配下，不断调节有机体，使之处于正常的、稳定的机能活动状态。体操练习可以通过提高神经系统、循环系统的调节能力，改善运动系统、神经系统、内分泌系统、循环系统、呼吸系统等机能状况，增强各器官系统的适应能力。

4. 塑造健美形体

健美的形体应包括健美的体型与良好的姿态。体型是指人体整体形态结构方面的指数及各部分的比例关系，主要表现在人体解剖结构所形成的外观特征，它的实质是肌肉、骨骼和脂肪的组成比例和分布情况。健美的体型是指身体整体的完善、和谐，各部分肢体的协调、均衡发展。体操中的许多内容（如韵律体操、徒手操、器械体操等）是塑造健美体型的有效方法、手段，对形成健美的形体具有特殊的功效。

（三）发展体操理论和运动技术

体操理论层次和运动技术水平是相辅相成、互相促进的。实践证明，仅具有高超的体操运动水平或一定的理论水平都会严重影响体操运动的发展，随着现代科学技术的发展而不断发展和提高，只有培养一大批既懂得体操技术，又了解体操基本理论及相关科技知识的人才，才能使体操运动获得持久、稳定的发展。实践证明，我国体操理论的水平已远远落后于现代科技水平的发展，从而在某种程度上影响了体操教学与训练水平的提高，也影响到我国体操运动的可持续发展。因此，如何运用现代科技发展新成果推进体操理论的发展，形成具有我国特色的体操理论与实践体系，以推动和指导体操的普及和技术水平的不断提高，是一项十分重要的任务。

（四）进行健与美的教育

体操具有培养人体矫健与优美姿态的作用。优美的体操动作、精彩的体操表演和竞赛，都给人们以健与美的享受，对于陶冶人们的情操起着积极的作用。因此，把体操作为健与美的教育内容，较之其他学科具有更丰富、更生动和更切实际的效能，对于青、少年，以及儿童尤为显著。因此，体操对于人们进行健美教育，建立正确的审美观点，具有特殊的意义和作用。

六、体操发展概况

（一）我国体操的发展概况

在我国，体操有着悠久的历史，因此，体操的发展可以分为古代体操的发展和近、现代体操的发展。

1. 古代体操的发展

远古时期，人们为了生存，必须与自然做艰巨的斗争，在打猎、捕鱼、采集野果等劳动中，逐渐提高了攀登、爬越、跳跃、走、跑等生活技能，这些可以看作古代体操的萌芽，大量的文物和史料也记载了古代体操的产生和发展历程。

总体来说，我国古代体操可以归纳为两大类：

第一类，强筋骨、防疾病的医疗体操。古代中国虽无"体操"一词，却有类似体操的"养生""导引""乐舞"和"百戏"等健身活动，体现古代体操浓郁的文化性和养生健体的特色。

第二类，反映在古代歌舞、戏剧、杂技和流传于民间的技巧运动。例如，在出土的西汉乐舞杂技陶俑中，有手倒立、后手翻、桥和空翻等动作。

2. 近、现代体操的发展

1840年鸦片战争以后，西方的器械体操陆续传入我国，体操被运用到军事训练、学校教育、日常锻炼等活动中。首先传入我国的是德式体操的兵操和器械体操，随着洋务运动的发展与对日派出留学生的增多，继之而来的是日本化的德国和瑞典体操的传入。随着青年会活动的开展，美国式的德国和瑞典体操也在我国传播。1908年，上海成立了第一所体操学校，术科教学内容主要有徒手体操、轻器械体操、器械体操和垫上运动。同时，我国关于体操运动的译著和专著也相继问世。由于政治、经济条件的限制，以及内战、抗日战争的影响，中华人民共和国成立前体操运动的发展十分缓慢，只有一些徒手体操、垫上运动、项目不全的简易器械体操在学校和社会上流传。

中华人民共和国成立以后，体操得到蓬勃发展，1951年11月24日，国家体委公布了第一套成人广播体操，1953年3月1日，中央人民政府发出《关于在政府机关中开展工间操和其他体育运动的通知》，1954年、1955年先后公布了第一套少年广播体操和第一套儿童广播体操。50多年来，已经推广23套适合各种不同人群锻炼的广播体操，广播体操的发展极大地推动了学校体育和群众体育的发展，对增强人民体质、促进身心健康和丰富人民文化生活具有深远的意义，此外，体育工作者还深入现场，根据不同工种的劳动特点，创编和推行了各种生产操，如钢铁工人操、纺织女工操、煤矿工人操等，对促进职工健康、提高生产效率起到了良好作用，1954年，在全国普遍推行了《劳卫制》，对学校开展体操活动起到了推动作用。1979年，教育部和国家体委联合颁发试行了《高等学校体育工作暂行规定》和《中小学体育暂行规定》，成为学校体育工作的指导性文件，促进了体操在学校体育中的开展。1995年，随着《全民健身计划纲要》的出台，许多健身、健心、健美、娱乐身心、陶冶情操的体操内容成为群众健身的手段，如基本体操中的广播体操、轻器械体操、医疗保健体操和简易的单杠、双杠、吊环、平衡木、鞍马训练器、肋木架、仰卧起坐平台等器械体操，已成为全民健身的主要内容。在大众健身体操蓬勃开展的同时，竞技体操的技术和运动成绩也不断提高，逐渐成为我国现代竞技体育的优势项目，为我国的竞技体育事业赢得了荣誉。

1953年，在北京举办了第一次全国田径、体操、自行车运动会，参加竞技体操比赛的运动员共计67人，其中男运动员40人，女运动员27人，比赛规模小，项目不全，技术处于发展之中。同年9月，苏联国家体操队来华访问表演，带来了当时竞技体操的新技术，这为我国竞技体操的发展打下了基础。从1955年开始，我国的竞技体操进入了快速发展期，每年都要举办全国性的比赛，运动员人数迅速增加，技术水平不断提高。1956年是我国竞技体操发展史上十分重要的一年，主要有三个标志性的事件：一是中国体操协会成立；二是加入了国际体操联合会；三是颁布了体操运动员技术等级制度。1956年在天津举行的全国体操冠军赛上，通过了第一批运动健将等级标准（其中男、女各8名），并培养了一批裁判员和教练员，为后来竞技体操的发展和走向世界奠定了基础。

1958年，我国运动员首次参加世界大型体操比赛，在第十四届世界体操锦标赛上，男队获得团体第11名，女队获得团体第7名。1962年，在第十五届世界体操锦标赛上，男队跃居团体第4名，女队获得团体第6名，于烈峰夺得男子鞍马第3名，国际体操赛场上第一次升起五星红旗，标志着我国竞技体操进入世界水平。

1964年，由于国际体联的原因，我国退出国际体操组织，1978年，重新恢复了我国在国际体操联合会的合法地位。1979年，在第二十届世界体操锦标赛上，我国运动员重新站在国际体操赛场上，男队获得团体第5名，女队获得团体第4名，马燕红一鸣惊人，夺得女子高低杠冠军，中华人民共和国国歌第一次在国际体操赛场上奏响，写下了中国竞技体操历史新的篇章。

20世纪80年代，我国的竞技体操历经几代体操工作者的努力拼搏，终于跨进世界竞技体操强国的行列，获得13个世界体操锦标赛冠军、6个奥运会体操冠军和10个世界杯赛体操冠军（其中一个并列）、1982年，李宁在第六届世界杯体操赛上一人夺得全能和5个单项冠军，开创了竞技体操史上在一届比赛中个人夺取金牌数最多的纪录。1983年，在第二十二届世界体操锦标赛上，我国体操男队首次战胜强大的苏联队，荣登世界体操团体冠军的领奖台。

20世纪90年代，在体操赛制、规则等发生重大变化的情况下，我国竞技体操运动员奋力拼搏，再创辉煌，先后获得10个世界锦标赛冠军、3个奥运会冠军、2个世界杯赛冠军、5个世界杯总决赛冠军和2个世界杯单项赛冠军，男子体操队异军突起，先后夺得1995年世界锦标赛、1997年世界锦标赛、1998年世界杯总决赛、1999年世界锦标赛男子团体冠军，显示出雄厚的整体实力。

进入21世纪，我国竞技体操持续稳定地保持世界领先水平。在2000年悉尼奥运会上，男队首次获得奥运会团体冠军，实现体操界同仁多年的奥运凤愿；在2006年世界竞技体操锦标赛上，女队首次获得团体冠军；在2008年奥运会上，男队、女队双双获得奥运会团体冠军，并一举夺得9枚金牌，写下我国竞技体操运动新的辉煌；2012年伦教奥运会上，男子团体卫冕冠军。截至2014年，我国竞技体操运动员在世界锦标赛上共获得了73枚金牌，在奥运会比赛中共获得了22枚金牌。

从体操发展的历程可以看出，我国竞技体操走过了一条坎坷的发展之路，在起点低，基础差的条件下起步，经过几代人的努力，训练水平由低到高，技术发展由弱到强，进步速度由慢到快，运动成绩由差到好，发展成为举世公认的竞技体操强国，拥有了一批以我国运动员名字命名的动作，为世界体操的发展作出了贡献。

（二）世界体操发展概况

18世纪，在德国体操之祖古兹穆茨的倡导下开始了体操运动，他在1793年出版了《青年体操》一书。到18世纪末、19世纪初，德国体操之父F.L.杨在古兹穆茨建立的体系基础上创建了以器械练习和军事游戏为基础的民族体操体系——后被称为杨氏体操或德国体操，他在继承和发展原有的吊环、鞍马、单杠运动的基础上，开创了双杠、吊绳、吊杆等项目，改革了木马、跳箱、跳跃器等器械，并于 1816 年出版了《德国体操》一书。

19 世纪初叶，在德国体操之后产生了瑞典体操，瑞典体操的创始人比尔·亨利克·林认为，体操的唯一任务是保健和富国强兵，他将体操分为教育体操、医疗体操、健美（艺术）体操，瑞典体操体系详细而又成功地研究了体操的基础理论，使体操的发展建立在人体解剖学、生理学及卫生学的基础上，并沿着科学化的发展方向前进，瑞典注重在各级学校推广体操运动，瑞典体操在近代世界体育运动发展史上占有重要地位，为体操的发展打下了基础，另外，他还发明了不少实用器械，如体操凳、体操梯、垂直绳、水平绳、斜绳、木马、平衡木等，进一步丰富了体操的内容。

体操运动发展到现代奥林匹克时期，终于展露出现代体操的雏形，在 1896 年首届奥运会上，就设有男子体操比赛。1903 年，第一届世界体操锦标赛在比利时举行，参加的国家只有 4 个（比利时、法国、卢森堡和荷兰），当时的运动员不但要参加单杠、双杠、吊环等项目的比赛，还要参加游泳、赛跑、跳远、跳高等项目的较量。另外，还有一些非正式的比赛，如爬绳和类似于艺术体操的棒操，比赛的场地不是在体育馆内，而是在田径场地，器械项目都安排在跑道内的空场地上进行，当时的体操比赛更像是考察运动员的综合能力，但与现代体操的全能比赛毫无关系。1905 年第二届世界体操锦标赛时，爬绳等项目仍旧保留，而现代体操不可缺少的吊环却被取消了。1909 年，吊环又重新被列为比赛项目、体操世界锦标赛中的游泳项目直到 1922 年才被废除。1946 年，国际体操联合会技术委员会的 Pierre Hentges（卢森堡）和 Claude Lapau（法国）提出由包括裁判长在内的 5 人裁判组及有效分概念的提案，并于 1949 年正式出版了第一部国际体操比赛的评分规则。现代竞技体操的发展大体上可以分为以下几个阶段：

20 世纪 50 年代以前，是现代竞技体操形成和起步阶段，比赛项目较多，内容不固定，技术水平较低、不够普及，体操运动开展得较好的国家有捷克、法国、意大利等。

20 世纪 50 年代，竞技体操内容得以固定，竞赛规则逐渐完善，难度动作被合理分类，促进了体操技术的发展，在第十五届奥运会上，苏联队以其高质量和优美熟练的成套动作，夺得男女团体冠军，竞技体操开始步入苏联时代。

1960 年，在第 17 届奥运会上，日本男子体操队以高质量的规定动作和高难创新动作战胜苏联队，并从此称维世界体坛 18 年。

1968 年，国际男子竞技体操评分规则增加了在决赛中采用"熟练性、惊险性、独特性"的三性加分因素，为竞技体操技术的发展注入了新的活力。

20 世纪 70 年代是党技体操技术新的发展时期，以日本著名运动员家原光男首创的单杠"旋"空翻下为先导，以美国运动员托马斯完成的鞍马"分腿波浪式全旋"为推动，世界体操进入了全面创新阶段。1976 年，罗马尼亚 14 岁的科马内齐传奇般地在比赛中获得 7 次满分，一举夺得第二十一届奥运会女子体操比赛全能、高低杠，平衡木三项冠军，开创了女子体操年轻化的新纪元，运动员的"早期专项化"训练新理念也随之得到世界各国的普遍重视，使得新、难动作不断涌现，成套动作的技术规格、质量和编排达到了较高的水平。

20 世纪 80 年代，国际体操联合会对团体比赛的形式、个人全能和个人单项决赛的记分方法做了修改，并在规则难度表中增加了"D"组难度动作，使得拥有高难动作成为运动员取胜的法宝，高难创新动作层出不穷。在1981年，1983年的第二十一届、二十二届世界体操锦标赛上，苏联体操队19岁的科罗廖夫和17岁的比洛泽尔采夫先后获得男子全能冠军，为男子运动员的"年轻化"开辟了新路。女运动员在保持女性技术特点的基础上，技术动作出现了男子化趋势。

20世纪90年代，国际竞技体操规则取消了规定动作，先后增加了"E"组和"SE"组难度动作，使得成套动作难度越来越大。1997—2000年规则实行"难度裁判组"和"完成情况裁判组"共同评定成套动作，力求公平、公正、准确地对运动员的动作进行评价。随着竞技体操比赛的复杂化、体操运动员的年轻化、体操训练的科学化及规则的不断变化，竞技体操运动出现了突破性进展。

进入21世纪，国际竞技体操评分规则经过多次修订，男女运动员的动作分别发展至"G"组和"H"组；团体赛先后采用6—3—3制、3—3—3制，使得团体夺冠变得更加扑朔迷离，团体冠军的争夺已经由2~3个国家间的竞争发展为5~6个国家间的竞争，呈现群雄并起的局面，单项冠军的争夺也由原来的几个国家发展到十几个国家，由几个国家垄断国际竞技体操比赛金牌的局面已经不复存在。

第二节 体操运动员体能特征

一、体操运动员形态特征

体操运动员具有自己专项固有的身体形态特征，其身体外形和动作姿态都应该符合体操专项的规范要求。运动员身体形态特征既是身体训练的结果，如身体控制能力和协调能力等；又是技术训练的最后烙印，如直膝和绷脚面等必要的基础技能。运动员身体形态不仅能表现出体操项目把运动员形体练得更加健壮、匀称、具有青春活力，而且能使运动员的姿态、动作更具韵味，做到一迈步、一举腿、一抬头、一挺胸都给人以美感。运动员良好的形态特征有利于运动员对自身的空间位置、用力的时间、用力的方向正确地把握，同时身体姿态还是体操比赛中裁判员评分的重要因素。

由于竞技体操是一项克服自身体重去完成动作的项目，要求相对力量比较大，因此体重轻比较有利于完成动作；身材小巧比身材高大有利于完成各种翻腾、转体动作；身材匀称、上下肢较长、躯干较短、髋关节较窄有利于运动员显示出身材线条，更主要的是重心较高，容易完成灵巧性动作。肘关节要伸直而不过伸，过伸的肘关节容易受伤；臂长在男子竞技体操训练中尤其重要，在双杠、单杠、吊环、鞍马等器械上不仅能增大动作幅度，更主要的是在支撑中能提高身体重心，有利于完成动作和提高动作质量；手的大小对单杠和高低杠项目很重要，手大有利于握杠和完成各种换握；肩宽的人一般肩带力量大，而肩带力量是完成体操动作的基础；髋窄的人臀围小，肩宽臀小的体型身体重心较高，而且体型健美，这种体型有利于完成器械项目的各种动作。总之，竞技体操运动员形态特征是身材匀称，上下肢较长，且身高低、体重轻，臂长手大，肩宽臀窄，肌纤维比较长，跟腱比较短。

优秀艺术体操运动员身体形态具有如下特征：身高较高，四肢长，指间距大于身高，肩宽和骨盆窄，手长，足弓高，跟腱长，体脂百分比和体质指数低。体脂百分数、体质指数均属于低水平，肌肉含量较高，身体形态匀称，对艺术体操动作艺术性的展示和难度动作的完成有一定的帮助。

竞技健美操运动员更要求肢体匀称修长优美，这不仅是给人一个突出的印象，更是当今竞技健美操运动技术发展的客观要求。运动员的身高一般以中等身材和体重相对较轻为宜，因为该运动中的许多难度动作需要克服自身体重来完成，力臂适中、体重较轻可以使能量消耗最小化。身材过高会影响动作的灵巧性，身材过矮会影响动作的舒展效果，尤其在混双、三人、六人等集体项目中，运动员的身高差距过大会影响配合的协调效果和操化动作的一致性。依据竞技健美操运动技术的要求，可以把运动员的形态特征归纳为：身材匀称、五官端正、锁骨和肩脚骨较平、四肢稍长、手臂直、小腿长于大腿、关节平直、踝关节略细、跟腱细长清晰、肩宽髋窄、女子颈部略长、臀部肌肉向上紧缩、肌肉呈条形。

蹦床运动主要运动形式为连续完成 10 个空翻或空翻加转体动作，因此运动员的身体形态具有非常高的专项性特征，表现出下肢较长、大腿和小腿的围度相对较粗，身体充实度适中，髋部较窄的形态特点。

技巧运动中，单人项目运动员体型与竞技体操运动员相同，而双人及多人项目的运动员中，上、下面人的共同形态特征是：上面人一般个小、体轻；下面人一般个高、体重、肩宽、腿粗、胸围大、手大。上面人年龄较小，下面人年龄稍大，年龄一般相差 4～6 岁。

二、体操运动员机能特征

（一）中枢神经系统的机能变化特点

1. 体操运动员由于经受长期翻转和倒立影响，运动员前庭系统的中枢整合水平和控制能力较强。

2. 体操动作惊险，协调性要求较高，因此，大脑皮质与皮质下运动中枢的协调关系随时根据需要加强、保持或加以改造。

3. 体操练习富有特殊的节奏感，要求神经过程的强弱与交替均需按规定的节奏进行，在大脑皮质神经过程之间要借助本体感受的反馈冲动，建立起准确和严密的时间条件反射。

（二）肌肉活动的特点

体操运动员在运动过程中，肌肉放松与收缩的相互转换均较分明，并与动作节奏相适应，各运动中枢对肌群的控制能力提高；肌群间的协调关系得到改善。基强度降低、时值缩短、对抗肌之间时值接近、上肢对抗肌群时值相互接近被认为是训练程度良好的标志之一。

体操运动能提高肌肉力量和静力耐力，能使肌肉对中枢传来的不断变化的冲动迅速产生动作，从一种动作迅速高效地转换为另一种动作。

（三）能量代谢特点

竞技体操项目（如男女跳马、单杠、吊环、鞍马、高低杠等）练习时间短，但强度大，人体主要靠无氧代谢供能。练习动作虽然多样复杂，但动作之间常有短暂间休。肌肉用力虽大，但持续时间短，完成单个或成套练习能量消耗都不很多。但其他项目（如技巧、蹦床、健美操、艺术体操等）都是持续1~3分钟不等的大强度运动，在这段时间中，每名运动员需要完成各种悬垂、支撑、翻转、跳跃等大强度、高难度的练习，这就必然要求运动员具有良好的代谢供能能力，以满足持续进行高质量技能运动的需要。持续长时间的代谢供能能力是每一名优秀运动员所必需的。

体操运动包含项目众多，供能形式各一，但其大多数项目属于高强度的无氧运动，它对人体在无氧或缺氧状态下的运动能力要求很高，抗疲劳能力对运动员完美完成成套动作具有巨大的影响。因此，体操运动员在发展无氧代谢能力的同时，还必须注意发展持续时间为2分钟左右的混合代谢供能能力。

（四）心血管机能变化的特点

1. 心血管机能的变化

体操运动员心血管机能变化与动作难度和性质有关。脉搏、血压随着体操动作难度不同和用力性质不同而发生不同变化。

2. 血液重新分配

体操练习时常改变人体空间位置，有些动作对人体正常血液循环产生一些特殊影响，引起一些特殊反应。例如，离心力作用、重力作用、加减速作用等使血液因运动或重力作用而在体内重新分配，可出现暂时或局部脑部血液供应不足，并产生眼花、头晕现象。

长期进行体操训练可提高心血管的调节机能，使之更适应于体操运动的要求。长期体操训练可以建立起心血管机能调节迅速反应的条件反射，克服离心力、重力等作用的影响，并能有效地发展腹壁肌的张力，帮助克服加减速度对血液重新分配的影响。

3. "瓦尔沙瓦"现象

体操练习中静力性练习产生憋气，血压随动作的进行和恢复出现特殊变化的规律，其特征表现为：血压先升高，后降低，再上升，而后恢复到运动前水平，血液量也呈现先少、后多，再恢复常量。这种变化称为"瓦尔沙瓦"（ValsaIva）现象。

随体操运动员训练程度的提高，心血管调节机能和血液分配能力的完善，"瓦尔沙瓦"现象可以得到缓解；反之，若训练程度下降，"瓦尔沙瓦"现象可再度出现。

（五）呼吸机能变化的特点

1. 呼吸机能的变化

体操运动后，呼吸频率比安静时约增加1倍；呼吸深度比安静时约增加3~4倍；肺通气量比安静时约增加3~9倍；摄氧量比安静时约增加6~7倍；呼吸机能变化不明显。

2. "林加尔德"现象

在体操练习中，有很多支撑、悬垂、折体、回环等动作，常常要求胸廓与腹壁等部位同时或交替固定，因而使呼吸肌的活动受到限制，造成呼吸运动困难。丹麦生理学家林加尔德发现，在进行静止用力动作时，呼吸和循环机能变化没有运动后明显，这种生理反应称为"林加尔德"现象。随训练水平的提高，呼吸和循环机能的加强，"林加尔德"现象逐渐减轻或被克服。表3-1所列即为静止用力时和恢复期的耗氧量。

表 3-1　静止用力时和恢复期的耗氧量

静止用力	持续时间/分钟	耗氧量/（毫升/分钟）	
		静止时用力	静止后用力
单杠屈臂悬垂	0.80	557	853
俯卧撑	2.01	562	595
屈膝举踵站立	1.28	742	807

大运动量的运动和高强度的神经紧张使运动员的机能疲劳程度加大，机能恢复需要的时间也相对较长。合理营养膳食能供给运动员所需热能，提供能源物质的补充和储备，加速代谢废物的消除，维持代谢平衡，并有助于提高运动员的运动能力和恢复运动后体力。

三、体操运动员素质特征

体操属于非周期性运动项目，运动员体能训练的目的是改善神经、心血管系统机能，提高肌肉群力量和弹性，发展速度、耐力、柔韧性和协调能力，提高平衡能力及对方向、时间的判断力等。练习手段多采用与专项技术结构相似的练习或专项体操动作来发展所需的运动素质，以加速掌握技术动作进程，增强比赛能力。因此，在竞技体操运动员训练的各个周期内，都要对专项体能训练做出周密而合理的设计和安排，以保证运动员在其整个运动寿命中达到比较好的竞技状态，取得优异的比赛和训练成绩。

（一）专项力量素质

竞技性体操比赛就是比运动员完成体操动作的难度与质量。运动员完成任何一个动作都是内力与外力相作用的结果，力是唯一使人体改变运动状态的因素。肌肉收缩力即通常所说的力量素质，对体操运动员极为重要。体操中静止用力类型的动作是运动员力量的直接表现，在动力性动作中，力量尤其是爆发力也是完成动作的重要基础。因此，在体操训练实践中教练员与运动员都十分重视力量素质的训练，并且都积累了丰富的训练经验。力量训练的效果取决于训练方法是否科学，为提高训练的科学性，必须研究体操运动员力量素质的特点，以此来改进运动员力量训练的内容和方法。体操运动员力量素质有以下四种特点。

1. 体操运动员是克服和利用自身体重完成动作，表现为相对力量

体操与举重、投掷、摔跤等项目的力量表现形式不同，不是对抗对手或举起重物，而是通过控制自己身体完成各种动作。控制自己身体的能力是与绝对力量、体重有关的，表现出来的是相对力量。所以体操运动员的力量素质带有个人特点，与运动员身高、体重、身体形态有很大关系，这一点决定了体操运动员力量训练也常常有明显的个人特点。

2. 在某些项目的一些动作中，力量决定动作的难度

在男子吊环项目中慢起用力动作、静止动作都是力量的表现，运动员力量素质直接决定完成动作的难度。可以说，没有超人的力量，不可能在吊环的比赛中取胜。在其他项目中，如自由体操、双杠等也有一定数量的用力动作。而在健美操和技巧中的托举动作以及跳跃的难度动作，大多可以充分反映出运动员的体能储备情况。

3. 上肢力量与下肢力量表现形式不同

体操运动员上肢力量主要是在支撑中表现出的推撑力量和在悬垂中表现出的拉引力量。这两种力量都必须具有两种性质不同的肌肉收缩方式：一种是快速的等张收缩，肌肉明显缩短，表现为爆发力；另一种是慢速收缩或等长收缩，肌肉长度不变或变化缓慢，表现为静止用力的力量。上肢的这种肌肉收缩特点有助于肌肉体积的增大。这也是体操运动员肩带肌和上肢肌肉发达的原因。

下肢力量主要是快速等张收缩，表现为运动员的弹跳力，这在自由体操、跳马、健美操、技巧和蹦床等项目中十分重要。这种特点使体操运动员的下肢因运动项目的不同而表现出一定的差异，造成体操运动员上、下肢肌肉发达程度明显不同使其具有明显的专项特点。

（二）专项柔韧素质

柔韧素质是体操运动员的重要身体素质之一。发展良好的柔韧素质是掌握和完成体操动作的重要基础。发展柔韧素质的方法有两种，即被动和主动，也称消极和积极。被动的柔韧练习是指依靠外力的作用促使关节灵活性增大，这一方法可使柔韧指标迅速提高，但与实际应用有一定的距离，运动员承受的痛苦较大。主动柔韧练习是指通过与某关节有关肌肉收缩来增加关节灵活性的方法。这一方法与专项动作的表现形式相一致，易于体现在体操动作之中，但要想在原有的基础上进一步提高比较困难。由于这两种方法各有利弊，在体操训练中多结合使用。

体操运动员柔韧素质的特点如下：

（1）良好的柔韧性是高质量完成体操动作的前提，并可减少损伤的发生。良好的柔韧性可以使运动员动作更加舒展、优美，有效减少运动损伤的发生，在一定程度上延长运动员的运动寿命。柔韧素质的好坏取决于关节的构成、肌肉和韧带的弹性、神经肌肉的调节过程、训练水平以及气温等。此外，与运动员年龄也有一定关系，年龄越大，柔韧性越差。

（2）良好、全面的身体各部位柔韧性是体操运动员所必需的。无论是哪个项目的体操动作，对于运动员身体的柔韧性都有很高的要求，而且也是对运动员柔韧性要求最全面的。如果肩关节柔韧性不好，倒立动作就不易准确；体前屈的柔韧不好，高低杠"正反掏"动作就不能做出应有的幅度。良好的、全面的身体各部位柔韧性不仅可以防止运动员在完成动作时出现损伤，而且对完成体操动作时消耗的力量、速度、耐力提供最经济的效益，可以大大减少运动员疲劳的产生。

（三）专项速度素质

速度是人体快速完成体操动作的能力，包括动作速度、反应速度和位移速度。速度素质主要取决于中枢神经系统兴奋和抑制的转换速度，红白肌比例（白肌纤维收缩快）以及 ATP 的含量与分解再合成的速度。因此，速度素质受遗传因素影响较大。体操运动员速度素质有以下两个特点：

1. 体操运动员的速度素质的提高需要与其他素质协调发展。体操运动员的速度训练要求练习者在最短时间内发挥最大的力量，并按正确的技术要领去完成体操动作。如跳马的推手，技巧中的起跳、空翻或复合空翻动作中的翻转、转体动作等。根据体操的特点，可以把体操的速度看做频率、力量和协调相结合的产物。因此，提高和发展体操运动中的速度要注意同时发展其他方面的素质。

2. 体操项目中最主要的是动作速度和位移速度。体操运动员的反应速度一般是在运动员做动作过程中，预先判断身体的状态，并快速采取相应反应的动作的能力，该速度一般建立在运动员对动作熟练程度的基础上。动作速度是运动员完成单个动作的速度，可以反映运动员动作完成的能力高低以及熟练程度。体操运动员的位移速度主要是指跳马项目，其对速度素质有较高的要求。位移速度的好坏还与运动员自身的力量、柔韧等素质以及跑的技术有关。

(四)专项耐力素质

专项耐力素质是体操运动员应具备的主要身体素质之一。通过专项耐力素质训练,可以提高运动员呼吸系统、循环系统的功能,增强抗疲劳能力;可以促进运动员快速恢复能力,为力量、速度和灵敏等身体素质的发展提供物质基础;还可以培养运动员坚毅、顽强、勇于克服困难的意志品质,对运动员心理素质的培养及专项的发展都有着重要意义。

体操运动员的专项耐力以无氧耐力为主。根据体操各项目持续时间和运动时肌肉供能特点,可以看出,它们的供能系统方式为非乳酸能供能和乳酸能(糖原无氧酵解)供能为主,而以上两种供能方式都属于无氧酵解供能。因此,体操的运动员的专项耐力主要是发展无氧耐力。但需要注意的是,有氧耐力是无氧耐力的基础,无氧耐力的发展是建立在运动员有氧耐力提高的基础上,因此体操运动员在进行专项耐力训练之前或同时也应进行适量的有氧耐力训练。

(五)专项协调、灵敏素质

专项协调能力是指运动员有机体各部分在时间和空间上的相互配合,合理有效地完成专项动作的能力。专项灵敏、协调能力是运动员的运动技能和各种运动素质在运动过程中的综合表现,是体操运动员不可缺少的一项极其重要的素质,是完成高难动作的基础。可以说专项灵敏、协调能力是体操运动员的灵魂。

体操运动员专项灵敏、协调素质有以下三个特点。

1. 专项灵敏、协调能力建立在力量、速度(反应速度、动作速度)、耐力、柔韧、节奏感等多种素质和技能之上,取决于神经系统的灵活性和可塑性及建立动作的储备数量。

2. 对于体操运动员来说,专项灵敏素质表现在身体位置迅速改变及空中翻转方面。发展灵敏、协调能力与提高专项知觉、时空、频率、用力的感觉及平衡能力有密切关系。因此,提高灵敏、协调能力的练习应具有复杂性、非传统性和新鲜性的特点。

3. 发展专项灵敏、协调能力具有体操项目自身的特点。体操项目对于灵敏、协调素质的要求是其他项目所不具备的。体操中的空翻、转体平衡等类型的动作,对于运动员这方面素质提出了较高要求,在训练中应该突出体操训练自身的要求。

第三节 体操运动专项体能训练方法

现代体操训练的一个十分重要的特点是,训练方法与手段及训练方式越来越多样化。体操教练应该熟悉、掌握这些方法和手段,结合教学训练实际和实际需要、具体情况与个体差异设计,采用具有针对性的力量训练手段。

一、体操运动员的力量训练

(一)体操运动员专项力量素质训练的设计

1. 上肢力量训练

(1)俯卧撑

训练方法:手撑高处(或由同伴帮助)做俯卧撑;能独立完成后,可将脚放在高处或背上负重做俯卧撑（图 3-1）。

图 3-1

(2) 悬垂臂屈伸

训练方法：悬垂臂屈伸主要包括斜站立悬垂臂屈伸、仰卧悬垂臂屈伸、脚垫高处成直角悬垂做引体向上。引体向上，可由同伴助力或负重做；宽握引体向上，头至杠前（图 3-2）。

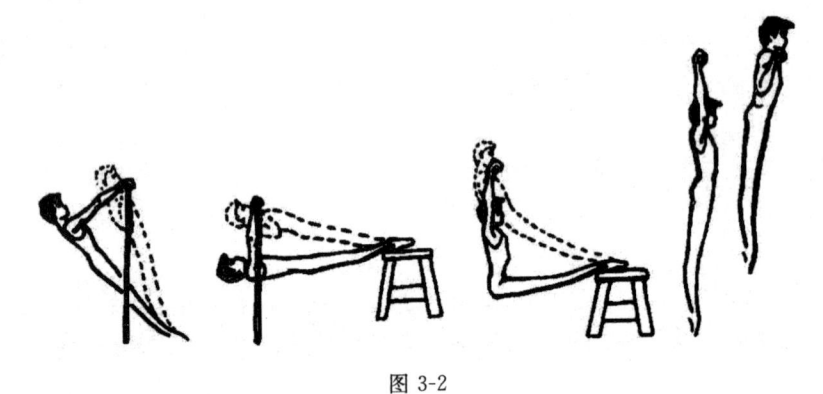

图 3-2

(3) 双杠支撑臂屈伸

训练方法：独立完成或由同伴帮助做支撑臂屈伸；支撑摆动，前摆臂屈伸；支撑后摆臂屈伸；下肢负重前摆臂屈伸（图 3-3、图 3-4）。

图 3-3　　　　图 3-4

(4) 手倒立

训练方法：靠墙倒立，或由同伴帮助完成手倒立过程中的落下和推起（图 3-5）。

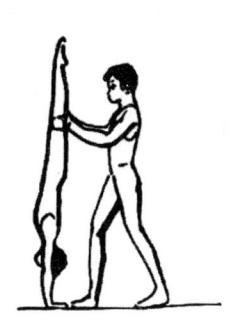

图 3-5

2. 体操运动胸、肩力量训练

（1）双球支撑扩胸

训练方法：把两个瑞士球左右相邻放在地上，俯撑，两前臂支撑体重，约与地面成30度夹角将两球向外侧滚动，打开双臂，直到自己能够控制的动作幅度。收回双臂，将球滚回原位置，反复练习。

（2）瑞士球俯卧撑

训练方法：单脚（或双脚）脚掌撑地，双手撑在球上，身体成一条斜线；屈肘时使前臂"包"在球上，然后撑起身体。

（3）俯撑推手击掌

训练方法：俯撑，屈肘，然后用爆发力用力推地，使身体在地面的反作用力下腾空，在最高点击掌，屈肘反冲回落。

（4）坐立推举杠铃

训练方法：坐在凳子上，举臂连续上推杠铃到直臂，反复练习。

（5）仰卧推举杠铃

训练方法：仰卧躺在凳子上，上背支撑体重，双脚着地，上推杠铃，反复练习。

（6）负重侧举

训练方法：分腿直立，手握重物，快速直臂外展成侧举，保持一定时间。

3. 体操运动躯干力量训练

（1）仰卧屈伸

训练方法：上体仰卧在垫子上，双脚置于瑞士球上，然后向上挺髋至身体充分伸展，再慢慢把臀部放下，反复练习。

（2）仰卧起坐

训练方法：两手抱头或由同伴固定下肢做仰卧起坐，反复练习（图3-6）。

图 3-6

(3) 仰卧举腿

训练方法：仰卧手握肋木独立进行或由同伴帮助做仰卧举腿；也可由同伴固定两臂，脚上负重物做仰卧举腿（图 3-7）。

图 3-7

(4) 仰卧举腿同时上体前屈

训练方法：由同伴蹲在练习者一侧，一手托背，一手托腿帮助进行。

(5) 仰卧举腿绕旋

训练方法：仰卧两臂侧举或侧上举，两腿前举左右绕旋或由同伴帮助做仰卧举腿绕旋（图 3-8）。

图 3-8

(6) 仰卧脚夹球转髋

训练方法：仰卧于垫子上，双臂向体侧方向伸展。屈膝 90 度夹住瑞士球进行左右方向的转动练习。

(7) 仰卧两头起

训练方法：仰卧在垫子上，身体充分伸展，双臂贴在头两侧伸直，用腹部肌群力量快速屈体。

(8) 俯卧两头起

训练方法：俯卧平躺于垫子上，身体充分伸展，双臂贴在头两侧伸直，用背部、臀部和大腿后部肌肉快速做两头翘起，两臂和两腿同时离开地面，头和颈部保持自然姿势。

(9) 俯卧体后屈

训练方法：由同伴帮助固定下肢做上体抬起练习；由同伴固定上肢，做下肢后举练习；上体俯卧鞍马一端，手握环做腿后举起练习。

(10) 侧卧身体控腿

训练方法：屈臂、前臂撑地，身体侧卧，双脚侧置于瑞士球上，身体成一直线。

(11) 悬垂举腿

训练方法：主要包括悬垂屈腿上举、悬垂直腿上举和两腿负重物直腿上举。

(12) 杠下摆越成吊臂悬垂及还原

训练方法：由单杠正握悬垂开始，举腿从杠下摆越成吊臂再还原（图 3-9）；也可在双杠端或单杠上，由同伴帮助屈腿或直腿做；也可脚踩上负重物练习。

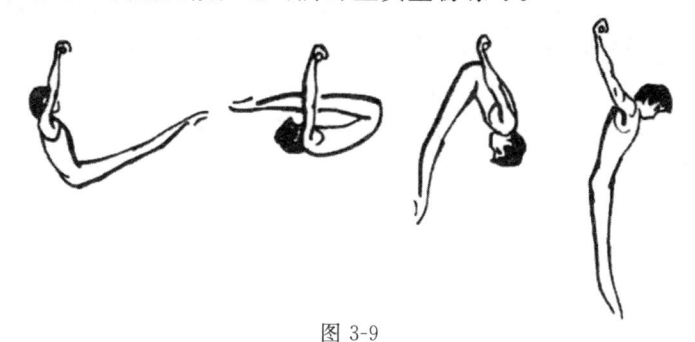

图 3-9

4. 体操运动腿部力量训练

(1) 跳上跳下

训练方法：分腿站立体操凳两侧，跳起并腿落在凳上（图 3-10）；也可立于体操凳右侧，跳起落在凳上，再跳起落在凳的左侧；也可并腿跳上跳下低跳箱。

图 3-10

(2) 单、双脚连续跳

训练方法：一人分腿坐撑，另一人单脚站立其两腿间，当同伴并腿时，迅速向上跳起落于一侧，同伴分腿时迅速向上跳起落回中间（图 3-11）。两腿反复交替练习，但双腿同时进行。

图 3-11

（二）体操运动员力量训练的组织方法

1. 等张训练法（也称为动力性练习法）

（1）等张训练的负荷。等张训练的负荷量应控制在运动员最大完成次数在 8 次左右，这时的负荷量增长力量效果最好。例如，采用引体向上的方法练习力量，如果运动员可完成 20 次或更多，则应在运动员身上负重，使其只能完成 8 次左右。在训练实践中很多力量练习负荷不足，每组完成次数偏多，练习的效果偏向发展力量耐力，不利于发展绝对力量。

（2）等张训练的具体方法：

①上肢推撑力量：

A. 手倒立类练习，包括推倒立、提倒立（利用吊环、双杠、倒立架等器械）；

B. 负重双杠臂屈伸；

C. 卧推杠铃。

②上肢拉引力量：

A. 负重引体向上；

B. 引体向上成支撑；

C. 爬绳（杆）。

2. 等长训练法（也称为静力性练习法）

肌肉张力明显增加而长度基本不变称为等长收缩。体操动作中有很多静止用力动作和用力慢做的动作，完成这些动作时肌肉以等长收缩为主。在体操力量练习中，等长训练的主要形式是静止用力和用力慢做。

（1）等长训练的负荷。等长训练的负重主要是自身的体重。等长训练具有关节角度特征，即在某个关节角度训练中，这个关节角度的静力性力量明显增加，而在其他关节角度时力量增加并不明显。因此，体操运动员进行等长训练时应以自身体重为负荷，以体操中静止用力动作为主，进行专门性练习。采用静止用力动作进行等长训练时，运动员尽最大努力保持静止时间在 5~7 秒，这时的负荷最有利于增长绝对力量。如果静止时间在 20 秒以上，则主要是增长力量耐力。负荷强度可以通过在运动员身上负重或给予适当助力来调整，每种练习的次数应在 5~10 次。

（2）等长训练的具体方法有各种十字支撑，吊环、双杠、自由体操的水平支撑，高举腿支撑，俯卧静力练习（前臂和脚分别置于山羊上，在腰部负重），仰卧、侧卧静力练习，靠墙斜倒立支撑（面向墙 45 度的斜倒立）。

二、体操运动员的柔韧训练

（一）体操运动肩部柔韧性训练

1. 转肩

训练方法：两人面向互握，同时做向左或右连续转体转肩练习；两手握棍或绳（同肩宽或宽于肩），两臂同时或依次、直臂或屈臂做前后转肩练习。

2. 压肩

训练方法：手扶肋木成分腿立，做体前屈向下振胸压肩；或由同伴向下按压肩背部；或成屈体立撑，由同伴帮助做向下压肩（图3-12）。

图 3-12

3. 拉肩

训练方法：两人背向站立，同时振胸拉肩，或前后腿站立，两臂上举，由同伴在后一手扶肩背，另一手握其两手做拉肩练习（图3-13）。

图 3-13

2. 体操运动腰部柔韧性训练

（1）体前后屈

训练方法：分腿站立臂上举，同伴在侧，手握臂，帮助做体前后屈（图3-14）；一手扶背，另一握臂，帮助做提前后屈（图3-14）；或坐在横箱或鞍马上，由同伴扶脚踝部帮助练习（图3-15）。

图 3-14 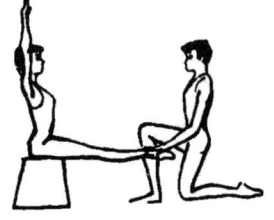　　　　　图 3-15

（2）甩腰

训练方法：背向齐腰高横箱或鞍马做向后甩腰。另外，也可手扶齐腰高把竿等物做向后甩腰；或面向同伴站立臂上举，同伴分腿坐在跳箱盖上，两手扶其腰，做向后甩腰的练习（图3-16）。

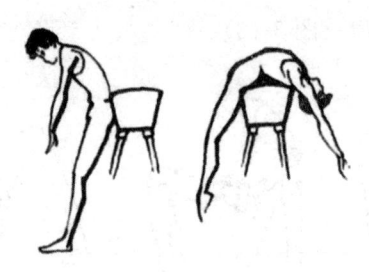

图 3-16

（3）成"桥"

训练方法：由同伴帮助做下腰成"桥"（图 3-17）；或两脚开立，向后慢慢下腰，手撑垫成"桥"。

图 3-17

3. 体操运动下肢柔韧性训练

（1）压腿

训练方法：正压腿时前举腿比腰稍高，放于把竿上，上体挺胸下压，支撑腿要直，两脚尖正对前方；侧压腿与正压腿方法相同，但支撑腿脚尖外转，上体不得前倾后仰；后压腿的方法同正压腿。

（2）劈腿

训练方法：脚放高处，两腿劈开呈一字（图 3-18）。

图 3-18

（3）踢腿

训练方法：包括前踢腿、侧踢腿和后踢腿。前踢腿时要保持上体正直；侧踢腿时，双肩要正，不撅臀不扣髋；后踢腿时，上体配合后仰。

（4）控腿

训练方法：前控腿时，直腿均匀用力抬起，停在前举部位；侧控腿时，上体正直，抬起的腿对准体侧；后控腿时，上体保持正直，后举腿的髋不得外转。

（5）压脚背

训练方法：跪坐，手两侧撑垫，膝离垫，体后倒压脚背；俯撑脚背触垫，尽量提臀屈体，重心后移至脚掌上，用力压脚背（图3-19）。

图 3-19

三、体操运动员的耐力训练

（一）体操运动员耐力训练的设计

1. 一般耐力训练手段与方法

（1）3~5分钟连续跳绳练习。

（2）越野跑。

（3）定距爬绳或爬杆练习。

2. 体操运动员耐力训练的手段与方法

（1）基本动作的多次重复练习，如鞍马各部位的连续全旋、技巧连续原地团身后空翻等。

（2）基本难度动作的多次重复，如高低杠连续向前大回环或向后大回环、技巧蹬子后手翻后空翻（来回做）等。

（二）体操运动员耐力训练的组织方法

专项耐力练习应与各项技术训练结合起来，根据各项目的特殊要求来确定练习内容、确定练习时间和次数。

四、体操运动员的速度训练

（一）体操运动员速度训练的设计

1. 反应速度的训练

（1）变换口令练习，如反口令练习等。

（2）不同部位传接球练习，如持球人听到信号后，立即将球传给同伴等。

2. 完成动作速度的训练

通常采用定量计时或定时计数的办法，让运动员快速重复一些基本动作，以此来发展相应的动作速度。

（1）连续侧手翻：要求快速、连贯、方向正。

（2）连续后手翻：要求充分蹬地、翻转快速、动作圆滑。

3. 位移速度的训练

（1）原地高抬腿练习：要求速度快、重心高。

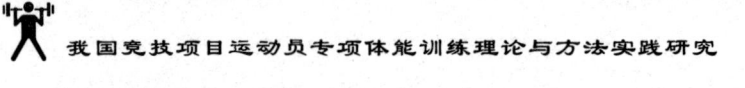

(2) 20～30 米快速跑：可采用计时、比赛、追逐跑等形式。

(二) 体操运动员速度训练的组织方法

1. 结合跑的速度练习

(1) 采用 20～30 米的加速跑和快速跑，掌握跑的正确方法。

(2) 在跳马跑道上进行 20～30 米的加速跑。

2. 结合发展力量的速度练习

(1) 快速完成俯卧撑或引体向上的练习。要求以最快的速度完成 8～10 次，或在 8～10 秒的时间内尽可能多做练习。

(2) 由屈臂俯卧撑快速推离地面，两手在空中击掌 1～3 次成屈臂俯卧撑。

3. 结合体操的速度练习

(1) 采用计时或不计时的方法，以最快的速度连续做某个熟练的体操动作，如连续侧手翻 3～5 次（秒），连续后手翻 3 次（秒），连续腾身回环成手倒立多次，连续向前或向后大回环多次等。

(2) 快速完成技巧串动作的练习，如踺子后手翻快速后空翻一直体后空翻等，练习可在同伴的帮助下进行。

五、体操运动员的灵敏、协调素质训练

(一) 体操运动员灵敏、协调素质训练的设计

除借助体操技术训练、专项身体训练及舞蹈、基本体操等练习来培养协调能力外，还应采用以下三种练习方法。

1. 让运动员尽可能地学习、掌握体操各类型的基本动作。掌握动作类型越多，基础条件反射建立越多，动作技能迁移就越容易。

2. 经常变换练习组合方式，使运动员在不习惯的条件下练习，提高运动员的协调性。

3. 采用弹网或弹板等专门器械，进行力所能及的各种翻腾和转体动作的练习，改善前庭分析器的功能，提高运动员在空中状态时对自己所处位置的判断能力。

(二) 体操运动员灵敏、协调训练的组织方法

培养灵敏、协调能力的练习通常应放在训练课的主要部分的开始阶段，这时运动员可以保持最佳的心理状态和工作能力。对于高水平运动员来说，提高灵敏、协调能力还应在有疲劳征兆和明显疲劳的情况下进行。

专项灵敏、协调练习应与各项技术训练结合起来，根据各项目的特殊要求来确定练习内容、练习时间和次数。

第四章　游泳运动员专项体能训练方法

第一节　游泳运动理论及其体能特征

一、游泳运动的基本理论阐析

(一) 游泳运动的由来

1. 游泳运动的萌芽

作为一种生产生活方式，游泳是在古时人们的生产生活实践中逐渐形成的。在距今大约 400 万年前，地球上就出现了最早的人类。追溯历史，人们可以发现，游泳产生于居住在江、河、湖、海一带的原始群落。古人类在布满了江、河、湖、海的地球上生活，不可避免地要与水打交道。人们依山打猎，傍水捕鱼，为了寻觅食物，躲避猛兽的侵袭，不得不跋山涉水。当时，生活在这里的人们通过观察和模仿鱼类、青蛙等动物在水中游动的动作，逐渐学会了游泳。

在人类早期，无论是为了生存时的逃避猛兽、捕猎，还是必要时的自救，游泳都是一门重要的求生技能。毫无疑问，游泳是人类最古老的生存手段之一。

2. 游泳运动的产生

作为一项运动，游泳运动产生的具体时间不详，可考证的国内外游泳运动的产生具体如下。

据考古显示，在古罗马时期，已经有了专供贵族们娱乐消遣的巨大浴场。古罗马卡拉卡大浴场遗址至今仍然存在，据悉，该浴场建于公元 188—217 年，气势恢弘，其中心处冷水长达 70 米。

在我国，古时人们的游泳活动内容十分丰富，且形式多样，是人们生活的重要组成部分。在考古发现的距今 5000 多年的中国古代陶器上，雕刻着人类潜入水中猎取水鸟的图案。在我国古代的一些艺术珍品中，也可以看到游泳活动的场面。如敦煌壁画上就有游水者出伏于莲花池中的图案，形象简练优美，动作舒展有力。夏禹治水时期，我国劳动人民在与洪水搏斗的过程中就已发明了不少泅水的方法。约在 2500 多年前，我国的第一部诗歌总集《诗经》中就有了关于游泳活动的记载。《诗经·邶风·谷风》中有"就其浅矣，泳之游之"的诗句。这里，潜水而行叫"泳"，浮水而行叫"游"，两字合起来便成为后来的"游泳"，说明当时人们就能够利用游泳技术来克服江河的天然屏障了。由此可见，这一时期的游泳已经逐渐脱离生产为一项正式的身体运动形式。

(二) 游泳运动的发展

1. 世界游泳运动的发展演进

现代游泳运动起源于英国。17 世纪 60 年代，英国不少地区的游泳活动就开展得相当活跃。

18世纪初传到法国,继而成为风靡欧洲的运动。1828年,英国在利物浦乔治码头修造了第一个室内游泳池,这种泳池到19世纪30年代,在英国各大城市相继出现。随着生活条件的提高,人们越来越注重健康,而游泳场馆良好的环境也促使游泳成为人们喜爱的健身活动,成为老少皆宜的体育项目之一。

现代游泳运动在世界的发展主要表现在竞技游泳运动的发展上。竞技性游泳活动几乎紧随着娱乐性游泳活动的产生而产生的,是娱乐性游泳的发展与提高。就时间来划分,竞技游泳运动的发展与演变历程具体如下。

现代游泳竞赛的发展史与奥运会紧密相连。从第一届奥运会将游泳列为正式比赛项目到如今,它已经是各国争夺奖牌的有力项目,不得不说,其中的发展变革是巨大的。

作为一项体育运动,游泳训练直到19世纪才开始。从第一届奥运会(1896年)开始,游泳就列入了奥运会正式项目。发展到现在,各种世界锦标赛、国际大型比赛不断推动着竞技游泳的发展,随着技术动作的完善,创造了一个又一个优异的成绩。1896年第一届雅典现代奥运会游泳比赛上,只有男子100米、50米和1200米自由泳3个项目,总共有6个国家(丹麦、德国、希腊、匈牙利、瑞典和美国)的26名选手参加比赛。那时还没有比赛专用的游泳池,比赛场地设在齐亚湾的冰冷海水中。

第二届奥运会于1990年在法国巴黎举行,游泳比赛在风景优美的塞纳河上举行,比赛项目增加到7项,其中仰泳、障碍泳和潜泳被列为正式比赛项目。

第三届奥运会于1904年在美国圣路易斯举行。从这届开始,游泳比赛在人工游泳池举行,比赛共设9个项目。蛙泳在这届比赛中被确定为正式比赛项目,但是取消了第二届加入的障碍泳和潜泳。

第四届奥运会于1908年在英国伦敦举行,成立了国际业余游泳联合会。游泳比赛共设6个项目,6枚金牌得主的成绩成为现代游泳史上该项目第一个正式世界纪录。

第五届奥运会于1912年在瑞典斯德哥尔摩举行。游泳比赛是在一个长100米的游泳池中举行的。女子游泳首次被列为奥运会正式比赛项目,这是划时代的举动。这届比赛共设男子7项和女子2项,破3项世界纪录。

1916年第六届奥运会因第一次世界大战未举行。

1920年在比利时的安特卫普举行了第七届奥运会。游泳比赛设男子7个项目、女子3个项目。该届比赛美国队表现突出,共获得8项冠军。

1924年第八届奥运会在法国巴黎举行,女子游泳增加了100米仰泳和200米蛙泳2个项目。在男子6项、女子5项总共11个项目的比赛中(从第8届至第15届均设相同项目),美国选手仍处于领先地位,共获9块金牌。

1928年在荷兰举行的第9届奥运会游泳比赛,美国队获6枚金牌。日本游泳选手第一次在奥林匹克泳池中崭露头角,鹤田义行出人意料地在200米蛙泳中取胜,日本第一次在奥运会游泳赛中获得桂冠。

第十届奥运会于1932年在美国洛杉矶举行。在游泳比赛中,日本队大爆冷门,他们以优异的成绩,夺得了男子6项中的5枚金牌,4枚银牌,而美国男子只获得了1枚金牌。这引起了美国的震惊,促使训练工作大改革。女子5个项目,美国取得了4个项目的冠军。

第十一届奥运会于1936年在德国的柏林举行。当时希特勒正疯狂准备发动世界大战,妄图称霸全球，因此许多国家强烈反对在德国举行第十一届奥运会。当时希特勒慑于舆论，便装出一副热爱和平的伪面孔。但事实证明，他在比赛开始不久就暴露了种族主义的真实面目，因此，这届奥运会在客观上替希特勒作了粉饰和宣传，也助长了希特勒的嚣张气焰，从而在政治上起了消极的作用。该次大会是历届以来规模最大的一次奥运会，是第二次世界大战前奥林匹克运动的高潮，我国也派出代表团参加了这次比赛。这次游泳比赛，男子除匈牙利人获1枚金牌外，基本上是日本、荷兰、美国3个国家平分秋色。

原定在日本东京和英国伦敦举行的第十二、第十三届奥运会因日本发动侵华战争与第一次世店界大战的爆发而未能举办。1948年在英国伦敦举行了第十四届奥运会，中国参加了这届运动会。德、日两国因是第二次世界大战的发动者，按规定未准许参加本届奥运会游泳比赛中，美国成绩遥遥领先、男子夺得全部6个项目的金牌，女子获2枚金牌。

1952年在芬兰赫尔辛基举行了第十五届奥运会，国际泳联把蛙泳和蝶泳分开作为两个项目比赛。从此，竞技游泳发展成为4种泳姿。中国运动员吴传玉第一次参加奥运会游泳比赛。苏联第一次参加奥运会，在游泳项目上处于落后状态。美国男子与匈牙利女子分获大部分金牌。澳大利亚选手戴维斯以2分34秒4的成绩获男子200米蛙泳金牌，但是是用蝶泳姿势游完全程的。因此，1953年国际泳联做出决定，把蛙泳和蝶泳区别为两种比赛姿势。

第十六届奥运会于1956年在澳大利亚的墨尔本举行。在这届游泳比赛中，蝶泳被列为正式比赛项目，由此在原11个比赛项目基础上增加了男子200米蝶泳和女子100米蝶泳2个项目，从此游泳比赛形成了蝶泳、仰泳、蛙泳、自由泳4种正式竞赛项目。在男、女13个项目中，澳大利亚获得8枚金牌，美国成绩暴跌，仅获两项冠军。

第十七届奥运会于1960年在意大利罗马举行，游泳比赛在上届基础上又增加了两个集体项目（男、女4×100米混合泳接力）。比赛几乎成为了澳大利亚和美国两国的对抗赛。男子8项美国与澳大利亚平分秋色；女子7项美国独占6项冠军。

第十八届奥运会于1964年在日本东京举行。这是第一次在亚洲国家举行奥运会，规模也是空前的。为了摆脱第二次世界大战时日本的侵略者形象，扩大日本战后的国际影响，也为了重塑日本在奥林匹克大家庭的形象，日本政府和体育界对东京奥运会非常重视，耗费近30亿美元巨资，扩建了城市，改进了交通网点，兴建了体育场馆和其他设施，这对以后奥运会主办者追求豪华场地与设备产生了重大影响。这届游泳比赛首次使用了电动计时装置来记录运动员的比赛成绩和判断名次，并且又增加了3个项目（男、女400米个人混合泳、男子4×100米自由泳接力）、调整1个项目。美国在游泳比赛中再次取得出色的成绩，他们获得了男女18个项目中13项冠军，创造了11项世界纪录。200米蛙泳金牌被苏联16岁的女中学生夺得，这也是苏联第一次在奥运会游泳比赛中夺冠。

1968年第十九届奥运会是在墨西哥首都墨西哥城举行。男、女项目比上届增加了11项（本届29项，上届18项），但只打破了5项世界纪录（男3项、女2项）。成绩的不理想是否与高原气候有关，有待专家研究。美国依旧占据绝对优势，获得了29个项目中的21项冠军。

1972年在德国慕尼黑举行的第二十届奥运会是继东京奥运会后又一次耗资巨大、设施豪华，但更先进、更完善的运动会。与墨西哥奥运会形成鲜明对照的是，这次游泳取得了出色的成绩：30次打22项世界纪录（明、女各11项），美男子游泳运动员马克·施皮茨一人独得7枚金牌，成为奥运史上一届获金牌最多的运动员，这一纪录直到36年后才由菲尔普斯打破，日本游泳运动员夺得了 2 枚金牌，并打破这 2 项世界纪录。

1976 年在加拿大蒙特利尔举行了第二十一届奥运会。本届奥运会主要是美国和民主德国两家之争。美国男子囊括了除 200 米蛙泳外全部项目的金牌；民主德国则获得女子 13 个项目中的 11 项冠军。

1980 年第二十二届奥运会在苏联首都莫斯科举行。由于苏军入侵阿富汗，践踏国际法准则，包括中国在内的不少国家奥委会拒绝参加莫斯科奥运会，公开抵制和拒绝参加的占 2/5，成为奥运史上最大的一次抵制行动。由于美国、联邦德国等国拒绝参加，游泳成绩受到较大影响，特别是男子成绩，甚至不能反映当时世界实际水平。民主德国女子游泳运动员表现突出，夺得 13 个项目中的 10 块金牌，并打破 7 项世界纪录。

1984 年第二十三届洛杉矶奥运会是奥运会创办以来首次由民间承办的运动会。中华人民共和国成立后，我国首次派出了一个大型体育代表团参加这次盛会。游泳比赛由于苏联、民主德国等东欧国家的抵制，所破 10 项世界纪录，均属男子项目，这鲜明地反映出抵制带来的影响。美国在这次比赛中成绩依然出色，获得了 20 个项目的 21 枚金牌（有 1 项并列）。我国游泳运动员成绩不尽如人意，个人项目无一人进入前 16 名。

第二十四届奥运会于 1988 年在韩国汉城（今首尔）举行。在游泳比赛中，来自民主德国的姑娘奥托连夺 6 枚金牌。我国女子游泳队在该届奥运会比赛中取得新突破，共获得 3 枚银牌，1 枚铜牌。该届奥运会游泳场上竞争十分激烈，各国游泳新秀大量涌现，在 31 块金牌中，尽管民主德国、美国分别获 11 枚与 8 枚，但仍有 20 个国家分享金、银、铜牌。

第二十五届奥运会于 1992 年在西班牙巴塞罗那举行。该届游泳比赛共破 9 项世界纪录，奥运会游泳比赛霸主美国队仍居首位，共获金牌 11 枚。中国女子游泳队的"四朵金花"——杨文意、庄泳、林莉、钱红各获 1 枚金牌，其中杨文意在 50 米自由泳中以 24 秒 98 的成绩打破了世界纪录。

第二十六届奥运会于 1996 年在美国的亚特兰大举行，游泳比赛我国获 1 枚金牌。这届比赛增加了女子 4×200 米自由泳接力项目。至此，游泳共有 32 个比赛项目。美国成绩遥遥领先，男、女共取得 13 项冠军，其他金牌被另外 9 个国家所得。

第二十七届奥运会于 2000 在澳大利亚悉尼举行。游泳成为奥运会比赛金牌数仅次于田径的大项目，同时在这届奥运会上，游泳是创造新的世界纪录最多的项目，来自美国、澳大利亚、荷兰和乌克兰的男、女选手共打破 13 项纪录，在奥运会的游泳比赛中堪称历史之最。中国游泳在此次比赛中与奖牌无缘，这也是中游泳自 1988 年以来在奥运会上成绩最差的一次，在这届奥运会上，日本已经取代中国成为亚洲头号的游泳强国。

2004 年，第二十八届奥运会在经历奥运百年沧桑后又回到了奥林匹克运动发源地——希腊雅典。该届奥运会游泳比赛，美国、澳大利亚分获 12 枚和 7 枚金牌，其他 13 枚金牌由另外 9 个国家夺得。美国的菲尔普斯共获得 5 项冠军，成了游泳项目上的风云人物，在该届奥运会上，日本游泳运动员有 17 人次进入 13 个项目的前 8 名，已经成为亚训不可小视的力量。中国的罗雪娟获得了女子 100 米蛙泳的金牌。

2008 年，第二十九届奥运会在中国北京成功举行，美国队获 12 枚金牌，位列第一；澳大利亚队获 6 枚金牌，位列第二；日本、英国、德国队分别获 2 枚金牌，位列排行榜第三；菲尔普斯旋风般地卷走了北京奥运会的 8 枚游泳金牌；北岛康介在获得男子 100 米蛙泳金牌后，又获得了

200米蛙泳的冠军；中国选手刘子歌在游泳比赛女子200米蝶泳决赛中获得金牌，并打破世界纪录。

2012年的伦敦奥运会游泳赛事已经增至34项。中国游泳队在本届奥运会上有了历史性的突破，共获得5枚金牌，孙杨和叶诗文各斩获两金，焦刘洋在女子200米蝶泳中夺得一枚金牌。中国游泳队在此次奥运会上取得了优异的成绩，对我国游泳事业发展的推动作用是十分巨大的。

2016年里约奥运会游泳比赛可谓相当激烈，在男子游泳比赛中，我国选手孙杨获得200米自由泳的金牌，而女子游泳比赛中我国选手傅园慧活动100米仰泳的铜牌。游泳以其特有的健身、娱乐等特点，吸引越来越多的人参与到游泳运动中来，也推动了我国游泳运动的普及和整体水平的提高。

当前，随着世界竞技游泳运动的水平不断提高，各项游泳世界纪录不断被打破。总体来说，欧美等国仍是游泳强国，我国游泳运动的水平正在迎头赶上，许多大赛中也时有不俗的表现，世界泳坛竞争激烈。

2. 我国游泳运动的发展演进

（1）群众性游泳活动的发展

群众性游泳活动在我国的开展有着独特的优势，自古以来，游泳运动就是我国广大人民群众喜爱的运动项目之一。一方面，游泳运动自产生起就有浓郁的群众特色，而我国人口众多，参与游泳的人口也较多；另一方面，我国具有开展游泳运动的优越的地理环境，我国有着18 000千米长的海岸线，还有5万多条江河、8万6千多个湖泊和水库，陆地上江、河、湖、库的总面积更是多达20万平方千米，这些天然水域为我国广大城乡群众参与游泳活动提供了便利的条件。

20世纪30年代，中国共产党在自己领导下的苏区和解放区里，即使在炮火连天的岁月，也十分重视开展群众性游泳活动。抗日战争时期，延河被当成了"天然游泳池"，突出在清凉山下的石崖成了练习跳水的跳台。延安体育会经常组织游泳辅导活动。许多机关、学校和部队也经常组织各种形式的游泳比赛。在1942年举行的"九一"扩大运动会上，除了有自由泳、蛙泳比赛外，还有骑兵武装渡河、步兵武装渡河、水中寻物、水中救人、潜水、跳水等表演活动。

中华人民共和国成立后，在党和政府的领导下，为了实现体育强国的美好愿望，同时为了增强人民体质，我国体育运动发展态势良好，游泳运动取得了较快的发展。

20世纪60年代初，毛主席就向全国人民发出了"游泳是同大自然作斗争的一种运动，你们应该到大江大海去锻炼"的号召。同时，毛主席身体力行，多次横渡长江，极大地鼓舞了全国人民参与游泳活动的热情。当时，全国范围内凡是有水域的地方，每到游泳季节，都有大批的人群前去游泳。一时间，全国范围内兴起了游泳活动的热潮，各种群众性游泳活动不断兴起。

20世纪90年代以后，随着《全民健身计划纲要》的颁布和实施，我国掀起了全民健身、参与体育活动的热潮。广大群众积极参与体育健身活动，认识到参与体育运动不仅是为了提高全民族的体质水平，而且也是丰富自身生活内容、提高自身生活质量和健康水平的需要。游泳运动以其自身的健身优势和独特的运动魅力受到了广大人民群众的喜爱，再加上游泳运动适合各种年龄的人群，健身健美效果极佳，预防疾病作用明显，更由于近些年我国游泳条件有了很大的改善和发展，新开辟了大批天然内陆湖、水库泳场和沿海海滨浴场，新建了大批人工游泳池和游泳馆，在全民参与体育的热潮中，群众性游泳活动迅速普及和发展起来。

1997年以后，为了宣传和开展群众性游泳活动，我国相继成立了各级游泳运动管理中心及其下属专业组织，如游泳救生委员会、成人游泳委员会、游泳装备委员会、游泳池馆委员会、冬泳委员会等。上述游泳组织的成立和健全，对群众性游泳活动的开展起到了很好的推动和指导作用。

1998年，国家体育总局颁发了《全民健身游泳锻炼标准》。该标准面向全体国民，适用于任何年龄的人群，分男女各设4个级别，分别为高级（一级）、中级（二级）、初级（三级）和普及级（四级）。游泳爱好者凡通过达标考核或比赛，其成绩达到相应标准者，可同时取得多项多级别证书、证章，并获得相应称号。该标准和办法实施以来，全国各地掀起了游泳达标热。该标准的推行，对提高群众游泳的技术水平和层次，激励广大游泳爱好者参与游泳锻炼，起到了积极的促进作用。

为了促进我国体育的产业化发展，同时，也为了适应现代人的游泳健身需求，我国各级体育部门不仅定期举办各种层次的"游泳教员培训班""游泳救生员培训班""游泳池馆水处理培训班"等，而且还依托社会的力量，定期举办"公开水域游泳比赛""成人分龄游泳比赛""冬泳比赛"等。这一系列培训与比赛有效地激发了广大游泳爱好者的热情，在推动游泳运动发展的同时，也对提高我国人民群众的整体运动素质具有十分重要的意义。

新时期，寻求体育事业的可持续发展成为一个重要的课题，在游泳方面，我国因地制宜地开展"游泳之乡""先进游泳池馆"评选活动，自1983年起，每3年评选一次，至今已评选了5批，该项活动始终把社会效益及是否对推动群众性游泳活动产生积极影响放在评选标准的首位，对促进地方游泳场馆建设，为我国地方游泳大众健身服务、进一步推动我国群众性游泳运动的发展起到了积极的促进作用。

(2) 我国竞技游泳运动的发展

①中华人民共和国成立前竞技游泳的发展

从1896年起，包括竞技游泳在内的欧美体育运动开始在我国传播，主要在香港、广东、福建、上海、天津、青岛等少数沿海省市有所开展，之后逐渐扩展到内地，但技术低，发展缓慢。

1887年，广州沙面修建了中国第一个室内游泳池，开始了我国近代的游泳竞赛活动。

1896年，国际奥林匹克运动恢复，欧洲体育运动发展很快。但亚洲各国尚未参加，1912年由菲律宾发起，中国、日本、菲律宾3国参加的远东运动会，每两年举行一次，竞赛项目有田径、球类和游泳3项，这是我国第一次参加在国外举行的国际游泳比赛。

1913年，我国参加了在菲律宾马尼拉举行的第一届远东运动会，这是我国参加国际游泳竞赛活动的开端。

1915年，在上海举办的第2届远东运动会上，我国游泳运动员在9个项目的比赛中获得5项冠军，这对我国游泳运动的开展起了一定的促进作用。在以后的几届远东运动会上，我国运动员的成绩都不理想。到1934年第十届远东运动会后，为抗议日本帝国主义侵占我国东北，我国拒绝参加远东运动会，因而远东运动会自行解体。

由于我国在1915年第二届远东运动会上的胜利，游泳运动更引起人们的兴趣，各地出现了很多游泳运动爱好者的组织，如香港的南华游泳会、华人游泳会、中华体育会等，广东的南华、东山水体会，还修建了不少游泳池，为开展游泳运动提供了必要的物质条件，部分省市和地区举办运动会时，增设了游泳项目的比赛，推动了游泳运动的发展。

1920年，国内的游泳比赛开始增设女子项目。随着游泳运动的逐步发展，一些游泳团体（如域多利游泳会、华人游泳会、南华水体会、东山水体会等）相继成立，"中国游泳研究会"也于1924年成立。自1925年第七届起，由中华全国体育协进会负责选拔工作、参加选择的有华南、华东、华中、华北等地的运动员。从那以后，华东、华北及中南各地区的竞技游泳活动逐渐兴起，我国的竞技游泳水平已有了一定的进步。

旧中国共举办过7届全国运动会。从1924年第三届全运会起均设有游泳比赛项目，但由于旧中国贫穷落后，游泳运动不可能得到广泛的开展。作为一个竞赛项目的游泳，也只局限于沿海城市，运动技术水平很低，大部分游泳比赛项目的成绩停留在20世纪30年代的水平。

②中华人民共和国成立后竞技游泳的发展

中华人民共和国成立后，党和人民政府十分重视游泳运动的发展，将游泳列入全国重点运动项目，促进全国广大城乡群众性游泳运动蓬勃发展。随着群众性游泳活动的广泛开展，各级各类的训练网点不断建立，竞赛制度逐渐完善，我国游泳运动水平迅速得到提高。

1953年，在莫斯科举行的第一届世界青年联欢运动会的游泳比赛中，我国游泳运动员吴传玉获得男子100米仰泳冠军，这是中华人民共和国成立后获得的第一个国际游泳比赛冠军，1957年至1960年间，我国著名运动员戚列云、穆详雄、莫国雄3人，先后5次打破男子100米蛙泳世界纪录。20世纪80年代后，我国的游泳水平显著提高，尤其是女子短距离项目，多次在世界上夺得冠军。

20世纪90年代以来，我国游泳运动员取得的成绩震撼了世界泳坛，令世界刮目相看。1992年在巴塞罗那奥运会上，庄泳、钱江、林莉、杨文意分别获得女子100米自由泳、100米蝶泳、200米混合泳、50米自由泳冠军；乐靖宜在亚特兰大奥运会上获女子100米自由泳冠军；1993年12月，首届世界短池游泳锦标赛，我国夺得包括接力在内的10个项目的金牌，刷项世界纪录，成绩辉煌。

进入20世纪90年代，我国的游泳运动发展突飞猛进。一批批运动员奋斗在奥运会、世锦赛等国际比赛的赛场上，并摘金夺银。2012年伦敦奥运会游泳比赛中，我国运动员获得5枚金牌，再次在全国掀起学习游泳的浪潮。2018年举行的第十八届雅加达亚运会上，以孙杨、徐嘉余和王简嘉禾等组成的中国游泳代表团劈波斩浪，收获了19块金牌、17块银牌和14块铜牌，与另一支亚洲游泳传统强队日本队平分秋色。在2020年东京奥运会中，我国游泳运动获得3枚金牌、2枚银牌和1枚铜牌。

（三）游泳运动的特点

1. 项目特点

游泳是一项在水中借助自身的力量，采用肢体动作同水作用产生的推进力，使身体向前游进的水中活动技能。竞技游泳包括蝶泳、仰泳、蛙泳、自由泳四种姿势。由于水比空气密度大800多倍，同时，物体所受的阻力与物体运动速度的平方成正比，游速越高，阻力越大，因此，游泳运动员若想获得更高的水平，在水中减少阻力比提高推动力对成绩的影响更重要。因此，当今普遍认为，游泳是一项以技术为主，体能为基础的周期性项目。游泳训练动作重复、姿势持续，因此，神经、肌肉系统经常承受重复单一的刺激，容易出现疲劳；训练中运动员的心率较快，心肺系统要不停地高强度工负担较大。

2. 形态特点

良好的身体形态对游泳项目来说是有利的。身长、腿长、臂长、肩宽的游泳运动员在水中受到的阻力较小,而肢体长划水路线长,作用于水的截面积大,产生的推进力大;大量的肌肉参与运动,能加快游进的速度,但同时也会产生较大的阻力。因此,优秀的游泳运动员形态特点是四肢修长、肌肉发达、匀称、弹性良好、肩部和胸部较宽,而腰部和臀部较窄,呈"倒三角形"。

3. 供能特点

游泳大致分为短、中、长三种距离。不同距离项目的供能特征如下:短距离项目主要是磷酸原系统和糖酵解系统供能;中距离项目主要是糖酵解系统和有氧代谢系统混合供能;长距离项目主要是有氧代谢系统和糖酵解系统供能。同时,应注意不能将游泳比赛和训练中的能量代谢系统单独划分,任何比赛和训练都是三种系统同时供能,只是根据游泳距离和时间的长短而各供能系统所占的比例不同。

游泳运动员的训练主要在水中进行,通常池水温度远低于身体温度,导致运动员热量散失过快,能量消耗较大,而低于环境温度的水温对食欲刺激大,摄入能量较高。另外,游泳运动员的体脂百分比并不是很低,这是因为游泳运动员在水中游泳属于冷暴露,可以刺激脂肪的贮存。另外,脂肪可以减少自身在水中的阻力,并且有助于保持体温、保护内脏器官等。因此,游泳运动员的体脂含量应该适宜,可以比跑步运动员稍高一些,但也不宜太高。

二、游泳运动员体能特征

(一)游泳运动员的形态特征

由于人体在水中游泳时受到阻力,而"流线型"这种体形前后挡水程度小,表面平缓,运动时受阻力最小。所以,身材高大、四肢修长、手大、足大、肩宽髋窄、有一定体脂含量是优秀游泳运动员的形态特征。这种体型能够减少游泳过程中人体受到的阻力,加大游泳过程中的做功距离,有利于提高游泳速度。

研究表明,游泳运动员的性别不同,参赛泳式及项目不同,其身体形态特征是各有特点的。例如,长距离爬泳和短距离爬泳运动员在身体形态上就有较大区别,而这是由于不同项目对技术及供能方式等要求不同而决定的。

1. 身高

身材高大在游泳竞赛中占有优势,身高对短距离运动员尤为重要。近年来国内外优秀游泳运动员都有身材大型化的趋势。

2. 克托莱指数((体重/身高)×1000)

克托莱指数通过体重与身高的比例关系,表示每厘米身高的重量。作为相对体重或等长体重来反映人体的围、宽、厚度及机体组织密度,又称为"肥瘦系数"。

在同性别、同年龄的条件下,该指数随身高增长而增大。

3. 体型指数〔(肩宽-髋宽)×身高/髋宽〕

游泳运动员必须有强有力的肩带肌群。肩膀宽阔,肩带肌群就比较发达,在优秀游泳运动员形态结构各指标中,以体型指数和髋宽占有较大的权重,说明游泳项目要求有较宽的肩宽和较窄的髋宽。我国优秀短距离游泳运动员大体呈现身材高、手臂长、髋宽较窄的形态特点。

4. 胸围指数（胸围/体重）

胸围是人体宽度和厚度最有代表性的测量值。游泳运动员胸围指数大为好。同年龄、同性别中，体重越重，该指数越小。随年龄增长，该指数应逐渐变小。

5. 臂展指数（臂展－身高）

臂展也可称为指间距、臂长。臂展是衡量游泳运动员身体形态的一项重要指标。上肢对游泳技术有直接影响，有利于增长划水路线和划幅，提高划水效果。一般来说，臂展长于身高的，运动能力都比较强。

（二）游泳运动员的机能特征

1. 中枢神经系统

（1）建立游泳技能的动力定型有一定难度

游泳属于周期性运动，本身容易建立起动力定型，但由于不习惯水环境，需要熟悉水性，体会浮力、压力和阻力，适应水的寒冷刺激，消除害怕心理，所以需要在此基础上通过训练逐渐形成各种游泳运动动力定型，掌握游泳技术。

游泳运动员建立起的动力定型一定要巩固，避免由于水的波浪、寒冷等因素引起中枢神经系统内的兴奋扩散，破坏动力定型，出现意外。

（2）中枢神经系统的机能提高

20世纪80年代，苏联运动训练学专家克列斯托普尼科夫（A. H. Kepctobhhkob）研究证明，经过训练的游泳运动员的反应潜伏期比一般人短。北京体育科研所报道，游泳运动员通过冬训后，有半数人脑电图有供能改善的表现，即对闪光刺激同步化程度提高，尤其是少年运动员更为明显。由此可见，从事游泳训练能改善中枢神经系统的机能。

（3）易疲劳，但又不易感觉到疲劳

由于游泳运动项目的特点（水的阻力大，导热性强，水温低），运动员消耗能量多，容易出现疲劳。但又因冷水刺激可使人兴奋，掩盖了人体已出现的疲劳，运动员主观上往往感觉不到。因此，在训练过程中，应注意出现过度疲劳。

2. 呼吸系统

游泳时呼气和吸气都比较困难，吸气时必须克服水的压力。因此，经常从事游泳训练，能够使胸腔扩大，使呼吸肌得到锻炼。所以，游泳运动员的肺活量都比较大，一般为4 500～6 000毫升，优秀的游泳运动员可达7 000毫升。呼吸差也大，通常为8～9厘米，最大肺通气量高于一般运动员。

3. 心血管循环系统

由于游泳的运动特点和水环境的影响，游泳运动对人体心血管机能的要求很高。血压在游泳比赛后可达180～200/100毫米汞柱，每分输出量可达40升。心血管机能与游泳的距离和泳姿有关。

（1）心率

我国优秀游泳运动员随着训练的不断提高，安静时的心率男子由60次/分钟下降到50次/分钟，最低可达34次,/分钟；女子由61.4次/分钟下降到53.4次/分钟，最低可达46次/分钟。

男女游泳运动员安静时都出现心动徐缓现象。国外也有报道称,优秀游泳运动员心率偏低,如德国运动员古尔德,安静时脉搏为 38 次/分钟。

(2) 血液

游泳对血液循环系统影响比较明显。研究表明,优秀游泳运动员的血细胞数值和体内铁储备量都多于普通体育爱好者。游泳后血液中的碱储备与游泳的强度和距离有关。中短距离游泳,由于强度较大,体内无氧成分较多,血液中酸性产物多,因此游泳后碱储备可下降 45%～50%。长距离游泳,运动强度小,属有氧代谢供能,血液中酸性产物积累较少,所以游泳后血中碱储备只下降 15%～20%。

(3) 血乳酸

血乳酸的浓度容易测量,而且常常用于糖原无酵解供能的测量,是近十多年来在游泳训练中常采用的控制训练的生化指标。根据运动时机体内糖原无氧酵解的水平,它是控制和评价训练强度的依据。

(三) 游泳运动员的素质特征

1. 专项力量素质

游泳运动所处的水环境,其密度比空气要高达八百多倍,人体在水中运动时就需要克服比空气大得多的阻力。这就需要在每一次划水中,参与运动的肌群要有足够的力量产生推进力,从而获得游进速度。因此,肌肉力量成为制约游泳速度的重要因素之一。

游泳者在游泳时,手臂与腿对水的作用过程和肌肉收缩具有等动性质,肌肉收缩的支撑点也各不相同。手臂划水和蛙泳蹬腿主要是以远端支撑为主的运动,而打腿动作则是以近端支撑为主的运动。游泳力量的特征和性质,是设计游泳力量练习方法和手段以及设计游泳力量练习器械的主要依据。

研究游泳运动时肌肉和肌群的工作情况,了解游泳姿势、各种游泳动作肌肉参与和工作的情况,准确判断各肌群的训练水平,有利于科学制定游泳训练计划,有针对性地发展游泳原动肌群,以获得良好的锻炼效果。

在进行力量训练时,发展原动肌(起主要作用的肌肉)的力量和力量耐力是训练的重点。原动肌,是指在游泳中参与产生推进身体前进的动力而做功的肌肉群。

2. 专项速度素质

游泳速度的特点是由游泳比赛结构决定的。

(1) 动作速度

动作速度包括出发速度和转身动作速度。研究证明,游泳比赛的距离愈短,出发对成绩的影响愈大。而转身动作速度则相反,比赛距离愈长,对成绩的影响愈大。动作速度的最大特点是身体环节运动,动作速度取决于动作的角速度,其基本要求是反应快、动作熟练。

(2) 游进速度

途中游进速度是由划距和划频决定的,其中划距(划水效果)影响因素较大。在近十几年中,世界优秀游泳运动员的动作频率变化不大,提高划水效果是运动员提高运动成绩的主要因素。

(3) 衔接速度

保证游泳比赛结构各环节速度的过渡转换的连贯,如出发后水下滑行与途中游的衔接、游近池壁与转身动作的衔接、踏壁滑行与途中游的衔接，衔接速度特点是动作流畅，速度平稳，不出现停顿。游泳要有很强的速度感和动作转换技巧。

3. 专项耐力素质

耐力素质是指有机体长时间抵抗疲劳的能力，分为一般耐力和专项耐力。一般耐力是有机体器官系统机能的综合，是提高专项耐力的基础；专项耐力是运动员为了获取专项成绩而最大限度动员机能能力，以克服专项负荷所产生疲劳的能力。耐力素质对游泳运动意义重大，除了50米主要依靠磷酸原系统供能以外，从100米到1 500米都是以糖酵解和有氧代谢供能为主。因此，游泳运动员的耐力素质与其糖酵解系统、有氧氧化系统、力量耐力、意志品质等因素有关。

4. 专项柔韧素质

柔韧素质是指人体关节活动幅度的大小及跨过关节的肌肉、肌腱、韧带、皮肤和其他组织的弹性和伸展能力。柔韧素质对于游泳运动员来说十分重要，柔韧性好更有利于运动技术的掌握和肌力的发挥。柔韧素质在游泳运动中的意义如表4-1所列，柔韧素质对不同泳姿运动员的重要作用如表4-2所列。

表4-1 柔韧素质在游泳运动中的意义

柔韧情况	重要作用
关节的活动幅度增大	（1）使推进力时间延长 （2）移臂或打腿动作不会影响身体的水平直线性和侧向直线性 （3）可以减少肌肉内的阻力，降低能量消耗，提高游速
踝关节、肩关节和腰背部的活动幅度增大	（1）加大动作幅度，有利于肌力和速度的发挥 （2）防止、减少运动损伤事故的发生

表4-2 柔韧素质对不同泳姿运动员的重要作用

不同泳姿的运动员	柔韧素质的重要作用
蛙泳运动员	（1）可以通过提高腹股肌周围内收肌，膝关节周围旋外肌和大腿伸肌肌群的柔韧性获益 （2）蛙泳蹬腿的推进力取决于踝关节外翻（背屈）的能力。背屈好的运动员可以更早获得推进力，更早抓住水，延长推进力阶段时间 （3）蛙泳运动员还需要很好的外翻和内转能力。外翻动作可以在蹬腿开始形成适当的攻角，而内转动作可以在最后的蹬夹动作中获得更大的推动力
蛙泳和蝶泳运动员	（1）躯干部的波浪动作有赖于腰背部肌群的柔韧性 （2）波浪式蛙泳运动员的伸臂和收腿动作都需要良好的柔韧性
爬泳、蝶泳和仰泳运动员	（1）肩部的柔韧性对爬泳、蝶泳和仰泳的移臂动作非常重要 （2）爬泳的高肘移臂可以避免移臂时身体的侧向直线性遭到破坏 （3）蝶泳运动员也需要良好的肩部柔韧性，以免移臂时手臂拖在水中 （4）仰泳运动员需要手臂的柔韧性，确保移臂动作轻松，并且不会破坏身体的直线性 （5）如果踝关节跖屈的能力超过常人，就可以在向下打水（仰泳向上打水）时获得较大的推进力 （6）脚内转的作用也很重要，可以在打腿时得到更好的效果

5. 专项灵敏与协调素质

人体运动过程中，各种运动技术都是通过身体动作表现出来的，灵敏素质和协调能力无疑成为学习、掌握及运用运动技术的基础。运动员灵敏素质好，则在各种复杂变换的条件下能够迅速、准确、协调地做出应答动作；协调能力好，则能够迅速掌握运动技术，合理运用于技能储备和具有的素质潜力，创造优异成绩。

游泳运动员出发、转身的反应速度和判断能力，技术动作运用的准确、快速、合理、省力与否，是其灵敏素质和协调能力优劣的表现。游泳对运动员的协调能力有着特殊的要求，因为水中活动的特点是使控制动作的过程复杂化，所以协调能力对学习和掌握游泳技术起着基础性作用。具有良好的协调性有助于运动员在水中以科学合理的技术动作，克服各种阻力，获得更快的速度。

灵敏和协调的生理学基础是在中枢神经系统指挥下，将身体的各种能力综合表现出来。神经系统是人体发育最早和最快的系统，所以要发展灵敏素质和协调能力必须从少儿开始。

第二节　游泳运动员基础体能训练方法

一、游泳运动员一般力量训练

在游泳运动中，力量是主要的身体素质，重视力量是现代游泳训练的显著特点，陆上和水上力量训练已成为游泳的重要内容之一。

（一）影响力量训练效果的因素

在游泳运动中，影响力量训练效果的因素主要包括两个方面：一是生理因素，是从肌肉生理特点出发，通过训练"改造"，使肌肉收缩处于理想状态，有利于增大和发挥肌肉力量；二是练习因素，是从训练学角度，研究刺激方式、强度、时间等练习因素的变化、组合，最大限度地提高力量训练效果。

1. 生理因素

（1）肌肉生理横断面

尽管肌肉生理横断面是影响肌肉力量大小的主要因素，但在游泳力量练习中，要注意适度而有选择地增大肌肉体积。

（2）肌肉初长度、温度

肌肉初长度和温度是发挥肌肉收缩效果的前提条件。肌肉初长度（在生理范围之内）和温度适宜，可使肌肉纤维处于生理生化的最佳激活状态，提高肌肉的收缩效果。因此，在力量训练前要充分做好准备活动，使肌肉发热，并结合柔韧练习，使肌肉进入"工作状态"，以帮助提高力量训练效果。

（3）肌纤维的百分比

在游泳运动中，力量训练要根据专项力量的特点来选择练习形式、方法与手段。游泳力量训练会因不同距离对力量训练的要求不同，而使肌纤维百分比构成发生适应性变化，但丝毫没有改变游泳时力量的基本特征。

(4) 参与活动的各肌群间协调用力

发展游泳运动员的肌肉力量可通过以下两种途径进行,一是通过增加负荷重量提高肌肉力量;二是通过提高用力时各肌群间的协调性来提高肌肉力量的发挥水平。

(5) 年龄及生长发育特点

仍处于发育期的青少年,其力量训练受年龄和生长发育的影响较大,因此,在练习中不宜过早安排专项力量和重力量训练,力量训练的比重也不宜过大。根据青少年的生理特点,力量快速增长期在13～17岁。生长发育上的差异也影响着力量训练的安排,其中形态好、体质弱、身体素质相对差一些的学生,力量训练比例要大一些,可通过力量训练来提高其专项能力。

(6) 兴奋性集中程度

兴奋性集中程度影响参与工作肌纤维的数量。游泳的重力量训练就是最大限度地提高肌肉收缩效果和肌肉最大力量。

2. 练习因素

所谓练习因素,是指在力量训练中施加肌肉收缩负荷的条件。在游泳力量训练中,练习因素影响力量训练的效果及力量转换为游泳牵引力的转换率。

游泳力量训练练习因素主要包括力量类型、负重量、重复次数、动作方式、动作速度、力量训练组织形式等。

(1) 力量类型

力量类型的划分是依据负重量、持续时间和力量性质确定的。按负重量、持续时间分类,力量类型有最大力量、力量耐力、爆发力三类;依力量性质区别有一般力量和专项力量。目前力量训练的分类已延伸到以能量代谢分类。肌肉在不同负荷下工作所表现的力量与肌肉代谢密切相关,从能量代谢角度进行力量分类和安排力量训练,是游泳力量训练的新途径。

(2) 负重量

负重量是力量训练的强度,以极限力量负荷(一次最大限度的负重量)为100%来确定各类力量训练的负重量百分比。极限力量负荷值受力量练习的动作方式影响,不同动作方式的阻力臂长短不同,所表现的机械功率也就大相径庭,如游泳极限拉力值与极限举重值就有很大的差别。因此,确定负重量百分比要考虑动作方式。俄罗斯游泳专家的研究结果表明,游泳运动员用60%～70%的负荷,重复,10～13次的力量练习组合效果最佳,并强调专项力量训练中,负重量的增加应以不影响技术动作质量为前提。在水上力量训练中,负重量的增减是通过调节水中阻力来解决的,如改变划水掌、脚蹼大小,改变阻力衣、牵引仪等的阻力系数、动作难度等。

(3) 重复次数

在力量训练中,重复次数和负重量的关系是数量和强度的关系,一定的强度对应一定的重复次数。游泳拉力力量训练的重复次数,以往主要考虑与拉力负荷的比例关系,现在游泳训练理论认为,与专项力量训练结合的拉力练习,应符合专项运动项目能量代谢的特征。因此,重复次数要与专项项目分段距离的动作次数结合。同样,力量练习组数也应以发展专项力量能量代谢特征为目的来进行设计。

(4) 动作方式

动作方式,是指在力量训练中完成练习的动作姿势。游泳力量训练的动作方式设计要从两个方面考虑:一是针对发展游泳主要肌群选择和设计力量练习动作;二是针对发展游泳专项力量性质选择和设计力量练习动作。一般的力量训练,其动作方式可根据游泳运动的特点而选择屈、伸、外展等动作来完成各类力量训练负荷。专项力量训练则要选择符合游泳动作的要求,对专项力量极其有用,并且动作相似的练习,如持哑铃或负重做移臂动作练习时,要求完成练习的动作要接近技术实质,在拉力类力量训练和水中力量训练中,所采用的动作方式应尽可能直接采用比赛完整动作进行。

(5) 动作速度

动作速度的快慢反映了力量训练中对动作频率的要求。动作速度受重量的影响,在负荷重量不变的情况下,单个动作的时间影响力量训练的类型。快速动作力量训练发展爆发力和快速力量,而慢动作和静力力量训练发展绝对力量和力量耐力。以比赛动作频率控制力量训练,也成为游泳专项力量训练的新手段。单个动作速度还影响肌肉力量发展的性质,不增长肌肉重量提高力量,每个动作 1.5~2.5 秒;增长肌肉重量提高力量,每个动作 4~6 秒;发展专项力量,动作速度应与比赛动作频率相一致。

(6) 力量训练组织形式

力量训练的组织,是力量训练过程中练习顺序安排和采用的练习形式的统称。组织在力量训练中虽不是影响因素的主要内容,但对力量训练效果却有一定的影响。设计好力量练习的组织形式,可以保证力量训练的安全,激发学生练习热情。游泳力量训练的组织形式主要有单人、分组、循环练习三种,而练习形式主要有组合力量练习、固定任务、比赛和游戏法三种。

(二) 游泳运动一般性力量训练方法

1. 负重训练法

(1) 杠铃训练

杠铃训练是主要针对游泳专项工作肌群力量的发展而采取的训练方法。游泳力量训练常采用的杠铃训练手段有很多,常见的有提铃下蹲、卧推、俯卧提铃、屈前臂、头上屈伸前臂、手腕屈伸、体后提铃负重下蹲等。不管采用哪些训练手段,首要确定适宜的训练负荷。下面就一些常用的杠铃训练手段加以介绍。

①卧推

仰卧在卧推架上,双手握住杠铃,比肩略宽,呼气时将杠铃举起,吸气时屈臂缓慢落下。

通过这一训练手段,可使游泳运动员胸部的肌肉力量增强,具体针对的是胸大肌和肱三头肌。

②头上推举

两脚自然站立,约与肩同宽。双手握住哑铃,屈肘将哑铃置于肩上,两手正握杠铃,提铃至胸,将哑铃快速推举至头上方,慢慢还原。

通过这一训练手段,可使游泳运动员的三角肌、斜方肌、肱三头肌和前锯肌等肌群的力量素质得到提升。

③屈体提杠铃

两脚开立与肩同宽,上体前屈与地面平行,两膝稍屈,背部放松。掌心向内,与肩同宽,两臂下垂伸直持铃。两臂横杠贴身提起,接触上腹部,然后慢慢放下还原,多做几次。

通过这一训练手段,可使游泳运动员的背部力量得到锻炼,尤其使背阔肌、肱二头肌和伸前臂肌的力量得以加强。

④站姿弯举

直立，两手臂伸直自然下垂，手握杠铃，掌心向前。以肘为轴，两臂经体侧弯起带杠铃，上、前臂用力收紧，稍停2~3秒，持铃缓慢还原至体侧，重复练习。

通过这一训练手段，可使运动员的臂部力量得到锻炼，尤其是肱二头肌的力量得到显著增强。

⑤卧举杠铃

仰卧于长凳上，双手握住杠铃，比肩略窄，肘关节弯曲成直角。肘部不动，手臂缓慢上举，扩胸，手臂往回拉，做这一动作时，中间不能有停顿。

通过这一训练手段，可使肱三头肌得到锻炼，由此，能起到有效提升臂部力量素质的作用。

⑥窄握卧推

俯卧在长凳上，两脚平踏在地上，两手握住横杠中间，间距10~15厘米，两臂伸直持铃支撑在两肩上方。两臂慢慢弯屈落下至横杠触及胸部。然后向上推起至开始位置。

通过这一训练手段，可对游泳运动员胸大肌的内侧部位、三角肌前束和肱三头肌力量进行训练和增强。

⑦立举杠铃

手掌向上，握住杠铃，肘关节弯曲成直角，两腿分开，与肩同宽。肘部靠在体侧，屈臂，肘部与上体不动，只借助手臂的力量举起杠铃。

通过这一训练手段，可使游泳运动员肱二头肌得到锻炼，这对于游泳运动员的臂部力量提升是有帮助的。

⑧深蹲

双脚分开站立，双手握住杠铃，并将其置于颈后肩上，保持杠铃重心两边平衡。两脚分开，间距一般与肩同宽。两眼目视前方。两膝慢慢弯曲，至下蹲全蹲止。躯干挺直，背部保持平直。当大腿起立超过水平位置时，即慢慢伸直至回原位置。

通过这一训练手段，可使游泳运动员大腿肌群、臀大肌和下背肌群，以及小腿都得到锻炼，力量素质也有所提升。

（2）哑铃训练

哑铃训练是一种效果非常好的发展小肌群力量的训练方法。哑铃训练负荷也要保证适宜，具体要以个人力量水平为依据来选择相应的哑铃重量，一般以每次练习不少于8次，每次3~6组为宜。

①头上推举

自然站立，双脚与肩同宽。两手正握杠铃，握距同肩宽，提铃至胸，将哑铃快速推举至头上方，然后逐渐恢复至原位。

通过这一训练手段，可使游泳运动员的三角肌、斜方肌、肱三头肌和前锯肌等肌群的力量素质得到锻炼和加强。

②箭步

立正，哑铃置于体侧。跨出一步成弓箭步，并下压。

通过这一训练方法，使游泳运动员大腿肌群的力量得到发展和提升。

（3）徒手力量训练

徒手力量训练的具体训练手段有很多，具体要根据实际需要来加以选用。比如，要想发展上肢力量，可以选择引体向上、俯卧撑等；要想发展下肢力量，各种跳跃、跑等是理想的训练手段；仰卧起坐、悬垂举腿、背屈等在腰腹肌力量的锻炼和发展方面效果显著。

①仰卧举腿

仰卧于垫上，两腿伸直且两脚并拢，双手置于头后，慢速上举，腿与上体折叠，使脚尖举至头后，然后慢速还原成预备姿势。也可在踝关节处负重训练。

通过这一训练手段，可使游泳运动员的腹直肌、腹外斜肌和骶棘肌的力量素质得到锻炼和提升。

②俯卧撑

俯撑在地面或支架上，两手间距比肩膀稍宽，两臂伸直，两腿并拢屈臂下降至全屈臂。

2. 联合力量训练器训练法

联合力量训练器训练法，就是通过联合力量器各种力量训练功能，有效训练和提升与游泳专项特点相符的力量素质，从而使游泳运动员的力量素质得到全面锻炼和提升。

（1）单一动作训练。能有选择、有针对性地提高某局部力量水平。

（2）成套动作训练。有机组合和编排不同功能、不同身体部位力量训练，按其顺序重复训练，从而取得理想的训练效果。

3. 实心球训练法

（1）"V"上式传球。两人对立坐于垫子上，两人相距1～3米，双腿翘起，呈"V"字姿势，利用两手的反作用力，将球传给对方。可以采用双手胸前接球的方式，接球后要迅速传回。

通过这一训练手段，可使游泳运动员的臂部和腹部肌肉力量和平衡性得到锻炼和提升。

（2）"V"上式顶上传球。两人对立坐于垫上，相距2～3米，两腿翘起，呈"V"字姿势，保持姿势；两手持球，放于头后；双手用力，将球从头的后上方投向对方的头上，对方在头上用双手接球；接球后，利用其反作用力，迅速将球投回对方手中。

通过这一训练手段，能使游泳运动员的臂部、肩部以及腹部的肌肉力量和平衡性得到发展。

（3）仰卧起坐式传球。两人对立坐于垫上，相距2～3米，双腿屈起，保持姿势；两手持球，放于胸前，上体仰卧，运用腹部肌肉，抬起上体，将球投向对方；对方也立起双膝，在脸前接球。接球后，也以仰卧状的姿势，再将球投回给对方。

通过这一训练手段，能使游泳运动员的臂部与腹部肌肉力量得到锻炼和提高。

（4）仰卧起坐式顶上传球。两人对立坐于垫上，相距2～3米，两脚稍分开，两膝立起，保持这种姿势；仰面朝天，两手持球，放在头上。运用腹部肌肉，使上身坐起，两手用力，将球从头的后上方向对方头上投去，接球后成仰卧状，将球投回给对方。

通过这一训练手段能使游泳运动员的臂部、肩部以及腹部的肌肉力量得到发展和提升。

（5）跪式传球。两人相距3～5米，对立，双膝跪立于垫上，上身立起，互相面对，双膝外展，与肩同宽；双手持球，放于胸前，腰向后坐，双手用力，将球传到对方胸前；肘、上身、腰成缓冲姿势，接球时腰稍下坠。接球后利用反作用力将球传回给对方。

通过这一训练手段，能使游泳运动员的臂部和腰部肌肉力量得到锻炼和提高。

（6）仰卧两头起式传球。两人面对面，呈俯卧姿势，上身与两腿向上翘起，保持姿势；双手持球，向对方的脸部传球。双手向头的前上方伸出，接住来球，接球后立即传回。注意传球要迅速且有节奏。

通过这一训练手段，能使游泳运动员的臂部、腿部和背部的肌肉力量得到提升。

（7）腿推球。一人躺在地板上，双腿上举，用手臂支撑住身体，保持平衡状态；然后同伴将球对准躺在地上的人的脚掌，并掷出，躺地上的人接球，注意接球时膝部形成缓冲，用脚掌接住，利用膝部的反作用力将球踢回，按时进行。熟悉后加大掷球的力度。

通过这一训练手段，能使游泳运动员蛙泳大腿的腿部动作力量得到加强。

（8）上踢。一人躺地面上，两腿上举；让同伴将球扔到自己的脚踝处，膝部稍屈，两脚抱住球；两球夹住球后，向上踢还给同伴。

通过这一训练手段，能使游泳运动员打腿的腿部与脚踝的动作力量得到加强。

二、游泳运动员一般速度训练

游泳速度训练包括动作速度训练、身体位移速度训练和反应速度训练。

（一）影响游泳速度训练效果的主要因素

1. 肌纤维类型的百分比组成。肌纤维百分比大，肌肉收缩速度快。速度训练能使肌肉纤维百分比结构发生适应性变化。

2. 神经系统的灵活性（兴奋、抑制的转换速度）和协调性（各肌群紧张放松的有机结合）。

3. 专项身体训练水平。影响游泳速度的主要因素是专项力量训练水平，其次是柔韧性和协调性。

4. 技术动作的熟练程度。动作熟练程度与动作自动化程度有关，动作越熟练，自动化程度越高，完成动作的速度就越快。

5. 运动员所处的训练状态。速度训练要在运动员处于精力充沛、较为兴奋的状态下进行效果才最佳。因为在这种状态下神经灵活性高，神经传导快，并得到体能的保证易发挥出速度潜力。相反，在疲劳状态下，在情绪低落、体力不足或技术动作不熟练、动作硬不连贯的情况下，不宜进行速度训练。

6. 年龄及生长发育的特点。女子发展速度的敏感期是 11～12 岁，男子是 13～17 岁。在速度敏感期，少年儿童神经系统发育趋于完善，可塑性强，这个时候的速度练习有利于改善和提高神经系统的灵活性和协调性。随着力量素质发展敏感期的到来，肌肉发育成熟，速度的提高转向主要依赖肌肉力量的增加、技术动作的正确和熟练与技术效率的提高两个方面。

7. 练习结构因素。

练习方式：采用专项手段和比赛动作练习。针对比赛速度结构，采用分解或完整的方法发展各环节的速度。结合技术动作进行速度练习是发展速度、提高技术的有效保障。动作频率是影响游泳速度的重要因素之一，针对练习要求设计各种速度练习的动作频率方案，有利于改善速度能力。

练习强度：速度练习要达到较高的绝对强度。练习强度一般采用极限强度，如 100％～110％、90％～95％强度。

练习距离：速度训练能完善 ATP－CP 供能系统，因此，速度练习距离的长短是提高速度练习效果的重要因素。发展绝对速度距离为 10～15 米（包括出发），发展速度能力距离为 25～50

米（包括出发或题边），一次训练课的总量不宜超过 500 米。

间歇时间与性质保持速度练习效果是其基本要求。因此，每次练习后要相对完全恢复，间歇时间的比值为 1∶2 或 1∶3。

重复次数：重复次数和组数以能保持工作能力为前提，一般为 3～6 次，重复 2～3 组。

（二）游泳运动一般速度训练方法

游泳运动员的一般速度素质训练要从速度素质的三个表现形式全面展开。下面具体介绍三种不同类型速度素质的一般训练手段。

1. 反应速度素质训练手段

（1）反应起跳

画圆圈，两人站圈外，练习者站在圈内手持竹竿向外画圆，圈外人跳起躲避竹竿，若躲避不及时被打中，则与圈内练习者互换角色继续练习。

（2）压臂固定瑞士球

端坐，一手臂向同方向侧伸，手掌压瑞士球。同伴向侧面不同方向拍球（最大力量的 60%～75%），练习者手用力按压以固定球。

（3）贴人游戏

练习者两两前后站立，面向圈内围成圆圈，两人在圈外沿圈跑动追逐，被追者可跑至某两人的前面，则后面的第三人立即逃跑成为被追者。

（4）追逐游戏

练习者分单数队和双数队，教练发出单数或双数口令，两队按规则分别跑和追，在 20 米内追上即获胜。

（5）抢球游戏

圆圈上放 3 个实心球，4 名练习者绕圈慢跑，听信号抢球，实心球和练习者的数量可以根据需要调整，但要确保球总比练习者少。

2. 动作速度素质训练手段

（1）上肢和干练习

①横向飞鸟

两脚开立，双手举杠铃片与胸齐高，手臂张开，还原，反复练习。

②纵向飞鸟

双脚开立，双手持握杠铃片举过头顶，还原，反复练习。

③双杠快速臂撑起

双手抓握双杠，两臂用力支撑，身体上移，再屈臂下移，反复练习。

④仰卧快速伸臂

仰卧在瑞士球上，手持哑铃举起，保持片刻，然后放下，直臂练习与屈臂练习交替进行。

⑤俯卧快速伸背

在球上俯卧，双手抓凳子两侧，两脚腾空。臀部发力，腿上抬至与髋、肩成一条直线，保持片刻，反复练习。

⑥仰卧屈腿快速转腰

仰卧，双手握住横杆，屈膝收腹，髋快速向两侧转，反复练习。

⑦仰卧双腿快速提球

仰卧，双腿在上，将脚踝绑在一起，球固定。两臂向同侧斜下方向伸展，腿发力尽可能靠近上体，还原，反复练习。

（2）髋部和下肢练习

①快速内拉腿

将瑞士球放在体侧，同侧脚放在球上，将阻力滑轮绳索或胶带系在踝关节上。支撑腿膝、髋稍屈。球上的脚向身体方向移动，慢慢弯曲靠近身体，反复练习。

②绳梯连续交叉步

两脚开立，两臂向两侧充分伸展，脚跟蹬起，前脚掌撑地，向左侧或右侧快速移动身体。以向左侧移动为例，左脚先左移，右脚前交叉移到身体左侧，反复练习。

③侧卧腿绕环

侧卧在斜板上，充分伸展身体，上侧腿尽量大幅度绕环，然后换腿练习，交替进行。

④抱头旋转

屈膝弯腰，上体约平行地面，两手交叉在脑后抱头，朝同一方向快速旋转 15 秒左右，然后直走 10 米左右，重复练习。

⑤扶墙快速踝屈伸

双手扶在墙上，一脚跷起，脚尖着地，脚背贴在另一只脚后部。身体向墙慢慢靠近，双臂保持稳定以支撑身体，还原，反复进行踝关节屈伸练习，两脚交替进行。

⑥负重交换腿跳

将轻杠铃放在肩，双手握杠铃杆两侧迅速起跳，双腿位置相互交换，反复练习。

（3）全身配合练习

①垫上后空翻

在海绵包或垫子上双脚开立，双臂上举并充分伸展身体。下蹲后双腿迅速蹬伸，向后上方跳起后仰头，双脚离地进入 180 度后空翻。双手先支撑海绵包或垫子引导身体下落，再收腹使双脚落地。

②双腿起跳背越过杆

背对海绵包和横杆，双脚开立，双臂上举并充分伸展身体。下蹲后双腿迅速蹬伸，向后上方跳起，仰头形成背弓越过横杆。过杆后收腹、团身使背部先落在海绵包上。

③前抛实心球或铅球

面对抛掷方向，双脚分开约一肩半宽，直臂双手持实心球或铅球举过头顶。团身下摆实心球或铅球至两小腿间并接近地面。迅速蹬腿，挺身，挥臂向身体前上方抛出实心球或铅球。

④弓箭步快速传接实心球

两两间隔 3~4 步的距离相向而立。一人双手持实心球，一条腿屈膝、屈髋前迈并缓缓落地。前面腿的大腿与地面平行，膝关节弯曲 90 度，并且不超过脚尖的垂线。在脚落地前把实心球传给同伴，接球时前面的脚蹬地恢复开始姿势。

3. 位移速度素质训练手段

（1）高抬腿伸膝走

按照短跑的方式大步走，摆动腿高抬，充分屈膝使脚与大腿靠近。摆动腿下落时扒地，髋部在摆动腿的带动下向前移。

（2）踮步折叠腿大步走

按照短跑的方式充分摆臂大步走，摆动腿充分弯曲，后蹬腿要加上踮步动作。

（3）踮步高抬腿伸膝走

参考高抬腿伸膝走的训练方法，注意支撑腿要加上踮步，并尽可能抬高摆动腿的膝关节。伸髋、下落扒地动作都要用爆发力完成。

（4）踮步高抬腿伸膝走拉胶带

把胶带一端系在脚踝上，另一端固定在地面。然后参考踮步高抬腿伸膝走的训练方法进行练习。

（5）踮步折叠腿大步走拉胶带

把胶带一端系在脚踝上，另一端固定在地面。然后参考踮步折叠腿大步走的训练方法进行练习。

（6）身体前倾起跑

双脚并立，身体向前倾，直到快要失去平衡时快速向前跑。连续跑15～20米后稍停顿，然后继续练习。

（7）沙滩跑

在松软沙滩上快速跑动。注意利用沙子的阻力提高速度力量。

（8）弓箭步纵跳

弓箭步准备，垂直起跳，落地还原，反复练习。双腿交替练习。

（9）拖降落伞跑

绳索的一端系在腰部，另一端系在降落伞上，拖着降落伞快速跑。通过克服来自降落伞的阻力快速向前跑。

（10）陡坡上坡跑

在坡度为20～35度的上坡道上快速跑进。持续4～8秒后稍停顿，然后继续，争取在这个时间内每次跑的距离更长。20～30度发展起跑爆发力和增加步长。

（11）下坡跑

在坡度为3～7度的下坡跑道上快跑。注意动作节奏。

（12）跑台阶

连续快速跑上台阶。持续4～8秒后稍停顿，然后继续。

三、游泳运动员一般耐力训练

一般耐力属于有氧训练，是游泳运动员的重要素质之一。最经济、最有效地利用已有的机能潜力是发展一般耐力的核心。其效果取决于有氧能力水平、输氧系统工作效率、利用素质程度、技术动作效果、呼吸效率及肌肉协调能力的水平。有关研究表明：高水平游泳运动员在游中、长距离时，吸氧水平只能达到理论值的50%～60%，从而限制了游泳技术和游进速度。由此可见，运动成绩的提高对训练的运动员来说，不依赖于最大耗氧量的提高，运动能力的提高可解释为乳酸阈水平的提高。因此，扩大有氧训练范围、提高有氧速度成为游泳训练的新观点。有氧代谢是供能效率比较高的能量系统，发展有氧训练水平已从提高耐力训练水平，扩展到技术训练和速度训练之中。

（一）影响游泳专项耐力素质训练效果的因素

1. 乳酸峰值和乳酸忍受水平

游泳运动专项耐力肌肉工作的主要供能来源是糖原酵解供能，凡制约糖酵解能力的因素，都会对专项耐力水平的发展与提高产生影响。

2. 负荷的作用方向

专项耐力的供能系统有两个以上，因此，在进行游泳运动专项耐力训练时，其复杂程度要高得多。另外，发展专项耐力的负荷强度也相对要高一些。负荷强度对机体生理产生较大且持久的影响，这就容易导致机体过度疲劳的产生，对训练技术有着较高的要求。

3. 力量训练水平

对于高速度的保持来说，力量训练水平所起到的作用至关重要，一般来说，与合理技术的有效结合，运动效率会更高、更经济。

4. 年龄与生长发育

对于年龄较小的少年儿童游泳运动员来说，他们早期的训练宜从一般耐力和速度的训练，将发展有氧运动能力和绝对速度（ATP－CP供能能力）作为重点，随着年龄增长，生长发育成熟，逐步增加速度耐力的训练，提高糖酵解供能能力的训练比重。这类练习通常只占到总训练量的三分之一左右。

（二）游泳运动一般耐力训练方法

一般耐力素质训练的基本特点表现为长时间、小强度。该训练有多种可采用的具体方法，可以大致根据游泳的项目特点分为两种，即陆上训练和水中训练，具体训练方法如下。

1. 陆上训练

陆上训练一般会采用长时间的单一训练方式，常见的有越野跑20～120分钟、骑自行车40～180分钟、球类练习1～3小时等。陆上训练的主要功能在于，能在发展机体有氧代谢的能力的同时，也使工作肌群及关节、韧带的工作耐力得到提高。各种变换、组合的耐力练习，如法特莱克跑对于游泳运动员训练兴奋性的提高是有帮助的，能呼吸更多的氧气，使疲劳出现的时间推后。

（1）有氧耐力训练

有氧耐力训练是一般耐力的基础，运动员有氧耐力的发展水平主要取决于有氧代谢能力、能源物质的储存、支撑运动器官的机能这三方面的因素。要提高游泳运动员的有氧耐力水平，采取的具体训练方法和手段如下所示。

①变速跑。在场地上进行不同距离或者段落的变速跑。400米、600米、800米、1 000米等段落的训练最为常见。

②定时走。在自然环境中，在规定的时间内进行自然走或稍快些自然走的训练。训练时间

控制在 30 分钟左右即可。

③定时跑。在自然环境的场地中规定时间的跑动训练，时间最少为 10~20 分钟，也可以时间更长。

④定时定距跑。在自然环境的场地中做定时跑完固定距离的训练。比如，在 20 分钟内跑完最少 3 500 米的距离。

⑤重复跑。在规定的场地中进行重复跑的训练，注意要根据游泳运动的任务与要求，来确定重复跑的距离、次数与强度。重复跑强度要稍小一些，跑距可长些。一般重复跑距离为 600~1 200 米。

(2) 无氧耐力训练

①间歇接力跑。四人在跑道上分为两组训练，相互之间距离 200 米站立，听口令起跑，每人跑 200 米交接棒。重复训练 8~10 次结束。

②计时跑。短于专项距离的重复计时跑或长于专项距离的计时跑都可以。重复次数 4~8 次，间歇 3~5 分钟。强度为 70%~90%。

③球场往返跑。在篮球场地上进行训练，在端线处站立，听口令起跑至对面端线后再转身跑回。每组往返 4~6 次，重复 4~6 组。强度为 60%~70%。

④上下坡变速跑。在 7~10 度的斜坡跑道上做上坡加速快跑 100~120 米，下坡放松慢跑回起点。每组 4~6 次~5 组，组间歇 10 分钟。强度为 65%~75%。

(3) 混合耐力训练

①反复跑。每组进行 150 米、250 米、500 米的反复跑训练，每次跑动之间距离 4~5 次。组间间歇 20 分钟左右。要在预定的时间内跑完全程，采用 80% 以上的强度。

②间歇快跑。以接近 100% 强度跑完 100 米后，接着慢跑 1 分钟的间歇训练。快慢方式对照组成一组。反复训练 10~30 组。

③短距离重复跑。采用 300~600 米距离，每次练习强度为 80%~90%，进行反复跑。

④力竭重复跑。采用专项比赛距离，或稍长距离，以 100% 强度全力跑若干次。每次之间充分休息。短距离以 30 米为好，中距离跑则以 800 或 1500 米为好。

⑤俄式间歇跑。训练时要求学生在 400 米练习中，用规定速度跑完 100 米后，休息 20~30 秒，如此循环反复训练。

(4) 肌肉耐力训练

①仰卧起坐。仰卧两手抱头起坐，连续做 50 次为一组。训练过程中要连续不间断。

②连续半蹲跑。以半蹲姿势开始，向前跑进 50~70 米，速度上不做要求，往回走时要尽量放松。

③连续跑台阶。在高 20 厘米的楼梯或高 50 厘米的看台上，连续跑 30~50 步。跑 20 厘米高的楼梯，每步跑 2 级。训练时间不做规定，按训练过程中的动作不能间断，向下走时尽量放松，心率恢复到 100 次/分钟时即可开始下一次训练。

④连续换腿跳平台。在高度 30~45 厘米的平台上，单脚置于平台，另一脚在地上支撑，两脚交替跳上平台各 30~50 次。注意动作的协调性。

⑤沙地负重走。在沙滩上进行负重走的训练，所负重量可以是杠铃杆，也可以是人。

⑥沙地竞走。沙滩或沙地上做竞走训练，每组训练的距离为 500~1000 米。要保证动作的

规范性，训练距离可逐渐延长。

⑦沙地后蹬跑或跨步跳。在沙滩或沙地上进行后蹬跑或跨步跳的训练，每组训练的距离为80～100米。

⑧负重连续转跳。肩负杠铃杆等轻器械做连续原地轻跳或提踵训练，所负重量可逐渐增加。

2. 水上训练

水上通常采用长游或各种形式的变速游，来使工作肌和血液中的脂肪得以消耗，这对于体重的减轻是有帮助的。游泳运动一般耐力素质的水上训练方法主要有以下几种。

（1）长游训练

长游训练的时间可控制在30～90分钟，训练心率要达到在130～150次/分钟。长游训练能有效提高有氧供能能力。长游训练是游泳运动员耐力发展安全可靠的方法之一。比如，可以进行2 000米爬泳，85%强度，心率120～140次/分钟，休息4分钟，每次训练时间应在2.5小时左右。

（2）变速游训练

长距离变速游多选择800～3 000米的游距，其中25%～50%采用50～200米的距离，训练强度为90%，其余以80%的强度进行练习。具体可以为，2000米变速游［（200米主项，90%强度）＋（200米副项，80%强度）］，休息3分钟；800米变速游［（50米爬泳，90%强度）＋（150米仰泳，80%强度）］，休息1分钟。训练总时间在2～2.5小时，练习总量在8 00～10 000米。

四、游泳运动员一般协调能力训练

（一）影响游泳运动柔韧素质训练效果的因素

游泳运动柔韧素质训练效果受到很多因素的影响，其中，较为主要的有以下几点。

1. 年龄因素

柔韧发展效果与年龄成反比关系，小的时候进行柔韧素质训练，能有效缩短柔韧素质的降低速度，对于游泳运动是有利的。柔韧发展水平与力量水平成不确定的反比关系，一般认为少年儿童在10～14岁期间是发展柔韧性的最佳时机。

2. 时间间隔

柔韧素质训练的时间并不是越多越好，通常，隔天训练一次是最为理想的状态，间隔时间长会使柔韧水平下降。

3. 关节肌肉、韧带、肌腱的伸展范围和弹性

肌肉活动中的收缩与放松的协调能力，都会对游泳运动员的柔韧素质产生影响，要加以重视。

4. 肌肉中微纤维增多

大负荷、高强度的训练使部分肌纤维损伤，由此便导致了肌肉中微纤维的产生。通常，会通过深度按摩的方式来达到消除肌肉中微纤维的目的。

5. 温度因素

肌肉在适宜的温度中，往往能处于放松的状态，如此，对于肌肉弹性、关节韧带的伸展程度和关节囊润滑的提升都是有利的。在这样的条件下训练和发展柔韧素质，通常都能取得理想

的效果,且受伤概率会大大降低。如果肌肉处于温度过低的条件下,则往往会处于紧张状态,关节僵硬,如此便不能将柔韧水平充分发挥出来,柔韧训练也不能取得理想的训练效果。

(二) 游泳运动柔韧素质训练方法

1. 各种跑

进行不同步伐、不同方向的跑步练习,跑步中可以加上踢腿动作,如交叉步前进或交叉步后退、快速转身跑、快速倒退跑、边踢腿边跑等。

2. 前滚翻

做好蹲撑准备,向前移动身体重心,向后下方蹬腿离地,手臂弯曲、头低下、臀部抬起,头后部着地接着两手撑地,经后脑、背、腰、臀依次滚动,背部在地面上时,腹部收紧,膝盖弯曲,迅速团身抱腿。

3. 后滚翻

做好蹲撑准备,稍向前移动身体,团身后滚,臀、腰、背向后依次着地,然后快速弯曲手臂,肘部抬起,手腕翻转放在肩上,头部着地时手撑地翻转回到蹲撑的准备姿势。

4. 鱼跃前滚翻

准备姿势是屈膝半蹲,两臂向后举,做好该姿势后,向前摆动两臂,两脚蹬地跳起,身体腾空,腿和臀在同一水平高度。接着向前伸展两臂着地,手臂弯曲,头低下做前滚翻。

5. 模仿做对侧动作

教练徒手做一套操类运动,练习者在教练身后做和教练动作相反的一套操,动作相同,只是方向相反。

6. 肩绕环

两脚左右分开,手臂充分向上伸展,手背向外;两臂分别向不同方向做绕环运动。

7. 纵跳

并脚站立,两臂充分向上摆动同时两脚蹬地起跳,连续练习,向上跳、左右跳、前后跳、跳起转身等交替练习。

8. 单足跳

行进中两腿交替起跳,为增加难度和训练效果,可规定腿上抬的高度。

9. 单足跳与前摆

在上述练习的基础上加上前摆动作,单腿抬起后向前摆动,两腿交替进行起跳+前摆的练习。

10. 弹簧走

重复做短距离的"弹簧步"练习,踝关节尽可能伸展,动作幅度尽可能大一些。

11. 蹬山走

轻快地蹬山走,距离20米,练习中由脚尖着地过渡到脚跟,左、右踝关节连续伸展。反复练习。

12. 交叉跳绳

在正常跳绳的基础上两手交叉摇绳,每摇一两次,单足或双足跳长绳一次。

13. 全身波浪起

双脚开立,先做直腿体前屈,然后依次进行向前跪膝(收腹、含胸、低头)、向前挺髋(收腹、含胸、低头)、向前挺腹(含胸、低头)、挺胸、抬头，成反的"S"形波动，两臂在体侧绕环。

以上锻炼方法可以进行组合练习。需要注意的是，至少选择5个动作组合进行练习，其中至少有2个方向的变化。

第三节　游泳运动员专项体能训练方法

一、游泳运动专项力量训练

(一)游泳运动爆发力训练

研究发现，游泳运动员的上肢爆发力，对于短距离游泳成绩有着决定性影响，其与短冲速度有着非常高的相关性。

训练和提升游泳运动员的爆发力，对于有效完成出发和转身的蹬边动作，完成突然加速动作都是有帮助的。一般来讲，会采用中等重量、极限速度的一次性训练动作及采用中等阻力、一次性极限速度的高速等动训练来训练和发展游泳运动员臂部的爆发力。由于游泳运动员肌肉的紧张程度和意志的承受能力是有限的，因此，在确定训练强度时，一定要保证每组训练次数不超过10次，频率可根据自身情况而定。

游泳运动员腿部爆发力的训练与发展，通常采用的是冲击法。通过训练，能够将游泳运动员肌肉中大量的快运动单位调动起来参与工作。

(二)游泳运动速度力量训练

发展速度力量的主要训练要素是极限负荷和大负荷(相当于极限能力的70%~90%力量)下的极限动作频率。速度力量训练主要为无氧非乳酸供能，每次训练的持续时间不应超过20秒，每组训练重复次数10~16次，间歇40~90秒。通常，进行大数量的重复训练，对于激活ATP糖酵解的再合成是非常有帮助的。然而，在运动实践中，训练总数在50~70次、每次持续10~20秒、间歇30~60秒的训练强度是较为常见的。

1. 陆上训练法

在游泳运动速度力量的陆上训练中，可采用的训练方法有很多种，杠铃训练、滑轮拉力、橡皮拉力、杠杆和等动拉力训练是较为常见的。在等动力量训练时，肌肉在整个动作过程中保持着最大紧张度，与游泳过程中运动员的划水负荷形式十分接近。

2. "轻便"导游训练法

"轻便"导游训练法，实际上就是采用牵引装置的"触导"力量训练法。某种意义上，这种训练方法就是牵引游的游速较比赛游速快10%~30%，并且与最大强度不牵引游相比，这种方法的主要特点是游泳运动员训练的频率更快、力量更大。进行这种训练的距离为25~50米，重复次数10次以内，间歇2~4分钟。牵引游可与极限频率的非牵引游交替进行。

游泳运动速度力量型训练的开展，对于快肌纤维增粗、力量增加都是有帮助的，但是其训练效果相较于极限力量重复训练的效果来说，是要差一点的。在肌肉收缩强度增大的条件下，提高磷酸肌酸的反应速度和ATP的再合成速度有助于游泳速度的增加。

(三) 游泳运动力量耐力训练

游泳运动力量耐力的训练与发展，必须在糖酵解供能及有氧无氧供能机制下进行。发展力量耐力训练采用的方式有很多种，比如，间歇训练法、重复训练法、循环训练法和比赛训练法等，也可采用游距在 100～400 米的触导式力量训练。

1. 分站式循环训练法

分站式循环训练法，就是以游泳运动力量百里训练的具体任务为依据，将训练手段设置为若干训练站，运动员按照既定顺序和路线，依次完成每站的训练方法。这种训练方法主要用于陆上训练。

一般来讲，分站式循环训练法采用的是综合性训练方式，其中包含各种徒手和器械训练，每个动作做 30 秒，间歇 15 秒，心率保持在 150～160 次/分钟。

通过分站式循环训练法的运用，能使不同层次水平的游泳运动员的训练情绪和积极性都得到有效提升；能使运动训练过程的训练密度在保证合理的情况下逐渐增大；以具体情况为依据，遵循因人而异的原则，来对训练进行适当调整，做到区别对待；一定要避免发生局部负担过重的情况，从而有效延缓疲劳产生；对于身体训练效果的全面性有帮助。这一训练方法主要适用于训练的初期或训练的准备期。

2. 等动力量训练法

等动力量训练法，从实质上来说，就是肌肉在整个运动期间和在运动过程中都承受极限负荷，并保持恒速或后程加速。这种方法适用于陆上训练。

游泳运动员力量耐力训练的专项适应效果如何，受到多种因素的影响和制约，其中，训练重量、动作频率、训练的持续时间和间歇时间都是起到决定性影响的要素。

通常，可以采用极限力量 50%～60% 的重量和极限力量 60%～90% 的频率进行训练，这样能使肌群增粗和力量增大的效果最为显著。这种训练方法重复次数较多，每组训练持续时间较长（1.5～3 分钟），因此，在游泳力量耐力的增长方面有着非常理想的效果。

3. 触导力量训练法

触导力量训练法，是发展游泳运动员水上专项力量耐力的重要方法，具体来说，就是使用专门的力量引导器械（水中牵引）的训练方法。

一般来讲，这种方法可在赛前 3～5 周进行，每周可训练 1～2 次。在赛前的 5～8 天做最后一次主项比赛的模拟游。这种训练方法适用于水中训练。

(四) 游泳运动水上专项力量训练

游泳运动的水上专项力量，能够对游泳推进力（牵引力）产生直接影响。

水上专项力量训练，就是游泳运动员在游进过程或做具体的游泳动作中，克服人为增加的阻力的训练方法。

1. 游泳运动水上专项力量训练的优越性

（1）在游泳运动具体的专项技术动作（主要指产生推进力的手、腿动作）训练中，直接（划水掌）或间接地（阻力衣）施加阻力负荷，所获力量训练效果，能有效增大牵引力。

（2）在游泳专项运动中（完整配合或分解动作）。力量素质的发展对于改善专项肌肉力量的供能系统、提高供能速率是有帮助的。

(3) 增加动作负荷，技术动作得以强化，对于技术水平的提高是有利的。

2. 游泳运动水上专项力量训练方法

(1) 增大推进力训练

增大推进力训练是指主要通过增大划臂或打腿动作的对水面，使阻力增大，提高划水力量。常见的训练手段有划水掌、脚蹼等。

带划水掌游训练：划水时手掌可以保持最有效的姿势，做出最有效的划水动作，可改进划水技术，发展专项力量，注意划水动作的爆发力。

(2) 增大阻力训练

增大阻力训练主要通过增加游进阻力，或改变体位使划水和打腿负荷增大，达到力量训练的效果。常见的训练手段有穿阻力衣、牵拉游、夹板划臂、垂直打腿等。

①带阻力器游训练。

带阻力器游训练是固定在运动员身上的阻力器、阻力腰带、阻力衣（裤）等，这类训练不会对游泳运动员的基本动作造成破坏，方法简单，可以较为理想的提高划水动作的爆发力。

②橡皮拉力牵引游训练。

橡皮拉力牵引游训练是将橡皮拉力的一端固定住，另一端固定在运动员身上，游泳运动员通过克服被橡皮拉力牵制所产生的阻力向前游进，来达到训练和提升力量素质的目的。

(3) 增加练习难度练习

水上力量训练主要针对游泳比赛活动各环节力量的特点发展力量素质，如出发时蹬台起跳、转身时蹬壁等下肢的爆发力，以及转身技术的动作速度等。

水槽训练：让游泳运动员在训练水槽中以极限游速，并在固定位置进行训练，以目视或声控系统监控训练。运动员凭借获得用力大小的信息及时调整游速。在固定位置游训练，有助于形成符合最佳游速的动作节奏。

（五）游泳运动陆上专项力量训练

在安排游泳运动陆上专项力量训练时，一定要对强度与水上强度的协调加以重视，换言之，陆上负荷较大的时候，水上的负荷可以相应减小一些，这样运动员的整体负荷才能得以平衡。

1. 游泳运动陆上专项力量训练方法

(1) 最大力量拉力训练

最大力量拉力训练中，最大力量拉力负荷的确定是需要重点关注的方面，通常，优秀运动员能拉自己体重的15％～20％，男子在18千克左右，女子则在13千克左右。这种最大力量拉力训练，能使运动员的肌肉力量和肌肉力量耐力得到锻炼和提升，对于游泳运动员100米和200米的运动成绩是有帮助的。

(2) 力量耐力拉力训练

力量耐力拉力训练，以动作次数多或持续时间作为评价指标，负荷量控制在4～8千克，一般，每次拉100～300次或持续拉5～20分钟较为适宜。长时间多次的拉力训练一定要保证动作的正确规范，动作幅度适宜，动作放松。

2. 游泳运动陆上专项力量训练的注意事项

(1) 作用方向要保持一致

采用陆上力量训练器进行专项力量训练时,一定要将水上训练的特点充分考虑到。只有保证水上和陆上训练的负荷方向一致,才能保证训练的合理性。可采用的训练手段主要为橡皮拉力、滑轮拉力和等动拉力,这三种训练器特点各异。相对来说,等动拉力充分考虑到水上阻力的性质(划手速度越快,阻力越大)因此更适合专项。在训练的安排上,进行力量训练器的训练时,应做力量或速度力量训练。

(2) 训练时间不要相差太多

要保证训练时间上不要相差太多,主要路径为安排陆上和水上力量训练,两者尽可能同时进行。在一个训练计划中把陆上和水上力量结合起来安排,陆上训练的持续时间应与水上比赛所需时间相同,这样非常有利于陆上与水上训练的结合。

(六) 游泳运动核心力量训练

相较于传统的腰腹力量训练,核心力量训练所涉及的身体部位和肌肉更多,包含了整个躯干和骨盆部位的肌肉,还有那些位于深层的小肌肉群的训练。可以说,核心力量训练对基础条件的要求较高,即其要在稳定的条件下才能进行训练,如此能使游泳运动员在专项运动过程中也可以发展和提升稳定关节和控制重心的能力。

1. 游泳运动核心力量的特点

游泳运动员在做动作的实际过程中,所用到的力量素质并不全部都是核心部分力量,这只是运动员身体稳定运动的一部分,但由于是在一个流动环境里进行运动,所以,身体产生力量的唯一部分就来自核心部分,因此核心部位力量控制力非常重要。

强大的核心部位力量控制力,能够使游泳运动员在水中保持良好的身体姿势,阻力会有所减少,技术发挥的有效性更加显著,同时,还能对运动员的伤病侵袭产生一定的保护作用。

2. 游泳运动核心力量的类型划分

游泳运动的类型有两种,即自由泳和仰泳、蛙泳和蝶泳。这两类泳式对游泳核心部位力量训练有着不同的侧重点。

(1) 自由泳和仰泳

这种类型的游泳核心力量相对静止、保持内敛和流线型,身体基本姿态要做到平、直、紧、尖,所采用的静力性训练方法主要为核心力量训练。

(2) 蛙泳和蝶泳

核心部位通常是具有显著特点的,比如,波浪起伏,双手、双腿同时发力,在用力方面,主要为动力性的核心部位的发力,核心力量训练应以动力性核心力量训练为主。

2. 游泳核心力量的训练方法

(1) 静力核心力量训练

①身体直线控制训练

俯卧于地毯上,用肘支撑身体离开地面,前臂贴在地板上,与上臂呈90度,身体呈一直线,腿拉伸,背要直,绷紧腰腹,保持30~60秒。

②侧身直线控制训练

方法基本同上,用一侧前臂支撑身体,身侧朝向地板,另一侧手臂伸直向上。

(2) 动力性核心力量训练

①一般性腰腹训练

一般性腰腹训练常用到的具体训练方法有仰卧起坐、两头起、仰卧举腿、仰卧剪式打腿、悬垂举腿、"V"形收腹呈 45 度,手腿呈倒"V"字形、各种背肌练习等。具体要根据实际情况加以选用。

②采用轻器材的腰腹训练

手持药球、实心球和哑铃做腰腹训练是经常用到的腰腹训练方法,比如,实心球举过头、实心球胸前传球、坐式侧身传球、站立侧身传球等。

(七) 游泳运动力量素质训练注意事项

1. 做好充分的准备活动

在游泳力量素质训练之前,一定要做好充分的准备活动,从而避免运动损伤的产生。另外,游泳运动员的力量素质与其他素质之间是有着密切联系的,这就要将力量素质训练与其他素质,尤其是柔韧素质训练结合起来,从而保证训练效果。

2. 选择合适的训练手段

在游泳力量素质训练过程中,不同的训练手段所产生的作用和效应都是不同的,因此,要根据实际情况和需求来选择合适的训练手段。一般来说,那些有利于改善肌肉正确的发力方式是较为理想的选择,同时,还要注意有恰当的要求,如下蹲、蹲跳练习,能有效锻炼游泳运动员的整个下肢。要针对某个薄弱环节进行训练,如提高小腿肌肉力量就要选择专门的手段,进行负重提踵练习,相对固定膝关节,所取得的训练效果要更理想一些。

3. 明确适宜的训练负荷

在确定下来游泳运动力量训练的手段之后,还要将训练负荷确定下来,因为这是对训练效果产生直接影响的重要因素。训练负荷太大或者太小都不合适,负荷过大易造成动作变形,甚至伤害和疲劳;过小则刺激不够,训练效果不理想。

通常情况下,所选择的训练负荷不同,对快肌慢肌产生的刺激效果也会有所差别。因此,要对不同的训练阶段、时期进行充分考虑,并且与游泳运动员的自身特点和项目特点相结合,来将训练量、强度、间歇之间的关系处理好。

4. 与其他素质训练组合起来

研究发现,不管是什么样的训练手段,其训练的效果都是有限的,要达到理想的训练效果,需要将各种不同的训练手段组合起来加以应用,组合训练对于力量转化有着积极的促进作用。通常,主要的组合有力量与技术练习、力量与专项练习、力量与速度、力量与跳跃、大负荷与小负荷、慢速—中速—快速组合等。需要强调的是,不同速度的力量组合练习方式一定要加以重视。

另外,游泳运动员在发展和提升力量素质时,一定要保证肌肉体积不增加(除 50 米运动员),这是一个重要的前提。

5. 合理安排训练顺序

对于游泳运动力量素质训练来说,仅确定训练手段和训练负荷还远远不够,在训练的顺序上也要加以注意。通常情况下，训练负荷的顺序安排为小负荷—大负荷—小负荷；肌肉训练的顺序安排为大肌肉练习—小肌肉练习、较慢速度的练习—快速练习；提升机能方面的顺序安排为：改变肌肉结构的练习—改善肌肉内协调能力的练习；具体的训练内容顺序安排为：核心力量练习—一般性力量练习—专门性力量练习、力量性练习—速度性练习等。

另外，在不同的训练阶段，游泳运动力量素质训练的内容和相应的比重也要进行合理安排。

6. 将训练负荷与恢复的关系处理好

在游泳运动力量训练之后，恢复效果与训练负荷之间有着非常密切的关系。游泳运动力量训练的恢复，既涉及日常训练的恢复，也涉及训练周期及比赛前期的恢复与调整等。游泳运动力量素质训练的效果，在很大程度上受到恢复充分与否的因素的影响，尤其是爆发性力量训练方面。因此，就要求在系统的游泳运动力量训练过程中，遵循负荷的逐渐递增原则，分层次安排。

7. 做好力量素质训练之后的整理活动

通常来讲，游泳运动的力量素质训练都具有高强度的特点，能够极大程度地刺激运动员的肌肉，使肌肉产生疲劳感，代谢物积累，肌丝紊乱，功能下降。游泳运动力量素质训练过程中，要将紧张与放松有机结合起来。在训练间歇，特别是力量素质训练结束后，一定要进行彻底放松，用到的放松手段主要有牵拉、泡沫轴及心理学手段、医学—生物学手段等，与此同时，还要对训练负荷和间隔时间进行合理安排。

8. 与游泳技术有机结合

为了有效提升游泳运动员的专项能力，要求在进行力量素质训练时，一定要与游泳的专项技术结合起来进行。与技术结合是促使一般力量向专项力量转化，获得专项力量的有效途径。

具体来说，游泳运动力量素质训练不仅要对发展游泳专项动作的原动大肌群加以重视，同时还要对小肌群的力量训练加以重视，力求使练习动作符合专项动作肌肉收缩的特征。

二、游泳专项速度素质训练

（一）游泳运动专项速度素质训练方法

1. 游进速度训练

（1）牵引训练

牵引训练是提高运动员游进速度的一个重要训练方法，通过牵力诱导，使运动员的动作速度得到最大化提高，从而提升游进速度，在速度感上有新的突破。采用牵引训练方法，要在牵引力和导游速度的设计上多下功夫，确保通过这项训练可以使运动员的最高速度得以充分发挥。

需要注意的是，牵引训练最多重复10次，练习距离以30～40米为宜。练习速度要比运动员的最高速度快，但也不能过快，否则会使运动员的速度感下降，产生被动游进的感觉。

（2）短冲训练

采用短冲训练方式时，供能系统主要是磷酸原供能系统，练习方式为蹬边10～25米，出发15～25米，结束一次练习后休息1分钟左右，再继续练习，重复5次左右。通过该训练可提升无氧代谢能力和游进速度。

此外，要提升游进速度还要注重对快速力量素质和动作速度的训练，通过这些相关练习来促进绝对速度的发展，主要方法有快速划臂训练、快速打腿训练、快速分解练习等。

2. 动作速度训练

出发起跳动作速度、转身动作速度是游泳运动员动作速度主要体现的地方。所以在动作速度训练中要重点从这两个方面进行，这对提高运动员的游泳技能具有重要意义。

（1）出发动作速度训练

游泳运动员的反应和起跳速度决定了出发速度的快慢。因此出发动作速度训练主要是进行反应速度训练和起跳滑行训练，不断练习完整的出发技术，提高速度和熟练度。游泳运动员不仅要出发快，还要产生良好的出发效果。

（2）转身动作速度训练

①专门转身动作训练

专门进行转身动作的连贯练习，如在与池壁相距10米的位置练习转身，反复进行多次练习。

②综合转身动作训练

进行完整的游泳动作练习，在整个游进过程中多转身几次，动作不仅要快，还要准确，以促进转身动作速度和动作质量的提高。

3. 动作频率训练

游泳运动员的速度快慢一定程度上由动作频率决定，所以要特别重视动作频率训练，在保证动作效果的前提下保持适宜动作频率。

在动作频率训练中，频率的加快应该建立在不对划水效果产生消极影响的基础上，否则会得不偿失。下面简单分析两种常见的动作频率训练方法。

（1）频率节奏训练

游泳运动员速度的保持及体力的分配会受到其动作频率节奏的影响，因此要保持节奏的合理性。在100米泳池中进行4个分段的频率练习是比较典型的频率节奏训练法，我国很多优秀运动员都通过这个方法来训练频率节奏。

（2）最佳频率训练

重视动作频率训练，并不是一味强调提高动作频率，使频率达到最快；相反，频率过快会对划水效果产生不好的影响，最终影响游进速度和整个动作的完成质量。每个运动员都应该找到适合自己的最佳频率，从而提高速度。确定最佳频率，重要的是要将划频、划距、速度三者之间的关系处理好，找到这三个要素组合的最佳模式，这也是最佳频率训练的重点。

（二）游泳运动速度素质训练注意事项

1. 机体保持适宜工作状态

游泳速度素质训练对训练者机体工作状态的要求是达到并保持适宜状态，这主要体现在神经系统、肌肉系统、心血管系统等方面。只有达到这个要求，训练者的注意力才能完全集中到训练活动中，从而很好地完成训练，取得良好的训练效果。

2. 合理安排训练时间

在一次训练课中，一般在课的前半部分进行速度训练，或在上午运动员机体状态良好时进行训练。在周训练计划中，速度训练适合安排在小强度训练或调整训练后的第一天。在一个大的训练周期中要对速度训练的时间进行合理安排,主要在准备期后期和比赛期前期进行速度训练。因此,在训练实践中对速度训练时间的安排,具体要根据运动员的实际情况和训练需要进行灵活调整。

3. 注意相关运动素质的发展

速度素质受到力量尤其是快速力量的影响,所以要将快速力量训练重视起来。此外,柔性也影响速度,柔韧性良好的运动员肌肉协调性更好,肌肉合力较大,肌肉阻力较小,速度更快,所以在游泳速度训练中也要加强对运动员柔韧性的训练。

4. 重视肌肉放松

肌肉放松对提高速度是非常有帮助的,如果肌肉紧张,动作协调性较差,无法发挥速度能力。因此在游泳速度素质训练中运动员要适度放松肌肉,使血液循环变得通畅,更高效地利用能量物质,促进速度的提升。

三、游泳专项耐力素质训练

专项耐力素质,就是指一种能有效维持高速度运动的能力。专项耐力的供能系统主要为糖酵解供能,乳酸浓度指标能够将这一供能系统反映出来。

(一)游泳专项耐力素质训练方法

对于游泳运动员来说,专项耐力训练是通过刺激无氧糖酵解供能系统来提高糖酵解供能能力和供能效率,属乳酸负荷训练。

大强度的间歇训练法、重复训练法及比赛训练法是游泳专项耐力素质训练常用的训练方法。通常,游泳专项耐力训练的最大特点是总负荷高,心率、血乳酸达到最高水平。

采用大强度间歇训练时,应待心率恢复至120~145次/分钟再进行下一次练习;进行重复训练时则要求恢复到120次/分钟以下。练习采用的距离,中距离为比赛距离的1/4~3/4,长距离不宜超过比赛距离的3/4,但常采用比1/4专项距离短的练习段落。这里要强调的是,游泳运动员专项耐力特点会因为游距的不同而有所差别。

1. 短距离游泳专项耐力训练

根据能量代谢的理论,无氧代谢水平的高低决定了短距离游泳运动员的运动能力。无氧训练常用的方法有速度训练、重复训练、间歇训练、变速训练等,以及按照能量分类的高乳酸训练、耐乳酸训练、有氧无氧混合训练。

(1)高乳酸训练

高乳酸训练是指使训练强度足以达到产生最大乳酸,从而改进无氧代谢机能,提高工作肌耐乳酸和消除乳酸能力的训练方法。

(2)乳酸耐受力训练

乳酸耐受力训练是最艰苦训练的负荷等级,具体是指在重复游或长距离游训练中,使运动员长时间产生的乳酸量大于消乳酸量的训练方法。改进无氧代谢的供给和忍痛能力,提高工作肌缓冲和耐乳酸能力以适应比赛,是乳酸耐受力训练的主要目的所在。乳酸耐受力训练的核心是重复次数、组数与间歇。可采用50~200米距离、总量在400~600米、训练时间与间歇时间之比为1:2~1:1用95%~110%的比赛速度,根据距离的不同血乳酸指标控制在6~12毫摩尔/升，心率要求达到最高或最高减10次/分钟的强度进行。

高乳酸水平的血乳酸值在每升8毫摩尔以上，但在个体方面有着较大的差异性，在实际训练中教练员应以运动员个体乳酸水平为准，负荷水平应控制在高于最大吸氧量训练的血乳酸值水平。一般来讲，训练的分段距离为100～200米，强度水平应在90%以上，心率达个人心率水平的最大值。

不同训练水平的运动员对乳酸的耐受力也是不同的，乳酸耐受力提高时，机体不易疲劳，运动能力也随之提高。因此，乳酸耐受力的训练对100米、200米项目尤为重要。

（3）无氧耐力训练

游泳比赛中，200米以下的比赛项目占到了80%，能量供给以无氧代谢为主，所以这些项目的运动员在训练进入专项提高阶段时，教练员都会安排大量的无氧耐力训练，从而使游泳运动员对乳酸的耐受程度有所提升，使运动员在身体供氧不足的情况下，还能维持较长时间对肌肉收缩功能的能力。由此可以得知，无氧运动能力的高低对短距离游泳运动员的运动能力产生决定性影响。

无氧耐力是运动员提高专项水平的重要保证。运动员通过无氧训练能使自身的无氧代谢能力得到提高的同时，还能对有氧、无氧两种代谢途径进行有效控制和调节。发展运动员的乳酸能供能能力时有很多训练方法，比如，间歇训练法、重复训练法，而发展非乳酸能供能的训练则主要采用短冲训练法。

①间歇训练法。无氧耐力训练中的间歇训练法强度要求较高，通常为85%～95%，根据训练内容确定训练手段。间歇训练法的主要作用在于，能使游泳运动员机体在血乳酸浓度很高时仍可以将肌肉的作用能力充分发挥出来。

发展糖酵解能力的训练会出现一些"梯形"组合训练。这种训练方法在安排上有两种，一种是从长至短，另一种是从短到长，训练效果也会因此而有所不同，通常，前一种安排的主要作用是提高运动员迅速动员机体糖酵解能力，后一种安排的作用则是提高机体长时间维持糖酵解机制的高度活性。

②重复训练法。重复训练法的形式与间歇训练的形式基本相同，主要差别在于，重复训练法在间歇时间上并没有非常严格的规定，通常只要运动员的呼吸和心率基本恢复就可以开始下一次训练。重复训练法能使游泳运动员的速度感和动作节奏感都有所加强。这部分的训练内容强度较大。因此在控制方面较为严格，注意运动员的完成情况，并做好运动员练后的恢复训练，从而使运动员过度训练的情况得到有效避免。

③短冲训练法。短冲训练法在每堂训练课中都会出现，具体来说，会要求游泳运动员用最快的速度全力完成。这种训练要求运动员的划手和打腿都要以最大力量和最快速度进行，因而对肌肉的刺激较大，在肌肉的速度和力量的提高及快游时技术的改进等都有着积极的影响，对游泳运动员的神经系统来说，也是非常好的一种锻炼方式。

2. 中长距离游泳专项耐力训练

（1）有氧无氧混合训练

有氧无氧混合训练是介于有氧和无氧训练之间的混合供能训练为90%～95%，血乳酸值为5～9毫摩尔/升，间歇时间控制在心率降至120次/分钟，即可开始下一次训练，这样能使游泳运动员有氧无氧混合供能能力得到有效提高，速度耐力得到发展。

①重复游的方法：(2~4)×100米，间歇3~5分钟，要求完成最好成绩的95%~100%。

②递增变速游的方法：要求运动员完成每一游距时，后程比前程快，如n×400米。要求每个400米用最好成绩的90%来完成，且每个400米后200米的成绩要比前200米快。通过较高负荷心率的刺激，能有效提高运动员机体抗乳酸能力，使他们在保持较高强度的情况下具有持续运动的能力得到保证。

③10~25米的配合游和分解训练。在进行这种游距的训练时，可采用加阻游、极限强度的带划水掌游、超极限速度（大于1.9米/秒）的水槽游（水流流速在1.9米/秒以上）、滑轮拉力游以及25~50米比赛游的方式练习。采用重复和间歇法训练时，重复次数不宜过多，重复次数控制在6~8次至12~16次即可。

（2）有氧耐力

游泳运动员的有氧耐力在整个游泳训练中所占的地位非常重要，其训练量在全年训练量中占主要地位，长距离运动员有氧训练的量所占百分比则更多。400米以上的游泳比赛项目以有氧代谢为主，这就更加突出了有氧训练的地位。

游泳训练中有氧耐力训练的方法、手段与运动强度、游距之间有着密切的关系。实践证明，对于长距离和超长距离游泳项目的运动员来说，70%~85%的运动强度、持续进行中距离并结合短的间歇，心率保持在120~160次/分钟的训练是较为适宜的，能使运动员的有氧代谢能力得到有效发展和提升。

一般来说，游泳运动员有氧耐力训练最常使用的方法是比赛训练法。教练员通过对游泳运动员有氧耐力进行训练，从而使运动员身体各器官的功能和各项生理指标都得到发展，使其适应日后高强度的专项训练和比赛。

（二）游泳运动耐力素质训练注意要点

1. 遵循身心发展规律，选取有效的训练手段

耐力训练是体能训练的重要组成部分，也是体能贮备的主要方面，因此，进行游泳运动耐力素质训练，一定要遵循适宜的训练规律，这里主要是指游泳运动员的身心发展规律。

另外，在遵循游泳运动员身心发展规律的基础上，还要选择有效的训练手段，这样才能对游泳运动员竞技能力的保持和发展起到促进作用，尽可能避免运动员发生伤病的情况。教练员在训练游泳运动员的耐力素质时，应注意选择有效的、与专项竞技能力结合较为紧密的训练手段。

2. 遵循耐力素质发展的原则

（1）从实战出发原则：在耐力素质训练过程中，一定将比赛和训练之间的关系处理好，然后，以比赛实战的需求为出发点，来进行相应的训练。

（2）适宜时机提高专门性原则：在进行常规的耐力素质训练时，还要在适宜的时机进行专门性耐力训练，并将两者有机结合起来。

（3）周期性原则：耐力素质的训练和发展过程是漫长的，需要多个训练周期才能实现的，因此，按照周期性特征进行训练，可以保证科学、合理地提高耐力素质水平。

（4）一致和协调性原则：游泳运动员的耐力素质训练要与取得发展耐力运动成绩要素之间形成统一的目标，并且要相互协调。

(5)针对性和持续性原则:游泳运动员的耐力素质训练要在明确目的的指引下进行,同时,还要保证其训练的系统连贯性。

(6)循序渐进原则:在对游泳运动员进行耐力素质训练时,训练负荷的增加要做到循序渐进,不能突然加大,从而使运动伤害事故得到有效避免。

(7)持久训练控制原则:在发展游泳运动员耐力素质的过程中,必须不间断和高效率地控制训练全过程。

3. 要将有氧耐力与无氧耐力训练结合起来进行

对于游泳运动员来说,在机体代谢的过程中,有氧耐力和无氧耐力之间有着密切的关系。其中,有氧耐力是无氧耐力发展的基础。有氧耐力训练能使心脏体积增大,每搏输出量提高,为无氧耐力的发展打下了坚实的基础。在发展游泳运动员有氧耐力过程中,合理穿插一些无氧耐力训练,能有效改善游泳运动员的呼吸能力和循环系统的功能,对于其有氧耐力水平的提升是有帮助的。可以说,机体有氧耐力和无氧耐力是相互联系、相互促进的。

4. 注意呼吸问题

游泳运动员在进行耐力素质训练时,一定要把握好关键因素,即正确的呼吸节奏。在游泳运动员进行中等负荷耐力训练时,机体的每分钟耗氧量与氧供给量之间的平衡会被打破,大负荷训练则会进一步加重这种不平衡感。另外,在呼吸节奏与动作节奏配合的一致性方面要高度关注,从而保证呼吸与动作之间的协调性。

四、游泳运动员专项协调能力训练

游泳运动要求运动员有良好的身体协调能力,因为游泳运动在水环境中进行,运动环境的特殊性使得运动员在游泳中对动作的控制变得复杂而难度大,要将游泳技术掌握好,控制好自己在水中的动作,就要加强协调性练习,形成良好的协调能力。游泳运动员在水中从平卧姿势开始完成一系列的游泳技术,这一姿势和陆上运动有很大的区别。运动员在游泳过程中动作面的保持情况直接影响其动作效果。游泳运动员的上下肢必须配合好,这又不同于陆上运动项目的手脚配合,水中手脚配合不是同步的,而陆上则须按一定的节奏完成手脚的左右交替配合。游泳运动员身体协调性的发展要与游泳技术特征相符,加强专项协调能力训练,以更好地掌握与发挥游泳技术。

(一)游泳专项协调能力训练方法

游泳专项协调能力训练包括以下两个方面。

1. 基础训练

在陆上模仿游泳技术动作,包括手臂动作、腿部动作及手脚配合动作,甚至要模仿水环境中的呼吸方式,促进基本协调能力的形成与提高,从而为在水中训练游泳技能奠定良好的基础。

2. 专门训练

游泳运动员要在水环境中进行专项协调能力训练,主要从以下两个方面进行训练与提升。

(1)在水中进行的游泳技术练习,包括分解练习、完整练习,重复不断地练习是为了熟练动作,达到自动化阶段,更好地控制身体姿势和动作。

(2)通过花样游泳、水中健身操等其他运动来提高水上运动能力,同时还可以专门设计水中协调动作、水中游戏,通过趣味性练习来提升水感和技能。

游泳运动员的动作控制能力和水中运动技能提升后,有助于实现协调能力的提升。

(二)游泳运动协调素质训练注意事项

1. 与游泳技术练习相结合

在游泳专项协调素质的训练中,要结合游泳技术进行练习,将游泳技术融入协调素质训练方法手段中,从而促进游泳运动员技术质量与身体协调性的同步发展。

2. 坚持练习

游泳运动员要坚持不懈地进行协调性练习,在开始阶段主要训练一般协调能力,然后逐渐向专项训练过渡,最后将一般训练与专项训练结合起来,促进协调身体素质的整体发展。

3. 克服肌肉过度紧张

游泳运动员做游泳动作需要相关肌肉群适度收缩,但如果不能及时放松肌肉,就会出现肌肉紧张的问题,会对动作质量产生影响,使动作看起来僵硬不自然,同时也可能引起运动损伤。所以在协调性训练中要注意克服这一问题,肌肉该收缩时收缩,该放松时放松,这样能够避免不必要的耗力。

4. 提高"空间感"和空间准确性

对动作空间的准确判断能力是很多项目都要求运动员具备的能力,游泳运动同样如此,只有运动员具备这一能力,才能根据判断准确用力。因此,在游泳协调性训练中要注意对运动员一系列"空间感"("距离感""水感""速度感")和空间准确性的培养。

5. 提高保持平衡的能力

身体姿势稳定是提高动作质量的前提,因此保持平衡的能力非常重要。对游泳运动员来说,平衡与协调这两项能力密不可分,相辅相成,所以要在协调训练中注意平衡的保持。

五、游泳运动员柔韧素质训练方法

对于游泳运动来说,运动员的柔韧素质和关节灵活性是至关重要的,否则,动作的幅度及完成动作的效果都无法实现和保证。因此,发展游泳运动柔韧素质和关节灵活性是非常重要且必要的。

(一)柔韧素质和关节灵活性训练提升的方法

1. 发展柔韧素质的训练方法

(1)动力牵拉。动力牵拉,就是指有节奏的、速度较快的、幅度逐渐加大的多次重复一个动作的拉伸方法。也可以将其理解为,用很快的速度和较大的力量使关节活动到最大幅度。注意在用这一方法进行游泳运动柔韧素质训练时,用力不宜过猛,幅度要由小到大,从而避免拉伤。每个练习重复5~10次。

(2)静力牵拉。静力牵拉是轻柔缓慢地将关节移到最大活动范围内,将肌肉、肌腱、韧带拉伸到一定酸、胀、痛的感觉位置并略有超过,然后停留一定时间的练习方法,与动力牵拉正好相反。通过这种方法进行柔韧素质训练,能有效减少或消除超过关节伸展能力的危险性,防止拉伤。由于拉伸缓慢不会激发牵张反射,一般要求在酸、胀、痛的位置停留5~60秒,重复6~8次。

(3) 被动牵拉。被动牵拉是静力牵拉的一种，由他人施加一个压力，即靠同伴的帮助或负重借外力的拉伸使活动幅度增大。但是有一点要注意，外力应与游泳运动员被拉伸的程度相适应。

(4) 慢速动力拉伸。慢速动力拉伸是用较慢的速度进行动力拉伸，可与静力牵拉结合进行，当关节移到最大幅度时，至少静止5秒钟。

(5) 收缩—放松法。收缩—放松法是以神经肌肉的本体感受器特征为依据发展起来的。

不管采用哪种训练方法，一定要注意牵拉的程度，因为这比牵拉的方式更为重要，尤其强调的是动力牵拉和被动牵拉潜在的危险性较大，应尽量避免。

2. 提高关节灵活性的方法

关节灵活性与关节柔韧性之间的关系是非常密切的，但是两者之间不是等同的关系，也不能相互代替。尽管关节柔韧性能使关节活动幅度有所增加，但是，却不能解决关节灵活性问题。

对关节灵活性产生影响的因素有很多，其中，起到决定性影响的是髋关节肌群韧带的伸展程度、关节活动时参与工作肌群的紧张与放松的协调一致及关节活动的频率。游泳运动对关节灵活性的要求是全身性的，但就运动特点而言，对肩、踝、膝、腰关节的灵活性要求更高。

发展游泳运动员的关节灵活性要与发展其关节柔韧性相结合，充分利用关节柔韧性的优势，增加关节活动范围，提高关节活动的灵巧性。关节灵活性练习主要包括关节转动、旋转、摆动、绕环等动作，而游泳专项关节灵活性练习应着重发展肩、膝、踝、脊柱和髋关节的灵活性。通过改变练习因素，如速度、频率、幅度、方向等手段，提高关节活动的强度和频度。

（二）游泳运动柔韧素质训练注意事项

1. 做好充分的准备活动和放松练习

肌肉的伸展性与肌肉的温度有关，在柔韧素质训练开始之前，首先要做好充分的准备活动，从而使肌肉的温度提高，降低肌肉内部的黏滞性，避免肌肉拉伤的发生，柔韧素质训练的效果也会得到保证。

柔韧素质训练结束后，要做好整理活动，以达到良好的放松效果，使身体尽快得到恢复。在每个伸展练习后，都应做好与动作方向相反的放松练习，加强供血供能机能，有助于伸展肌群的放松和恢复。

2. 训练不能急于求成，要循序渐进、持之以恒

肌肉、韧带等的拉伸和延长，并不是短时间就能达成的，因此，进行柔韧素质训练，一定不能急于求成，要逐步提高，避免肌肉、韧带拉伤。

3. 柔韧训练要与专项相结合，并做到因人而异

游泳柔韧素质训练，必须要与游泳专项特点相结合才行，因为只有这样，提升的柔韧素质才能对游泳运动产生积极的影响。游泳运动员主要要求踝关节和躯干的柔韧性，因为这是游泳运动员柔韧素质训练的重点所在。

4. 柔韧素质训练方法要科学

（1）静力拉伸训练注意事项

①静力拉伸训练时要循序渐进，肌肉韧带的拉伸长度与关节活动范围的加大要逐渐进行，才能保证理想的训练效果。

②静力拉伸训练要控制量，不宜过多，因为过多地采用静力拉伸，容易使肌肉失去弹性，使肌肉的牵张反射能力下降。

（2）动力拉伸训练注意事项

①动力拉伸训练时，拉伸动作幅度、用力程度及用力速度要由小到大，由慢到快，以防肌肉拉伤。

②在发展一般柔韧性的基础上，尽量运用与专项技术接近或相类似的动力拉伸练习。

③动力拉伸训练要与静力拉伸方法交替使用，使其有良好的迁移，提高柔韧训练的效果。

5. 柔韧素质要与其他素质结合进行训练

身体素质在发展过程中，并不是单独进行的，各个身体素质之间的发展是相互影响且相互之间有转移现象的，各种身体素质之间的关系也会因为运动器官的生长发育而受到一定的影响。所以，这就要求将柔韧素质训练与其他身体能力的训练结合起来，使它们相互促进，共同发展。需要注意的是，通过有效的方法和手段，把柔韧素质训练与力量素质训练结合起来，或合理地安排柔韧素质训练与力量素质训练的顺序和比例，可以使两者的配合协调达到最好的效果。

6. 柔韧素质训练要保证适宜训练时间

一天中可以进行柔韧素质训练的时间没有特殊要求，只不过不同时间段训练的效果是有差别的。但就人体本身而言，早晨机体由于没有适当运动，柔韧性明显较低，下午经过一定的活动，机体表现出良好的柔韧性。根据人体这一特征安排柔韧训练时间，可起到事半功倍的效果。

第五章　足球运动员专项体能训练方法

第一节　足球运动理论及其体能特征

一、足球运动基本理论

（一）足球运动的起源

关于足球运动的起源，学者们说法不一，具体而言，具有以下几种观点。

（1）游戏说。据史料记载，中国在公元前15世纪就有了"足球舞"游戏，这就是后来所说的"蹴鞠"。在30多年前的商代甲骨文中，也有蹴鞠舞的记载。司马迁在其《史记》中，也较为详细地描述了战国时期齐国临淄，百姓在安居乐业的同时开展蹴鞠活动。而西方国家也有类似足球游戏的文字记载，像意大利的"giocodelcalcio"（一种脚踢运动）。这些都属于个体游戏，都是一种用脚踢的娱乐方式。

（2）比赛说。据史料记载，我们的祖先黄帝是蹴鞠运动的创造者，曾用蹴鞠来训练武士。而汉代的高祖刘邦，在宫苑内修建了开阔的校场——鞠城，两端设有鞠室，比赛双方以进鞠室多者为胜。这种比赛形式倾向于现代足球集体间的相互比赛，比赛双方可在一定的方式下确定谁优孰劣，最终达到一种能使人强烈兴奋，奋发进取的快乐。因此，相对而言，这个说法最为贴近现代足球运动发展的现状及其基本特征。虽然关于足球起源的问题众说纷纭，但至今仍然没有一个统一的结论。

现代足球运动起源于英国，这是人们普遍认可的。据相关文献资料记载，公元1066年之后，类似足球游戏的罗马的"哈巴斯托姆（Harpastum）"开始传入英国，并很快在此后的一二百年间流行起来。然而当时的这种踢球游戏基本没有任何规则，且允许手脚并用甚至抱球跑，游戏场地也没有什么要求，城镇街区、村庄小巷都可以成为游戏的场所。在此情况下，比赛双方常常在比赛中发生激烈的肢体冲突，严重的最终演变成一场"全武行"。因此，这种运动被当时的人们形象地称为"暴民足球"。从1314年开始直至1660年，英国国王爱德华二世颁布法令禁止此项运动，"禁球令"甚至多达30次以上。而从1680年起，足球运动开始得到贵族和英国王室的大力扶持与保护，足球在英国更为广泛地开展起来。

随着时间的进行，英国的足球运动在19世纪初期发展到了顶峰，并在公立学校中得到了广泛的开展。1823年，一名叫埃利斯的运动员先是为橄榄球制定了简单的比赛规则，1846年，完善的英式橄榄球规则制定完成。1849年，伊顿公学废除了橄榄球规则中用手传球、带球的条款。因此，伊顿公学的场地足球被看成是现代足球的最早原形。

英式橄榄球与英式足球分化以后在英国进一步演化和发展着，1863年10月26日，来自伦敦和郊区的 6 所公学的足球队代表组成了英格兰足球协会。与此同时，协会将比赛规则做了进一步的发展和完善，使得英式足球极具观赏性，一些俱乐部由此看到了"钱途"，开始向观众收取入场费。这样，早期足球运动便拥有了职业化的"影子"。1865 年，英足总承认了职业足球的合法性。1888 年 3 月 22 日，英国开始出现了职业联赛，名为"英格兰足球甲级联赛"，首届联赛共有 12 支球队参加，最终普林斯顿队获得了联赛冠军。

(二) 足球运动的发展

1. 世界足球运动的发展

现代足球运动在英国产生之后，就开始了漫长的发展过程。1868 年，英国人将足球传入非洲，1870 年足球进入大洋洲的澳大利亚。1893 年，南美洲首次开展足球联赛。

1894 年，足球进入巴西。随后相继传入亚洲各国。足球发展至今天已经成为一项受世界人民关注的运动项目，并受到了全世界人们的欢迎和喜爱，成为名副其实的第一运动。

足球技战术和规则的不断完善也从侧面反映了足球运动的发展历程。1846 年，为了让各学校间的足球比赛更加规范，英国剑桥大学综合制定了一个简单的足球运动规则，当时称之为《剑桥大学规则》。而在 1863 年的伦敦会议后，在《剑桥大学规则》的基础上，进行了修改和填补，制定出了最早的足球竞赛规则，它也是现代足球史上的第一部统一的足球竞赛规则。随后由于足球比赛的规模和形式的不断变化，足球比赛规则也随之发生变化，如越位、犯规和处罚等规则被制定得更加具体和全面。足球竞赛规则的不断完善在很大程度上规范了足球运动比赛，也促进了足球运动竞赛水平的不断提高。而在足球运动产生之初，所表现出来的技战术内容相对简单，但随着足球比赛的不断增多，足球运动的基本技战术得到了很大的发展。在足球赛场上不断出现精妙的过人技术和各种赏心悦目的战术配合，例如，足球运动的发展，带来了足球比赛阵型的不断改变，从 1930 年的"WM"阵型到 20 世纪 50 年代的"4—2—4"阵型，再到目前流行的"4—4—2""4—3—3""4—5—1"，甚至是无锋阵型，都体现了足球运动的发展，也正是足球技战术的不断演进，使足球比赛的激烈程度不断增加，悬念增大，足球比赛水平持续提高，这也进一步扩大了足球运动的影响力。

在足球运动的发展历程中，足球运动组织的出现也可以充分体现当今足球运动的发展。1857 年，英国第一家足球俱乐部——谢菲尔德足球俱乐部的成立，开始了世界足球发展的新纪元。自此以后，英国相继成立了多家足球俱乐部。随着足球比赛的不断增多，人们迫切需要成立一个全国性的足球组织，统一全国的比赛规则来规范足球运动和比赛。1863 年 10 月 26 日，英国 11 个足球俱乐部的代表在伦敦召开会议，成立了世界上第一个足球运动组织——英格兰足球协会。为此，国际上把这一天视为现代足球运动的诞生日。而在 1863 年后，欧洲一些国家也纷纷成立足球协会，并在足球比赛快速发展的情况下，于 1904 年 5 月 21 日在巴黎由法国、瑞士、瑞典、比利时、西班牙、丹麦等国发起成立了国际性的足球组织——国际足球联合会，简称国际足联 (FIFA)。国际足联总部设在瑞士苏黎世。国际足联的创立，标志着足球作为一项世界性的体育项目登上了国际体坛，使足球运动在更加广泛的范围内开展起来。从此世界各国足球协会不断成立，会员国的数量不断增加。国际足联最初有 7 个会员国，发展到现在已有 200 多个国家和地区加入国际足联，国际足联也成为世界最大的国际单项体育组织之一。足球运动组织的产生对足球运动的发展有着重要作用，特别是一些世界性的足球比赛，极大地促进了足球运动的进一步发展。

在足球运动发展过程中，足球比赛是其发展的一个重要标志。1872年，足球运动史上的第一次正式比赛在英格兰和苏格兰之间进行，即泛英足球比赛。而如今的足球比赛已经逐渐形成了世界性的足球比赛模式。目前为止，国际上比较重要的足球比赛有世界杯足球赛、奥运会足球赛、世界青年足球锦标赛、世界少年足球锦标赛、世界女子足球锦标赛、世界室内5人制足球锦标赛、世界俱乐部足球锦标赛等，这些比赛有力地促进了足球运动在世界各国的发展和提高。其中世界杯足球赛在足球界甚至是体育界都享有盛名。1928年，国际足联决定每4年举行一届世界足球锦标赛（后更名为世界杯），并规定每届比赛与奥运会相间举行，还决定设立专门的流动奖杯——金女神杯，奖给锦标赛的冠军，并规定，如果哪一支国家队能三次夺得冠军，将永久保留此杯。1970年第九届世界杯上，巴西队第三次获得冠军，该奖杯归巴西永久占有。现在的流动奖杯为"大力神杯"，国际足联规定此杯为永久性流动奖杯，任何国家不论夺得多少次冠军，都不得独自占有该杯，其权力是保留该杯4年至下一届世界杯。从1930年开始，世界杯足球赛开始举行。第二十一届世界杯于2018年在俄罗斯举行，各国为全世界体育迷奉献了一场体育盛宴，足球比赛的频繁举行，使足球运动的影响力增大，足球运动不断发展进步。

经过不断的发展，足球运动向着职业化的方向前进，目前足球职业联赛在许多国家进行，比较著名的有英超、西甲、德甲、意甲和法甲，被称为欧洲五大联赛。高水平赛事的不断举行加上足球明星运动员的不断涌现，使得足球运动在世界上的地位不断提升。在未来的发展中，足球运动仍将迸发出强大的生命力。

2. 我国足球运动的发展

在19世纪末20世纪初，足球运动开始传入中国。当时是由于英国通过鸦片战争侵占了我国的香港、九龙等地区而传入的。19世纪80年代至20世纪初，现代足球运动在上海圣约翰大学和南洋公学，北京协和书院和汇文书院及广州格致公学和南武公学等一些教会学校开展起来，随后武昌、天津、南京、青岛、厦门及杭州等一些沿海城市的教会学校先后开展了足球活动。但是，由于当时中国政治动荡，虽然足球比赛在我国频繁举行，但社会经济落后，我国的足球运动发展很缓慢，水平也相对较低。

在中华人民共和国成立后，由于体育事业受到了国家的高度重视，足球运动的发展拥有了很好的社会环境。1951年我国首次举办了全国足球赛。1955年中国足球协会成立。从1956年起我国足球运动实行甲、乙级联赛制度，同时，还实行运动员、裁判员等级制度。此外，还举办了全国足球锦标赛、全国青年足球锦标赛等。但从1978年开始全国甲乙级联赛双循环升降级制度得以恢复，并建立了全国成年队联赛、青年队联赛的各级较稳定而系统的竞赛制度。1992年是我国足球发展的一个重要关头，这一年6月，中国足协在北京红山口召开全国足球会议，并指出足球必须搞上去，足球体制必须改革。从此，我国的足球逐渐走上职业化道路，经过多年的发展，我国的职业足球也形成了一定的体系，我国的足球比赛包括中国足球协会超级联赛、中国足球协会甲级联赛、全国女子足球锦标赛和全国女子足球联赛等。由于缺乏经验，我国的足球在职业化道路上遇到了许多挫折，尤其是假赌黑的影响，严重阻碍了我国足球的发展。但在2010年中国开始了反赌风暴，对我国足球中的一些问题进行了解决，使中国足球发展环境变得更加干净和规范。在2012年的中超联赛中，中国足球得到了大连万达等众多实力派企业的赞助，德罗巴、凯塔、巴里奥斯等一些国际球星也加入中超，使中超联赛的水平得到了大大提高，中国足球也开始在世界上产生影响。中超联赛的发展也吸引了众多的球迷，据统计，2012赛季中超联赛场均观众人数达到 1.8 万人，居于亚洲第一。中超联赛的火爆体现了我国足球正在不断发展之中。2016 年，中超联赛在国际足坛转会市场引起了巨大的轰动，大牌球员和教练加盟中超引发了"名牌效应"。

从长远来看，中国足协必须为我国足球运动的发展制定长期的规划，俱乐部也要不断完善自己的制度、管理、配置，促进中国足球的可持续发展。

虽然我国足球运动的水平相比于国际水平还存在较大差距，但是我国的足球运动员也在国际赛场上取得了一定的成绩。1996 年，中国女子足球队在第二十六届奥运会上获得亚军。1999 年，又在第三届世界女子足球锦标赛冠军争夺战中点球惜败于美国队。2002 年，我国男子足球队首次打入世界杯决赛阶段的比赛，实现了足球冲出亚洲、走向世界的美好愿望。但近些年来，中国足球进入了低谷，无论男足还是女足，无论成年队还是青少年队，都在国际赛场上难以有所作为，中国足球的水平还有待提高。相信在国家的重视和球迷们的支持下，随着我国足球联赛的健康发展，中国足球的水平一定会不断提升。

（三）足球运动的特点

1. 现代足球运动的特征

足球运动有如此大的魅力，不仅在于足球运动孕育着丰富的内涵，而且也与足球运动的特点有关。

（1）整体性。足球比赛每队由 11 人上场参赛，场上的 11 人不仅要思想统一，而且行动一致，做到攻则全动，守则全防，形成整体参战的意识，只有形成整体的攻守，才能取得比赛的主动权及好的比赛结果。

（2）大局性。足球比赛场地大，人数多，如何利用好场地和人数就是胜负的一个关键。双方利用有效地传递、流畅地配合突破层层防线，通过空间上大范围的转移球来调动对方，以期达到找到漏洞或撕开防线的目的。同时足球联赛的赛季很长，比赛任务繁重，所以合理分配体能，适当轮换球员等都是整个赛季全盘考虑的要素。

（3）精细性。足球运动是粗中有细，大块头其实是很有智慧的。个人盘带讲求技术细腻到位，时机得当，有时短短的几秒或半步的距离都会造成突破、秒传甚至进球。而双方球员不仅在足球技术上对抗，在心理上也有不断地较量；小动作骚扰，大动作施压，关键时刻在高压下处理球（如点球时射手和门将的心态，加时赛时能否保持清醒）都是足球比赛的看点。

（4）对抗性。足球运动是一项竞争激烈的对抗性项目，在比赛中双方为争夺控制权，达到将球攻进对方球门、而又不让球进入本方球门的目的，展开争分夺秒的争斗，尤其是在两个罚球区附近时间、空间的争夺更是异常凶猛，扣人心弦。一场高水平的比赛，双方因争夺和冲撞倒地次数能多达 200 次以上，可见对抗之激烈。

（5）多变性。足球运动是一项技术上丰富、战术上变幻莫测、胜负结局难以预测的非周期性运动项目。比赛中运用技、战术时要受对方直接的干扰、限制和抵抗，必须根据临场中具体情况而灵活机动地加以运用和发挥。

（6）易行性。足球竞赛规则比较简练，器材设备要求也不高。一般性足球比赛的时间、参赛人数、场地和器材也不受严格限制，因而是全民健身中一项十分易于开展的群众性的体育运动项目。

2. 现代足球技战术的基本特征

足球作为世界第一大体育运动项目，由于其拥有较强的团队性、观赏性、竞技性，所以受到广泛的欢迎。而现代足球较之以往，呈现出更多不同的特征。

（1）现代足球的技术特征

随着现代足球比赛攻守速度的不断加快、对抗争夺的日趋激烈，足球技术特征有以下几个方面。

①技术与目的结合

各项技术的运用都离不开目的性，所以要做到技术与目的相结合，运动员除了具备全面、坚实的技术基础外，还需娴熟、自如地运用各项技术，并在技术的实用性上狠下功夫。

②技术与速度相结合

现代足球正朝着高速度、强对抗的方向发展，赛场上给予运动员完成各项技、战术动作的时间越来越短，空间越来越小。要想真正适应激烈争夺中的快速攻守，最关键的因素是速度。特别是在快速中运用技术能力、完成技术动作的转换及技术动作之间的衔接速度。如果缺乏速度，那么再漂亮的技术在比赛中也难有"用武之地"。

③技术与意识结合

技术必须赋予意识才有活力和威力。从单一的技术动作到局部的战术配合，直到全队的整体打法，都受意识的支配。因此，技术与意识的结合是非常重要的。

在意识的培养与技、战术训练中，从初学足球开始，就应把意识的培养贯穿在技、战术训练中，寓意识于一切技术行动之中，使它们同步发展。

④技术与意志结合

意志品质是足球运动员必不可少的重要素质之一，特别是在那些特殊意义的比赛中，意志品质具有举足轻重的作用。

足球运动员的意志品质基本上体现在三个方面：勇敢顽强的拼搏作风、自我控制情绪的能力、敢于冒险的无畏精神。

⑤技术与位置结合

当前，足球技术正朝着全面、快速、娴熟、简练、强对抗的方向发展，近年来，全面型的整体和全面型的个人都在不断发展和提高。每名队员都身负攻守双重任务，这就要求运动员在掌握全面技术的基础上，根据个人的特长和位置的需要发展专长技术。他们既是足球场上的多面手，又是具有个人特点和某个位置上的专家。

⑥技术与即兴结合

随着技、战术水平的全面提高与发展，比赛中运动员处理球的时间越来越短、空间越来越小。这就需要某些超常的技术才能满足比赛的要求。

所谓超常技术和即兴发挥，是指根据赛场上瞬间即变的环境及突发的情况，采取随机应急手段，打破原有技术动作的结构，达到出奇制胜的目的。

（2）现代足球的战术特征

随着足球运动的发展，运动员的即兴发挥将会运用得越来越广泛、水平越来越高、魅力越来越大。这就要求运动员必须具有全面娴熟的技术、突出的意识、敢于冒险的精神、机敏冷静的头脑和迅速的应变能力，而且这些都要在一刹那的时间内表现出来。

①进攻手段多样化

在现代足球运动中，队员的进攻手段向着全面、多样化的方向发展，仅仅依靠几个人之间的小范围配合及中后场队员的突然插上成了目前足球比赛中最具有特征的打法。在现代足球中，不仅要求前锋拥有较强的攻击能力，而且对后卫、边卫也都要求拥有相当的攻击能力。同时，对于球队的组织者来说，也不仅仅局限于中场队员的组织能力，还对前锋、后卫的组织能力要求也有所提高。又因为足球的打法拥有着更多的变化，在比赛中，球队的进攻方式也更加多样化，能够从地面、空中及定位球等各个方面对对方的球门产生威胁，这也正是近年来经常提到的多点式进攻方式，从而能够制造出更多射门的机会。所以进攻手段与进攻手段之间也不再是独立存在的，而是相辅相成、紧密相关的，其通过队员之间的不同配合方式来实现远接近插、中前场二打一、后排插上与下底传中等方式及比赛中的个人突破和战术配合，从而使整个比赛节奏向着全面化的方向发展。

②技术型球队的控制打法

以巴塞罗那为代表，其主要倡导的控制型打法也逐渐被越来越多的球队所使用。在这种打法中，主要强调的是在球队的前、后卫之间进行大量、精确的传接球配合，从而尽可能地在比赛中获取更多的球权。这种控制打法的核心理念就是要求更多的队员进入对方半场，并通过精确的传接球配合将对方压制在防守三区之内，而继续在不断地传接球配合之中找寻对手失误的机会，再通过个人突破或短传配合的方式渗透到对方的防线之中并取得射门机会，而当没有发现良好的空档时则继续耐心地对球权保持控制。这种打法通常比较适用于技术型打法的队伍之中，对球队队员的配合默契性及个人技术都有着较高的要求。

③压缩空当的防守

足球赛场中的进攻与防守永远是两个对立的关系。由于在现代足球之中，通常都以多方位的方式进攻，使得球队的防守逐渐向着有机、轮转、逼迫式的方向发展，这也正是现代足球防守中的主要潮流。与以往派专人全场对对方球队核心人物盯防的方式不同，目前的防守方式更加节约队员的体能，且主要通过轮换盯人、及时协防与压缩进攻空间等方式完成防守任务，更强调防守过程中的团队配合，从而使球队的防守工作更具有生命力。最具有代表性的就是意大利队，他们曾通过严密的压迫式防守获取了一个又一个大赛的胜利，从而获得了"钢筋混凝土防线"的美誉。

④整体与个体的高度统一

整体性是球队中所有球员对于赛场指令进行实际运用的能力，要求球队应当在保证整体配合的同时对个人的能力进行全力发挥。在现代足球中，整体性的好坏也是衡量一个球队的重要因素。同时，在现代球队中，球员个人的攻防职责也逐渐加大，其主要特点就是球员个体由单一的职责转变成具有攻击与防守的双重职责。这就使得很难在比赛中对某一名球员的位置进行绝对的判定，同时也说明在现代足球中球队的战术打法、职责确认成了最为重要的战术安排。

二、足球运动员的总体特征

(一) 足球运动员的体能特征

随着现代足球全攻全守型打法的确立，比赛要求运动员不断地进行交叉换位、互相补位、随机策应和反复冲刺跑,在激烈对抗中快速完成技战术动作上百次,比赛强度非常大。一场比赛中球员的跑动距离在9~14千米,平均为10.8千米。在整场比赛中,球员的运动状态也是多种多样的,包括站立、走动(4千米/小时)、慢跑(8千米/小时)、低速跑(12千米/小时)、中速跑(16千米/小时)、高速跑(21千米/小时)、冲刺跑(30千米/小时)、后退跑(12千米/小时)等多种运动形式。其中,站立、走动、慢跑、低速跑和后退跑等以有氧供能为基础,在比赛中占大量比例的高速跑、冲刺跑以无氧供能为基础,虽然所占比例较小,但在足球比赛中却是十分重要的。因此,足球运动具有以有氧供能为基础,无氧供能为关键的供能特点。

足球运动员的体能应符合足球运动的特点,与足球运动员体能定义相适应。根据以上对足球运动员专项体能的定义和足球运动特点的研究,本书认为足球运动员"体能"具有以下特点。

1. 体能的特异性

足球体能具有与其他运动项目不同的特征。足球专项体能有明显的"间歇性"特征,即运动员各种强度的跑动伴随着不同时间的间歇。因此,不能简单照搬其他项目的体能训练方法,而是要通过专项特有的手段去发展符合足球运动特点的体能。其生物学机制在于,适应过程的专项特异性。适应性反应的专项特异性不仅表现在身体素质和植物性神经系统能力的发挥方面,而且表现在心理因素的发挥方面,特别是在完成紧张肌肉活动,又必须用意志来加强工作能力这一方面。此外,足球运动员需要全面均衡地发展有氧耐力和无氧耐力。足球运动员的专项体能是一个有序的开放系统,有氧耐力和无氧耐力是系统的主要组成部分,单方面地发展无氧耐力与有氧耐力必会使系统失衡,打乱运动员的体能系统有序运行,从而影响运动员的竞技状态。足球运动员体能的特异性还表现在心肺功能的差别,例如,刘爱玲在中国女足的一场比赛中,跑动距离5 000米左右,180次/分以上心率达到43分钟;而孙庆梅在同一场比赛中,跑动几乎同样距离,180次/分以上心率只有不到4分钟。

2. 体能的时间局限性

根据竞技状态的周期规律,最佳体能水平只能保持相应的时间,这就是体能的时间局限性。足球运动员体能的产生发展过程即是运动员有机体的应激和适应过程。在足球专项训练中存在着两种适应性反应,即急性但不稳定的与长久的相对稳定的。通过短期体能强化训练,刺激运动员机体产生急性适应性,但是,通过专项强化训练所获得的体能有极大的不稳定性。这是因为这种适应性反应是通过高强度的专项负荷产生的,是以超量恢复为其表现特征的,并不建立在各种器官、系统的肥大、变异的基础上,即生物学的形态改造上,这就导致体能存在着时间局限性。

3. 体能的不均衡性

体能的不均衡性是指各种体能素质不可能均衡发展,总有相对较强的运动素质,也有相对较弱的运动素质,各个运动素质在训练的不同时期也有强弱变化。这是因为:①任何肌肉活动都是依靠有机体的能量供应系保证的。每个供能系统的发展并不完全一致,并不整齐划一,因此,必然会产生总能量供给的波动状态。②球队是由多名运动员组成,每个运动员都有自己的生物节律、体能变化周期,而教练员训练计划的制订、手段方法的选择是以球队为单位,在全队进入较佳竞技状态时,也必然有个别运动员与全队状态不一致,没有达到最佳体能状态。教练员必须遵循这一规律调整运动员的状态,利用这一规律改进训练。

4. 体能的综合性

足球运动员体能的综合性主要表现在：

（1）足球运动员在比赛训练中体能外在表现是多因素综合作用的结果，如运动员保持长时间活动的能力不仅与运动员的有氧耐力有关，还与运动员的肌肉耐力、恢复能力、意志力有密不可分的关系。片面强调单一因素的作用，往往会陷入训练的误区。

（2）足球运动员的体能除受能量供应系统的影响外，如恢复手段、营养、心理等因素，都影响运动员的体能周期变化和外在表现。解决运动员的体能问题必须从多重因素出发，不仅仅解决肌肉问题，也要从意志品质等心理方面综合考虑，详细分析出现问题的原因，从综合治理入手。

5. 体能的应激性

内外环境的变化经常会引起运动员体能的变化。如一些球队在逆境中往往会表现出超常的体能，而有些球队在逆境中则发挥不出正常的体能水平。"大脑里个性品质的部位在最年轻、最复杂和最敏感的那一侧。这个部位对调节程序的区别率非常高。他与许多对疾病敏感的因素结合在一起。由于不同的应激局势以及通过大强度的足球训练和比赛可获得很高的运动能力，例如，来自应激激素像促肾上腺皮质素（ACTH）儿茶酚胺或神经肽的能力"。在许多情况下，体能表现出强烈的应激性，如受到外界的鼓舞、求胜的愿望、胜利的喜悦等。运动员比赛和训练中情绪变化也会对运动员的体能产生积极或消极的影响。运动员处在适宜的兴奋状态时机能能承受较大的比赛和训练负荷，而在紧张和情绪低落时则易感到疲劳。

6. 体能的实用性

足球运动属于同场对抗性项目。比赛中双方队员始终是在制约与反制约之间，进行面对面的较量。这种对抗性体现在身体的直接接触（接触的力量、速度、技巧），攻守技战术的制约，心理和智力的对抗，要求运动员能在对抗的过程中，保持"力"的运用恰当、头脑清晰、动作合理，有效地制约对方。因而，谁掌握了这个特性，谁就在比赛中掌握主动。

（二）足球运动员的形态特征

足球运动员的身体形态总体上为粗壮型，身材高大、壮实是高水平球队的一个明显特征。但不同地区、不同运动员之间的差异很大。因此，球队中运动员的身体形态的合理差异性是高水平球队的一个重要特点。从我国足球运动员的长度指标、体格指标和围度指标来看，我国优秀足球运动员的身体形态主要的特征表现为身材高大、体格健壮、肌肉细长并富有弹性、脂肪层薄、踝关节围度小、跟腱清晰和足弓高。

（三）足球运动员的机能特征

器官系统在活动中所表现出的能力大小是运动员体能的一个重要方面。前文所述，足球运动的身体机能可以从多个角度进行分类，如身体各器官系统、运动中的耗氧性质或有氧无氧与肌肉做功系统综合分类等。

1. 足球运动员有氧无氧混合供能特征

由于职业足球比赛中运动形式的复杂性，足球运动员的体能由多种机能能力综合完成。有氧供能与无氧供能是足球运动能量代谢的一个特点。足球比赛中混合供能的特点是有氧供能在量上占绝对优势，但在重要性上无氧供能明显。

2. 足球运动中有氧能力与无氧能力的对立、统一关系

有氧能力与无氧能力是对立统一的，关键是要能区别足球比赛中供能与做功的特殊规律。足球比赛中有氧能力并不排斥大量的无氧做功，这些无氧做功既是无氧能力的基础，也可纳入有氧能力的范畴。在此基础上，有氧与无氧能力既是对立的也是统一的。足球比赛的高强度、短间歇、短距离、高能耗的特点正是这种专项能力结构形成的基础，因此训练必须与之相一致。

（四）足球运动员的素质特征

1. 力量素质

在足球运动体能要求中，中枢神经系统发放冲动的强度与频率、肌肉生理横断面的面积、专项所需的肌纤维质量、肌肉群之间的协调关系和骨杠杆的机械效率，是决定力量素质的主要因素。采用中等负荷练习使肌肉较多地重复收缩，可促使该肌肉中的肌纤维增粗、收缩肌蛋白增多，从而增大肌肉生理横断面积。采用大负荷、快速率的练习，由于刺激强度大，运动中枢发放神经冲动的强度和频率高，能有效地使肌肉在短暂时间里发挥出较大力量。足球运动员既要有持续较长时间的耐力性力量，又要有在瞬间就能发挥出来的爆发力，所以要在全面提高红、白肌纤维质量的基础上，重视提高白肌纤维的质量。训练中，可根据采用不同负荷重量时参与活动的肌纤维也不相同的规律，进行有针对性的训练。当采用本人最大力量的1/2以上负荷时，参与活动的主要是白肌纤维；采用本人最大力量的1/4以下负荷时，参与活动的是红肌纤维。

2. 速度素质

足球运动员的速度素质训练应尽可能在模拟比赛情形、满足比赛需要的前提下，全面提高反应速度、位移速度和动作速度。

（1）反应速度训练

在足球运动中，反应速度起着十分重要的作用。反应速度取决于信号通过反射弧各环节所需的时间。中枢神经系统的机能水平越高，信号通过反射弧的速度就越快。训练中要经常利用突然发出的信号，提高运动员对简单信号（视觉、听觉信号等）的反应速度，或选择性练习（让运动员随着各种信号复杂程度的变化做出相应的应答动作）、采取移动目标练习（即运动员对移动目标迅速作出应答反应）来提高足球运动员中枢神经系统的机能水平。研究证明，肌肉处于紧张待发状态时，反应速度提高60%～70%。所以在足球训练中运动员必须集中注意力，做好思想准备，使肌肉处于相应的紧张状态。同时，进行反应速度训练必须同加强观察力训练密切结合起来，只有把提高视觉器官的机能与场上经常出现的情况结合起来进行反复练习，才能使足球专项所需的反应速度得到有效提高。

（2）动作速度训练

提高参与各种动作的肌肉爆发力和动作之间的衔接技术，是提高足球运动员动作速度的关键。只有通过力量训练和反复快速地完成各种技术练习，提高运动员有球和无球技术的熟练程度，才能在比赛中轻松自如、协调合理、快速准确地完成技术动作。除此之外，着重提高白肌纤维的体积和质量，增强肌肉的可塑性、可伸展性以及肌肉群内部和肌肉群间的协调性等，也有利于提高动作速度。总而言之，无论是发展位移速度还是发展动作速度，都需要遵循的基本原则是：用最大强度重复完成练习，要打破"速度障碍"建立快速的动力定型。

（3）位移速度训练

在足球比赛中，往往需要做5～7米的起动，冲跑一般在10～30米，并要随时改变方向以控制球和应付不断变化的情况，所以要求运动员必须掌握步频快、步幅小、重心低的奔跑技术；由于要大量的起动、急停、变向、变速、转身等动作，要求运动员具有出色的瞬间速度、加速度、角速度、最高速度和制动速度。因此，运动员必须发展较强的腿部、腰腹力量。由于足球运动员在快速奔跑中主要依靠非乳酸无氧代谢供能完成技术动作，因此提高运动员的非乳酸无氧供能能力及ATP再合成能力是保证高速完成动作的关键。训练时应多采用重复训练法，每次练习都要以最大强度进行，时间不宜超过10秒钟。

反应速度、动作速度和和位移速度之间几乎没有内在的联系，因此在发展速度素质时，既要提高动作速度和位移速度，同时还需要专门发展反应速度。

3. 耐力素质

（1）有氧耐力

良好的有氧耐力训练水平，不仅能充分利用机体内能源物质，还可使机体的摄氧、输氧、用氧能力得到提高，有利于较快消除非乳酸性和乳酸性氧债，起到延缓疲劳出现和加速机体恢复的重要作用。有氧耐力主要取决于以下几个因素。

①能源物质的储存。体内适宜的糖元和脂肪的储存量，能够为肌肉长时间工作源源不断地提供ATP所必需的能源。

②有氧代谢能力。主要由运动员摄氧、输氧和用氧能力所决定，其核心是心肌收缩力。

③肌肉、关节、韧带等支撑运动器官对长时间负荷的承受能力。

提高最大吸氧量对发展有氧耐力起着基础性作用。影响最大吸氧量的因素主要是输氧能力，输氧能力则主要取决于心肌收缩力。因此，有氧耐力训练的本质就是提高运动员的心肌收缩力。它的主要方法是练习速度控制在有氧代谢供能幅度之内的持续负荷法。一种是不间断匀速负荷法，另一种是变速负荷法。

（2）无氧耐力

在足球运动中，无氧代谢能力决定着运动员的无氧耐力水平。无氧代谢能力主要包括无氧糖酵解能力、机体组织抗乳酸能力、能源物质（主要是ATP和CP）的储备和支撑运动器官的功能。在足球比赛中，运动员有大量的快速冲刺跑，同时也有很多慢跑与走的运动，因此运动员需要具有良好的非乳酸无氧耐力。据相关研究表明，目前足球运动员体能的决定性限制因素并非球员的心肺功能，而是球员的肌肉耐力水平，特别是肌肉无氧耐力水平。所以重点发展足球运动员肌肉无氧耐力水平对提高运动员的体能是特别重要的。进行乳酸无氧耐力训练，多采用超负荷间歇训练。此种训练使运动员血乳酸维持在12毫克分子的高水平，使机体在训练中忍受较长时间的刺激，从而适应和提高乳酸耐受能力。在进行足球训练时，应采用本人最大强度进行1～2分钟持续练习，间歇时间应为练习时间的2～3倍。

4. 灵敏素质

所谓灵敏素质，是指运动员在各种复杂、变化的情况下，能随机应变，高度自如地迅速变化体位，及时而合理地转换动作，以适应动作需要的能力。灵敏素质对足球运动员有着特殊的意义，在激烈拼争的比赛中，如果缺乏灵敏素质或不能够做到快速、准确、协调与合理地变换体位的能力，是不会成为一名优秀运动员的。影响足球运动员灵敏素质水平的主要因素有以下几种。

(1) 中枢神经系统的灵活性

足球运动员在处理本人、球、同伴和对手关系时，能够巧妙、准确地把握好时间和空间，这一动作的选择与体位的合理变化，取决于大脑皮层的兴奋与抑制的灵活转化能力。

(2) 观察能力和反应速度

对足球运动员来说，良好的观察能力是其建立球场意识的基础，而反应速度则是运动员完成动作的前提。毫无疑问，良好的观察能力和较强的反应速度是灵敏素质极为重要的因素，运动员只有具备了此因素，才能有助于及时而有准备地采取相应动作。

(3) 运动技能的储备和熟练程度

在足球场上，运动员的灵敏性动作是由若干个动作技能完成的，其表现既无序又无规格。而运动技能又具有迁移性特征，不言而喻，运动员所储备的技能多且熟练，必然会增加大脑皮层的灵活性，进而促进灵敏水平的提高。

(4) 综合素质的能力

灵敏素质不只是单因素的体现，而且与力量、速度和柔韧等素质也具有密切的关系。只有后者诸因素的能力高度发展了，灵敏素质自然也会得到提高。

第二节　足球运动员基础体能训练方法

一、一般力量素质的训练

(一) 特点与训练要求

1. 特点

在足球运动中，力量素质是各项身体素质的基础，同时也是足球运动员掌握运动机能，提高运动成绩的基础。在现代足球比赛中，随着竞争的日趋激烈，不仅要求运动员要不断克服身体阻力和惯性，完成各种跑、跳、突破、急停、转身等动作，还要在快速和对抗中准确地完成踢球、盯球、运球、射门等技术动作。因此，力量素质已成为衡量足球运动员体能的重要指标之一。

20世纪70年代的有关研究表明，力量特别是速度力量，对足球运动员具有重要意义。速度力量与50米冲刺跑和弹跳力分别存在R＝0.63和R＝0.93的高度相关。20世纪80年代的大量研究不仅证明了这一结论，而且也进一步表明速度力量在高水平与低水平足球运动员之间存在着显著差异。除此之外，有关踢球能力与速度力量的研究结果表明，远距离射门、长传等能力不仅与技术水平有关，而且膝髋关节肌肉的快速屈伸力量也是必备的条件。

在足球比赛中，由于难以计数的有球和无球的爆发性动作，速度力量已成为评定高水平足球运动员体能训练的一项重要指标。

在现代足球运动中，运动员应具有的力量素质主要有以下几个方面的特点。

(1) 良好的快速力量和爆发力

在足球比赛中，要求运动员完成动作时既要有准确性，又要有突然性，如突停突起、突然变向、远射等。上述动作需要运动员在极短的时间内完成，因此，良好的爆发力和快速力量训练水平，是足球运动员专项力量素质的一个重要特点。

在足球运动中，以爆发力（以最快速度克服阻力的能力）为主的一种非周期性肌肉活动是足球运动员的力量特点。所谓爆发力，是指在最短的时间内发挥出尽可能大的力量的能力。如短距离快速起动加速跑、强有力的踢球、突然变向或转身、空中争顶或凌空倒勾射门等。由于足球运动员克服的球和肢体重力是恒定的，在完成各种有球及无球动作中，运动员实际需要的是在特定负荷条件下所表现出的最大动作速度力量和速度力量耐力。

对于一名优秀的足球运动员来说，肌肉的爆发性力量是必须发展的素质，特别是髋、膝、踝关节和腰腹部的屈伸力。研究表明，起动速度、弹跳力和踢球力量与这些肌肉的速度力量有直接的关系，而且在足球与非足球、一般运动员与优秀运动员之间存在着明显的差异。

（2）良好的力量耐力

在足球比赛中，由于运动员的运动距离长，完成动作次数多，消耗能量大，因此足球运动员常常要在较疲劳情况下不断地完成一定距离的快跑和冲刺跑后，再完成跳起争顶、合理冲撞、大力射门等力量性的动作。因此，没有良好的力量耐力训练水平很难保证在完成这些动作时取得良好的效果。

（3）发挥力量能力时的肌肉工作方式较复杂

足球运动员在发挥肌肉力量时常常是动力性力量和静力性力量相结合的。支撑脚的肌肉工作方式常常是退让性的静力性工作方式，而踢球脚的肌肉工作方式往往又是向心收缩的动力性工作方式。除此之外，在完成动作时主要以小肌肉群力量为主，如运球、颠球。而在远射、跳起争顶、合理冲撞时，则主要依靠大肌肉群工作。

（4）下肢力量和腰腹力量较为突出

在足球比赛中，运动员完成动作时主要依靠脚和头，手臂不能触球，因此手臂力量要求相对较低，而下肢力量和腰腹力量要求较强。

2. 要求

通过前面的内容我们可以了解到，肌肉生理横断面的面积、中枢神经系统发放冲动的强度与频率、专项所需的肌纤维质量、肌肉群之间的协调关系、骨杠杆的机械效率，是决定力量素质的主要因素。

采用大负荷、快速率的练习，由于刺激强度大，运动中枢发放神经冲动的强度和频率就高，就能有效地使肌肉在短暂时间里发挥出较大力量。

采用中等负荷练习使肌肉较多地重复收缩，可促使该肌肉中的肌纤维增粗、收缩肌蛋白增多，从而增大肌肉生理横断面积。

足球运动员在比赛中既要有持续较长时间的耐力性力量，又要有在瞬间就能发挥出来的爆发力，因此要在全面提高红、白肌纤维质量的基础上，重视提高白肌纤维的质量。所以，在实际的训练中，可根据采用不同负荷重量时参与活动的肌纤维也不相同的规律，进行有针对性的训练。

值得注意的是，在提高足球运动员力量素质的训练中，应根据运动员在比赛中的各种技术动作及其用力特点来选择恰当的训练方法，因此需要遵循以下几点要求。

（1）训练时须将速度放在首位

发展速度力量，要强调在快速的前提下逐步增加阻力，因此，宜采取阻力小、速度快为主的练习，伴以轻重结合、快慢交替的方式进行训练。发展速度力量耐力，同样也要注意动作速度，而且要在保证最大速度的前提下，增加阻力和重复次数，提高肌肉耐力。通过强调速度，可不断改善运动中枢的协调关系，使之建立快速的动力定型。加大阻力，一方面是增强神经冲动的传递，动员更多的肌纤维参与工作，使参与活动的肌纤维的百分比逐步加大，从而增强肌肉力量；另一方面是促使肌肉组织的代谢过程加强，使肌肉发生结构和机能上的变化。除此之外，足球训练过程中，发展速度力量素质训练的重要因素主要包括足球运动员承受负荷的大小、动作速度的快慢、重复次数的多少与间歇的长短。正确处理它们之间的辩证关系，对力量的增长作用很大。

应结合足球运动的用力特点，并根据不同对象、不同训练任务进行合理安排。一般安排如下：发展绝对力量，多采用负荷大、次数少、组数多的训练。发展快速力量，采用中等负荷、重复次数少、练习组数较多的方法。发展速度力量耐力，采用中小负荷、重复次数多、组数少的方法。

（2）要使参与运动的肌肉获得充分地锻炼

在足球运动的不同动作中，参与运动的肌肉也是各不相同的，只有在运动中起作用的肌肉得到充分锻炼，才会使训练收到预期的效果。足球运动中的动作很多，但不论哪一种动作都有一个对整个动作起决定性作用的关键环节。如正脚背大力射门，整个动作虽然比较复杂，但起决定作用的是摆动腿的前摆因此，应该着重围绕前摆，使参与这一动作的肌肉得到较好的锻炼，即有效地发展屈髋的髂腰肌、伸膝的股四头等肌肉的力量，从而增加正脚背射门的力量。

（3）练习手段的用力必须符合专项动作肌肉收缩时的支撑条件

在足球运动的不同动作中，由于肌肉收缩时的支撑条件不尽相同，因此，练习手段的选择也需要尽量考虑这一因素，是肌肉适应收缩时的"反射"条件。在足球训练中，一定要具体分析肌肉收缩时的支撑，使练习手段的用力尽可能与专项动作协调一致。如要增大正脚背射门的力量，就应该选择踢重球、大力踢球与踢拉橡皮筋等符合近固定的练习，而采用负重下蹲杠铃等练习，对提高摆动式踢球射门力量没有明显的效果。虽然两者主要都是发展伸膝的股四头肌的力量，但由于肌肉收缩时的支撑条件不同，动力定型也不同，因此收效也是大不相同的。

除此之外，在进行速度力量的训练过程中，运动员承受负荷的大小、动作速度的快慢、重复次数的多少及间歇的长短是发展速度力量素质训练的重要因素。正确处理它们之间的辩证关系，对力量的增长作用很大。应结合足球运动的用力特点，并根据不同对象、不同训练水平和不同训练任务合理安排。一般做如下安排：

发展快速力量，采用中等负荷、重复次数少、练习组数较多的方法。

发展绝对力量，多采用负荷大、次数少、组数多的训练。

发展速度力量耐力，采用中小负荷、重复次数多、组数少的方法。

在以上内容中，强调动作速度是最重要的。尤其是对一些按完整技术动作增加阻力的练习，如果不注意保持动作的最大速率，就容易形成慢的动力定型。根据当前力量训练的发展趋向，应注意通过发展肌肉速度和肌肉耐力的训练来增强力量，改变过去那种片面追求大力量训练的做法。

(二) 训练方法

1. 足球准备期力量素质的训练方法

提高全身力量水平和达到身体各个主要肌肉群的均衡发展，是足球运动员准备期力量训练的主要任务。一般力量素质训练的周训练负荷结构为，每周进行 3 次力量训练课，隔日安排力量训练。一般采取以下几种训练方法。

(1) 徒手下蹲跳（图 5-1）

训练目的：发展运动员大腿和小腿后部肌群的力量。

动作方法：直立，双臂胸前交叉，直背抬头，双脚以肩宽间距站立。下蹲至大腿上面与地面平行或更低，利用大腿力量尽量高地向上跳起。向下运动时呼气，向上运动时吸气，迅速下蹲。练习 2 组，每组重复次数为 15～30 次。

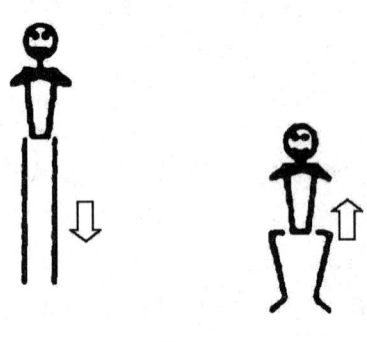

图 5-1

(2) 伸髋（图 5-2）

训练目的：发展运动员伸髋肌群的力量。

动作方法：面对滑轮阻力钢索站立，将一只脚的踝关节固定在阻力钢索上。一只手在体前扶住固定物体，一条腿直腿尽量远地向后上方向摆。背伸直，不要向前或后弯屈。向上运动时吸气，向下运动时呼气。练习 2 组，2 组每条腿各重复 15 次。

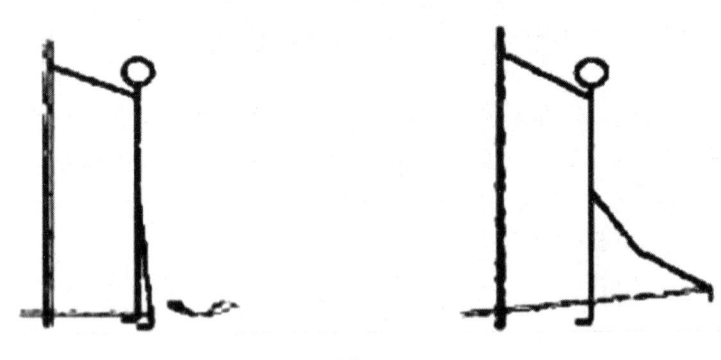

图 5-2

(3) 髋外展（图 5-3）

训练目的：发展运动员大腿外侧肌群的力量。

动作方法：侧对滑轮阻力钢索站立，将一只脚的踝关节固定在阻力钢索上。双手在体前腰部高度握住固定支撑物体。腿伸直，膝关节固定，练习腿外展侧摆。背伸直，不要向左或右晃动。腿外展时吸气，返回时呼气。练习2组，2组每条腿各重复15次。

图 5-3

（4）屈髋（图 5-4）

训练目的：发展运动员屈髋肌群的力量。

动作方法：背对滑轮阻力钢索站立，将一只脚的踝关节固定在阻力钢索上。双手在体前腰部高度握住固定支撑物体。腿伸直，膝关节固定，腿前摆至与地面平行。背伸直，不要向前或后弯屈。向上运动时吸气，向下运动时呼气。练习2组，2组每条腿各重复15次。

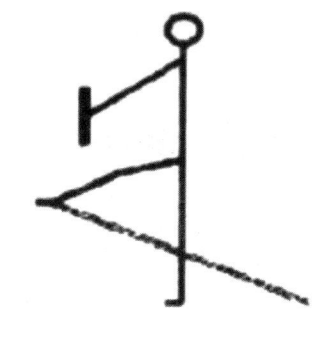

图 5-4

（5）斜板屈膝仰卧起坐（图 5-5）

训练目的：发展运动员腹肌上部的力量。

动作方法：在斜板上仰卧，双脚固定稳定身体，双膝屈45度，双手在头后，下颌贴胸。后仰上体直到腰部接触斜板。提起上体，重复练习，上体后仰时吸气，坐起时呼气。练习1～2组，每组重复25～40次。

图 5-5

(6) 伸背练习（图 5-6）

训练目的：发展运动员腰部肌群的力量。

动作方法：双脚固定，在鞍马或高长凳上以髋部为支撑点，成下屈躯干至与地面垂直的姿势。将双手交叉于头后部，伸背至躯干与地面成稍高于水平位置的姿势。提起上体时吸气，落下时呼气。练习3组，每组最多重复15次，否则增加负重。

图 5-6

(7) 仰卧屈臂头后拉杠铃（图 5-7）

训练目的：发展运动员胸上部和躯干肋间肌群的力量。

动作方法：在长凳上仰卧，头部伸出凳子，双腿并拢，双脚平放地面。把杠铃杆放在胸部与乳头成一线的部位，双手间距较窄，双肘尽量并拢。将杠铃沿贴近头部的半圆路线，向头部上方运动，尽量下降高度至地面。沿原运动路线将杠铃拉回胸部位置，完成系列动作。开始动作时吸气，完成时呼气。练习4组，4组重复次数分别为12、10、10、8次。

图 5-7

(8) 窄握下压（图 5-8）

训练目的：发展运动员肱三头肌外侧的力量。

动作方法：在练习器械前直立抬头，双手掌心向下以较小间距握住阻力钢索的把手横杠。提起上臂至体侧并保持这个姿势，使用前臂沿半圆路线下压把手横杠。下压时吸气，上抬时呼气。练习2组，2组重复次数为12～10次。

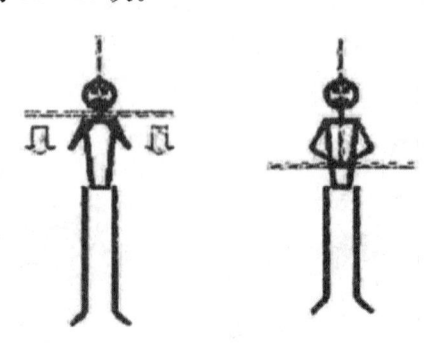

图 5-8

(9) 宽握引体向上（图5-9）

训练目的：发展运动员躯干两侧肌群的力量。

动作方法：双手掌心对前方，以较宽间距直臂握住头上单杠使身体悬垂。向上拉引身体，力图使下颌接触单杠，返回开始姿势。拉引身体时吸气，下降时呼气。练习3组，每组最多重复10次，否则增加负重。

图 5-9

(10) 高提杠铃（图5-10）

训练目的：发展运动员三角肌前部和斜方肌的力量。

动作方法：直立抬头，伸直双臂将杠铃贴在大腿前部。双手间距约一肩半宽，掌心向下握住杠铃。上提杠铃到下颌部位，肘关节外展，在两侧上提到耳朵高度。到达最高处停顿片刻，再下降杠铃恢复开始姿势。上提时吸气，下降时呼气。练习3组，3组重复次数分别为12、10、8次。

图 5-10

2. 足球比赛期力量素质的训练方法

对于足球运动员来说，保持在准备期达到的全身力量能力和身体各个主要肌肉群的均衡发展水平，是比赛期力量素质训练的主要任务。其周训练负荷结构一般为：每周进行2次力量训练课，隔1~2日安排力量训练，比赛前2日休息。一般采取以下几种训练方法。

(1) 高踏板坐蹬腿（图5-11）

训练目的：发展运动员大腿上部肌群的力量。

动作方法：在腿部力量练习器上坐下，双脚蹬在较高位置的踏板上，大腿几乎垂直于地面。双手扶在臀部下方的扶手上，双膝略外展，蹬踏板伸直双腿。蹬伸时呼气，收腿时吸气。练习3

组，重复次数分别为 12、12、10 次。

图 5-11

（2）低踏板坐脚掌推（图 5-12）

训练目的：发展运动员小腿后部肌群的力量。

动作方法：在腿部力量练习器上坐下，双脚蹬在较低位置的踏板上。双手扶在臀部下方的扶手上，伸直双腿，用前脚掌前推踏板。前推时吸气，后退时呼气。练习 3 组，每组重复 20~25 次。

图 5-12

（3）臂撑起（图 5-13）

训练目的：发展运动员胸部肌群和肱三头肌的力量。

动作方法：双臂在双杠上悬空撑起身体，双臂和双腿伸直，肘关节向内。肩和肘关节屈曲下降身体到最低位置，稍停顿再伸直双臂撑起身体。返回开始姿势，重复练习。下降时吸气，上撑时呼气。练习 2 组，每组重复次数最多 12 次，否则附加重量。

图 5-13

（4）垫高小腿仰卧起坐（图 5-14）

训练目的：发展运动员腹肌上部的力量。

动作方法：仰卧将小腿放在长凳上，大腿与身体成 45 度夹角。将双手交叉于头后部，尽量高地提起上体。提起上体时呼气，落下时吸气。如加大难度，可在躯干适当负重，练习 1 组，重复次数 25~50 次。

图 5-14

(5) 挺举（图 5-15）

训练目的：发展运动员腿部、背部向上拉引和支撑力量。

动作方法：将杠铃放在地面上，双手以肩宽为间距握住杠铃杆。由下蹲姿势开始，腿、髋发力尽量向上提拉杠铃，上拉动作过程中脚跟尽量提起。当杠铃接近胸上部时降低身体重心，翻肩、翻腕支撑，固定杠铃在胸上部。身体成直立姿势，略微下蹲快速上举杠铃，双腿成弓箭步，直臂支撑杠铃。再成直立姿势支撑杠铃，然后返回开始姿势。练习2组，2组重复次数10～8次。

图 5-15

(6) 桥形练习（图 5-16）

训练目的：发展运动员颈部前面、两侧和后部肌群的力量。

动作方法：跪地把头顶放在垫子上，双臂在胸前交叉，提起身体中部形成金字塔姿势。双腿尽量伸直，所有身体重量分布在头部和双脚。前后滚动头顶，使头部承受更大重量，然后左右滚动头顶。转动身体，使胸部和身体中部向上。重复前后滚动头顶，使头部承受更大重量，然后左右滚动头顶。练习1～2组，每组重复5～15次。

图 5-16

二、一般速度素质的训练

所谓速度，是指人体对各种刺激反应的快慢，或者在单位时间内移动某一段距离或完成某一动作的能力。对于足球运动员来说，速度素质是身体素质训练中的一个特殊且重要的部分，它是足球运动员基本素质之一。当前，随着足球比赛速度的加快，对足球运动员的快速能力要求也愈来愈高。在某种程度上，良好的速度是比赛中取得时间和空间优势的重要因素，往往能体现出个人或整队进攻的威胁性和防守的可靠性，所以速度日渐成为攻守战术能否奏效的决定性因素。

近年来，世界上一些优秀足球队都把速度素质作为挑选和衡量运动员的主要指标。一般来说，足球运动员的速度素质主要包括三种，即反应速度、位移速度和动作速度。

（一）特点与训练要求

1. 特点

（1）足球运动员的反应速度与特点

所谓反应速度，是指单位时间内运动员对球、队员、场区等刺激的应答能力。在足球比赛中，运动员往往在事先无准备或准备不足的条件下，主要通过视觉感受器接受各种刺激（如各种不同性质的来球、瞬间出现的空当等），然后根据本队、本人技术和战术的需要，经过瞬间复杂的思维、判断，迅速采取行动。在整个反应过程中，不仅时间非常短促，而且运动员所遇到的情况也非常复杂。

（2）足球运动员的位移速度与特点

所谓位移速度，是指运动员在单位时间内的位移距离。

在足球比赛中，运动员往往根据来球状况和战术需要进行移动。运动员移动方向随机多变，移动距离长短不一，一般5~10米移动占85%~90%。移动形式也无一定规律，有直线、曲线、弧线、折线，同时还交替着快、慢与走、停、跳跃、后退、侧跨等多种复合形式。

（3）足球运动员的动作速度及特点

所谓动作速度，是指运动员在单位时间内完成动作的幅度和数量。

在快速奔跑中，足球运动员要随时完成各种有球和无球动作，加之心理负担较重，因而动作节奏性较弱、应变性较强。完成动作时身体重心较低，肌肉常处于十分紧张的状态。

2. 要求

足球运动员的速度素质训练应在尽可能模拟比赛情形、满足比赛需要的前提下，全面提高反应速度位移速度和动作速度。

（1）反应速度训练的要求

信号通过反射弧各环节所需的时间，决定了运动员的反应速度。中枢神经系统的机能水平越高，信号通过反射弧的速度就越快。在足球速度素质的训练中，要经常利用突然发出的信号，提高运动员对简单信号（视觉、听觉信号等）的反应速度，或采取移动目标练习（即运动员对移动目标迅速作出应答反应）、选择性练习（让运动员随着各种信号复杂程度的变化做出相应的应答动作）来提高运动员中枢神经系统的机能水平。

研究证明，肌肉处于紧张待发状态要比放松状态时反应速度提高60%~70%。所以训练中必须集中注意力、思想有准备，使肌肉处于相应的紧张状态。

此外，进行足球反应速度的训练，还必须同加强观察力训练密切结合起来。只有把提高视觉器官的机能与场上经常出现的情况结合起来进行反复练习，才能有效地提高足球专项所需的反应速度。

（2）位移速度训练的要求

由于足球比赛中常做5～7米的起动，冲跑一般在10～30米，并要随时改变方向以控制球和应付突然变化的情况，所以要求运动员必须掌握步频快、步幅小、重心低的奔跑技术；由于要做大量的起动、急停、变向、变速、转身等动作，要求运动员具有出色的瞬时速度、角速度、加速度、最高速度和制动速度。因此，腿部、腰腹力量是足球运动员必须要着重发展的部位。

由于足球运动员在快速奔跑中主要依靠非乳酸无氧代谢供能完成各种技术动作，所以提高运动员的非乳酸无氧供能能力及ATP再合成能力是保证全场高速完成动作的关键。因此，训练时必须使运动员的神经系统在一定范围内处于最兴奋状态，运动员要用最大积极性，进行最大强度的重复练习，有效刺激和提高中枢神经兴奋与抑制的转换能力。在进行最大强度重复练习时，为保证每次练习运动员神经系统和能量供应均处于最佳状态，要严格控制好间歇时间。一般每进行10秒疾跑，间歇时间为30秒，组间歇为6～8分钟。

除此之外，在进行训练时，还应创造一定的充分条件来突破"速度障碍"。如下坡跑、借助外力的牵引跑，以促进运动员有效地建立更快的"动力定型"，达到破坏或削弱"速度障碍"的目的；同时注意发展和提高运动员"三蹬"的爆发力。足球运动员在位移过程中常呈现出多变性和无规律性的特点，因此除重视后蹬跑之外，还应重视侧蹬和前蹬的爆发力。在速度素质训练中，可采用单腿侧蹬跳（跑）击掌转身跑、各种追逐球跑等。

（3）动作速度训练的要求

提高足球运动员的动作速度，主要在于提高参与各种动作的肌肉爆发力和动作之间的衔接技术。只有通过力量训练和反复快速地完成各种技术练习，提高运动员有球和无球技术的熟练程度，才能在比赛中轻松自如、协调合理、快速准确地完成技术动作。此外，着重提高白肌纤维的体积和质量，增强肌肉的可塑性、可伸展性及肌肉群内部和肌肉群间的协调性等，也有利于提高动作速度。

总而言之，不论发展位移速度或动作速度，都要遵循如下原则，即用最大强度重复完成练习，打破"速度障碍"建立快速的动力定型。

反应速度与位移速度、动作速度之间几乎没有内在联系，因此在进行速度素质训练时，既要提高位移速度和动作速度，又要专门发展反应速度。

（二）训练方法

1. 进行10～30米的各种姿势的起跑训练。采用站立式、蹲踞式、侧身式、背向站立、坐地、坐地转身、俯卧、仰卧、滚翻后、原地跳跃（模仿跳起顶球动作）等姿势做起跑练习。

2. 在活动情况下进行5～10米的突然起动练习。在小步跑、慢跑、高抬腿跑、侧身跑、颠球、顶球、传球等情况下，快速起动跑。

以上两种练习以视觉信号（如手势、球等）为宜，以提高反应速度和起动速度。

3. 做全速、变向、变速运球跑练习。

4. 60～80～100 米的全速跑、加速跑、提高位移速度。

5. 追球射门，要求两名队员为一组，可分为若干组在中圈外的中线两侧站好，利用两球门同时练习，球集中于中圈教练员脚下。当教练员将球向一个球门方向踢出时，两翼队员快速起动追球射门，要求未控球队员必须紧追持球队员，并在持球队员射门后向前跑至球门线处，以利于发展速度和加强补门意识。

6. 提高动作速度的训练

（1）规定最高速度指标的练习，如在教练员限定的时间内快速完成传—接—传，运—传—接—射门等动作，以建立快速动力定型。

（2）提高肌肉感觉的快速精确分析机能练习，两人或多人一组，在连续奔跑中完成同一传接球练习。

（3）加大训练的密度，如在较小场地内做 2 对 2、3 对 3 的传抢练习。

7. 利用快速小步跑、高抬腿跑、下肢跑和牵引跑等练习，促使运动员突破"速度障碍"，提高位移速度。

8. 在快速跑中看教练员手势，或抛球等信号，做急停、转身、跳跃、翻滚以及变向等动作。

9. 采用后蹬跑、单腿侧蹬跑、短距离转身跑、各种追逐球跑等，发展爆发力。

10. 在长约 20 米的距离内，设置不同距离间隔和有方向变化的标杆或锥体，让队员以尽可能快的速度做绕杆跑，发展队员绕过对手的快跑能力。

三、一般耐力素质的训练

（一）特点与训练要求

1. 特点

所谓耐力，是指人体保持长时间运动的能力，或叫做抗疲劳和疲劳后迅速消除的能力。一场高水平的足球赛，平均每名足球队员需跑动 8 000～12 000 米的距离（其中冲刺快跑约 2 000 米），在激烈对抗中快速完成技术和战术动作数百次，这需要运动员有很高的耐力水平。对足球运动员的无氧代谢和有氧代谢供能的要求非常高。在 90～120 分钟内，运动员如果没有良好的耐力，就会导致体力、脑力、感觉、情绪诸方面身体机能的下降，错误动作增多，不能充分发挥自身的技术和战术水平。

关于运动员耐力的分类，从当今国内外足球训练理论和生理学的研究成果来看，通常将其分为一般耐力（有氧耐力）和专项耐力（无氧耐力），即把足球场上所表现的中小强度奔跑及相应的肌肉活动归为有氧耐力，把大强度连续反复快跑及伴随的肌肉活动列为无氧耐力。

在足球比赛中，运动员的活动形式主要有两种：一种是进行适当强度的延续到整个比赛时间的有氧代谢运动。在负荷强度下降时，氧开始与肌肉中的糖、自由脂肪酸结合，再生成大量的 ATP 供给肌肉活动需要。另一种是以最大强度进行，每次持续 6～9 秒的无氧代谢运动（如快速起动、全速跑、冲刺跑等）。最大强度运动靠肌肉内 ATP、CP 快速分解供能，而肌肉内 ATP 和 CP 含量有限，供能时间最多不超过 10 秒。因此，足球运动员在进行一定时间的（最）大强度活动后必须换以中小强度活动来交替间歇，以恢复肌肉再次（最）大强度活动的能量供应。所以说，足球运动员的专项耐力是建立在冲刺快跑时的高能磷化物（ATP、CP）的无氧分解和主要在间歇时有氧再合成的供能基础上的。它是一种非周期性不规则的、有氧与无氧混合供能、大小强度和快慢速度交替的速度耐力,其中短距离反复冲刺跑是最突出的速度耐力训练方法。

2. 要求

(1) 足球无氧耐力的基本要求

在耐力素质训练中,足球运动员的无氧代谢能力(即无氧糖酵解能力)决定着其无氧耐力水平,机体组织抗乳酸能力,能源物质(主要是ATP和CP)的储备和支撑运动器官的功能。最大强度的运动在开始的8～10秒内,所用的能量都由ATP、CP分解供给,其分解后不产生乳酸,称为非乳酸无氧耐力。一场足球比赛中,运动员5～15米的快跑冲刺占80%～90%,比赛中快跑冲刺和慢跑与走的时间比约为1∶7～14,因此运动员需要具有良好的非乳酸无氧耐力。

研究发现,目前足球运动员的肌肉耐力水平,特别是肌肉无氧耐力水平,决定着足球运动员的体能水平,因此,重点发展足球运动员肌肉无氧耐力水平对提高运动员的体能特别重要。发展非乳酸无氧耐力,采用高强度小间歇的练习原则较为流行,间歇训练法是主要训练方法,一般采用多组数的短距离(10、30、50米)冲刺跑,并控制间歇时间的大强度训练,以提高ATP和CP的快速分解、合成能力。

除此之外,随着足球全攻全守打法的日臻完善,运动员的职能也更加全面,比赛中运动员常处于连续冲刺状态,所以运动员乳酸无氧耐力的重要性也更为突出。所谓乳酸无氧耐力,是在大强度运动超过10秒以后主要靠机体内糖元大量无氧酵解供能,乳酸是其最终产物。其中糖酵解系统供能在30～60秒达到最大速率,可持续供能2～3分钟。

(2) 足球有氧耐力的基本要求

无氧以有氧为基础,良好的有氧耐力训练水平,不仅能充分利用机体内的能源物质,还可使机体的摄氧、输氧、用氧能力得到提高,有利于较快消除非乳酸和乳酸氧,起到延缓疲劳出现和加速机体恢复的重要作用。

在耐力素质训练中,最大吸氧量是足球运动员发展有氧耐力首先要进行的训练。输氧能力是影响最大吸氧量的主要因素,输氧能力则主要取决于心肌收缩力。因此,有氧耐力训练的本质就是提高运动员的心肌收缩力,它的主要方法是练习速度控制在有氧代谢供能幅度之内的持续负荷法,即通过较长距离的跑和长时间的练习来提高心血管系统的机能和机体能量的储备能力。

一般来说,发展足球运动员的有氧耐力方法有两种,即不间断匀速负荷法和变速负荷法。其中,不间断匀速负荷法是指采用本人最大强度的70%左右持续跑,可提高肌肉中肌红蛋白含量和肌糖元的储量、改善糖和脂肪的供能调节能力。这是发展足球运动员有氧耐力的一种重要方法。变速负荷法是指让运动员按本人最大强度的70%～85%,心率达160次/分钟的标准做练习,然后转入慢跑恢复期,当心率降至120次/分钟左右时,再做下一组练习。

目前,一些专家普遍认为,有氧耐力训练应在无氧阈或接近无氧阈强度时效果最好。这种训练可刺激乳酸增加和排除率,而运动员体内又不产生酸中毒,能维持较长时间训练,无氧阈训练有助于提高有氧代谢系统能力的超负荷强度,是当前发展有氧耐力运用较多的一种训练模式。训练时应先确定每名运动员的无氧阈值,然后采用无氧阈速度的80%、85%、90%分别进行不间断的匀速跑。研究表明,有氧耐力的训练强度应达到最大负荷强度的70%,摄氧量应达到最大摄氧量的75%，这样才能使训练真正符合实际比赛的需要。

有氧耐力专项练习可以在基本技术或战术的练习中组织安排，如长时间活动中传接球练习，运带球练习等都可促使有氧耐力在基本技术练习的同时得到发展，只要练习的时间、强度遵循有氧耐力发展的基本原则，任何练习形式都可以改善有氧耐力。

（二）训练方法

提高运动员的摄氧、输氧及用氧能力，保持体内适宜糖元和脂肪的储存量，以及提高肌肉、关节、韧带等运动器官对长时间负荷的承受能力，是提高足球运动员一般耐力的基本途径。

1. 肌肉耐力训练

肌肉耐力练习的内容与力量练习大致相同，只是负荷的强度较小，练习持续的时间、反复次数要长和多。

（1）仰卧起坐

仰卧两手抱头起坐，连续做50次为一组。起坐时要快，仰卧时要缓和，连续不间断进行。也可在起坐同时两腿屈膝上抬，收腹。

（2）连续引体向上或屈臂伸

连续在单杠上做引体向上或双杠上做屈臂伸。每组20～30次，4～6组。

（3）收腹举腿静力练习

在双杠、吊环或垫上做收腹举腿（直角支撑）动作，每次静止1～2分钟。静止时躯干与大腿间的夹角不能大于100度，静止时间由30秒开始，逐渐增加。

（4）俯卧撑或俯卧撑移动

在垫上连续做俯卧撑30次为一组，4～6组，或成屈臂俯卧撑姿势，用双臂双脚力量左右移动，每组20～30次，4～5组。俯卧撑时身体要保持伸直。移动时始终保持屈臂俯卧撑姿势。

（5）1分钟立卧撑

由直立姿势开始，下蹲两手撑地，伸直腿成俯撑，然后收腿成蹲撑，再还原成直立。

（6）连续半蹲跑

成半蹲姿势，向前跑进50～70米，不规定速度，走回来时尽量放松。

（7）连续深蹲跳

原地分腿站立，连续做原地深蹲跳起或在草地上向前深蹲跳。要求落地即起。

（8）连续跑台阶

在高20厘米的楼梯或高50厘米的看台上，连续跑30～50步。跑20厘米高的楼梯，每步跑2级。要求动作不能间断，但不规定时间，向下走时尽量放松，心率恢复到100次/分钟时可开始下一次练习。

（9）重复爬坡跑

在15度的斜坡道或15～20度的山坡上进行上坡跑，重复5次或更多，跑距250米或更多。

（10）连续换腿跳平台

平台高度30～45厘米，单脚放在平台上，另一脚在地上支撑，两脚交替跳上平台各30～50次。要求两臂协调配合，上体正直。

(11) 后蹬跑

做后蹬跑，每次 100～150 米，或负重后蹬跑，60～80 米。

(12) 沙滩跑

在沙滩上做快慢交替自由跑，每组 500～1 000 米，也可穿沙背心跑，速度变化和要求可因人制宜。

(13) 逆风跑或负重耐力跑

遇随风天气（风力不超过五级）可在场地或公路上做持续长距离逆风跑，也可做 1 000 米以上的重复跑。

(14) 原地间歇高抬腿跑

原地或前支撑做高抬腿跑练习。要求动作规范，不要求时间，但动作要不间断地完成。

(15) 长距离多级跳

在跑道上做多级跳，每组跳 80～100 米，约 30～40 次 3～5 组，组间歇 5 分钟。如果规定完成时间，强度会大大提高，注意组间的恢复情况。

(16) 沙地负重走

沙滩上，肩负杠铃杆，或背人做负重走。

(17) 沙地后蹬跑或跨步跳

沙滩或沙地上做后蹬跑或跨步跳，每组后距跑 80～100 米。

(18) 半蹲连续跳

在草地上做连续向前双脚跳，落地成半蹲，落地后迅速进行第二次。

(19) 负重连续转跳

肩负杠铃杆等轻器械做连续原地轻跳或提踵练习。

(20) 水中支撑高抬腿

在 40～50 厘米深的浅水池中，两手扶池壁前倾支撑做高抬腿练习，每组 50 次。也可在水中行进间后蹬跑穿插进行。

(21) 连续跳推举

原地蹲立，双手握杠铃杆，提铃至胸后，连续做跳推举杠铃杆。

(22) 连续跳实心球

面对实心球站立，双脚正面跳过球后，迅速背对球跳回。往返连续跳。

(23) 连续跳深

站在 60～80 厘米高的台阶或跳箱上双脚向下跳，落地后迅速接着向上跳上 30～50 厘米高的台阶或跳箱上。

(24) 连续反复传接实心球

用实心球做篮球传接球练习。可选用 1～2 千克实心球。

(25) 双杠支撑连续摆动

双杠上直臂支撑，以肩为轴做摆动，每组 40 次，4～5 组。前后摆两腿要摆出杠面水平，两腿并拢、伸展。

(26) 划船练习

水中划小船，每次 10 分钟。可采用单桨和双桨交替进行。规定 10 分钟内划出去的距离。

（27）跳连环马

10～15人，间隔2米成纵队，每人俯背拖腿成"人马"，排尾开始连续跳过人马至排头即加入"人马"行列。

（28）手倒立

独立完成手倒立或对墙做或在帮助下完成。

（29）吊环悬垂摆体

握环成悬垂，做向前向后的悬垂摆体。摆动时身体保持直立，摆动幅度越大越好。

（30）半蹲静力练习

躯干伸直，屈膝约90度成半蹲姿势后静止30秒至1分钟。每次练习结束要放松肌肉，做些按摩摆腿或放松跑活动。

（31）拉胶皮带

结合专项练习或专门练习做连续拉胶皮带练习。如拉胶皮带扩胸、或拉胶皮带作支撑高抬腿等。根据练习的用力程度及运动员水平决定强度和次数。

（32）双杠支撑前进

双杠上直臂支撑，两臂交替前移。两臂各前移5次才返回。

（33）爬绳

两手握绳，依次连续捣手向上攀爬。下滑时可用脚协助，不限完成时间。

（34）攀爬横梯

两手握横梯横木，依次捣手攀爬前进。每组捣手20次。

2. 有氧耐力训练

（1）定时走

按规定的时间在场地、公路或其他自然环境中做自然走或稍快些的自然走训练。一般走30分钟左右。

（2）定时跑

在场地、公路或树林中做10～20分钟或更长时间的定时跑训练。

（3）定时定距跑

在场地或公路上做定时跑完固定距离的训练。如要求在14～20分钟内跑3 00～4 600米。

（4）变速跑

在场地上进行。慢跑段、快跑段距离也根据专项任务和要求进行决定。一般常以400米、600米、800米、1 000米等段落进行。例如，中距离跑运动员常用200米慢跑、400米快跑的变速或200～400米慢跑、600米快跑等变速进行训练。

（5）重复跑

在跑道上进行，重复跑的距离、次数与强度也应根据专项任务与要求而定。发展有氧耐力重复跑强度不应大，跑距应较长些。一般重复跑距为600米、800米、1 000米、1 200米等。

（6）越野跑

在公路、树林、草地、山坡等场地进行。距离要求，一般在4 000米以上，多可达10 000～20 000米。

（7）法特莱克跑

在场地、田野、公路上进行，自由变速的越野跑或越野性游戏。最好在公园、树林中进行，约 30 分钟左右，也可更长些时间。

（8）登山游戏或比赛

在山脚下听口令起动，规定山上终点的标记，可以自选路线登山或规定路线登山，可进行登山比赛或途中安排些游戏，如埋些"地雷"，规定各队要找出几个"地雷"后集体到达终点，早者为胜等。

（9）水中快走或大步走

在深 30～40 厘米的浅水池中，做快速走或大步走练习，每组 200～300 米或 100～150 步，4～5 组。

（10）连续踩水

在游泳池深水区，手臂露出水面做踩水练习。也可以要求肩部露出水面，加大难度。

（11）水中定时游

不规定游泳姿势及速度，规定在水中游一定的时间，如不间断地游 15 分钟，20 分钟等。要求不间断地游。

（12）沙地连续走或负重走

海滩沙地徒手快走或负重（杠铃杆或背人）走。徒手快走每组 400～800 米，负重走每组 200 米。

（13）3 分钟以上跳绳或跳绳跑

在跑道上做两臂正摇原地跳绳 3 分钟或跳绳跑 2 分钟。要求每次结束时，心率在 140～150 次/分钟，恢复至 120 次/分钟以下开始下一次练习。

（14）5 分钟以上的循环练习

根据专项选择 8～10 个练习，组成一套循环练习，反复循环进行 5 分钟以上。

（15）长时间划船

连续不间断地进行 20 分钟以上的划船。

四、一般柔韧素质的训练

（一）特点与训练要求

1. 特点

所谓柔韧素质，是指人体各关节活动的幅度，即肌肉和韧带的伸展能力。足球比赛中，由于运动员的身体常处于不规则的活动中，运动员动作幅度大且用力突然，所以对运动员柔韧素质具有很高的要求。

足球运动员柔韧性的特点集中在踝关节上，其主要是以扩大踝关节背伸（向下绷脚尖）和屈曲（向上勾脚尖）以及绕环的幅度为重点；在膝关节主要是加大小腿向后屈曲程度为重点；在髋关节主要是加大髋关节屈伸、内收外展及绕环的运动幅度为重点，辅之以腰腹部肌肉的伸展性。

在现代足球比赛中，因运动员的身体和球常处于一种不规则的活动状况，因此运动员经常要做一些速度快、幅度大、用力突然的动作，如抬脚到一定高度接空中球、运球过人、倒地铲抢时的身体晃动、凌空倒勾射门等，这就对运动员的柔韧素质提出了较高要求。

足球运动员的柔韧素质，突出表现在足球运动所特殊需要的踝、膝、腰、髋关节活动幅度及下肢肌肉和韧带的伸展能力上。它对于足球运动员掌握和提高技术动作（尤其是高难度技术动作）、避免运动创伤和发展其他身体素质都有重要的作用。

2. 要求

通过上面的介绍我们知道，髋、膝、踝等关节的韧带、肌腱、肌肉和皮肤的伸展性，以及神经系统支配骨骼肌的机能等，是影响人体柔韧性的主要因素。柔韧素质的发展，不仅取决于肌肉、韧带和关节结构的改善，还取决于中枢神经系统调节对抗肌的协调性及肌肉紧张和放松的能力。为此，在进行足球柔韧素质的训练时，必须遵循以下要求。

（1）随着年龄的增长，身体的柔韧性会逐渐下降，足球运动员为了保持或提高柔韧性水平，应该定期进行柔韧性的训练。由于足球运动的特点，其活动部位主要表现在腰、腹、髋、膝、踝关节上，柔韧训练不仅注重改善关节的肌腱、肌肉和韧带结构和弹性，还须提高中枢神经系统调节用力时相互对抗肌肉之间的"松""紧"协调性。

（2）一般来说，柔韧的训练方法有两种，即静力拉伸法和动力拉伸法。

①静力拉伸法

所谓静力拉伸法，是指通过缓慢的动作将肌肉、韧带等软组织拉长。拉到一定的程度后静止不动。拉伸的幅度和力量以运动员自身的承受能力为限，并保持8～10秒，反复练习8～10次。节省能源，减少超关节伸展能力的危险性，不激发牵张反射，是静力拉伸法的主要特点。

②动力拉伸法

所谓动力拉伸法，是指做速度较快，多次重复，有节奏的同一种动作的拉伸练习。动力拉伸练习引起的是肌肉牵张反射，肌纤维被暂时拉长，其特点是拉伸幅度逐渐增大，激发牵拉反射，可达到静力拉伸所达不到的限度。但如果过度牵拉肌纤维，就会导致肌纤维受损造成肌肉弹性丧失。因此，进行动力拉伸练习应控制在15～25次，每个练习7～8组。

（二）训练方法

1. 腿部柔韧性训练方法

（1）跪坐压脚面。

（2）压腿。将脚放在一定高度上，另一腿站立脚尖朝前，然后正压（勾脚）、侧压、后压。

（3）弓箭步压腿。

（4）踢腿。原地扶把杆或行进，正踢（勾脚）、侧踢、后踢。

（5）摆腿。向内、向外摆腿。

（6）前后劈腿。可独立前后振压，也可以将腿部垫高，由同伴帮助下压。

（7）左右劈腿。练习者仰卧在垫子上，屈腿或直腿都可以，由同伴扶腿部不断下压。

（8）控腿。手扶支撑物体，前控、侧控、后控。

（9）在特制不同形状的练习器上练习脚腕不同方位的柔韧（特制练习器械见弹跳力部分）性。

（10）负重深蹲，脚跟不离地使脚尽量弯曲。

2. 手指手腕柔韧性训练方法
（1）握拳、伸展反复练习。
（2）手腕屈伸、绕环。
（3）两手五指交叉直臂头上翻腕，掌心朝上。
（4）用左手掌心压右手四指，连续推压。
（5）两手五指相触用力内压，使指根与手掌背向成直角或小于直角。
（6）左、右手指交替抓下落的棒球（或小铅球）。

3. 腰腹部柔韧性训练方法
（1）向后甩腰练习。
（2）弓箭步转腰压腿。
（3）体前屈手握脚踝，尽量使头、胸、腹与腿相贴。
（4）站在一定高度上作体前屈，手触地面。
（5）两脚前后开立，向左后转，向右后转，来回转腰。
（6）分腿坐，脚高位体前屈，帮助者可适当用力压其背部助力压。
（7）肩肘倒立下落成屈体肩肘撑。
（8）分腿体前屈，双手从腿中间后伸。
（9）后桥练习，逐渐缩小手与脚距。
（10）双人背向，双手头上握或互挽臂互相背。

4. 肩关节柔韧性训练方法
（1）压肩
①手扶一定高度体前屈压肩。
②面向墙一脚距离站立，手、大小臂、胸触墙压肩（逐渐加大脚与墙的距离）。
③双人手扶对方肩，体前屈直臂压肩。
④两人互相以手搭肩，身体前倾，向下有节奏地肩压。
（2）拉肩
①双人背向两手头上拉住，同时作弓箭步前拉。
②练习者站立，两手头上握住，帮助者一手拉练习者头上手，一手顶背助力拉。
③练习者俯卧，两手相握头上举或两手握木棍，帮助者坐练习者身上，一手拉木棍，一手顶其背助力拉。
④侧向肋木，一手上握一手下握肋木向侧拉。
⑤背对肋木坐，双手头上握肋木，以脚为支点，挺胸腹前拉起成反弓型
⑥背向肋木站，双手反握肋木，下蹲下拉肩。
⑦体前屈坐垫上，双手后举，帮助者握其两手向前上推助力拉。
（3）转肩
用木棍、绳或橡皮筋作直臂向前、向后的转肩（握距逐渐缩小）。
（4）吊肩
①杠悬垂或加转体。
②单杠负重静力悬垂。

③单杠各种握法（正、反、反正、翻等握法）的悬垂摆动。
④后吊。单杠悬垂，两腿从两手间穿过下翻成后吊。

5. 胸部柔韧性训练方法

（1）练习者面对墙站立，两臂上举扶墙，抬头挺胸压胸。要求让胸尽量贴墙，幅度由小到大。

（2）虎伸腰。练习者跪立，手臂前放于地下，胸向下压。要求主动伸臂，挺胸下压。

（3）练习者并腿坐在垫子上，臂上举，同伴在背后一边向后拉其双手，一边用脚蹬练习者肩背部，向后拉肩振胸。

（4）俯卧背屈伸。练习者腿部不动，积极抬上体、挺胸。

五、一般灵敏素质的训练

（一）特点与训练原理

1. 特点

灵敏素质是指在各种突然变化或复杂的条件下，运动员迅速、准确、协调地改变身体运动的力。足球运动员灵敏素质的特点主要表现为以下几点。

（1）足球运动员所需要的灵敏素质，是在比赛中遇到突然变化的情况下，随机应变地采取快速、协调行动的能力。灵敏素质对足球运动员所表现出的动作的技术和战术效果起着不容忽视的作用。

（2）现代足球运动快速多变，要求运动员在极困难的条件下瞬间完成各种应答性动作，如各种虚晃、快慢动作交替的过人、突然加速或变向的摆脱跑位、在夹击和冲撞条件下的即兴射门等。

（3）要求运动员在极短的时间里有良好的判断能力，并且在完成动作过程中能准确、协调地处理好自己身体各部位及自己与对手或球之间的合理关系。

2. 训练的原理

（1）灵敏训练应以视觉信号为主，以发展神经系统的快速反应能力。

（2）灵敏是运动员的运动技能和各种素质在运动过程中的综合体现。灵敏素质依赖大脑皮层的灵活性。在灵敏训练中必须有力量速度、柔韧素质作保证，其中髋、腰、腹的柔韧和力量尤为重要。

（3）由于运动技能具有迁移性，所以运动员技能越多越熟，灵敏水平越高，即"熟能生巧"。

（二）训练方法

1. 听信号的各种姿势起跑。
2. 按有效口令做动作。
3. 按口令做相反的动作。
4. 原地、行进间或跑步中听口令做动作，如喊数抱团成组。
5. 做动作或急跑中听信号完成突停动作。
6. 听信号或看手势急跑、急停、转身、变换方向的练习。
7. 一对一面向站立，双手直臂相触，虚实结合相互推，使对方失去平衡。

8. 一对一弓箭步牵手互换面向站立，虚实结合互推互拉，使对方失去平衡。
9. 一对一背向互挽臂蹲跳进、跳转。
10. 向上抛球，转体2周、3周再接住球。
11. 在肋木上横跳、上下跳练习。
12. 闭目原地连续转5～8周，然后闭目沿直线走10步，再睁眼看自己走的方向是否准确。
13. 绕障碍曲线转体跑。
14. 原地跳转180度、360度、720度落地站稳。
15. 用手扶住体操棒，然后松手转身击掌再扶住体操棒使其不倒。
16. 脚步前后、左右、交叉的快速移动。
17. 做不习惯方向的动作。
18. 单脚为轴的前后、转体的移动。
19. 左右侧滑步、跨跳步的移动。
20. 前滚翻、后滚翻、侧滚翻。
21. 双人一手扶对方肩、一手互握对方脚踝，各用单脚左右跳、前后跳、跳转。
22. 双人前滚翻。一人仰卧，另一人分腿站在仰卧人的头两侧，双方互握对方两脚踝，然后作连续的双人前滚翻或后滚翻。
23. 前手翻、头手翻、后手翻，团身后空翻。
24. 一人仰卧，两人各抓一只脚，同时用力上提，使其翻转站立。
25. "扫地"跳跃。练习者将绳握成多段，从下蹲姿势开始，将绳子做扫地动作，两脚不停顿地做跳跃练习。
26. 在低单杠上作翻上、支撑腹回环、支撑后摆跳下、支撑摆动向前侧跳下等简单动作。
27. 在低双杠上作肩倒立、前滚翻成分腿坐、向前支撑摆动越杠下，向后摆动越杠下等简单动作。
28. 交叉摇绳。练习者两手交叉摇绳，每摇一二次，单足或双足跳长绳子一次。
29. 走矮子步。教练与一名队员将绳拉直，并把高度适当降低，队员在绳子下走矮子步和滑步与滑步动作。
30. 照着样子做。两人一组，其中一人做站立或活动中的各种动作，并不断更换花样，另一人必须照着他的样子做。
31. 跳波浪绳。教练与一名队员双手握一根长绳子，并把绳子上下抖成波浪形，队员必须敏捷地从上跳过，谁碰到绳子，与摇绳者交换。
32. 单、双数互追。练习者按单、双数分成两组迎面相距1～2米坐下，当教练喊"单数"时，单数追双数，双数转身向后跑开20米；当教练喊"双数"时，双数追单数，单数转身向后跑开。
33. 听号接球。练习者围圈报数后向着一个方向跑动，教练持球站在圈中心，将球向空中抛起喊号，被喊号者应声前去接球。
34. 追逐拍、救人。队员分散站在场内，指定4名引导人为追逐者，其他队员闪躲逃跑。当有人被追着时，需马上原地站立，两手侧平举。此时，同伴者可去拍肩救他，使之复活逃脱。

第三节 足球运动员专项体能训练方法

一、专项力量素质的训练

(一) 发展颈部、上肢和肩背力量的训练方法

1. 要求运动员两手扶头，在颈部转动时给予抵抗力。
2. 俯卧撑。俯卧撑向侧、前跳移，双杠双臂屈伸，单杠引体向上。
3. 要求运动员在垫上做颈桥并推举哑铃、壶铃或轻杠铃。
4. 两人面对坐地，两腿分开，抛、传实心球或足球。
5. 哑铃和杠铃练习。
6. 推小车。甲俯卧，两臂伸直。乙两手抬起甲的两脚，甲用两手向前"行走"。
7. 重叠俯卧撑。运动员甲保持俯卧姿势，运动员乙在甲的背上做俯卧撑，或者甲、乙二人同时做俯卧撑。
8. 斜立哑铃双臂屈肘（图 5-17）。

动作方法：双臂伸直下垂，双手掌心相对，持哑铃站立，斜靠在斜板上。双臂屈肘，手到达大腿上部时由掌心向内转为掌心向上，直至达到肩部。然后下降哑铃，双手经过大腿后再由掌心向上转为掌心向内，保持上臂贴近体侧。重复练习，哑铃向上运动时吸气，向下运动时呼气。斜立哑铃双臂屈肘训练方法主要是发展运动员的肱二头肌和臂部肌群的力量。

图 5-17

(二) 发展腿部力量的训练方法

1. 各种跳跃练习

(1) 立定跳远、多级跳远、蛙跳、助跑跳远。
(2) 单腿或双腿起跳摸高或用头触球。
(3) 肩负杠铃或手握哑铃连续向上跳。
(4) 利用不同高度的凳子、桌子或专设的跳台依次做连续的跳深练习。
(5) 连续向前并腿或单腿跳。

2. 仰卧小腿屈伸

动作方法：通过髋关节和膝关节使重物平台下降，直至膝关节屈曲 90 度，还原。重复上述动作。

3. 背人接力

动作方法：全队分成两组成纵队站在起点，听到"预备"口令时，一人将另一人背起，见教练员手势后起跑，跑过对面的标志后交换背人。跑回起点时拍第二对同伴手后，第二对再跑。依次做完，最先跑到的一组为胜。

4. 小腿负重踢球

要求在不影响正确动作规格的前提下尽力踢球。

5. 腿部伸展

动作方法：通过伸展膝关节使小腿上举至全腿伸直，还原。重复上述动作。

6. 健身机腿内收

动作方法：两腿用力并拢，坚持片刻，还原。重复上述动作。

7. 驮人提踵（图 5-18）

动作方法：上体前屈，双手扶固定物，双腿伸直，前脚掌踩在提踵练习小凳上。同伴骑在腰部以下，体重压在髋部，尽量高地向上提踵，并稍停顿。返回开始姿势，提起时吸气，下降时呼气，重复练习。以发展小腿后部肌群的力量。

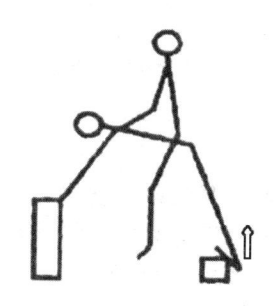

图 5-18

8. 坐式提踵

动作方法：放低足跟至小腿有拉伸感，通过踝关节尽量跖屈使足跟抬高，还原。重复上述动作。

9. 俯卧小腿屈伸

动作方法：通过膝关节的屈曲使小腿向上抬起，还原。重复上述动作。

（三）发展腰腹力量的训练方法

1. 仰卧起坐、举腿、快速屈体。

2. 仰卧，两脚夹球离地 15～20 厘米，以腰为圆心画圆。

3. 展腹跳。爆发起跳并充分展腹，向后屈膝，两手尽可能地触脚跟。

4. 侧卧做体侧屈，俯卧做体后屈。

5. 肩负杠铃做体前屈或转体，抓举杠铃。

6. 跳起空中转体或收腹用力顶球。

（四）发展全身力量的练习

1. 二人抢夺球练习。

2. 合理冲撞练习。二人面向或侧向做跳起冲撞练习。或甲运球，乙贴身跟随并冲撞甲，甲要稳住重心。或两人同时争顶并在其间运用合理冲撞。

3. 四节挺举。要求完成每一环节时都必须采取爆发性动作。

4. 蹲跳顶球。连续蹲跳中顶球，要求取半蹲姿势。可进行负重练习。

5. 倒地起身。甲运球，乙从侧面铲球，乙在铲球倒地后尽可能快地起身去追球。

二、专项速度素质的训练

1. 采用单腿侧蹬跑、后蹬跑、短距离转身跑、各种追逐球跑等，发展爆发力。

2. 利用快速小步跑、高抬腿跑、下肢跑和牵引跑等练习，促使运动员突破"速度障碍"，提高位移速度。

3. 各种姿势的起跑（10～30米）。采用蹲踞式、站立式、侧身式、背向站立、坐地、坐地转身、俯卧、仰卧、滚翻后，原地跳跃（模仿跳起顶球动作）等姿势做起跑练习。

4. 60米、80米、100米的全速跑、加速跑、提高位移速度。

5. 在活动情况下的突然起动练习（5～10米）。在小步跑、慢跑、高抬腿跑、侧身跑、颠球、顶球、传球等情况下，快速起动跑。

6. 在快速跑中看教练员手势，或抛球等信号，做急停、转身、变向、跳跃和翻滚等动作。

7. 在长约20米的距离内，设置不同距离间隔和有方向变化的标杆或锥体，让队员以尽可能快的速度做绕杆跑，发展队员绕过对手的快跑能力。

8. 仰卧高抬腿。仰卧两腿快速交替作高抬腿练习，要求以大腿工作。这练习也可做抗阻力练习，如拉胶皮带，将胶皮带分别固定在肋木上和两脚踝关节处。以高抬腿拉力抗阻力，胶带固定的一端要低于垫子平面约20厘米，也可拉完胶带后再徒手练习，以提高动作速率。

9. 追球射门，队员两人一组，可分为若干组在中圈外的中线两侧站好，利用两球门同时练习，球集中于中圈教练员脚下。当教练员将球向一个球门方向踢出时，两翼队员快速起动追球射门。

10. 抢球游戏，全队分为两排，相距20米，面对站立，在中间10米处画一条线，每隔2米放球，队员依次面对球站好。当教练员发出信号后，双方快速跑上抢球，抢球多的一方胜。

11. 原地快速高抬腿或支撑高抬腿。站立或前倾支撑肋木或墙壁等，听信号后做高抬腿10～30秒，大腿抬至水平，上体不后仰。

12. 两侧移动。两个物体相距3米，高1.20米，练习者站中间，做左右两侧移动，用左手摸右侧的物体，右手摸左侧的物体。

13. 在较小场地内做2对2、3对3的传抢练习。

14. 让距追赶跑。2～3人一组，根据速度水平前后拉开距离，速度快者在前，听信号站立式起跑后全速跑，后者追赶前者，前者别让后者追上。跑30米、60米。

15. 提高肌肉感觉的快速精确分析机能练习。两人或多人一组，在连续奔跑中完成同一传球练习。

16. 规定最高速度指标的练习。如在教练员限定的时间内快速完成传—接—传，运—传—接—射门等动作，以建立快速动力定型。

三、专项耐力素质的训练

(一) 足球运动员有氧耐力的训练方法

1. 100～200 米间歇跑。要求整个训练的持续时间尽可能延长,至少半小时以上。练习之间采用积极性休息方式,如放松走和慢跑。训练负荷量较小,训练中每一次练习的持续时间不长。负荷强度较大,心率达到 170～180 次/分钟之间。在身体尚未完全恢复的情况下进行下一次练习,心率在 120～140 次/分钟之间。

2. 400～800 米的变速跑。动作方法:要求运动员根据自身能力控制速度和距离。负荷强度由低到高,心率控制在 130～150 次/分钟、170～180 次/分钟左右。练习持续时间在半小时以上。

3. 12 分钟跑。

4. 3 000 米、5 000 米、8 000 米、10 000 米等不同距离的定时跑或越野跑。

动作方法:要求运动员在空气清新、相对松软、有弹性的地面练习,跑的速度可以适当变化,心率控制在 150～170 次/分钟左右。运动时间 1.5～2 小时。

(二) 足球运动员无氧耐力的训练方法

1. 编组练习。内容可以是折线快跑 20 米—仰卧屈体 5 次—冲刺 10 米—突停转身铲球—向左右做旋风腿各 1 次—快跑中跳起头顶球 3 次—冲刺射门 2 次—三级蛙跳。

2. 重复多次的 30～60 米冲刺。

3. 100～400 米高强度的反复跑和 1～2 分钟极限练习。

4. 进行 5 米、10 米、15 米、20 米、25 米折返跑练习。

5. 原地快速跳绳,30 秒钟×10,60 秒钟×5(每次间歇 30～60 秒钟)。

6. 往返冲刺传球,队员甲往返冲刺在限制线之间(间距 10 米),在限制线附近回传乙、丙分别传来的球,乙、丙离限制线约 5 米。

7. 1 分钟内一对一追拍或一对一过人。

8. 规定时间做不同人数的传抢练习。1/4 场地 4 对 4 传抢,1/2 场地 6 对 6 传抢,全场 9 对 9 传抢。

9. 100 米、110 米栏、100 米栏、200 米短段落间歇跑。可采用 30～60 米距离,间歇时间 1 分钟左右。采用 95% 以上的大强度练习,持续时间 10 秒左右。要求运动员保持高训练强度。较多的练习重复次数,组数根据练习者情况而定。

10. 100～400 米固定间歇时间跑。要求运动员采用 80%～90% 的练习强度,心率达到 180～190 次/分钟。一次练习的持续时间和距离稍长,练习的重复次数不宜过多。要求间歇时间固定不变,可采用段落相等或不等的练习。如果段落不等,练习顺序由短到长,在最后一组练习时基本保持规定的强度。

11. 100～400 米逐渐缩短间歇时间跑。采用 80%～90% 的练习强度,心率达到 180～190 次/分钟。一次练习的持续时间和距离稍长,练习的重复次数不宜过多。要求运动员间歇时间逐渐缩短,可采用段落相等或不等的练习。如果段落不等,练习顺序由短到长,在最后一组练习时基本保持规定的强度。

12. 100 米、110 米栏、100 米栏、200 米长段落间歇跑。可采用 100～150 米距离，间歇时间 2 分钟以上。采用 95％以上的大强度练习，持续时间 10 秒以上。要求运动员保持高训练强度。练习的重复次数可以较多，组数根据练习者情况而定。

13. 有持续时间的往返带球、扣球练习。

四、专项柔韧素质的训练

1. 踢球、头顶球和铲球等各种技术的模仿练习。
2. 模仿和结合球的大幅度振、摆腿、踢侧身凌空球、倒勾球等练习。
3. 模仿内、外侧颠球动作，单、双腿连续做内翻和外翻动作，模仿内扣、外扣动作，单腿连续做内转、外转动作。
4. 手扶一定高度体前屈压肩。
5. 双人背向两手头上拉住，同时作弓箭步前拉。
6. 站在一定高度上作体前屈，手触地面。
7. 两脚前后开立，向左后转，向右后转，来回转腰。
8. 俯卧背屈伸。腿部不动，积极抬上体、挺胸。
9. 用脚内侧、外侧、脚跟、脚尖走。
10. 肩肘倒立下落成屈体肩肘撑。
11. 做脚前掌着地的各种方向、各种速度的行走练习。
12. 体前屈手握脚踝，尽量使头、胸、腹与腿相贴。
13. 跪在垫子上，利用体重前后移动压足背，也可将足尖部垫高，使足背悬空做下压动作，增加练习时的难度。
14. 手扶腰部高度肋木，用前脚掌站在最下边的肋木杠上，利用体重上下压动，然后在踝关节弯曲角度最大时，停留片刻以拉长肌肉和韧带。

五、专项灵敏素质的训练

1. 身体各部位（12 个部位）颠球及各种挑反弹球的练习。
2. 运动员将球踢向身后，迅速向前绕过障碍折回接反弹球。
3. 一个人用两个球快速连续对墙踢。
4. 带球跑。每人一球做带球跑，在运球中做各种虚晃、拨挑、颠耍、起动、回扣等动作。
5. 虚晃摆脱。三人一组，一人传球，一人盯防，一人利用左右虚晃动作突然摆脱盯防者或利用前跑反向要球。传球者与接球者相距 5 米左右，盯人者紧逼接球者，三人轮换职能。练习中接球者要注重动作的突然性和身体在各种姿势下的控制力。

第六章　篮球运动员专项体能训练方法

第一节　篮球运动理论及其体能特征

篮球运动是一项以投篮得分为目的，攻防快速多变的速度力量型的对抗性项目，属技能主导类项群，这表明篮球运动不仅是以技能为核心的运动项目，还是需要一定的体能素质作为支撑的运动项目。篮球运动中快速多变是灵魂，技术表现是手段，身体对抗是基础，力量是保障，投篮得分是目的。速度是保证篮球进攻、防守、攻防转换有效性的关键，有速度才有可能捕捉有利时机、有利位置，摆脱防守，抢断获球，攻击得分。因此，篮球体能训练要以速度训练为中心，并且速度训练要以速度耐力为主，在高速度的奔跑中所持续的时间越长越好。由于对抗性项目的特点，力量是对抗的物质保证。强手之间的对抗，力量就显得十分重要。上、下肢和腰腹的力量往往使运动员在对抗的过程中处于稳定的状态，而不受对手的冲撞和推拉影响。绝对力量和爆发力会使运动员在合理的有利时机发挥出应有的优势。弹跳是篮球场上获得高度的手段之一。由于篮球运动不仅是在平面上的争夺，也是在空间上的争夺。平面的争夺是速度决定一切，空间争夺高度就显得十分重要。跳得快还要跳得高是篮球运动员的弹跳特点。因此任何一个运动项目在确定训练原则和选择训练内容要求时，首先要明确影响比赛成绩和运动员专项竞技能力的决定因素是什么，也就是运动训练专家们一直强调的项目特征或项目特点问题。作为教练员必须深刻理解自己所从事的运动项目特点，这是实施正确训练行为的前提，否则，必定会导致训练与比赛的要求不一致，事与愿违。根据体能训练的需要，这里主要从篮球运动的时空特征、运动技术动作的生物力学特征、运动生理学基础特征等几个方面来分析篮球运动的项目特征，并在此基础上分析其对运动员体能的要求。

一、篮球运动基本理论

（一）篮球运动的起源

1891年，近代篮球运动起源于美国东部地区的马萨诸塞州，最初是由该州的斯普林菲尔德市基督教青年会学校教师奈史密斯博士设计发明的。当时，由于受到特大暴风雪天气的影响，使得当时在美国最为流行的棒球运动不能正常开展，而广大学生对于其他的运动形式也没有太大的兴趣，从而使得到学校学习与活动的人越来越少。为了改变这种情况，奈史密斯博士在青年会的委托下亲自设计了这种新型的运动项目。奈史密斯博士从当地农民摘桃的劳动中获得灵感，同时还借鉴了其他运动项目形式，篮球运动最终产生。由于篮球运动不会受到天气、时间这些因素的制约，而且对于场地的要求也较为宽松，所以能够在白天、黑夜任何时间开展。同时，篮球运动不仅具有运动的对抗性，而且还要求文明，因此受到了广大群体特别是年轻人的认可与参与。1891年12月25日圣诞节，奈史密斯博士亲自主持了近代篮球运动史上的第一场篮球比赛。

在篮球运动发明之初，其比赛的规则非常简单，比赛场地要求为南北向，对于场地的面积大小、参与者的数量以及比赛的时间等都没有明确的规定，只是要求把比赛的队员分成人数相等的两方。比赛所用的球篮以装桃子的筐来充当，将其悬挂在离地面10英尺的墙上，每次进球后还需要蹬梯将球从篮筐中取出。大致的比赛方法为：双方运动员分别站在本方场地的端线之外，裁判员站在场地的中线上将球抛向场内，然后双方队员同时冲进场地争抢球权，进行把球投入对方筐内的攻守对抗。每次投球入筐之后，再按此程序重新开始直到比赛结束。比赛最终的胜负由双方进球数的多少来决定，每投进一球得一分，如果进球数量相等，经过双方同意，比赛可延至谁先投进一球为止。

篮球运动本身有着非常好的游戏性与趣味性，具有一定的健身功能。在后来的发展过程中，篮球运动不仅在游戏的基础上不断充实着活动的内容，相应的竞赛规则也在不断细化与完善，从而逐渐形成了现代篮球这项运动。

（二）篮球运动的演进

1. 世界篮球运动的发展演变

现代篮球运动由游戏演进为竞技篮球运动是经过一个漫长的实践过程的，它经历了多个不同的发展阶段。如果以其活动的方法与规则完善的过程划分，现代篮球运动的发展大体划分为五个时期。

（1）初创时期

19世纪90年代至20世纪20年代是篮球运动的初创时期。自1891年篮球运动产生之后逐渐成为一种地域性的民间娱乐活动，篮球运动以其自身充满对抗性、娱乐性的特点吸引了越来越多的爱好者参与其中，群众基础日益广泛。在此时期，篮球运动开始从学校逐渐扩散到广大社会之中，而且日益国际化。篮球运动于1892年传入墨西哥，1893年传入法国，1895年传入中国和英国，1896年传入巴西，1897年传入捷克，1901年传入日本和伊朗，1905年传入俄与古巴，1907年传入意大利，1908年传入波兰与瑞士，1911年传入秘鲁，并逐渐在全球范围内广泛传播开来。

这一时期的篮球技术表现为攻守技术简单，只有一些篮球的基本动作。在战术方面，这一时期还没有形成较为成熟的全队配合战术，单兵作战是这一时期的主要对抗形式，球员也有了相应的位置分工，并处于不同的区域。进攻的方式主要以快攻以及简单传切、掩护为主，防守主要表现为区域的人盯人防守。

（2）发展时期

20世纪30至40年代是篮球运动的完善时期。1932年6月18日，在瑞士日内瓦成立了国际业余篮球联合会（简称国际篮联），总部设在意大利的罗马。当时加入国际业余篮球联合会的国家共有8个，但是该会议作为一个国际性的权威机构对各国的篮球运动做出了协调与统一的工作，这也是国际业余篮球联合会成立的主要任务，同时国际业余篮球联合会致力于将男子篮球项目推荐为奥运会的正式比赛项目。最终于1936年在德国所举行的那届奥运会上被列为正式的比赛项目，现代竞技篮球运动也由此而正式诞生。

在此时期，篮球运动在技术方面的发展主要表现为：出现了单手传接球、投篮技术、行进间双手交替运球技术以及简单的组合战术。在技术方面手部与脚步的动作衔接较之以往更为迅速。在战术方面，篮球运动的进攻更加强调团队战术的运用配合，以往的单人进攻方式不断减少；防守时的集体性增强，并开始采用区域联防以及人盯人的防守战术。

（3）成熟时期

20世纪50至60年代是篮球运动发展的成熟时期。在20世纪50年代之后，现代篮球竞赛中的胜负主要是由球员的高度决定的。在这种发展背景下，运用高大中锋强攻篮下的战术打法开始流行，至此，篮球运动进入到一个向体型"高大化"发展的时期。20世纪60年代末，篮球运动逐渐形成以美国篮球为代表的高度、速度、技巧相结合的战术打法，同时还有高度、力量相配合的欧洲打法，篮球运动也由此开始进入到发展的成熟阶段。

在篮球的技术方面，球员更加注重高度、速度、力量与技巧的有机结合，从而使球员的技术不断全面。在篮球的战术方面，进攻中多采用快攻、传切、突分并利用高大中锋强攻和在阵地进攻中组织策应配合，防守则采用全场紧逼、人盯人防守以及混合防守的战术在不断地应用。

（4）完善时期

20世纪70至80年代是篮球运动发展的完善时期。在20世纪70年代之后，篮球场上出现了更多身高2米以上的球员，这就使得空间方面的争夺更为激烈，高度与速度之间的矛盾更为突出。1973—1978年间，篮球的规则又出现了多次调整，从而使攻防技战术在新条件的约束下，兼顾高度与速度发展的同时，不断向灵巧、准确以及多变的方向发展。20世纪80年代，这种情况更加突出，这也使得篮球运动逐渐进入了一个全面提升的完善时期。

在技术特点方面，球员的技术全面提高，进攻中的对抗、高空等技术不断技巧化，个人的能力不断增强，防守技术也更具威胁。在战术特点方面，单一固定的进攻逐渐转变为综合移动的进攻战术，防守更具攻击性、破坏性以及集体性。

（5）飞跃时期

从20世纪90年代到现在是篮球运动发展的飞跃时期。1992年，国际奥委会允许职业篮球运动员参加奥运会篮球比赛、世界篮球锦标赛以及洲际以上国际篮球比赛，篮球运动不仅从此开始了一个新的发展里程，也呈现出大众篮球的发展趋势。随着职业篮球的不断发展，依托于科技与人文，篮球运动员的技术水平不断提高，使当代的篮球运动向着科技化、观赏化、商业化以及职业化的方向前进。

篮球运动员的素质较之以往有了一定程度的提升，而且表现得更加全面，运动员的技战术意识都有一定程度的提升；篮球的高空技术与高空战术有了进一步发展，在身体对抗方面更为激烈；运动员的个人技术能力成为球队取胜的关键因素，快速进攻以及攻守转换的战术有了新发展；进攻的技战术更加实用与多变，并向立体型方向发展；个人防守的重要性越来越强，而且在攻击性、破坏性以及协同性方面表现得更加突出；女子篮球的技战术也向着男性化的方向不断发展。

篮球运动在全世界范围内得到了广泛的普及和深入的发展，为使该项运动永远具有吸引力和生命力，并在持续的发展中得到统一和规范，国际篮球联合会近年来不断对《篮球规则》进行完善，以4年为间隔对规则进行较大的修订。

目前，国际篮球联合会中央局会议上通过的2022年《篮球规则》，已于2022年10月1日起在世界范围内正式执行。

2. 我国篮球运动的发展概况

我国篮球运动是在1895年前后由天津中华基督教青年会传入中国的，随后北京、上海基督教青年会里也有了此项活动。1936年8月我国第一次参加了奥运会篮球赛（男子）；1984年在美国洛杉矶举行的第二十三届奥运会女子篮球比赛中荣获第三名；1992年在西班牙巴塞罗那举行的第二十五届奥运会女子篮球比赛中获得了亚军；1995年我国推出了男子篮球甲级联赛；1996年、2004年、2008年的奥运会男子篮球比赛中我国均获得第八名，因此与世界强国相比，我国的篮球运动水平仍有较大的差距。女子篮球成绩相对较好，在1984年的第二十三届奥运会中获得第三名，在1992年的第二十五届奥运会中获得亚军，在2008年的第二十九届奥运会中获得第四名，在2012年的第三十届奥运会中获得第六名。然而在2016年的第三十一届奥运会上，我国女篮仅获得第十名。在延期至2021年的第三十二届奥运会中，女子三人篮球比赛中，中国队击败法国队，历史性夺得铜牌。

（三）篮球运动的项目特征

1. 时间特征

人体在运动时，物质能量代谢和恢复都与运动时间有着密切的联系，只有掌握了项目的时间特征，在体能训练中才能正确选择与其能量代谢相似的手段与方法，进行针对性的训练。从体能训练的角度，篮球运动的时间特征主要体现在以下几个方面。

（1）比赛总时间的确定性与片段时间的不确定性

篮球比赛是在规定时间内得分多的球队获胜的球类项目，这决定了篮球项目比赛总时间具有相对的确定性，与排球、羽毛球等以固定分数取胜的项目不同。一场篮球比赛分为4节，1、2节有2次暂停，3、4节有3次暂停，对双方换人的人次没有任何限制，裁判员的每次鸣哨都要停表，另外，还有3秒、5秒、8秒、24秒等限制。这样，40分钟的比赛要被节间休息、双方暂停换人、裁判员鸣哨等分割成若干个小的比赛片段。由于在比赛进程中双方的暂停换人、裁判员鸣哨是随时都可能发生的，因此每个比赛片段的时间具有不确定性，从几秒到几分钟不等。

（2）技战术运用的瞬时性

攻守对抗是篮球运动最基本的规律。在篮球比赛中，要求进攻队要根据比赛的形势变化、对方的防守以及本队队员特点，选择最佳的进攻时机，采取最有效的进攻手段发动进攻；防守队也要根据比赛的形势和对方进攻的特点，利用规则的限制条件，采用抢、打、断以及协同防守等手段积极地进行防守，制约对手，力求转守为攻。在篮球比赛中，形势的发展常常瞬息万变、最佳的攻防时机也常常转瞬即逝，攻守双方的策略千变万化。正是这些决定了篮球技术战术运用的瞬时性。

（3）单个运动员上场时间的机动性

现代篮球比赛的激烈程度大大提高，随着"全员打球"理念逐步为多数教练员所接受，频繁换人已成为现代国际篮球比赛的重要特征。与此同时，在现代篮球比赛中，球星的作用日益突显，因此就单个运动员而言，上场时间具有机动性的特点。球星的上场时间主要由他个人的状态和比赛形势来决定，一般队员的上场时间主要是有利于保持全队的战斗力，力争在最短时间内取得最大的比赛效益。

（4）比赛的季节性与阶段性

当前，各国的高水平篮球联赛基本上是采用主客场赛制，赛季的比赛具有季节性和阶段性特点：赛季一般长达几个月，在一个赛季中又分为常规赛、季后赛、总决赛等多个阶段。这种比赛的季节性和阶段性特点对篮球运动员的体能训练具有重要影响。

2. 空间特征

一般来说，运动项目的空间特征决定了其对运动员身体形态的要求。如举重运动员要把杠铃举过头顶，在举的过程中做功的距离越短越有可能成功，因此举重运动员的身高一般较矮，四肢稍短。排球运动中的扣球和拦网要求运动员具备高空能力，但它是隔网对抗的，没有身体接触，因此排球运动对运动员身体形态的要求是身材高大，四肢长，体重要求不高。从体能训练需要的角度分析篮球运动的空间特征，主要体现在以下两个方面。

（1）直接身体接触的高空对抗性

在篮球运动中，得分目标——篮圈的高度为3.05米，这就决定了高空优势在篮球运动中具有举足轻重的地位。在篮球比赛中，抢篮板球、补篮、盖帽、投篮等技术都需要高空优势。在一定意义上，篮球比赛具有了高空优势，控制了空中局面，就控制了比赛局面。同时，篮球又是同场对抗项目，运动场地较小（相对于足球、手球、橄榄球等集体同场对抗项目），在比赛中身体的直接接触十分频繁。随着现代篮球水平的不断提高，身体的对抗越来越激烈。足球、手球等项目虽然在球门前也强调对抗中的空中优势，但是它们的得分目标毕竟在地面上，对高空的追求不会像篮球这样迫切。排球同样强调高空性，但它在空中没有身体对抗。可见，直接身体接触的高空对抗是篮球项目的显著特征，对篮球运动员的身高、体重、力量以及身体灵活性等方面都提出了较高的要求。

（2）比赛场地小且有诸多限制，队员位置具有模糊性

篮球比赛场地是28米×15米，在集体同场对抗项目中比赛场地是最小的。在这么狭小的场地上还有诸如3秒限制区、中线等限制。在比赛时运动员虽然有位置分工，但与足球等项目比起来位置相对模糊，而且这种模糊趋势已成为现代篮球运动的一个重要特征。篮球比赛场地相对较小、场上位置模糊的空间特征决定了它是一项高强度的运动。因此篮球比赛对队员的灵活性、移动速度（尤其是起动速度）、动作速度都有很高的要求，在篮球比赛中，比对方快百分之一秒，进攻或防守的效果将有天壤之别。队员的位置模糊加大了运动员的活动范围，对运动员在高强度下的耐力提出了更高要求。

3. 篮球技术动作的生物力学特征

只有掌握了专项技术动作的生物力学特征，我们才能根据动作的结构与用力特点选择科学的体能训练手段。从动作的形式来看，篮球技术动作大多数是既有平动又有转动的复合动作，既包含周期性运动成分，又包含非周期性运动成分。美国学者对篮球典型动作的解析表明，篮球动作中最大屈膝角度也未超过90度，但屈膝角速度较大；运动员踝关节多处于内翻状态，且翻内角度远大于翻外角度；做急停、滑步等动作时运动员膝关节始终处于屈的位置。因此，篮球运动员下肢力量的训练宜采用半蹲、爆发性练习，要注意提高踝关节外侧肌肉与韧带的力量，预防踝关节损伤，还应当安排一定比例的、屈膝状态的静力性练习，或者做使运动员保持屈膝状态的动力性练习。

4. 篮球运动的生理特征

从能量消耗来看，篮球比赛中双方竞争激烈，奔跑快速，转换极快，运动强度大、时间长，且篮球运动员一般身材高、体重大，身体的能量消耗率很高，大脑的耗能量也很高，一场激烈的篮球比赛，部分运动员的能量消耗可达 900 千卡，在所有运动项目中，篮球运动属于能量消耗较大的项目之一。从供能来看，篮球运动的突然起动、快速移动、急停、急起、变速变向、摆脱与防摆脱、突破与防突破、投篮与防投篮等动作都是由 ATP－CP 系统负责供能。另外，篮球比赛的攻守转换非常快，常常是一段高强度的防守紧接着就是一个快攻或者进攻失误要快速地回防，而 ATP－CP 的半程恢复也要 20～30 秒的时间，在这种情况下，接下来的高强度运动主要是靠糖酶解系统来供能。因此，多数学者更倾向于认为篮球是以无氧供能为主的运动。同时，篮球运动能量消耗较大，良好的有氧能力有助于运动员的机体利用暂停、节间休息，或在场上有走、站或慢跑的机会进行快速恢复，以使运动员能够保持长时间、反复大强度运动的能力。篮球运动又是激烈的同场对抗项目，在攻防对抗中运动员的注意力要保持高度集中。由此可见，篮球运动员的疲劳主要来自于中枢神经系统的机能下降和短时间、高强度间歇运动的代谢产物。中枢神经系统的机能下降使运动员不能保持高度的精力集中，时空感觉、本体肌肉感觉的精确程度降低，表现在运动员思想走神、投篮命中率下降、进攻或防守的判断失误增加等方面。导致篮球运动员疲劳的代谢产物主要来自磷酸原和糖酵解系统，如氨和乳酸等。

二、竞技篮球运动员的体能特征

运动员的专项体能主要是指与专项训练及特殊的比赛任务紧密联系的、运动员为圆满完成特定的训练比赛任务而必须具备的特殊体能。因此，篮球运动员的专项体能是运动员经先天遗传与后天训练形成的，运动员在篮球运动中表现出来的机体持续运动的能力。与运动员机体形态结构、系统器官的机能水平、运动素质水平、能量物质贮备、基础代谢水平、心理因素与意志品质以及外界环境等都密切相关。据竞技体育技能类项群理论研究表明，体能在运动员的竞技能力构成中居于重要地位，是运动员能否在专项竞技运动比赛中取得优异运动成绩的关键因素。

篮球运动员的体能是以三大功能系统为能量代谢活动的基础，通过骨骼肌的活动所表现出来的运动能力。运动员体能水平的高低是由身体形态、生理机能、运动素质三个方面决定的，身体形态与生理机能是体能的物质基础，身体素质是体能的外在表现。因此，运动员的体能水平是力量、速度、耐力、灵敏和协调等运动素质综合表现的结果。现代篮球运动的项目特征决定着这些身体素质对该项目的贡献是不同的，表现在运动员不同的位置分工、项目的整体要求。因此，现代篮球运动的体能表现出一定的项目特征。

（一）篮球运动员的形态特征

在田麦久主编的《项群训练理论》对篮球等同场对抗球类项目运动员的形态特征描述为"身材高大、健壮、肌肉细长并且富于弹性、脂肪层薄、臀部肌肉紧缩上收以及踝关节围度小、跟腱清晰、足弓高等"。篮球运动是巨人的游戏，现代篮球运动员身高的特殊作用越显重要，篮球运动员身材越来越高已成为一种必然的发展趋势。高度和体重的增加是为了提高控制和支配球的能力，有了身高，篮下控球就有了优势，在实施进攻战术体系中才能有效地发动快攻，提高掩护质量及篮下攻击能力。

（二）篮球运动员的机能特征

身体的机能水平是体能结构的基础环节，机能的水平和状态促进且制约着体能的发挥。身体素质是体能的集中体现，也是反映体能水平的重要指标。身体机能测试主要包括以下方面的指标：

（1）呼吸机能。

（2）心血管系统的机能与血红蛋白的含量。

（三）篮球运动员的素质特征

国际上的篮球强队，各个位置的运动员都具备出色的身体素质。随着比赛强度不断加大，对运动员的身体条件提出了更高的要求，必须具备全面的身体素质才能够适应、满足高强度、强对抗比赛的需求。相关资料显示，一场完整的比赛平均需要80分钟，在40分钟的比赛中，运动员平均走9 480步，跑动距离为10千米，较高强度的跑动距离为3千米，高强度的快速冲刺跑距离为1.5~2.5千米，脉搏达到34~36次/（10秒），50%的时间平均脉搏在30次/（10秒）以上，处于无氧与有氧的代谢供能方式之间。因此现代篮球运动对运动员的体能有非常高的要求。

体能水平是身体素质综合表现的结果，运动员个体之间存在较大的差异，表现出体能水平的主导作用。身体素质具有个体差异性，有的运动员力量好；有的运动员速度快；有的运动员耐力出众；有的运动员属于综合型，没有过于突出的身体素质，但是较为全面。

由于构成体能的各个素质之间具有相互迁移性，为了较为准确地阐述清楚现代篮球运动的体能特征，现将篮球体能分为专项力量、专项速度、专项耐力、专项灵敏和专项柔韧五个部分。

1. 专项力量素质

从理论上讲，篮球运动是一项不允许身体接触的项目，但在具体实践中，身体对抗无时无处不在，且呈现越来越激烈的趋势。现代篮球运动的对抗表现在体能、技战术、心理与智能等多层面的综合对抗上，其中身体对抗是各种对抗性的最高形式。因此，力量是篮球运动员专项对抗能力、专项速度、专项技术等各个方面的基础与保障。从力量的整体效应看，现代篮球运动要求运动员具备高度发展的全面力量训练水平，身体的各个部位都要进行力量的强化训练，发展各个运动环节的肌肉力量，达到提高整体力量的目的；从动作结构、发力特点看，必须具备出色的弹跳力、躯干肌力、上肢力量；从力量性质看，必须具备爆发力、快速力量耐力。

篮球运动对于运动员身体不同部位的力量有不同的要求。把运动员的身体分成上肢、核心区以及下肢三部分，运动员在比赛中跑动、跳跃、投篮时下肢的蹬伸、支撑、急停、转身等动作的快速变化主要依靠下肢部分的力量，股四头肌、大腿后侧的肌群、小腿的有关肌群起着重要的作用。同时膝关节周围的肌腱、韧带等的坚韧性、灵活性也非常重要。运动员起动时快速、有力地蹬地，变向时的侧向蹬地以及急停时的制动都要求非常高的起动力、爆发力。核心区部分主要包括腰腹、背及臀部区域，该区域是连接上、下肢的枢纽。运动员需要上下、左右、前后不断地改变运动方向，调节身体的重心，保持对抗下的滞空能力，以保证在失去重心情况下完成技术动作的有效性，因此对于核心区的力量有严格的要求。上肢部分直接实现攻守的获球与投篮得分。传接球、运球、投篮、拼抢等技术动作的有效运用需要手指、手腕、上肢肌群的力量以及灵活性。

2. 专项速度素质

速度素质是指人体或者局部肢体快速移动、快速完成动作以及快速反应的能力。速度素质是篮球运动员重要的运动素质，被称为篮球运动的灵魂，对于运动员整体竞技能力的提高与改善有重要的作用。在运动实践上主要表现为反应速度、动作速度及移动速度。加速度、加速跑的速度是运动员速度的核心，而不是绝对速度。技术的精确性以及动作速度是篮球项目的基本目标，二者之间关系紧密。篮球项目中的速度是在特定动作中应有爆发力的标志。现代篮球运动要求运动员具备快速的位移速度，在时间规则的允许范围内（如 3 秒、5 秒、球从后场推进前场的 8 秒以及总进攻时间的 24 秒），同时在对手积极防守的情况下，能够利用速度从赛场的某一点移动到另一个位置，获取有利的形势，达到一定的战略、战术目的。现代篮球运动更加强调各个环节的衔接，突出一个快字，即进攻速度快、攻守转换快、防守反击快。在篮球技术的运用方面更加强调在位置的基础上提高运用技术的速度，要求运球快、传球快、投篮的出手速度快。各个环节之间衔接紧凑，比赛速度快，几个攻守转换之间基本没有休息时间，对运动员的速度耐力要求非常突出。这种速度耐力是高强度下的、最大加速度运动重复更多次的运动能力。速度耐力为速度素质和灵敏素质提供了代谢基础，能够保持较长时间。现代篮球运动的速度素质所需要的快速发力特征与许多运动技巧有内在的联系，最能够显示速度力量的应用原则。

3. 专项耐力素质

耐力是指机体坚持长时间运动的能力，我们一般将与专项运动成绩关系密切的耐力称之为专项耐力。依据运动中氧代谢的特征，耐力可分为有氧耐力与无氧耐力。篮球比赛场地小、强度大、对抗性强，为了保持战斗力，双方频繁换人，这些特点要求篮球运动员首先要具备良好的无氧耐力，尤其是保持高强度、爆发式运动的能力，也就是长时间反复进行短距离的高强度运动的能力。长时间是指净比赛总时间长；反复是指各种急起、急停、跳跃、滑步等动作。在一场比赛中需要重复一百多次；短距离的高强度运动是指急起、急停、跳跃、滑步等脚步动作的实际距离较短，但都属于极限、亚极限运动。篮球运动的专项耐力主要体现在保持反复进行的短距离、高强度间歇运动的能力。在 40 分钟的篮球比赛中，攻防节奏不断变化，运动员机体必然进行有氧代谢，因此篮球运动员也需要良好的有氧耐力。

4. 专项灵敏素质

专项灵敏素质是指根据专项的需要，与专业技术有密切联系的、适应变化的外环境的能力。灵敏素质具有明显的项目特征，球类运动员的灵敏表现为针对外界刺激变化，能及时准确地变换动作及做出反应的能力。篮球项目的灵敏是指急停、变向、再加速的能力。灵敏素质比简单地获取和保持速度更加重要。现代篮球运动在灵敏素质上强调减速能力及随之而来的减速加速耦合能力。依据运动的次数与运动方式的组合不同，灵敏素质可分为闭合性灵敏与随机性灵敏。在预先设计好的动作中表现出的灵敏是闭合性灵敏，在随机运动中表现出的灵敏是随机性灵敏。现代篮球运动强调随机性灵敏。

5. 专项柔韧素质

专项柔韧是指符合专项需要、满足专业技术需要的人体关节在不同方向上的运动能力以及肌肉、韧带等组织的伸展能力。关节的活动范围是由多种因素决定的，包括结缔组织的构造，有机体的活动状况、年龄、性别等。现代篮球运动的比赛负荷加大、对抗更强等因素造成攻守技术的运用难度增加，技术的运用甚至超出了关节的活动范围，超出了肌肉的最大伸展能力。柔韧为短时间急剧的对抗提供了缓冲的空间。现代篮球运动中许多动作的目的是控制空间，赢得空间，创造攻守的优势条件。在实际比赛中，对抗肌和周围组织的伸展为主动肌的收缩提供了空间，为肢体末端能够达到的空间提供了范围。现代篮球运动要求运动员具备良好的柔韧素质，增加关节运动的幅度，提高运动水平，减少肌肉、骨骼系统的损伤。

第二节　篮球运动员基础体能训练方法

一、篮球运动的力量训练

（一）篮球运动力量的特点及训练要求

1. 篮球运动力量的种类

按运动时肌肉克服阻力的表现形式，运动训练学将力量分为速度力量、最大力量和力量耐力三大类。速度力量是指运动过程中肌肉在尽可能短的时间内发挥强大力量快速克服阻力的能力。最大力量是肌肉克服最大阻力的能力，也叫绝对力量。力量耐力是指肌肉长时间克服一定阻力而保持准确有效工作的能力。而发展速度力量是篮球运动力量训练的核心，最大力量和力量耐力训练的设计和实施也都要围绕着这一目标。

2. 篮球运动力量的特点

对于篮球运动者来说，全面发展力量素质是保证完成各项技术动作的基础，它要求运动者的上下肢、腹部和背部肌群均衡发展。在篮球比赛中，不管是对运动员的奔跑能力、跳跃能力还是对抗能力都有很高的要求，也就是说，对肌肉速度、肌肉力量和肌肉耐力都有很高的要求。

人体最大力量的发挥，是通过各运动环节、各工作肌群间的协调配合与共同用力的综合结果。要让运动者跳得高、跑得快，并能够很好地与对手对抗，只是训练腿部肌肉或主动肌是不够的，应对影响躯干力量的腰腹肌和背肌、对抗肌和协同肌进行强化训练，因为这些肌群对篮球运动者的体能与比赛能力都非常重要。

3. 篮球运动力量训练的要求

篮球运动者要想在符合篮球运动特点的前提下进行力量训练。例如，下蹲的力量性质与篮球急停起跳力量相差很远。篮球运动者的膝关节损伤通常是由缓冲力量（退让力量）不足造成的，而并非是伸膝力量不足造成的。篮球运动者在选择力量训练的练习手段时，要使肌肉的收缩方式和篮球运动保持一致。在进行力量训练时，要选择与篮球运动技术结构相一致的动作方法，力求将运动者的最大力量、快速力量转化为篮球运动的基础力量，即跑跳能力和对抗能力。

（二）篮球运动力量训练的方法

1. 最大力量训练方法

通过增大肌肉横断面增加肌肉收缩力量和改善肌肉的协调能力；提高神经系统对肌肉工作的指挥能力，让更多运动单位参加工作，是发展篮球运动者最大力量的两个主要训练途径。在训练过程中，应先进行增加肌肉横断面的力量训练，然后进行肌肉内协调能力的训练。

(1) 增加肌肉横断面的最大力量训练

采用这个训练方法必须科学确定负荷强度、练习的次数与组数、练习的持续时间及组间休息的时间。训练中一般采用运动者本身60%～85%的最大极限负重强度，完成一次动作在4秒左右，做5～8组，每组4～8次；组间休息时间一般控制在基本消除上一组肌肉练习所产生的疲劳之后。

(2) 提高肌肉协调能力的最大力量训练

这种训练方法一般采用运动者本身85%以上的最大极限负重强度，完成一次动作在2秒左右，做5～8组，每组1～3次；组间休息时间控制在3分钟左右或者更长。

(3) 静力性训练和等动性训练

静力性训练一般采用大强度和极限强度进行练习，每次动作持续时间约为5～6秒钟，总的练习时间应该控制在15分钟之内。等动性训练的运动速度保持不变，肌肉都能在训练过程中发挥出较大力量，训练强度要大，每组练习4～8次，做5～8组，组间休息时间要充分。

2. 速度力量训练方法

(1) 负重训练方法

负重训练时负荷强度要适宜。为兼顾速度和力量的双重发展，多采用运动者本身40%～80%的最大力量强度；每组练习5～10次，做3～6组（以不降低速度为限来确定组数）；较充分的休息时间，一般为2～3分钟。

(2) 不负重训练方法

不负重训练主要选择发展下肢速度力量的跳深和跳台阶练习，以及发展上肢和躯干速度力量的快速练习。

3. 力量耐力训练方法

力量耐力的发展不仅依靠肌肉力量的发展，还依赖血液循环的加速、呼吸系统机能的提高和有氧代谢能力的增强。

发展克服较大阻力的力量耐力，可采用运动者本身最大力量75%～80%的负荷；而发展克服较小阻力的力量耐力，则最小负荷不能低于运动者本身最大负荷强度的35%。通常以每组达到极限重复次数来确定练习的组数。如果采用动力性练习，练习持续时间则要以完成预定次数、组数为其练习持续时间；如果采用静力性练习，单个动作的练习持续时间则为10～30秒。组间休息时间控制在未完全消除疲劳的情况下就可以进行下一组练习。

二、篮球运动的速度训练

（一）篮球运动速度的特点及训练要求

1. 篮球运动速度的种类

按照动作过程可以将篮球运动过程中的速度分为动作速度、反应速度和移动速度。反应速度就是从外部接受各种刺激到开始动作的时间；动作速度是完成篮球技术动作的速度；移动速度则是篮球运动者在单位时间内的最大位移。三种速度之间有着密切的关系，技战术的实施速度直接受动作速度、反应速度和位移速度的影响。

2. 篮球运动速度的特点

篮球的跑与田径的跑存在很多差异。在篮球运动中，跑动时既要看准同伴，又要观察对手；

既有普通的跑步，又有不同形式的滑步；既有向前跑，又有背身跑；既有正向跑，又有侧向跑等，各种形式的跑法都对篮球运动的速度训练提出了更高的要求。

篮球运动速度的特点表现为：

(1) 身体重心低，反复变速变向。

(2) 连续往返的快速冲刺。

(3) 起动速度快，需要较强加速度能力，长时间变速能力强。

根据以上篮球运动速度的特点可以看出，篮球运动者在运动时不仅需要 ATP－CP 供能能力，还要有较强的糖酵解供能能力。

3. 篮球运动速度训练的要求

篮球运动员速度的起动速度、加速跑速度和速度耐力的训练是重点。因为篮球场只有28米长、15米宽，范围有限，所以要清楚地认识到在有限的范围内影响这类速度的主要因素是躯干的固定平衡力量与膝、髋、踝关节的爆发力与上肢的摆动力量。因此在篮球运动员进行速度训练时应注意：

(1) 培养运动员对时空的反应判断能力，提高反应起动速度。

(2) 着重发展动作的频率。

(3) 快速跑动应与技术动作协调。

(4) 速度训练应安排在训练前期进行。

（二）篮球运动速度训练的方法

篮球运动员的速度训练要与其他手段相结合进行，比如与发展最大力量、速度力量和完善动作技术（起动、滑步和急停等）结合。篮球运动者的速度训练应着力于提高场上的起动和快跑能力，无氧供能能力。

1. 反应起动速度训练

篮球运动中的反应起动速度主要是结合专项技术动作结构，并与其保持一致的速度练习，其训练方法主要有：

(1) 可采用起动跑、追逐球、运球起动等练习来缩短运动环节，特别是关键环节的反应时间。

(2) 增强完成专项动作的能力，增加技术动作的信息量，提高人体对技术动作的感知能力，培养运动意识，缩短反应时的潜伏期。

2. 动作速度训练

发展篮球运动动作速度的重点是提高关键技术环节的速度，其训练方法主要有：

(1) 对单个动作的关键环节和组合动作的衔接动作进行反复的训练，提高衔接动作的速度，缩短完成动作的时间。经常练习的方式有投篮快出手、传球时手指手腕爆发用力。

(2) 提高完成动作的频率可采用在规定完成的动作次数中缩短完成的时间，或者在规定时间内完成动作的次数，如对墙传球1分钟完成60次。

3. 移动速度训练

影响篮球运动移动速度的主要因素是运动的频率和技术动作的幅度。所以，发展篮球运动者移动速度的主要方法是提高运动频率和运动幅度。在保证一定动作幅度的情况下，可以通过技术改进，提高身体素质，在一定时间内尽量多地完成各种动作次数来提高动作频率，如直线运球往返上篮要求 10 秒以内完成。而提高运动幅度的训练主要是对技术动作的改进，提高肌肉的伸展性、肌肉的力量素质以及关节的灵活性，充分利用运动者的身体条件，如中线快速三步跨跳上篮。

三、篮球运动的耐力训练

（一）篮球运动耐力的特点及训练要求

1. 篮球运动耐力素质的种类

篮球运动的耐力素质在不同方面的分类不同。从其供能特征方面可将其分为有氧耐力和无氧耐力；从与篮球运动的关系方面可将其分为一般耐力和专项耐力；从运动素质的特征方面可将其分为速度耐力、力量耐力、最大力量耐力和快速力量耐力。

2. 篮球运动耐力的特点

篮球运动的耐力素质主要以糖酵解为主要供能形式。所以，最大乳酸能和机体耐酸能力是篮球运动耐力训练的主要内容，并以有氧供能为辅助训练。有氧供能的训练是糖酵解供能训练的基础。有氧供能能力越强，篮球运动者在比赛和练习中的恢复能力就越强。但是，必须认识到保证篮球运动者在比赛过程中保持长时间快速运动能力的物质要素是无氧供能和无氧－有氧混合供能。

3. 篮球运动耐力训练要求

通过对篮球运动耐力特点的分析，了解到篮球运动耐力训练的要求主要有：

（1）提高篮球运动耐力首先要增强有氧耐力水平。

（2）篮球运动的耐力训练要突出专项耐力的训练。

（3）篮球运动的耐力训练应有长年计划。

（4）准备阶段前期应注重发展有氧耐力，赛前阶段则着重发展无氧耐力。

（二）篮球运动耐力训练的方法

1. 重复负荷训练方式

重复负荷训练是指多次重复同一练习，两次（组）练习之间安排相对充分休息的练习方法。通过多次重复练习，不断强化运动条件反射的过程，有利于掌握和巩固技术动作；可使机体尽快产生较高的适应性机制，有利于发展和提高身体素质。构成重复负荷训练的主要因素有：单次（组）练习的负荷量、负荷强度及每两次（组）练习之间的休息时间。休息的方式通常采用静止、肌肉按摩或者散步。

这种训练方法的基础是无氧代谢。负荷最大心率达到 28 次/10 秒以上，组间休息 5 分钟左右，心率下降至 15 次/10 秒左右，再进行下一次的负荷刺激。如 400 米做 5～10 组，计时。采用不同的强度安排各种重复性的练习。在篮球训练中常有 3 人直线快攻，可安排 1～5 个往返，然后再安排 5～10 个往返，即每组逐步增加往返次数，然后由最大到最小，强度随重复往返的次数而增减。还有连续抛接 10 个困难球等。

2. 持续负荷训练方式

持续负荷训练是指负荷强度较低、负荷时间较长、无间断地连续进行练习的方式。持续负荷训练通常用于发展一般耐力素质，可提高有氧代谢系统供能能力以及该供能状态下有氧运动强度；可为进一步提高无氧代谢能力及无氧工作强度奠定坚实的基础。

这种训练的基础是保持最大吸氧量水平，提高人体有氧代谢水平，心率控制在150次左右。训练方法是采用变速跑、匀速跑和超越跑。例如长时间安排快攻、防守步法、趣味性活动，以及折线跑、8字围绕、连续跑动28米折返、连续碰板100～200次，等。

3. 循环负荷训练方式

循环负荷训练是指根据训练的具体任务，将练习手段设置为若干个练习站，练习者按照既定顺序和路线，依次完成每站练习任务的练习方式。这种方式可以有效地激发练习情绪、累积负荷"痕迹"、交替刺激不同体位。其结构因素有：每站的练习内容、每站的运动负荷、练习站的安排顺序、练习站之间的间歇、每遍循环之间的间歇、练习的站数与循环练习的组数。运用循环负荷训练法可有效地提高练习的积极性；可以合理地增大运动训练过程的练习密度；可以随时根据具体情况因人制宜地加以调整，做到区别对待；可以防止局部负担过重，延缓疲劳的产生，从而有利于全面身体训练的进行。

这种训练方法的特点是：各练习站有机联系，各个练习站平均负荷强度相对较低；各组循环内各站之间无明显中断；一次循环的持续负荷时间较长；负荷强度高低交替搭配进行；循环组数相对较多；前后部练习、上下肢练习顺序的配置或集中安排或交替进行。组织方式采用流水式或轮换式，可提高疲劳状态下连续作战的能力以及有氧工作强度；可提高有氧代谢系统供能的能力、有氧工作强度以及有氧代谢供能状态下的力量耐力。

4. 间歇负荷训练方式

间歇负荷训练是指对多次练习时的间歇时间作出严格规定，让机体处于不完全恢复状态下反复进行练习的方法。合理应用间歇负荷训练，可使心脏功能得到明显的增强，使机体各机能产生适应性变化；使糖酵解代谢供能能力、磷酸盐与糖酵解混合代谢的供能能力、糖酵解与有氧代谢混合供能能力和有氧代谢供能能力得以有效提高和发展；使机体抗乳酸能力得到提高，以确保在保持较高强度的情况下具有持续运动的能力。

这种训练的基础是无氧和有氧的混合代谢。间歇时间是在没有完全恢复的情况下再进行下一次练习的刺激。如400米跑、100米快速跑、100米放松跑，反复进行。又如采用各种连续跑动40秒钟左右的练习，重复进行。如3人直线快攻3个或4个往返为1组完成5～10组，两点移动快速投篮投中10个为1组完成5组；再如，连续篮下一打一或者一打二进10个球。

5. 变换训练方式

变换训练方式是指变换运动负荷、练习形式、练习内容以及条件，以提高练习者积极性、趣味性、适应性及应变能力的训练方式。

通过变换运动负荷，可使机体产生适应性变化，从而提高承受运动负荷的能力。通过变换练习内容，可使不同运动素质、运动技术和运动战术得到系统训练和协调发展。

依据变换的内容可将变换训练法分为内容变换训练法、负荷变换训练法和形式变换训练法。

负荷变换训练法的特点是：降低负荷强度，有利于学习和掌握运动技术。提高负荷强度及密度，可使机体适应大强度工作的需要。另外，可通过变换练习动作的负荷强度、练习次数、练习质量、练习时间、间歇时间、间歇方式及练习组数等变量方式，促使运动素质、能量代谢系统的发展与提高。

内容变换训练法的特点是：练习内容的动作结构可为变异组合，也可为固定组合，练习的负荷性质符合专项特点，练习内容的变换符合体能发展的需要，练习动作的用力程度符合专项的要求。

形式变换训练方法的特点是：形式变换练习法的运用主要反映在场地、线路、落点和方位等条件或环境的变换上。通过变换练习环境、变换练习气氛、变换练习路径、变换练习时间和变换练习形式进行训练。通过变换训练方式，使各种技术更好地串联和衔接起来；对训练者产生新的刺激，激发起较高的训练情绪，进而促使神经系统处于良好的准备状态；促使训练者产生强烈的表现欲望，提高训练质量。

四、篮球运动的灵敏训练

篮球运动员的灵敏素质实质上是经过视觉感受在大脑皮层神经过程的转换，使已形成的各种准确有效的动作动力定型适应突然变化的运动情况。也就是说，篮球运动员的灵敏素质包含有快速的反应过程和较准确的运动过程。灵敏素质有助于掌握、运用各种复杂技战术和提高场上的应变能力，对篮球运动有着重要作用。

（一）篮球运动灵敏的特点及训练要求

1. 篮球运动灵敏素质的种类

灵敏素质从其与专项运动关系来看，可分为一般灵敏素质和专项灵敏素质。

（1）基础灵敏素质

一般灵敏素质是指人在各种活动中，在突然变换的条件下，迅速、准确、合理地完成各种动作的能力。它是专项灵敏素质发展的基础。

（2）专项灵敏素质

专项灵敏素质是运动员在专项运动中，迅速、准确、协调自如地完成本专项各种技术动作的能力。它是在一般灵敏素质的基础上，多年重复专项技术，提高专项技能的结果。

篮球一般要求躲闪、突然起动、急停、迅速改变身体位置、切入、运球过人、跳起空中投篮、争夺篮板球等方面所表现的灵敏素质。

2. 篮球运动灵敏的特点

（1）精确性高，动作反应快

篮球运动员专项灵敏素质的精确性，反映自身运动与周围环境的感知能力，不仅要求视觉宽阔和目标的准确性，而且要求反应的快速性，表现为准确的投篮得分。

（2）运动时空感觉强

篮球运动的灵活性，要求运动员能感觉得到内在结构和由此而产生的快速协调与精确性的协调。在精确地完成动作的同时不降低速度要求。通过人体的本体感觉控制篮球运动员的身体姿势和平衡能力，例如，在行进间急停跳投中，控制平衡能力强、速度快是投篮命中率高的重要保证。另外，篮球运动员的空间感觉好，优秀的篮球运动员对球场的位置感、距离感、球感、节奏感、灵敏感强，能感知球的落点、同伴和对手的位置、同伴和对手所能达到的空间高度和远度。

通常来说，篮球运动员的灵活性存在个性差异。前锋、中锋和后卫，在时间和空间的灵活性的要求上侧重点不同，它是由篮球运动员的特殊体形所决定的。

3. 灵敏素质训练的要求

（1）儿童和青少年加强灵敏素质训练，特别要大力发展与灵敏相关的某些专项素质，如速度、柔韧、协调、弹跳等，为篮球训练的专项化全面打好基础。

（2）儿童和青少年不宜过早地进行专门化训练。例如，为了发展速度而过早地进行大力量训练，会影响灵敏素质的发展。

（3）经常进行篮球专项的脚步动作练习，提高身体重心的转换能力，从而提高神经过程的转换速度，在神经中枢的参与下使手脚协调配合，完成各种高难动作。

（4）灵敏素质的负荷强度较大，持续时间不宜过长，练习安排应放在每次课精力最充沛的阶段，避免在身体疲劳和大脑不兴奋状态下安排练习。

（5）篮球运动灵敏素质要求特别重视专项灵敏素质的发展，应使运动员参加各种形式的比赛，了解篮球运动技术、战术的时空特征，从而能在复杂的条件下随机应变。

（6）加强弹跳训练，提高人体在空中的控制能力。

（二）篮球运动灵敏训练的方法

（1）分解训练方法。主要通过各种基本技术动作、战术配合的分解和完整组合的训练，提高运动员的各种感觉（球感、用力感、距离感、动作感、速度感等），如各种基本技术和基础配合训练。

（2）全面发展各项身体素质，特别是对形成灵敏素质有重要影响和相关素质，如快速的反应起动速度、协调的手脚配合和良好的爆发性弹跳速度等。

（3）形成最有利的篮球专项移动动作的姿势，提高各种运动动作的平衡和身体重心的转移能力。如持球的基本姿势，防守的基本姿势，采用滑步、抢断球、交叉步、变向跑、变速跑等发展身体重心的转移能力。

（4）通过换项训练培养运动员在新异和复杂环境下的创造性和主动性，发展灵活机动的能力。如采用足球训练发展脚步的灵活性，采用排球训练发展各种爆发弹跳速度；再如采用丰富多彩的各种游戏等。

五、篮球运动的柔韧训练

（一）篮球运动柔韧的特点及训练要求

1. 篮球运动柔韧性的分类

一般柔韧素质和专项柔韧素质是柔韧素质的两种不同类型。我们一般将能适应各项运动的一般身体、技术训练的柔韧素质称为一般柔韧素质。它包括了人体各个关节的活动幅度和肌肉、韧带的拉伸性和伸展性。而专项柔韧素质则是指各专项中所特需的柔韧素质。它是掌握和提高专项技术必不可少的素质。

2. 篮球运动柔韧性的特点

在篮球运动中，要求参与者的手指、手腕、肩、腰、腿及踝等部位有比较好的柔韧性。篮球运动者柔韧性的解剖学特性与一般人并没有多大差别，主要是受到对抗肌为维持姿势而产生的肌紧张、牵拉性的条件反射而引起的肌肉收缩的限制，以及神经过程兴奋与抑制的协调性，对肌肉的收缩与舒张的影响。因此，篮球运动员的柔韧素质会受到肌肉、肌腱、韧带、关节囊的弹性的影响。

3. 篮球运动柔韧训练的要求

篮球运动是一个对灵活性、协调性要求比较高的项目。由于少年儿童的软组织质量为其柔韧素质的锻炼提供了有利的发展条件，所以，在少儿时期开展柔韧训练，提高韧带、肌腱的弹性、改善关节的灵活性和肌肉的伸展性训练可以取得事半功倍的效果。

篮球运动应持之以恒地坚持柔韧素质训练。但是篮球运动员柔韧素质的重要性经常被人忽视。由于力量、耐力和身体发育的影响，柔韧素质会随着年龄的增大而减退。所以，篮球运动的柔韧素质保持和改善是一个长期艰苦的过程，不仅在每次训练中要坚持进行拉伸练习，还要经常进行专门的柔韧素质训练。

（二）篮球运动柔韧训练的方法

改善肌肉的伸展性和弹性，提高运动技术的动作灵活性和动作幅度，预防和减少运动损伤现象的发生是篮球运动柔韧性训练的主要目的。其常用的训练方法主要包括被动训练法、主动训练法和混合训练法。

1. 被动训练法

被动训练法是指通过身体的重力、辅助器材和同伴的协助，让肌肉韧带被拉长的锻炼方法。

（1）各种负重和不负重的悬垂练习。例如，利用器械的重力悬垂，把重物放在直角压腿的膝关节下，让大腿后群肌肉被动拉长；又如利用身体的重力做单杠、双杠、肋木上正反肩关节的悬垂练习；再如轻负荷的提拉，下放时对脊柱后群肌有拉长作用。

（2）在同伴协助或者助力下，维持某种动作姿势。例如，一人平躺在地上挺直，抬举双腿放在另一人肩上，用臂或肩向前下方推压，进行直角压腿练习。

2. 主动训练法

主动性训练法是指通过人体肌肉快速收缩所获得的惯性，让肌肉的各个放松部位获得伸展和牵拉的训练方法。

（1）通过肢体的各种摆动和振动，如各种踢腿、绕环、推墙等，达到拉伸肌肉和韧带的效果。

（2）协调发展小肌群的力量，使放松的对抗肌和参加完成动作的肌群协调配合，并利用惯性，使关节柔韧度达到最大限度。比如，手腕力量练习，先使手背肌群放松，再使手背肌群牵拉，该过程中爆发性惯性越大，肌群拉伸越大。

3. 混合训练法

混合训练法是指在外力作用和自主肌肉收缩的共同影响下，两者共同加大拉伸效果。如直角悬垂压腿，既利用上体的重力下压，又通过腹肌的收缩加力，让腹后肌群拉长；又如负重仰卧起坐的前压腿练习，对脊柱后群肌肉、腹后肌群和韧带都有良好的牵拉作用。

第三节　篮球运动员专项体能训练方法

一、篮球各项体能的专项训练方法

(一) 篮球专项力量训练方法

1. 篮球的专项上、下肢和腰腹力量的训练

(1) 发展上肢力量的练习方法

①卧推（两人一组，一人仰卧，另一人用体重下压适量，让同伴推起）。
②负重推举（两人面对站立，距离适当，互相推手）。
③两人一组，一人侧平举，另一人用力压手腕对抗。
④弓身负重，伸屈臂提拉杠铃。
⑤负重伸屈臂。

(2) 发展下肢力量的练习方法

①徒手半蹲或背靠墙半蹲。
②两人一组，利用人的体重进行负重半蹲起。
③深蹲跳。
④徒手单腿深蹲起。
⑤负重提踵。

(3) 发展腰腹力量的练习方法

①仰卧举腿、仰卧折体、仰卧挺身。
②单、双脚连续左右跳过一定高度。
③利用杠铃负重转体、挺身。
④跳起空中收腹、手打脚、转身、空中传球或空中变化动作上篮等。

2. 篮球专项的爆发力和核心力量训练

(1) 发展爆发力的练习方法

①全场连续多级跳。
②全场连续蛙跳。
③中场三级跳上篮。
④连续快速跳起摸高。
⑤负重投篮。

(2) 发展核心力量的练习方法

①俯姿平撑，俯卧，双臂屈肘90度支撑身体，双脚伸直并拢用脚尖撑地，直体固定腹背部。
②仰姿桥撑，仰卧，双臂屈肘支撑身体，双脚伸直、并拢，用脚撑地。
③侧姿臂撑，侧卧，单臂屈肘支撑身体，另一只臂屈肘侧举，双脚伸直、并拢，用一只脚外侧撑地。

总而言之，篮球专项力量的练习，必须让练习动作幅度、用力方向与技术动作的要求一致，练习时负荷要比比赛要求高，使动作用力在技术要求的关键环节中发挥充分。

（二）篮球专项速度训练方法

1. 跑的训练方法

（1）各种基本步法训练方法

原地快频率移动、小步跑、后踢腿跑、直线交叉步、高抬腿跑、左右侧交叉步跑、跨步跑结合加速跑，各种方向的抢滑步练习。

①小步跑训练

运动员双膝稍弯，身体呈一条直线（即肩、髋、膝和踝关节呈一条直线），尽可能提踵。跑动时，前脚掌着地，尽可能蹬伸，双膝微屈，双脚交替。着地时注意用前脚掌，而不是整个脚底。当右脚蹬离地面时，左脚要划过地面。

②高抬腿跑训练

运动员高抬腿跑时，要求脚前掌落地，抬膝时保持身体伸展。当一条腿伸直时，另一条腿的大腿要与地面保持平行。当膝盖抬到最高点时（大腿与地面平行），脚踝向后勾，脚置于膝盖的下方。另外，还应注意运用正确的手臂动作。

（2）各种起动跑训练方法

①原地或移动中，根据教练员的信号突然起动快跑。

②5米折回抢滑步。

③不同距离折回跑。

④起跳落地，立即起动侧身加速快跑。

⑤用各种姿势起动，全速跑10～30米。

⑥四步加速跑。

在球场上标出四步加速跑的位置：离起跑线 66～76 厘米为第一步；第一步和第二步之间距离 92～230 厘米；第二步和第三步之间距离 117～127 厘米；第三步和第四步之间距离 142～152 厘米。运动员用 1/4 的速度跑完四步，各步之间不要停顿。跑时要用力摆动手臂（手臂摆动力量越大，腿部的蹬地力量越大）。注意摆臂动作和膝盖上顶动作。在熟练掌握了 1/4 速度的技巧之后，再用 1/2 速度，然后 3/4 速度，最后是全速进行加速跑训练。

（3）各种姿势、各种距离跑的训练方法

用各种姿势起跑，全速跑 30 米、60 米或 100 米，改进和提高跑的技术和速度。两罚球线、两端线及各种距离的往返接力跑等。

（4）篮球移动中各种跑的训练方法

①折线起动侧身变方向跑。

②快速跑变中场后退跑。

③沿边线侧身快速跑。

④沿3分线急停、起动、侧身跑。

⑤各种折线跑与滑步练习。

(5) 跑台阶训练

快速斜线、直线向上跑台阶，直线上下台阶记时跑，上、下坡快速跑等。

(6) 结合球进行各种跑的训练方法

①直线或折线自抛自接球快速跑练习。

②全场只允许传3次球然后上篮的各种方式跑练习。

③加速快跑接长传球、地滚球上篮练习。

④单手全场直线（或一次变向）快速运球上篮（或直线运球不换手）。

⑤全场3人8字传球快速跑。

⑥全场传球快速起动跑。

2. 手臂摆动的训练方法

在篮球速度素质的训练中，速度不仅源于运动员腿部的摆动，还取决于手臂与腿部摆动时的协调配合。因此，要想提高跑动速度，必须充分发挥运动员手臂的作用。为此，篮球运动员要深刻地认识摆臂的作用，有意识地放松肩部周围的肌肉群。同向上端肩相比，双肩自然下垂时会更放松。在整个手臂摆动训练中，要尽量保持肩部的放松状态。特别是采取绕环动作有助于球员体会、理解双肩的运动功能，然后再进行其他的手臂练习。

(1) 前后甩臂训练

①运动员向前甩臂，然后贴身向后甩臂。保持双肩放松，手臂伸直。手和手指放松。握拳会使前臂和双肩紧张，从而制约双臂的自由摆动。

②屈肘呈90度，放松摆动肘部，手臂前后移动，但手的位置不要高过胸部或肩；向后摆动时，手的位置不应超出臀部。

③随着练习的进行，摆臂动作加快。手臂摆动速度也有助于腿的摆动速度。

(2) 坐姿摆臂训练

要求运动员坐在地板上或板凳上，双腿伸直。摆动手臂，肘部呈90度弯曲，仿佛在敲鼓。

(三) 篮球专项耐力训练方法

进行篮球耐力素质训练时，一般注重无氧耐力训练，有氧耐力训练，有氧、无氧混合耐力训练和肌肉耐力训练。

1. 有氧耐力训练

有氧耐力训练的主要方法有以下几种：

(1) 匀速持续跑

跑的负荷量尽可能多，运动时间在1小时以上。心率控制在150次/分钟左右。要求匀速连续地跑。

(2) 变速跑

通常在场地上进行。快、慢跑距离和地点根据专项任务与要求制定。负荷强度由低到高，心率控制在130~150次/分钟、170~180次/分钟左右。练习持续时间在30分钟以上。

(3) 间歇跑

训练负荷量较小，训练中每一次练习的持续时间不长。负荷强度较大，心率达到170~180次/分钟。在身体还未完全恢复的情况下进行下一次练习，心率在120~140次/分钟之间。要求整个训练的持续时间尽可能延长,至少 30 分钟以上。练习之间采用积极休息方式,如慢跑和放松走。

(4) 水中快走或大步走

在深 30~40 厘米的浅水池中,做快速走或大步走练习,每组 200~300 米或 100~150 步,重复练习 4~5 组,每组间歇 5 分钟,强度为 50%~55%。

(5) 越野跑

在公路、草地、树林、山坡等场地进行,一般跑的距离在 4 000 米以上,最多可达 10 000~20 000 米。跑的速度可以适当变化。心率控制在 150~170 次/分钟左右。如以时间计算的话,运动时间在 1.5~2 小时左右。

(6) 3 分钟以上跳绳或跳绳跑

在跑道上做两臂正摇原地跳绳 3 分钟或跳绳跑 2 分钟。重复 4~6 次,每次间歇 5 分钟。强度为 45%~60%。要求每次结束时,心率在 140~150 次/分钟,恢复至 120 次/分钟以下开始下一次练习。

2. 无氧耐力训练

无氧耐力训练的主要方法有以下几种:

(1) 原地或行进间间歇车轮跑

原地或行进间做车轮跑,每组 50~70 次,重复练习 6~8 组,每组间歇 2~4 分钟。强度为 75%~80%。

(2) 原地间歇高抬腿跑

要求运动员原地做快速高抬腿练习。如发展非乳酸性无氧耐力,则可做每组 5 秒、10 秒、30 秒快速高抬腿练习,重复练习 6~8 组,每组间歇 2~3 分钟。强度为 90%~95%,要求越快越好。为发展乳酸性无氧耐力,则可做 1 分钟练习,或 100~150 次为一组,重复练习 6~8 组,每组间歇 2~4 分钟。强度为 80%,动作要求规范。也可前支撑做高抬腿跑练习。

(3) 高抬腿跑转加速跑

行进间高抬腿跑 20 米左右转加速跑 80 米。重复练习 5~8 次,每次间歇 2~4 分钟。强度为 80%~85%。

(4) 间歇后蹬跑

行进间做后蹬跑,每组 30~40 次或 60~80 米,重复练习 6~8 组,每组间歇 2~3 分钟。强度为 80%。

(5) 反复起跑

蹲踞式或站立式起跑 30~60 米,每组练习 3~4 次,重复练习 3~4 组,每次间歇 1 分钟,每组间歇 3 分钟。

(6) 反复连续跑台阶

在每级高 20 厘米的楼梯或高 50 厘米的看台上,连续跑 30~40 步台阶,每步 2 级,重复练习 6 次,每次间歇 5 分钟。强度为 65%~70%。要求动作不间断,也可定时完成。

(7) 反复跑

跑距为 60 米、80 米、100 米、120 米、150 米等。重复次数应根据距离的长短以及运动员水平而定。一般每组练习 3~5 次,重复练习 4~6 组,每组间歇 3~5 分钟。强度一般的心率控制，例如，短于专项的距离，练习时心率应达 180 次/分钟，间歇恢复至 120 次/分钟时，就可以进行下次练习。例如，发展乳酸耐力，距离要长些，强度小些。

（8）计时跑

可做短于专项距离的重复计时跑或长于专项距离的计时跑。重复练习 4~8 次（根据距离而定），每次间歇 3~5 分钟。强度为 70%~90%，根据运动员水平及跑距而定，距离短，强度大些。

3. 有氧、无氧混合耐力训练

（1）持续接力

以 100~200 米的全力跑，每组 4~5 人轮流接力。要求注意安全和练习过程中的协调配合。如果练习者人数充足也可以分成若干组进行训练比赛。

（2）力竭重复跑

采用专项比赛距离，或稍长距离，以 100% 强度全力跑若干次。每次之间充分休息。要求短跑运动员可采用 30 米。中跑运动员可以采用 800 米或 1 500 米距离。

（3）俄式间歇跑

固定练习中间休息时间，随着训练水平提高逐渐缩短中间休息时间。要求，如在 400 米练习中，用规定速度跑完 100 米后，休息 20~30 秒，如此循环反复训练。当运动员的能力可以缩短练习中间休息时间时，调整休息时间为 15~25 秒。

4. 肌肉耐力训练

肌肉耐力练习的内容与力量训练大致相同，只是负荷的强度较小，练习持续的时间、反复次数要长和多些，具体练习应针对各运动专项的特点、要求，选择不同的练习、持续时间（或重复距离、次数）以及强度的要求。一般常用的练习方法有以下几种：

（1）重复爬坡跑

在 15 度的斜坡道或 15~20 度的山坡上进行上坡跑，重复练习 5 次或更多次数，跑距 250 米或更长距离，每次间歇 3~5 分钟。强度为 60%~70%，也可根据训练目的决定强度，可以心率控制运动强度，也可穿沙背心进行。

（2）1 分钟立卧撑

由直立姿势开始，下蹲两手撑地，伸直腿成俯撑，然后收腿成蹲撑，再还原成直立。每次做 1 分钟，重复练习 4~6 组，每组间歇 5 分钟，强度为 50%~55%。动作要求规范，必须站起来才算完成一次练习。也可以穿上沙背心做该练习。或做立卧撑接蹲跳起，则强度稍大，30 次为一组，组间歇为 10 分钟。

（3）连续跑台阶

在台阶高 20 厘米的楼梯或台阶高 50 厘米的看台上，连续跑 30~50 步，如跑 20 厘米高台阶的楼梯，每步跑 2 级，重复练习 6 次，每次间歇 5 分钟，强度 55%~65%。要求动作不能间断，但不能规定时间，向下走时尽量放松，心率恢复到 100 次/分钟时可开始下一次练习，也可穿沙背心做该练习。

（4）连续半蹲跑

成半蹲姿势（大小腿成 100 度角左右），向前跑进 50~70 米，重复练习 5~7 次，每组间歇 3~5 分钟，强度为 60%~65%，不规定速度，走回来时尽量放松，在进行下次练习前，可做 15

秒贴墙手倒立。

(5) 逆风跑或负重耐力跑

遇起风天气（风力不超过五级）可在场地或公路上做持续长距离逆风跑，也可做 1 000 米以上的重复跑，重复练习 4~6 次，每次间歇 5 分钟，强度 55%~60%。

(6) 沙滩跑

在沙滩上做快慢交替自由跑，每组 500~1 000 米，也可穿沙背心跑，速度变化和要求可因人而宜，重复练习 4~6 组，每组间歇 10 分钟，强度为 50%~55%。

(四) 篮球专项灵敏训练方法

发展篮球灵敏素质须从专项特点出发，重点综合发展提高反应、平衡、协调等能力。

1. 提高反应判断的训练

(1) 按有效口令做动作。

(2) 按口令做相反的动作。

(3) 原地、行进间或跑步中听口令做动作。例如，喊数抱团成组；加、减、乘、除简单运算得数抱团组合，看谁最快等。

(4) 听信号或看手势急停、急跑、转身、变换方向练习。

(5) 听信号的各种姿势起跑。如站立式、背向、蹲、坐、俯卧撑等姿势。

(6) 一对一追逐模仿。

(7) 一对一互看对方背后号码。

(8) 一对一脚跳动猜拳、手猜拳、打手心手背、摸五官等练习。

(9) 跳绳。例如，两人摇绳，从绳下跑过转身，从绳上跳过等。

(10) 各种游戏，如叫号追人、追逃游戏、抢占空位、打野鸭、抢断篮球等。

2. 发展平衡能力的训练

(1) 在平衡木上做一些简单动作。

(2) 在肋木上横跳、上下跳练习。

(3) 各种站立平衡，如俯平衡、搬腿平衡、侧平衡等。

(4) 一对一面向站立，双手直臂相触，虚实结合相互推拉，让对方失去平衡。

(5) 一对一弓箭步牵手面向站立，虚实结合互推互拉，使对方失去平衡。

(6) 急跑中听信号完成急停动作。

3. 发展协调能力的训练

(1) 模仿动作练习。

(2) 各种徒手操练习。

(3) 做不习惯方向的动作。

(4) 一对一背向互挽臂蹲跳进、跳转。

(5) 双人头上拉手向同方向连续转。

(6) 简单动作组合练习。例如，原地跳转 360 度接跳远，前滚翻交叉转体接后滚翻，跪跳起接挺身跳等。

(7) 脚步移动练习。例如，前后、左右、交叉的快速移动，单脚为轴的前后、转体的移动。

左右侧滑步、跨跳步的移动。

（8）跳起体前屈摸脚。

（9）做小腿里盘外拐的练习。

（10）选用武术中的"二踢脚""旋风脚"动作进行练习。

（11）双人跳绳。

（12）改变动作的连接方式。

（13）双人一手扶对方肩，一手互握对方脚腕，各用单脚左右跳、前后跳、跳转。

4. 选用体操中的一些动作进行训练

（1）前滚翻、后滚翻、侧滚翻、连续前滚翻或后滚翻、连续侧手翻、前手翻、头手翻、后手翻、团身后空翻。

（2）双人前滚翻，即一人仰卧，另一人分腿站在仰卧人的头两侧，双方互握对方的脚踝，然后作连续的双人前滚翻或后滚翻。

（3）鱼跃前滚翻（可越过一定高度的障碍物）。

（4）一人仰卧，两人各抓一只脚，同时用力上提，使其翻转站立。

（5）跳马、跳上、挺身跳下，分腿或屈腿腾越，直接跳越器械，跳起在马上做前滚翻。

（6）在低单杠上做翻上、支撑腹回环、支撑后摆跳下、支撑摆动向前侧跳下等简单动作。

（7）在低双杠上做肩倒立、前滚翻成分腿坐、向前支撑摆动越杠下，向后摆动越杠下等简单动作。

5. 利用跳绳进行的一些训练

（1）跳波浪绳，即教练与一名运动员双手握一根长绳，并把绳子上下抖动成波浪形，运动员必须敏捷地从上跳过，谁碰到绳子，与摇绳者交换。

（2）交叉摇绳。练习者两手交叉摇绳，每摇1~2次，单足或双足跳长绳一次。

（3）集体跳绳，即两名练习者摇长绳子，其他练习者连续不断地跳过绳子，每人应在绳子摇到最高点时迅速跟进，跳过绳子，并快速跑出。

（4）双人跳绳，即同集体跳绳，要求两名练习者手拉手跳3~5次后快速跑出。

（5）跳蛇形绳，即教练与一名运动员双手握一根长绳，并把绳子左右抖动，让绳子像一条蛇在地上爬行，数个运动员在中间跳来跳去，1分钟内触及绳子最少者为胜。

（6）跳粗绳（或竹竿），即教练双手握一根粗绳或竹竿，运动员围成一个圆圈站立，当教练握绳或竿做扫圆动作时，队员立即跳起，触及绳索或竹竿者为败。

（7）"扫地"跳跃。练习者将绳握成多段，从下蹲姿势开始，将绳子做扫地动作，两脚不停顿地做跳跃练习。

（8）后摇两次，双足跳一次，俗称"后双飞"。

（9）走矮子步，即教练与一名运动员将绳拉直，并把高度适当降低，队员在绳子下走矮子步和滑步动作。

6. 利用灵敏性游戏进行训练

在灵敏性游戏的选择、设计、运用中，要注意把思维判断、快速反应、协调动作、节奏感等内容有机地结合起来。进行游戏时，要严格执行规则，防止投机取巧，注意安全。

（1）传球触人

为了提高运动员快速传接球的能力和灵活性。参加游戏者分散在场内任意跑动，指定两人传球，在不准走步、运球的情况下，传球人通过传球去追逐并及时用球去触及场上跑动的人，被触及到者参加到传球人的行列，最后看谁没被触及到。

游戏中要注意，徒手队员不准超出规定的场地线，否则算被触及到；传球人只能用传球去"触及"徒手队员，否则无效。

（2）攻守投篮

提高运动员的灵敏性和应变能力。将其分为人数相等的两队，每队8人，双方各有一名队员手持球站在本方半场的端线外准备发球。游戏开始，当裁判员鸣笛后，各自发球开始比赛，两队同时在场上传球、运球、突破，力求将球投入对方篮内得分；同时又要设法阻截和防止对方将球投进本方篮内，并积极抢断对方的球，组织反攻。在规定时间内，进球多者获胜。

游戏中要注意，比赛中出现犯规、违例、传球出界等情况时，均判对方在犯规、违例方的半场发界外球。

（3）你抓我救

提高运动员的跑动速度和灵敏性，以及反应和躲闪能力。制定球场的中圈为"禁区"，选出参加游戏中的5人为追逐者，其余人作为被追逐者将在场内任意跑动。追逐者把抓到的被追逐者送到"禁区"内。没有被抓到的被追逐者可设法避开守在"禁区"旁边的追逐者去营救"禁区"内的同伴。直到所有被追逐者全被抓完送进"禁区"，或"禁区"内的被追逐者全被营救完为止。另换一批追逐者和被追逐者继续游戏。

游戏中要注意，在"禁区"外的被追逐者用手击"禁区"内的人的手掌为营救成功；如果在"禁区"外的人在营救"禁区"内的队员时被追逐者抓到，同样要到"禁区"内等待营救；被送到"禁区"内的人不得自行离开；追逐者只有抓住被追逐者才算有效，仅仅拍到无效。

（4）卡位抢球

提高学生的快速反应能力和拼抢卡位能力。学生两人为一组，将全班分成若干组，两人相距约1米间隔站立，每组之间也相距1～2米，每组的两人间前方2米处放一个篮球。开始为基本站立，然后听哨声响后同时去抢球，抢到球者获胜。

游戏中要注意，只准用手抢球，否则判为负；避免冲撞，如有意冲撞对方则立即判其出局。

（五）篮球专项柔韧训练方法

1. 肩关节柔韧素质的训练方法

人体的肩关节是由半球形的肱骨头和肩胛骨的关节盂构成的球窝关节，所以它是关节中最灵活、活动幅度最大的关节。发展肩关节的柔韧练习主要有主动或被动地压肩、拉肩、吊肩和转肩等，如手扶肋木的体前屈压肩、背对肋木双手上握向前的拉肩、在单杠或吊环上做各种握法的悬垂、借助绳或木棍的转肩练习。以下为具体发展肩关节柔韧性的训练方法：

（1）上下振臂

练习者两脚开立，一臂上举，另一臂下举，做同时用力后振动作，两臂交换练习，反复做。要求振臂时挺胸，臂不得弯曲，振幅逐渐加大。

(2) 直屈臂绕环

练习者两脚开立，两臂侧屈于肩上，两手扶肩上做向前、向后绕环；两臂伸直，以肩关节为轴做向前，向后绕环。要求做时肩关节放松；逐渐加大绕环幅度，直臂绕环时不能屈臂。

(3) 两臂前后绕环

练习者两脚开立，两臂上举，一臂直臂向前。另一臂直臂向后同时绕环，一定数次后两臂交换方向练习。要求以肩带臂，两臂充分伸直，逐渐加大绕环幅度。

(4) 双手握振臂

练习者两脚开立，双手体前交叉，翻掌上举，同时用力后振，数次后拉到极限时臂上举不动，静止15～20秒，要求振臂时挺胸，两臂不能弯曲，振幅逐渐加大。

(5) 胸部含展

练习者两脚开立，两手垂于两侧，做含胸，还原；挺胸，还原动作，要求含展充分不能端肩。

(6) 侧拉肩

练习者两脚开立，两臂屈肘，互抱于头后，一手拉引另一臂的上臂，用力侧屈，侧拉至极限后静止15～20秒。左右侧交换做。要求做时上体不得前倾。

(7) 仰撑拉肩

练习者直脚坐于垫上，手指朝后直臂后侧撑垫。做屈腿身体前移的拉肩动作。反复练习。要求两臂撑直，逐渐加大移动幅度。

(8) 反拉肩

练习者两脚开立宽于肩，两手背后相握，上体前屈，两臂后振，数次后，两臂摆到极限时静止15～20秒，要求振幅逐渐加大。

(9) 背撑拉肩

练习者仰卧，两脚垫高。两臂屈肘向前撑地。两臂伸直顶肩，同时，挺胸，抬头。多次重复，要求直体。

(10) 双人拉肩

二人背对背，相距一步，两脚开立，两手上举头后相互紧握，各自用力前拉，臂与肩齐平时，静止10～15秒。要求双脚不得移动，持续用力，保持均衡。

(11) 跪姿压肩

练习者并脚跪立，两臂向前伸直，手扶地做下振动作，数次后，拉到极限静止15～20秒。要求逐渐加大振幅。

(12) 双人压肩

二人面对分腿站立体前屈，两人双臂各搭对方的肩上，做上体同时下振动作。也可做左右侧压肩动作，几种姿势反复练习。要求腿不得弯曲，下振时躯干前倾90度以下。

(13) 背向压肩

练习者背对墙站立，向后抬起双臂，与肩同高直臂扶墙，手指向上。呼气，屈膝降低肩部高度。重复练习。要求动作幅度尽量大。动作结束保持10秒左右。

(14) 助力转肩

练习者一只臂屈肘90度侧举，同伴帮助固定肘关节，向后推手腕。换臂重复练习。要求动作幅度尽量大，动作结束保持10秒左右。

2. 肘关节柔韧素质的训练方法

肘关节是由肱尺关节、桡尺关节、肱桡关节构成的，并由内侧、外侧副韧带及桡骨环状韧带加固。肘关节在运动时屈伸动作较多，所以在发展屈肌力量练习的同时应配以屈肌的伸展性练习。一般来说，主要采用压肘、旋内、旋外、绕环等方法进行肘关节的柔韧练习。

（1）小臂绕环

练习者两脚开立，两臂侧平举，大臂不动，小臂以肘关节为轴做向内、向外绕环，反复练习。要求肩肘放松，先慢后快。

（2）肘绕环

练习者站立，右臂屈肘，右手持哑铃上举。以肘为轴，右手向内、向外或由外向内连续绕环。要求肘始终抬与肩平，及两人互拉互背等。

3. 腕关节柔韧素质的训练方法

腕关节由桡腕关节（使手屈伸、内收外展）及腕间关节（使手旋转）构成。体操运动员主要采用俯卧撑推手、倒立爬行等练习发展背屈能力。篮球、排球、乒乓球、手球、网球等项目对手腕的灵活性要求较高，既要发展手腕屈伸、内收外展，又要发展手腕旋转的能力，主要通过各种基本动作和基本技术来发展。

（1）手指拨球

练习者两脚开立，两臂置于胸前持球，做手指左、右拨球的动作。要求小臂始终垂直，用手指拨球，手腕同时发力。

（2）压指练习

练习者两臂胸前屈，两手交叉互握，两臂向下，向前。向上屈伸臂同时做翻掌动作。数次后，两臂向前翻掌至极限时静止20～30秒。要求臂伸展时充分伸直，不能弯曲。

（3）腕屈伸

练习者两手持系有重物的木棍前屈站立。两手不断交替屈伸上卷重物。要求加大腕屈伸幅度。

（4）手腕绕环

练习者两脚开立，两臂在胸前屈臂，两手指交叉做向内、向外的绕环动作。要求腕关节放松，绕环自如。

（5）跪撑正压腕

练习者双膝和双臂直臂撑地，双手间距约与肩同宽，手指向前。呼气，身体重心前移，恢复开始姿势，重复练习。要求动作幅度尽量大，动作结束保持10秒左右。

（6）面壁推手

练习者面对墙壁站好，距离1～1.5米，身体前倒，连续做手指推撑练习。

（7）双人互拉

双人直腿对面坐，两脚相对，两手互握，互相后倒拉对方，脚蹬住，膝不能弯曲，逐渐加大力量。也可两人交替做体前屈和后倒动作，后倒时肩要着地。反复练习。

（8）腕旋转

练习者站立，右臂上举持棍成水平状。左右旋转手腕至最大幅度。要求水平旋转腕关节。

4. 膝关节柔韧素质的训练方法

膝关节由股骨远端、胫骨近端及髌骨后的关节面以及半月板构成，由内、外侧副韧带、髌骨韧带、交叉韧带加固。膝关节的柔韧训练主要发展腿部后面肌群（股二头肌、半膜肌、半腱肌、小腿三头肌、胫骨后肌）的伸展性；发展屈膝能力主要发展腿部前面肌群（股四头肌、胫骨前肌、缝匠肌、踇长伸肌）的伸展性。

（1）膝关节屈伸

练习者身体成全蹲姿势，两手握踝关节，两腿伸直后再蹲下，反复练习。要求两手不能离开踝关节，双腿尽力伸直。

（2）膝关节绕环

练习者双手扶膝成半蹲，左右旋转绕环，或开合加旋转绕环。要求转动时膝关节放松，逐渐加大转动幅度。

（3）仰卧起抱膝坐

练习者仰卧。听口令立即向前抬体，同时，屈膝、折体，两手抱膝。要求上下肢协调配合。

（4）体前屈伸膝

练习者体前屈，两手撑地站立。两腿伸膝至直立，全脚掌撑地。多次重复，要求可以做静力伸展膝。

（5）跪姿伸直两膝

练习者蹲据式起跑姿势。两腿同时伸膝至前脚掌撑地，手指撑地。多次重复，要求在规定的时间内完成。

（6）双腿屈伸

练习者两腿并拢，两手扶膝做下蹲动作，反复进行。（也可以在做下蹲的同时，双膝同时做向外、向内的绕环动作）。要求下蹲充分，蹲起时膝盖伸直，速度可由慢到快。

（7）体前屈体后屈压腿

练习者上体直立，两腿成纵叉。上体前屈，两手向前搬前脚；然后上体后屈，两手向后触后脚前、后屈体交替。要求髋充分伸展。

（8）体前折体

练习者仰卧。向后上摆腿，提臀至各种折体，要求提臀至垂直部位。

（9）体前屈走

练习者两脚前后开立，两手上举。上体前屈，右手向后触左脚踝，然后直体。左脚前迈步，上体前屈，左手向后触右脚踝。两脚与两手交替向前协同配合。要求逐渐加大步幅。

（10）体前屈弓步走

练习者成左弓步，上体前屈，左手触左外侧踝，右手斜上举。然后右腿屈膝前摆成右弓步，右手触右外侧踝。两腿交替弓步走。要求弓步幅度逐渐加大。

5. 髋关节柔韧素质的训练方法

人体的髋关节由球形的股骨头与髋骨的髋臼构成。由于髋臼较深，并有软骨形成的关节盂加大与股骨头的紧屈适应，虽然它是球窝关节，但运动幅度受到限制。髋关节由髌骨韧带及股圆韧带加固，发展髋关节的柔韧性主要发展前后、左右开髋的能力。

(1) 左右转髋跳

练习者两腿左右大开立，两手叉腰或两手下垂。两腿用力跳起，以髋为轴；向左转髋90度。左脚踝、右前脚掌撑地；然后向右转髋180度，右脚踵、左前脚掌撑地。多次重复，要求髋前后转动，逐渐加大两腿分腿角。

(2) 仰卧挺髋

练习者两臂上举成仰卧，手背与脚踵着地，手背与前脚掌撑地，同时，向上挺髋，静力伸展或多次重复相结合。要求腹肌紧张。

(3) 仰卧屈膝转髋

练习者仰卧。以腰为轴，屈膝向左、向右转髋。要求转髋至膝着地，而上体保持不动。

(4) 髋翻转

练习者侧身两手宽握肋木，左腿在上屈膝右转，左腿伸直，同伴握其踝站立。以左踝为轴左腿向左翻转90度。两腿交替重复。要求上体保持侧立，髋挺直。

(5) 波浪起

练习者屈膝体前屈站立，两臂下垂。弓背、上摆臂、蹬腿、挺胸、抬头、提踵。要求动作协调、顺序连贯。

(6) 髋绕环

练习者两腿屈膝站立，两臂向后搭在单杠上。髋发力向左、后、右、前连续绕环。要求上体扩胸髋绕环；两膝随之转动。

(7) 直立髋绕环

直立，两手握吊环向前挺髋。向左、右做绕环。要求逐渐加大绕环幅度、速度。

(8) 助力髋绕环

距肋木一臂站立，同伴在其后扶髋两侧。助力扶髋由左（或右）向右（或左）连续做绕环。要求逐渐加大绕环幅度、速度。

(9) 阻力髋绕环

练习者腰系皮条距肋木一臂站立，同伴站其后拉皮条，髋交替向左右做绕环。要求逐渐加大阻力。

(10) 跪立成背弓

练习者两手反叉腰跪立，向前挺髋至背弓。要求控制住身体不能前倒。

(11) 弓箭步压髋

练习者弓箭步站立，前面腿膝关节成90度，后面腿脚背触地，脚尖向后。双手叉腰，屈膝降低重心，后腿膝盖触地，呼气、下压后面腿髋部。换腿重复练习，要求动作幅度尽量大，动作结束保持10秒左右。

(12) 腰绕环

练习者两脚开立，两手反托腰，腰为身体的纵轴，做逆时针或顺时针绕环动作，反复练习。要求两手推动腰部绕环，上体放松，不能用力，逐渐加大绕环幅度。

(13) 腰部屈伸

练习者两脚开立，两手叉腰，上体前倾挺胸塌腰抬头做下振。上体前振为90度，上体后屈后振为45度，左、右侧屈振动的幅度为45度左右，前、后、左、右依次练习，要求逐渐加大振幅。

（14）跪立腰绕环

分腿跪立于垫上，两臂由左向后、向右，向前做腰绕环动作，沿身体纵轴，做逆时针和顺时针的绕环动作。要求两臂沿身体最大限度做绕环，绕环的幅度逐渐加大。

6. 踝关节柔韧素质的训练方法

踝关节由距骨上关节面、胫骨内踝关节面、胫骨下关节面及腓骨外踝关节面构成。其前后韧带薄弱，两侧的内、外侧副韧带较强。发展踝关节柔韧性的主要任务是发展踝部背屈和背伸及内翻、外翻的能力。

（1）踝关节屈伸

练习者两腿站立，两手叉腰，一腿前举，做踝关节屈伸动作，两腿交换练习。要求屈伸要充分。

（2）体前屈伸踝

练习者体前屈直立，两手撑地。两腿伸踝提踵至脚尖，两手指撑地。多次重复，要求向上提臀保持高重心。

（3）低支撑屈伸踝

练习者低支撑，两腿后伸，两腿提踵支撑，两脚屈踝至全脚掌撑地，两脚多次提踵与屈踝。要求脚尽量后伸，屈伸时要有弹性。

（4）俯撑伸展踝

练习者直臂俯撑，两臂屈肘，上体后移。随之挺胸向前移至直臂俯撑及两踝正面撑地伸踝。要求挺胸、塌腰，两腿接近地面。

（5）踝关节绕环

练习者两腿直立，两手叉腰，重心移至一脚，另一脚脚尖着地，做踝关节绕环动作。两脚交替练习，要求踝关节放松，逐渐加大幅度。

（6）单腿提踵

练习者右腿站立，两手扶肋木。两手不动，右脚连续提踵。要求提踵至脚尖。

（7）提踵半蹲走

练习者两腿屈膝，左脚提踵撑地，右腿屈膝前迈，用前脚掌撑地。两腿交替迈步，两臂协同摆动。要求重心不要起伏；脚着地时积极缓冲。

（8）提踵直腿走

练习者两腿直立。向上提踵后，两腿交替向前迈步。要求脚着地时踝积极缓冲。

7. 脊柱柔韧素质的训练方法

人体的脊柱由26块椎骨组成，椎骨之间靠椎间盘连在一起。其中有23块椎体有椎间盘，椎骨之间由于椎间盘的弹性有少许转动。当肌肉牵动椎骨时，每一个椎骨少许转动的总和就使脊柱有了相当大的运动幅度。因此，脊柱能前屈、后倾、向右侧屈、向左侧屈及转动。脊柱的柔韧包括颈椎、胸椎、腰椎的柔韧。

发展颈椎柔韧性主要采用头前后屈、左右侧屈、左右转动及绕环的练习。

（1）头部绕环。练习者两脚开立，两臂体后屈肘互抱，头部向前、左、后、右依次做绕环动作。要求两臂抱紧，绕环幅度逐渐加大。

（2）头部屈动。练习者两脚开立，两手叉腰，头向前屈，还原；向后屈，还原；向左屈，还原；再向右屈，还原。连续练习，要求屈动的角度为45度。

（3）左右转头。练习者两脚开立，两手叉腰，头向左转，还原；再向右转，还原。反复练习，要求头要平转，不能抬头或低头。

发展胸椎和腰椎柔韧性，主要采用下腰、甩腰，体前屈等练习方法进行练习。

（1）跪立背弓。练习者在垫上跪立，脚尖向后。双手扶在臀上部，形成背弓，臀部肌肉收缩送髋。呼气，加大背弓，头后仰、张口，逐渐把双手滑向脚跟。重复练习，要求动作幅度尽量大，动作结束保持10秒左右。

（2）俯卧背弓。练习者俯卧在垫上，屈膝，脚跟向髋部移动。吸气，双手抓住双踝。臀部肌肉收缩，提起胸部和双膝离开垫子。重复练习，要求动作幅度尽量大，动作结束保持10秒左右。

（3）仰卧团身。练习者在垫上仰卧，屈膝，双脚滑向臀部。双手扶在膝关节下部。呼气，双手向胸部和肩部牵拉双膝，并提起髋部离开垫子。重复练习，要求动作幅度尽量大，动作结束保持10秒左右，之后伸膝放松。

（4）站立体侧屈。练习者双脚左右开立，双手交叉举过头顶向上伸臂。呼气，一侧耳朵贴在肩上，体侧屈至最大限度。向身体另一侧重复练习，要求动作幅度尽量大，动作结束保持10秒左右。

（5）体前屈蹲起。练习者双脚并拢俯身下蹲，双手手指向前，放在脚两侧地面。躯干贴在大腿上部。伸膝至最大限度。重复练习，要求动作幅度尽量大，动作结束保持10秒左右。

（6）上体俯卧撑。练习者俯卧，双手掌心向下、手指向前放在髋两侧。呼气，用双臂撑起上体，头后仰，形成背弓。重复练习，要求动作幅度尽量大，动作结束保持10秒左右。

（六）篮球专项弹跳训练方法

（1）跳绳练习（双脚、单脚、原地跑步、高抬腿等）：单摇和双摇跳。可规定时间和次数进行。

（2）单脚跳连续跨跳或蛙跳28米若干次（每次要求达到步数）。

（3）两脚交替直线向前跨跳和直线向前左、右跨跳。

（4）连续半蹲跳、跳深、收腹跳。

（5）单脚徒手全力跳上、下台阶。

（6）连续深蹲跳（或跳起摸一定高度）20次。

（7）两人一球，5米距离，互相跳传。

（8）原地起跳连续摸篮圈或篮板，行进间跳起摸篮筐，原地上步摸篮筐或篮板。

（9）行进间摸篮筐或篮板接原地起跳摸篮筐或篮板。

（10）向篮板抛球，然后跳起空中补篮，三人一球连续进行。

（11）持球跳起空中连续托球打篮板练习，要求在最高点触球。

（12）一人持球在篮下左、右连续跳起投篮，要求在跳到最高点时出手。

（13）向左或右上步断高传球练习，要求跳到最高点断球。

（14）两人一球，分别站在篮下左、右侧，连续跳起在空中碰板对传球，要求身体跳到最高点触球。

（15）全队一球，行进间跳到空中连续打篮板练习，要求跳到最高点触球，手臂、身体充分伸展。

总而言之，弹跳素质是一项综合素质，要在提高下肢最大力量的基础上大力发展爆发性的快速力量。在弹跳练习过程中必须抓好力量、速度和协调性的练习，要合理安排运动量和负荷强度，防止负担过重，造成膝关节的损伤。

二、篮球专项体能的综合训练

（一）全场连续上篮训练

训练目的：增强运动者机体的心肺功能。

训练方法：如图6-1所示，此练习共进行4分钟，用3个球，具体方法为①传球给⑥，⑥接球后沿边线快速运球上篮；同时，①快速跑至对侧罚球线，拉开，然后折回沿边快下。⑥上完篮后冲抢篮板球并迅速将球传给快下的①，①运球上篮；①⑥交换位置回到队形中。当①⑥过半场时，②⑦立即开始练习；以此类推，使3个球在场上同时进行练习。在4分钟内连续投中80个为一组训练。

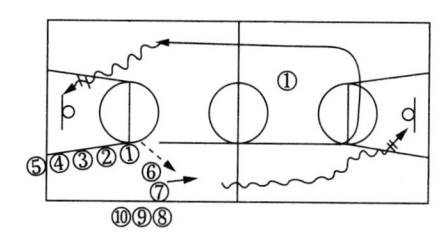

图 6-1

（二）综合投篮训练

为了在大强度条件下提高投篮能力及体能水平。可通过大强度的练习使队员产生疲劳，以模拟他们在类似比赛条件下进行投篮。这些投篮练习可以根据本队的训练计划选择性地练习。投篮应该配对分组练习，每次练习都要计时、计分，并要求投篮队员投中后要大声喊出"计数"。除得分排在前三名的队员外，在练习结束后其余队员都要给予一定的加训处罚（俯卧撑、冲刺跑等），以调整训练气氛，激励队员努力训练。

1. 快速冲刺跑投篮

如图6-2所示，持球队员站在篮下，投篮或扣篮后立即向罚球线冲刺跑并用手触摸罚球线，然后捡球并在捡球处投篮，再向罚球线冲刺跑并用手触摸罚球线，在捡到球的地点投篮。如此方法连续进行。

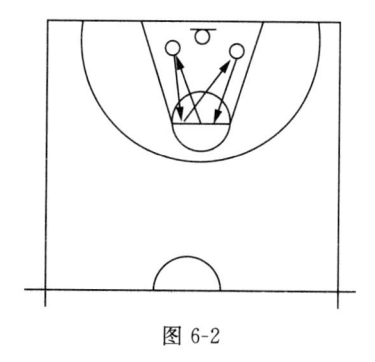

图 6-2

2. 抛球接球投篮

如图 6-3 所示，持球队员站在右侧 3 分线外，跳投后迅速冲抢篮板球并将球向左侧 3 分线外抛出，然后快速跑至左侧 3 分线外接球，并转身跳投。如此方法两边重复进行。

图 6-3

3. 快速移动接球投篮

如图 6-4 所示，一名投篮队员站立在右侧 3 分线外 45 度角处，另一名队员站在篮下抢篮板并传球；投篮队员投篮后快速跑至左侧 3 分线外 45 度角接球投篮，然后快速跑回原地点接球投篮。如此方法重复练习。

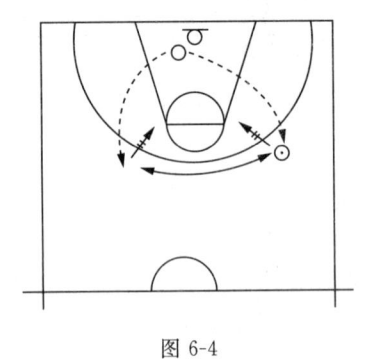

图 6-4

4. 运球上篮

如图 6-5 所示，队员持球站在右侧 3 分线外，听到教练的信号后，用右手运球上篮并在球刚穿过篮网时抢获篮板，仍用右手运球至另一侧 3 分线外；然后换右手运球上篮，抢篮板球，左手运球回到原出发点，如此方法连续进行。

图 6-5

三、篮球专项体能的循环训练

间歇和重复训练是循环训练法的基础，它要求训练时要有周期的连续交替，并将每项的基础练习组合成一整套的练习。使用循环训练法时，对完成各项练习的重复次数、休息时间有着严格的规定。一般在准备期进行的一般体能训练和专项体能训练时，经常会用到循环训练法，专项体能训练一般循环 3 次，每次循环训练可根据训练任务加大或减少调节量，脉搏频率与强度。

由于训练强度、重复次数、持续时间和间歇时间四个方面因素决定了整套循环训练的负荷量。对此，我们可将循环训练法分为三个类型：

(1) 用于发展一般耐力的不间断长时间类型的循环练习。
(2) 用于发展速度性耐力和力量性耐力的硬性间歇的循环练习。
(3) 在恢复期和过渡期使用的，带有普通间歇类型的循环练习。

(一) 练习方法一

(1) 负重 60 公斤杠铃提踵练习，增强踝关节力量。
(2) 55～60 公斤杠铃卧推。
(3) 单杠引体向上。
(4) 负重 20 公斤杠铃增强二头肌。
(5) 10 公斤哑铃练习，练习三角肌。
(6) 颈后负重 10 公斤练习腹肌。
(7) 颈后负重 10 公斤练习背肌。
(8) 负重 60 公斤杠铃半蹲起接提踵。
(9) 肩负重 55 公斤杠铃蹬 60 公分高度（左右腿交替）。
(10) 45 度上坡跑 20 米，10 秒，休息 1 分钟。
(11) 20 米后提腿接 10 米冲刺跑 3×20 秒，休息 1 分钟。
(12) 20 米高抬腿接 10 米冲刺跑 3×20 秒，休息 1 分钟。
(13) 双手持 15～20 公斤杠铃片双手水平左中右平伸。
(14) 后距跑 20 米接 10 米冲刺跑 3×20 秒，休息 1 分钟。
(15) 左腿单足跳 20 米接 10 米冲刺跑 3×20 秒，休息 1 分钟。
(16) 右腿单足跳 20 米接 10 米冲刺跑 3×20 秒，休息 1 分钟。
(17) 20 米全速跑 3×5 秒，休息 1 分钟。
(18) 收腹跳接 10 米冲刺跑 3×18 秒，休息 1 分钟。

(二) 练习方法二

(1) 全场连续后滑后撤步 3 分钟，强度 70%；2 人一组罚球 2 分钟。
(2) 全场连续端线起动至中场接后退跑至端线 2 分 30 秒，强度 75%；2 人一组罚球 1 分 30 秒。
(3) 全场横滑步往返 2 分钟，强度 80%；2 人一组罚球 1 分钟。
(4) 3 人一组罚球 6 分钟。一人罚球（5 次），一人传球，一人连续跳摸篮板，3 人循环交换。

(5) 重复（1）的练习1分30秒，强度80%；消极休息45秒。

(6) 重复（2）的练习1分钟，强度90%；消极休息30秒。

(7) 重复（3）的练习45秒，强度100%；消极休息2分钟。

（三）练习方法三

(1) 3人一组投篮6分钟；1人投篮，1人封盖，1人传球，3人轮转。

(2) 3人一组罚球6分钟；一人罚球（2次），一人传球，一人全场往返跑，3人轮转。

(3) 3人一组在中圈2传1抢，传球者可沿中圈弧线移动，2分钟×3组，3人轮转。

(4) 3人一组在一直线上分3点原地传接球，经过中间人向左右传接球，2分钟×3组，3人轮转。

第七章　排球运动员专项体能训练方法

第一节　排球运动理论及其体能特征

一、排球运动基本理论

(一) 排球运动的溯源

虽然现代许多体育运动项目都起源于英国,但是篮球和排球则是从美国开始发展的。19世纪末的美国资本主义经济迅速发展,大量的劳动力得到解放,人们开始追求能强身健体且富有趣味性和深刻文化内涵的体育运动项目。当时盛行的橄榄球、篮球等运动比较紧张激烈,相对适合年轻人参加,对于多数中老年人来说就只能望而却步。1895年,美国马萨诸塞州(旧称麻省)霍利沃克市的基督教青年会干事威廉·基·摩根在经过一段时间的摸索之后,创造了一种运动量适当,又富有趣味性、男女老少都能参加的室内娱乐性新项目——排球游戏。最初的排球游戏以网球和篮球为基础,游戏时在篮球馆里把网球网架到6.5英尺(1.98米)的高度,然后让人们用篮球内胆当作游戏用球,像打网球一样隔着球网来回击打,使其在空中飞来飞去,直至球在某方场地落地为止,这就是排球运动的雏形。在当时排球游戏只是作为人们的一种消遣活动。

由于篮球内胆太轻,在空中飘忽不定,不易控制球的方向、路线和落点,而改用篮球和足球又太重太大,不能用手部击打,并极易挫伤参与者的手指、手腕,因此必须设计出轻而小的球。于是,摩根找到了当时美国规模较大的司堡尔丁体育用品公司,要求他们设计出一种既不伤手指、手腕,又不会一触球就跑的用软牛皮包制的球。司堡尔丁体育用品公司按摩根的要求,设计制作了与现在排球相接近的、外表是皮制的、内装橡皮胆、圆周为25~27英寸(63.5~68.6厘米)、质量为9~12盎司(255~340克)的历史上的第一批排球。

摩根把这种游戏式的运动取名为"Mitontte",意思是"小网子"。1896年,在美国马萨诸塞州斯普林菲尔德基督教青年会体育指导大会上进行这种游戏的首次示范表演赛,获得了在场观众的赞赏。当时,观看比赛的春田市的阿尔福德·T·哈尔斯戴德博士发现这种打法和网球有些相似,于是建议把这一运动命名为"Volley ball",即"空中连续截球"之意。

这个名称更加符合游戏的本意,即让球在空中飞来飞去,而参与者是在来回不断地"Volley"(截击),因而得到了摩根及表演者的一致同意。1951年,"Volleyball"这个复合词第一次正式出现在印刷物上,一直被沿用至今并成为现代排球的国际通用名。同年,春田市的两个排球队进行了第一次公开比赛,并采用了美国人卡麦隆出版的排球比赛规则,两场比赛均是5人对5人。

在排球运动的早期历史上，对于比赛的场地面积、球网高度以及双方参赛人数都没有统一的规则，只要比赛双方人数对等即可。1897年，基督教青年会出版了第一版官方排球规则汇编，在美国《体育》杂志上公开介绍了排球比赛的打法及简单规则，但当时并没有对排球运动规则的统一产生太大影响。直到1912年对早期的比赛规则修订之后，排球运动才开始蓬勃开展起来。1916年，规则除了把室内排球比赛每方上场队员人数限定为6人外，还把排球网高定为8英尺（约2.44米），并且采用轮转发球。这些规则的修改，为1922年在纽约城举办的第一届全美男排冠军赛铺平了道路。1928年美国排球协会成立，不久以后就取代了基督教青年会成为美国排球运动的主要组织者。同年，在女子排球比赛中采用了独立的规则，其中的一些规则（如比赛双方每队上场8名队员，以及每次发球轮转采用双发制）一直沿用到20世纪50年代。1949年美国举办了第一届女子排球比赛，从那时起女子排球运动得到了迅速普及。

在教会、社会、学校纷纷热衷于排球运动的同时，美国军队也开始重视排球运动，并把其列入了军事体育项目。第一次世界大战以来，排球运动在军队中得到了广泛的开展，在空军中一度达到了狂热的程度。但是，排球运动在美国一直带有强烈的娱乐性，因而长期以来只是当作娱乐项目对待，直到1942年，也就是排球运动诞生的第47个年头，才举行了第一届全美排球锦标赛。1952年，全美陆军举行排球淘汰赛，从此排球运动才超出娱乐范围，朝着运动竞赛的方向发展。

（二）排球运动的传播

美国的春田学院是排球的发源地，该校的基督教青年会是最早传播排球运动的组织。当时，基督教青年会的干事、传教士、春田学院毕业的运动员以及参加第一次世界大战的美国军队都成为排球运动的初期传播者。

美国通过教会的传播和军队的军事活动，逐渐把排球运动传播到世界各地。由于各地传入排球运动的时间及采用的比赛规则不同，所以运动水平的提高程度也不尽相同，排球运动的形式也随之迅速发生了演化。

排球运动的传播主要受到了地理位置的影响，6人制排球首先传入美洲其他国家。1900年，通过基督教青年会的传播，加拿大成为第一个在美国以外开展排球活动的国家。1905年传入古巴，1909年传入波多黎各，1912年传入乌拉圭，1914年传入墨西哥，1917年传入巴西。在美洲各国，人们习惯将排球运动看成是一项消遣娱乐活动，并没有看重它的体育竞技性质，直到1964年排球运动被列入奥运会正式竞赛项目，排球运动在美洲所受的冷遇才得到改善，运动水平也随之提高。

排球运动传入亚洲的时间也较早，主要是通过基督教青年会的传播。1900年传入印度1905年传入中国，1908年传入日本，1910年传入菲律宾。排球运动在亚洲的发展过程中先后经历了16人制、12人制、9人制的比赛形式及相应的规则，直到20世纪50年代初才正式开展6人制排球运动。亚洲排球技战术的发展对世界排球运动的发展做出了巨大的贡献。

排球运动传入欧洲的时间迟于亚洲，是由参加第一次世界大战的美国士兵将排球运动带到了欧洲大陆和地中海沿岸。1914年传入英国，1917年传入法国、意大利、俄国，1918年传入南斯拉夫，1919年传入捷克斯洛伐克、波兰，1922年传入德国。排球运动传入欧洲虽晚，但传入的是6人制排球，而且当时排球运动已经成为一项竞技性运动，所以很快在欧洲得以发展，在相当长的一段时间里，欧洲国家的排球运动水平始终名列世界排坛的前茅。

排球运动传入非洲的时间最晚，1923 年传入埃及、突尼斯、摩洛哥等国。由于起步较晚，传入后又没能广泛地开展，所以至今非洲排球运动的技战术水平在世界排坛中还处在落后的位置。尽管近几年，非洲的肯尼亚和阿尔及利亚两队取得的进步不容否认，但是非洲球队的整体水平较之欧美和亚洲确有差距，非洲排球要想有所作为尚需时日。

排球运动自 1895 年创始到 20 世纪 30 年代，已经逐步发展成为遍及世界五大洲、为广大人们所热衷的体育运动项目。尽管开始时这项运动的水平不高，并且大都只是作为一种游戏性的健身活动，但是奠定了排球运动向世界性发展和向高水平发展的基础。

（三）排球运动的发展

1. 世界排球运动的发展

从整体来分析世界排球运动的发展历程，能够将这项运动的发展史大体划分成三个阶段，分别是从娱乐排球向竞技排球过渡阶段、竞技排球的快速发展阶段以及竞技排球的多元化和娱乐排球的再兴起阶段，三个阶段的发展特征如下。

（1）从娱乐排球向竞技排球过渡阶段

第一阶段的大体时间是 19 世纪初至 20 世纪 40 年代。排球运动是由游戏发展而来，其产生目的就是为了满足中老年人锻炼身体的需求，因此是一项娱乐性较强的游戏活动，再加上排球运动开展初期并无具体的游戏规则，所以早期的排球基本没有什么成规格的技术动作，更不要提战术了，参与的双方只要将球打过球网落到对方场区内就可以。

随后，伴随着越来越多人参加到这项游戏中后，人们逐渐发现将球一次击过球网妄图得分的效果并不十分理想，并且人们发现对方最难接起的威胁球通常是从网前位置击出的。自此之后，人们开始尝试在本方半场多次击球的打法，以求找到最佳的扣球成功得分时机，久而久之，排球运动简单的战术配合开始形成。

因为排球游戏中，游戏一方无休止地击球而始终无法过网的现象较为频繁，所以为了限制得球方无限传球导致的拖慢比赛节奏的问题，后来人们规定了每次获得球权后本方半场的传递次数，即每方击球至多 3 次，3 次传递后球必须过网，否则判负的运动规则。这一规则的出现对排球运动的影响是革命性的，它的出现基本使得进攻的组织技术分化为传球与扣球两种主要技术。传球通常为两次，也被分为了一传和二传，一传带有较多的防守性质，二传带有由守转攻的性质。这样一来，节奏变快的排球运动越发吸引更多的年轻人加入进来，使得过往以娱乐、游戏为主的运动被赋予了更多的对抗元素。扣球的威力较大，为了对抗扣球，人们将防守直接挪到了网前，拦网战术出现。由于球权获得队的触球机会减少，任何技术环节都是宝贵的进攻机会，其中没有对方干扰的发球技术就越发得到人们的重视。排球运动的发球也开始采用增加力量的侧面上手球，从此排球运动的性质发生了变化，逐步从健身性游戏发展成为竞技运动之一。

当一项游戏被赋予了更多竞技元素并将朝着竞技化进一步发展的时候，一套系统的、公平的规则就是必要的产物，排球运动竞技化同样如此。1921—1938 年间，排球运动的规则不断进行着大幅度的改变与完善。规则的改变也使得运动的技战术更加明确与系统，如排球运动中就将发球、传球、扣球、拦网确立为当时排球运动的四大基本技术。后来，人们将这些技术进行有针对性的组合,并且在恰当的时机使用出来,排球战术由此出现,这为队员们在比赛中有目的、有意识、有组织的位置分工及战术配合和排球运动的深入发展打下了坚实的基础。

(2) 竞技排球迅猛发展阶段

第二次世界大战后,一些国家已相继成立了排球协会。人们希望国际上有个统一的组织来开展国际上的排球竞赛与交流。1946年8月26日,由法国、捷克斯洛伐克、波兰三个国家的排球代表在布拉格召开会议,倡议成立国际排球联合会。1947年4月,国际排联在巴黎正式召开成立大会,有14个国家的排协负责人出席了会议,选举了法国的保尔·黎伯为第一任主席。此次大会制定了国际排联宪章,成立了技术委员会、竞赛委员会和裁判委员会,并正式出版了通用的排球竞赛规则。国际排联的成立标志着排球运动从此摆脱了娱乐游戏的性质而进入竞技排球的新阶段。

国际排联成立后组织了一系列国际性的大赛,如第一届欧洲男子(1948年)、女子(1949年)排球锦标赛,第一届世界男子(1949年)、女子(1952年)排球锦标赛,第一届世界杯男子(1965年)、女子(1973年)排球赛,第一届世界青年男、女(1977年)排球锦标赛和奥运会男、女(1964年)排球赛。这些国际比赛以后每隔4年举行一次,一直延续至今。此外,国际排联下属的各洲联合会也定期组办锦标赛、洲运动会排球赛、洲青年锦标赛等。在众多的大型比赛和广泛的国际交往促进下,排球运动的技战术得到了蓬勃的发展。20世纪50年代,东欧一些国家排球运动技术水平较高。苏联男、女排均以身高体壮、扣球力量大且凶狠而成为当时"力量派"的代表,曾多次蝉联世界冠军。捷克斯洛伐克男排是当时"技巧派"的代表,他们以扣球线路变化多和控制球的落点为特色,扣球轻重结合,是"力量派"的主要对手,但在实际抗衡中仍是"力量派"占上风。

20世纪60—70年代初是排球技术和战术发展较快的一个时期,世界排坛呈现不同流派各显特色,不同风格先后称雄的局面。20世纪60年代初,日本女排在大松博文教练的带领下创造了滚动救球、小臂垫球及勾手飘球技术,突破了以苏联、东欧为代表的技术模式,从此改写了苏联女排独霸世界冠军的历史。日本女排在技术上的三大发明是排球技术和战术上的一次重大革命,为排球运动的发展作出了极大的贡献。这一时期的女子排球,是以日本为代表的"防守加配合"和苏联为代表的"进攻加力量"打法的抗衡,他们平分了八届大赛的金牌,世界女排进入了日苏对垒的时代。

1965年国际排联对规则进行了修改:"允许手过网拦网",规则的这一改变,使如何突破拦网,提高网上控空权成为比赛取胜的关键。当时男子"力量派"打法已不占优势,德意志民主共和国队因以突出高大队员的"超手扣球"解决了这一问题并取得了连续两年的世界冠军而被称为"高度派"。当时中国男排针对拦网规则的变化,创造了"盖帽拦网"和"平拉开扣球"技术,开创了"小个子打大个子"的先河,引起了世界排坛的哗然。日本男排很快在学习我国"平拉开扣球"和"近体扣球"的基础上创造了"短平快""时间差""位置差"等进攻打法。

1972年在第二十届奥运会上,日本队击败以高度著称的德意志民主共和国队,为亚洲夺得了首枚奥运会男子排球赛的金牌。至此,以中国队和日本队为代表的"速度派"开始形成。这一时期男子排球四大流派的对峙,繁荣了排球的技战术打法。这时的排球运动逐渐以其激烈的对抗性和高度的技巧性展现自己的魅力。国际排联为了推动排球运动的发展,1977年再次修改了规则,即拦网触手后仍可击球3次,这样又给组织进攻提供了更多的机会,进一步促进了攻防的激烈程度。20世纪70年代后期中国男排首创了"前飞""背飞"等空间差系列打法，中国女排发明的"单脚背飞"技术，波兰男排创造的后排进攻战术，使排球运动进攻战术配合从二维空间发展到三维空间，从平面配合发展到立体配合的新阶段。在这一阶段美洲的排球运动也得到迅猛发展，古巴男、女排和美国女排迅速崛起并跻身于世界强队之列。随着国际交往的不断增多，各种流派在相互取长补短中逐渐融合。欧洲各队吸取了亚洲的快攻打法，向强攻加快攻、力量加技巧方向发展。亚洲各队在进一步发展快变战术的同时，重视提高运动员的高度以增加进攻威力。总之，20世纪70年代是竞技排球发展速度最为突出的时期，由单一模式到不同流派的产生，由重攻轻守到攻防兼备，由追求高度和力量到追求技战术，由注重个人技巧到讲究集体配合，竞技排球技战术产生了质的飞跃。

（3）竞技排球的多元化和娱乐排球的再兴起阶段

①竞技排球的多元化

进入20世纪80年代的竞技排球已度过了它的成长、发育时期而逐步走向成熟，当初那种只要在技战术的某一环节能够超群的队就有可能问鼎的时代已一去不复返。中国女排之所以在1981—1986年连续5次夺冠，正因为她们是一支既有高度又有灵活性，既能攻又能防，既能快又能高的全面型球队，练就了一套攻防全面、战术多变，以高制矮、以快制高的技战术打法，中国女排在世界排球运动发展史上写下了最辉煌的篇章。这一时期，美国男排创造性地运用了沙滩排球中的二人接发球战术，发明了摆动进攻战术。在比赛中队员还大胆地运用跳发球和后排进攻技术，使前排的快变与后排的强攻有机地结合成纵深立体进攻战术，同时该队队员不仅文化素养高，善于改革创新，而且防守积极，作风顽强，至此才使这支过去一直默默无闻的球队连续4次获得世界冠军。

中国女排和美国男排的成功，标志着排球运动技战术观念的革命，它预示着排球运动进入了全攻全守的新时期。全攻全守已不仅是个人攻防技术的称谓，而是指整体全方位的攻守。全攻首先从观念上打破了传统的进攻模式，意味着进攻的手段是从发球开始并包含拦网。西欧男排继美国男排崛起后，在职业联赛的交流中进一步发展了美国男排的攻防体系，使跳发球和纵深立体进攻战术达到运用自如且很少失误的程度，尤其是意大利、荷兰等国，跳发球空中飞行时间仅为0.5秒，速度达到30米/秒，且拦网的成功率很高，因此进攻已不再是第3次击球的专利了。

全攻意味着进攻的变化已不局限在网前的二维空间内，而是充满整个场地的三维空间。意大利、荷兰等国的男排不仅有高快结合的前排进攻，而且有在前排进攻配合下，从二传出手到扣球仅用0.8秒的背平快后排进攻，形成了高、快结合，前、后结合的全方位进攻局面。

全守即体现全方位的防守，首先是技术动作的全方位。当今由于进攻水平的不断提高那种单纯依靠手和手臂击球的动作要防起迅雷不及掩耳般的扣球是相当困难的。为了促进攻守平衡，国际排联本着积极鼓励防守技术的发展，同时又不消极地限制进攻技术的原则，从1984年开始，先后从规则上放宽了对运动员第一次击球时判断连击犯规的尺度，1992年将合法的触球部位从髋关节以上改为膝关节以上，1994年又由膝关节以上改为身体的任何部位均可触球，于是出现了手、脚、身全方位的防守动作，扩大了队员的防守面积，提高了防守质量。1999年规则又增加了后排自由防守队员。其次，体现在当代防守观念的转变，即由预判的"出击防守"代替了固定位置的"等待防守"，"而高位防守"的取位则更需要运动员具有高水平的判断、反应及控制球的能力。最后,全方位的防守还体现在针对对手的进攻特点,随时调整拦网与防守的配合,打破原有的防守阵型模式,从而兼顾防守效果和防后的反攻进行布阵。

20 世纪 90 年代,意大利、荷兰男排以惊人的速度在国际上确立了领先的地位,标志着竞技排球走向社会化、职业化的时代已经到来。由于排球运动的职业化趋势,使排球运动的技战术水平又跃上了一个新的台阶。职业俱乐部的实施使意大利排球水平突飞猛进,男排水平尤为突出。1988 年以前的历次世界大赛中,意大利男排只有 4 次进入前 8 名,而 1988 年后每次都打入大赛的前 8 名(其中 4 次荣登冠军宝座,4 次获亚军),意大利女排也获得 2002 年世界锦标赛冠军。在女排方面,古巴女排在高举高打的同时,也加快了进攻速度,并克服了情绪波动的弱点,在 20 世纪 90 年代独领风骚,1989—2000 年先后夺得 8 次世界冠军。

进入 21 世纪,世界排坛的格局发生了根本的变化。女子排球方面,古巴女排走下神坛,不再有一枝独秀的实力,中国、俄罗斯、意大利、巴西、美国女排呈多强林立的局面。男子排球方面,从诸强纷争变为巴西队异军突起,自雷纳多执教巴西男排以来,他们先后夺得了 2002 年世界锦标赛、2003 年世界杯和世界男排联赛及 2004 年奥运会的冠军。

②娱乐排球的再兴起

随着时间的推移,排球运动的娱乐性逐渐被其竞技性所取代。进入 20 世纪 80 年代以来,竞技排球的技术和战术都发生了质的变化,全方位的攻、防更增加了比赛的观赏性。但随着现代经济的发展,人们对物质文化消费的需求也在不断提高,健身娱乐逐渐成为人们消除疲劳的有效方法。人们在观看比赛中获得赏心悦目的享受之余,也渴望亲自体验参与这项运动的乐趣。由于排球运动本身的高度技巧性,往往使前来参加运动的人望而却步。因此,人们希望有一种大众都能够参加的排球运动尽快诞生,于是人们开始从球的性能、比赛规则上进行了适合各自需要的修改,全球性的娱乐排球便应运而生。

国际排联在竞技排球中的一系列改革,虽然吸引了更多的观众,但参与的还不多,这无疑会影响人们对该项运动的喜爱,于是国际排联对这些适合大众开展的排球运动形式给予了积极的支持和重视。20 世纪 90 年代国际排球联合会把沙滩排球列入了整体发展规划,并成立了沙滩排球委员会,1993 年出版了第一部正式竞赛规则。1996 年沙滩排球成为亚特兰大奥运会正式比赛项目。目前软式排球、迷你排球(小排球)都组织过世界性的青少年比赛。总之,娱乐排球的再兴起,标志着现代排球运动进入了竞技排球与娱乐排球共存的新时代。

2. 我国排球运动的发展

19 世纪末 20 世纪初,随着西方文化的大量传入,西方的一些竞技运动项目逐步在中国开展起来,排球运动也是在这一时期传入中国。在传入初期,排球运动只是作为一项游戏用于娱乐活动,很少有竞赛活动。直到 1913 年远东运动会中国、菲律宾进行首次排球比赛后,中国各地才逐渐开展起排球运动的竞赛活动。

(1)中华人民共和国成立前排球运动的发展概况

1905 年,排球运动首先在广州南武中学和香港皇仁书院流行起来,后来主要通过基督教青年会体育部、留运动员、外籍人士等以教学、游戏、训练班及表演赛等方式进行传播,排球运动逐步在我国部分城市的一些学校中开展起来。人们根据 Volleyball 的译音,把空中击球称为"华利波"。1913 年,我国参加了在菲律宾举行的第一届远东运动会排球赛,这是世界上第一次正式的排球国际比赛,虽然参赛队只有中国和菲律宾,我国的代表队又是临时从田径、足球队中抽调的一些运动员拼凑起来的,但比赛打得十分精彩、激烈,引起了人们的兴趣。这些队员回国后,将正式的排球运动带到了广州、台山、文昌等地。

男子排球从1914年的第二届,女子排球从1924年的第三届全国运动会开始被列为正式比赛项目,并将"华利波"改称为"队球",取成全队比赛之意。1915—1934年,我国男排参加了十届远东运动会,曾获得5次冠军和5次亚军。而我国女子排球比赛开始较晚,1921年在广东省运动会上首次出现,1923—1934年曾参加了5次远东运动会,均获亚军。1930年中国第四届全运会之前,经中华全国体育协进会研究,根据其球在空中被来回击打和参加者成排站位这两个特点,将"队球"改称"排球"。从此,排球这一名称和运动形式在我国传播开来并沿用至今。

受远东运动会的影响,我国排球运动经历了16人制—12人制—9人制—6人制的演变过程。1915—1919年,我国排球比赛采用16人制,每方上场16名队员,分成4排,每排4人进行站位,比赛中位置固定不轮转。1919—1927年,我国排球比赛采用12人制,双方各12名队员上场,分成3排,每排4人站位,场上位置仍固定不进行轮转。当时已出现上手发球、正面扣球、单人拦网及倒地救球等技术动作。1927—1951年,我国排球比赛采用9人制,双方各9名队员上场,分成3排,每排3人站位,位置同样采用固定不进行轮转。当时又出现了勾手大力发球、勾手扣球和鱼跃救球等技术动作,尤其在第八届、第九届远东运动会上,为了突破菲律宾高大球员的拦网,我国队员创造了"快板球"技术和快球及快球掩护下的两边拉开进攻战术。9人制排球在我国延续了24年之久,是在采用6人制之前,我国开展排球运动时间最长的一种比赛形式。

(2) 中华人民共和国成立后排球运动的发展概况

①初露锋芒阶段

中华人民共和国成立后,排球运动很快被国家作为重点体育项目在全国进行推广、普及,成为发展较快的体育运动项目之一。为了适应国际体育文化交流和比赛的需要,1950年7月在全国体育工作者暑期学习会议上,中华全国体育总会第一次向与会人员介绍了国际排联制定的6人排球竞赛规则和方法。1951年1月,组建了中国青年男子排球队,并赴柏林参加第十一届大运动员冬季运动会和第三届世界青年联欢节。1951年5月,在北京举行的第一届全国篮、排球比赛大会上正式采用6人制排球比赛,并组建了国家男、女排球队,即当时的"中央体训班男、女排球队"。1952年国家男、女排到全国14个城市进行6人制排球比赛的示范表演,为6人制排球运动在我国的普及起到积极的推动作用。1953年中国青年女子排球队首次随中国代表团参加在布加勒斯特举行的第一届国际青年友谊运动会排球赛。1953年中国排球协会成立,1954年1月1日,我国加入国际排球联合会(简称国际排联),成为正式会员国。为了向当时排球运动处于领先地位的东欧各国学习,中国男、女排球队在赴布达佩斯参加第十二届大学生运动会途经苏联时,曾到莫斯科、基辅等城市边训练边比赛,系统地学习苏联排球队先进的技战术打法和训练方法,对中国排球运动的发展起到了很大的推动作用。

中国排球除了走出去外,还采取请进来的方法学习外国的先进技术及理论,在这一时期,捷克斯洛伐克军队男排和保加利亚男、女排球队先后应邀来我国访问。1956年,国家体委邀请了苏联专家戈洛马佐夫在京、津两地举办的"全国排球教练员训练班"讲课,学员们全面系统地学习了苏联排球运动训练的理论与方法,为我国排球运动的发展起到了重要的促进作用。同年建立了全国联赛的竞赛制度,并颁布了《中华人民共和国运动员、裁判员等级制度条例(草案)》，教育部颁布的《一般高等学校体育课试行教学大纲》《中等学校体育教学大纲（草案）》和《师范学校体育教学大纲（草案）》，均把6人制排球列为必修课程。

20世纪50年代，我国排球按照普及与提高相互促进，以普及促提高，以提高带普及的发展思路，在继承9人制排球技战术基础上，首创了快球和快攻战术，使得我国排球运动水平迅速提高。1956年中国男、女排球队首次参加巴黎世界锦标赛（男子第三届、女子第二届）就取得了女子第6名，男子第9名的好成绩，在国际排坛上初露锋芒。

1964年，周恩来总理邀请大松博文教练率领当时的世界冠军日本女排访华，并请他亲自指导排球运动员训练。贺龙副总理要求我国排球界要学习大松博文教练的严格要求和日本女排刻苦顽强的训练作风，明确提出"三从一大"即"从难、从严、从实战出发，坚持大运动量训练"的训练原则，极大地推动了我国排球运动的训练工作，使我国排球运动水平又有了显著的提高。当时我国不仅学习了日本女排的勾手飘球、垫球及滚动救球技术，而且创造了"盖帽拦网"和"平拉开扣球"技术。

20世纪60年代前后，我国各省、市队根据自己的特点开始形成各自不同的风格和技术打法。例如，以广东队为代表的快速配合，以四川队为代表的细腻稳健，以北京队为代表的高打强攻，以解放军队为代表的勇猛顽强，以上海队为代表的灵活多变等，充分体现了我国6人制排球技战术水平的明显提高。

1966—1976年，我国的体育事业受到了严重摧残，排球运动也同样遭此厄运，期间运动队都停止了训练，甚至有的队被解散，排球运动的整体技术水平下降，运动队出现青黄不接的局面。在1974年的世界排球锦标赛上我国男女队分别降至第15名和第14名，我国与世界强队之间缩小的差距又被进一步拉大。

（2）腾飞辉煌阶段

1972年在周总理发出"要把体育运动重新搞上去"的号召下，国家体委以举办五项球类运动会的形式恢复了体育竞赛，并于同年召开"三大球训练工作会议"。会议总结以往工作的经验，找出存在的差距，进一步明确今后排球训练工作的指导思想及发展规划，建立排球训练基地，并开始有计划地组织各省市队的集中训练工作。通过每年的冬训，各省市队有了较长时间能够集中在一起相互学习、相互促进，这对提高技战术水平，迅速培养后备力量起到了一定的催化作用。1976年，我国开始组建新的国家男、女排球队。

1977年中国男排在第三届世界杯排球赛中力压巴西、美国等欧美球队获得第5名，1978年又在第九届世界排球锦标赛中获得男子第7名，1979年我国男排在亚洲锦标赛中战胜韩国队获得冠军，并取得参加奥运会的资格。1981年男排第四届世界杯预选赛，中国男排在0：2落后的局面下，连扳三局逆转战胜韩国队，从而进军该届世界杯，并在赛事中再次获得第5名。逆转战胜韩国队的消息传到北京后，北大学子喊出了"团结起来，振兴中华"的时代最强音而传遍大江南北，为我国20世纪80年代的改革开放事业注入强大的号召力。

20世纪70年代末到20世纪80年代初，是我国男排技战术水平提高较快的时期，在继承传统快攻打法的基础上，又大胆创新了"前飞""背飞""拉三""拉四"等新战术，形成了一套自己的快变战术打法。当时，中国男排的实力不仅冲出了亚洲，而且具备了与世界强队抗衡的能力。

1977年中国女排在第二届世界杯排球赛中获得第4名，1978年又在第九届世界排球锦标赛中获得第 6 名，1979 年我国女排在亚洲锦标赛中战胜当时的亚洲和前世界冠军日本队获得冠军，并取得参加奥运会的资格。1981 年我国女排在日本举行的第三届世界杯排球赛中以 7 战 7 捷的战绩，第一次获得世界冠军的称号，为三大球翻身打响了第一炮。1982 年在秘鲁举行的第九届世界女排锦标赛中再次夺冠，1984 年中国女排继续发扬顽强拼搏精神，在美国举行的第二十三届奥运会排球赛中再次问鼎，第一次在奥运会排球比赛馆内升起了中国的五星红旗。1985 年在日本举行的第 4 届女排世界杯、1986 年在捷克斯洛伐克举行的第十届世界女排锦标赛中，我国女排又相继夺得冠军，创造了世界大赛中五连冠的新纪录。

这一时期我国的排球运动可谓以"全攻全守、能高能快"的战术特点，显示了世界排坛的新潮流，从此中国男、女排开始冲出亚洲，走向世界，实现了中国排球运动的腾飞。

(3) 低谷徘徊阶段

20 世纪 80 年代，当世界男子排球运动迅猛发展的时候，我国男排由于种种原因造成了运动水平的下降。1982 年世界锦标赛的分组本来对中国男排非常有利，但因关键时刻队员的心理承受能力差，失去了进入前 4 名的机会，仅获第 7 名。1984 年洛杉矶奥运会又以 1 胜 5 负的战绩排名第 8。1985 年世界杯亚洲区预选赛又以 1：3 负于韩国，从而失去参加世界杯的资格。1987 年亚洲锦标赛上负于日本而失去参加第二十四届奥运会的资格。1989 年在亚洲锦标赛上负于日本队和韩国队名列第 3。

1997 年，中国男排在新任主教练汪嘉伟的带领下重新夺得亚洲锦标赛的桂冠，并在世界锦标赛预赛中取得了参赛资格。1998 年世界锦标赛中，中国男排虽然较好地发挥了自己的水平，但因体能、体力和技术上的差距，在前 12 名中仍没找到自己的位置。1999 年亚洲锦标赛上中国男排成功卫冕，但在同年上海举行的亚洲区男排奥运会资格赛中失去了一次绝好的依靠自己实力冲进奥运会的机会。从 1984 年至 2016 年的九届奥运会，我国仅有两次因特殊情况取得奥运会参赛资格，第一次是 1984 年以苏联为首的东欧国家抵制洛杉矶奥运会获得额外参赛资格，第二次是 2008 年北京奥运会以东道主身份自动取得，30 多年来尚未有一次靠自己的能力取得参赛资格。

随着男排成绩的下降，女排在 20 世纪 90 年代初运动成绩也急转直下，跌入低谷。1988 年汉城奥运会，我国女排失去了冠军的宝座。1988—1991 年两次世界杯和一次世界锦标赛分别获第 2 名、第 3 名、第 2 名的成绩。1992 年奥运会和 1994 年世界锦标赛仅获第 7 名和第 8 名，而且在 1994 年亚运会上负于韩国而名列第二，此时中国女排的运动成绩又倒退到"冲出亚洲"的起点。

我国男、女排运动成绩下滑的原因，主要在于指导思想跟不上世界排球运动的发展。

首先，对"进攻技术"和"进攻战术"认识的滞后。20 世纪 80 年代的欧美男排就已普遍运用了跳发球和后排进攻打法，形成了在排球场上的全方位进攻，紧接着欧美女排也开始效仿。但此时中国男女排的进攻观念仍停留在 20 世纪 70 年代的认识上，总是在前排二三点进攻变化上寻求突破，致使进攻战术既无创新也无借鉴，与国际先进水平逐渐加大了距离。

其次，20 世纪 80 年代末国际排坛商业化的趋势日渐明显，职业化趋势日渐成熟，而我国竞技体育的体制仍保持着 20 世纪 50 年代向苏联、东欧国家学来的旧管理模式。在世界体育职业化和国内市场经济浪潮的冲击下，运动队的管理问题突出地暴露在人们的面前。

最后，伴随着国家的"奥运战略"的出台，各省、市的"全运战略"也应运而生，所有的运动项目均以拿金牌为目的。排球运动是集体项目，拿不到更多的金牌，因此很多省市都将砍掉排球队作为首选。

1995年国家体委召开了重振排球雄风研讨会，会上总结了失败的教训，找出了问题所在，并且探讨了今后的发展方向，同年重新组建了国家女排，并请郎平回国执教。中国女排在郎平主教练率领下，严格训练，增强了全队的凝聚力，树立了重新攀登世界高峰的信心。先于1995年获得亚洲锦标赛冠军，并于同年获得世界杯赛的第3名，1996年又获得奥运会排球赛亚军，1998年世界锦标赛再次获得亚军，1999年世界杯获得第4名，2000年奥运会成绩下降至第5名。

（4）重铸辉煌阶段

在经历了2002年世界锦标赛的第4名后，中国女排在2003年世界杯女排比赛上，以11战全胜的佳绩，时隔17年再次夺得世界冠军。2004年雅典奥运会排球赛中，中国女排力克各路劲旅，勇夺阔别20年的奥运冠军。2015年在女排亚锦赛决赛中，中国队以3∶0战胜韩国队，时隔4年重回亚洲巅峰，同时也是中国队历史上第13次获得亚锦赛冠军。2016年9月20日，第五届女排亚洲杯在越南永福落下帷幕，中国女排二队在决赛直落三局以3∶0击败哈萨克斯坦成功卫冕，继2008年、2010年和2014年后荣膺第4冠。2015年在第十二届女排世界杯决赛中，中国女排以3∶1战胜日本队，第四次将世界杯冠军的奖杯收入囊中。2016年里约奥运会女排赛中，中国女排在小组赛成绩不佳的情况下，先以3∶2力克卫冕冠军巴西队挺进4强，接着以3∶1战胜荷兰女排打进决赛。在决赛中，中国女排在先失一局的情况下连扳三局，以3∶1逆转战胜塞尔维亚女排，时隔12年再次获得奥运冠军，也是第三次获得奥运会金牌。

中国女排重夺世界冠军宣告了女排精神的回归，诠释和刷新了"无私奉献、团结协作、艰苦创业、自强不息"的女排精神。在新的历史背景下，女排精神也被郎平所率领的团队赋予了新的含义。在刻苦训练、顽强拼搏的基础上，郎平将国际化、专业化的团队合作形式和科学训练理念引入中国女排无疑是重回巅峰的关键因素。

与中国女排重回世界巅峰的辉煌相比，面对与世界先进水平之间的差距，中国男排经历了一个较长的痛苦和摸索时期。在2003年世界杯上仅仅获得第10名。2004年奥运会落选赛，负于澳大利亚队而无缘雅典奥运会。2008年中国男排以东道主的身份参加了北京奥运会男子排球比赛，并获得第5名的成绩，取得了历史性突破。2016年6月，在里约奥运会男排落选赛暨亚洲区资格赛中，中国男排再一次失去晋级奥运会比赛的机会。本次落选赛前半段中国男排的表现可谓惊艳，表现出一定的技战术能力和素养，进攻拦防打得有板有眼，士气高涨，让人看到中国男排的明显进步。面对实力相差悬殊的法国队和波兰队，中国男排不再被动挨打处于绝对下风，时常有令人惊喜的出色表现，为中国男排日后的复兴和发展留下了广阔的空间。2017年4月，中国排球协会宣布阿根廷人劳尔·洛萨诺（Raul Lozano）出任中国男排主教练，成为国家男排队首位外籍教练。同年6月，由洛萨诺执教的中国男排获得了世界男排联赛昆山站冠军。在阿根廷籍外教的带领下，中国男排在短时间内展现出了积极的新变化，在2018年世界男排锦标赛亚洲区资格赛中，中国男排提前一轮获得了2018年世界男排锦标赛的参赛资格。这些来之不易的突破为中国男排的振兴增添了信心。然而，在延迟至2021年的东京奥运会中，中国女排甚至都没能在小组赛出线，诞生了历史上最差的奥运会纪录。

中国男排要想冲出亚洲，走向世界，就必须有所改变。不仅是技战术要更加完善和全面，在思想和意识上也应该有一定的提高。要紧跟世界排坛的发展潮流，要有现代排球意识和先进的排球训练理念，要增加新技术、新打法的研究开发和改革发展思路。中国男排只要踏踏实实地从青少年培养抓起，形成从地方到国家队的良性循环，学习世界男排训练与管理的先进理念，完全可以达到世界一流水平，与世界排球强队相抗衡。

（四）排球运动的项目特征

排球运动是一项两队在由球网分开的场地上进行比赛的项目。其目的是将球从球网上空击过并使球在对方场区落地，而阻止对方达到同样目的。每队有三次机会将球击过球网（拦网击球除外）。比赛由发球队员把球发过球网进入对方场区空间开始，直至球落在比赛场区、出界或某队不能将球合法击回为止。胜一球的球队得一分（每球得分制）。接发球队胜一球时，得一分并获得发球权，同时队员沿顺时针方向轮转一个位置。

排球运动既可在室内进行，也可在室外进行，适合终身参与。它兼具速度感、刺激性和爆发式动作，能够充分展示参与者自身的能力、精神、创造力和美感，从而受到不同人群的广泛喜爱。在当今世界最高水平的竞技层面上，排球已发展成为一项体现爆发式力量性技巧的运动，它需要顽强的竞技精神和默契的团队协作，是高度与力量、速度与技巧、全面与变化的完美结合。而对于业余爱好者来说，排球运动的目标就是使排球在空中飞舞，他们在本方球网一侧击球不让它落地，并将球打到球网另一侧，使对手无法再次将球击回而得分。

总体而言，排球运动属技能主导类的隔网对抗性集体项目，以技能为主导和集体隔网攻防对抗是排球项目特征表现的两大方面。与同为大球运动的篮球和足球相比，对抗中身体的非接触性、击球部位的全身性、触球时间的短暂性、击球次数的有限性、击球时球的空中运动性和击球效果的得失分两重性是排球运动的显著特征；而与同为隔网对抗类的乒乓球、羽毛球和网球项目相比，攻防对抗中两人以上的集体性严密、精巧配合则是排球运动的突出特征。

二、排球运动员的体能特征

（一）排球运动员的形态特征

排球运动员的身体形态特征是指运动员身体的长（高）度、围度和身体成分等指标的构成特征。2000年出版《运动训练学》认为，排球运动运动员的身体形态特征是"身材高、四肢较长，而坐高较短、皮质层薄、体脂肪量小、去脂体重及体质密度大，臂长、上肢围松紧差大、手较骨盆相对较窄，小腿长、踝围细、跟腱长、足宽而不长"。随着排球运动的发展，近年来人们在实践中逐渐认识到，不强调肢体的围度、身体充实度等指标的"豆芽菜"体形的排球运动员很难在拦网、扣球等网上对抗中体现力量优势，不符合现代排球运动发展的要求。因此，排球运动员的体态特征在上述要求基础上还应该强调"匀称、结实"这一直观的外在感觉，体重指数不能低于正常标准（BMI在20~24之间）。

（二）排球运动员的机能特征

排球运动员身体的机能水平是指运动员的身体健康状态、有机体各器官系统的机能、运动员有机体承受大负荷训练比赛的生理抗疲劳能力和恢复能力。

对排球比赛中心率变化的研究表明，排球比赛中运动员的平均心率为148次/分钟，最高心率为 180 次/分钟，排球比赛基本上属于中等强度的负荷。由于排球比赛的时间长，对抗激烈，且技术动作复杂多变，对运动员的中枢神经系统、心血管系统和呼吸系统的要求很高。在完成大强度爆发性用力扣球、拦网等动作中，主要募集快肌纤维。排球比赛每个回合的工作时间持续 4～30 秒（平均约 9 秒），前后两分之间的间歇时间持续 10～20 秒（平均约 12 秒），每场比赛约持续 1 小时 29 分钟，工作期与间歇期之比约为 1∶1.3。工作期 90% 的时间使用 ATP-CP 系统，无氧酵解只为高强度的肌肉工作提供 10% 的能量。如果两分之间（也可能是替换和暂停期间）的时间较长，运动员能在间歇期以有氧代谢的形式补充细胞内的 ATP 和 CP 储备。总之，排球运动（包括工作期和恢复期）的全部能量需求由所有三个产能途径按以下比例提供：ATP-CP 系统（40%）、无氧酵解系统（10%）、有氧代谢系统（50%）。所以，排球运动员应该以建立在坚实的有氧健康基础上的出色无氧系统能力为目标来设计体能训练计划。

（三）排球运动员的身体素质特征

排球运动对运动员的身体素质具有鲜明的专项需求特点。如果没有高度发展的身体素质，排球运动员即便拥有良好的技术和战术，也不可能在高水平的激烈比赛对抗中展现出应有的竞技水平。

1. 专项力量素质

排球运动是一项体现力量魅力的项目。运动员的大力扣杀，需要出色的弹跳力和强大的腰腹及上肢力量。在激烈的扣拦对抗中，拦网运动员不但需要良好的腰腹力量控制身体在空中的姿态，更需要坚强有力的躯干和手臂去直接拦阻对手的重扣。

2. 专项速度素质

在体现力量魅力的同时，排球也是一项展现速度的运动。当今优秀男子排球运动员的扣球速度已经高达 30 米/秒以上；战术变化的丰富和攻防节奏的加快迫使运动员不但要在单个技术动作的各个环节上体现出"快"，更要在攻防转换、攻传配合等动作与动作之间的衔接上体现出"快"。如果不能在速度上取得优势，就很难在当今世界高水平的排球竞技中占据一席之地。

3. 专项耐力素质

在一场长达一个多小时的比赛中，排球运动员要完成上百个有短暂间歇的攻防对抗回合，而每个回合的对抗中都需要不断地移动、跳跃，需要具备很高的耐力水平。有氧耐力与无氧耐力相结合，跳得高、移动得快并且要持久，是排球运动员的主要耐力特征。

4. 专项灵敏素质

排球比赛中，运动员既有场上位置的区分和角色分工，又有位置轮转的要求，在每个特定的位置上要面对高低、快慢、变化万千的来球，不仅要顾及前后、左右，还要应付空中、地上，跳起能准确传球、扣杀或拦网，倒地能快速、巧妙、准确救球，这些都依赖运动员的灵敏素质。排球运动员所展现的灵敏素质和协调能力的独特之处为，在短暂的击球时限内和限定的击球次数内准确地处理人与运动着的球的时空关系。

5. 专项柔韧素质

良好的柔韧能力，不但利于提高和发展排球技术，扩大对球的控制范围，而且能避免和防止肌肉及关节、韧带拉伤。排球虽然不像体操、武术等项目对柔韧素质要求那么高，但由于排球运动员在某些情况下的跨、展、拉、弯等动作的幅度比较大，如跨步抢救低而远的球、展腹和拉臂扣位置偏后的球等，所以对运动员的柔韧素质也有一定要求。

第二节　排球运动员基础体能训练方法

一、排球运动的力量训练

在排球比赛中，所有动作无不是克服阻力而产生的，所以力量素质是发展体能的基础，是评定体能训练水平的重要指标，它与其他身体素质有着密切的关系，是掌握技战术，提高运动成绩的基础。

（一）排球运动力量的特点及训练要求

1. 排球运动员力量的种类

排球运动员的力量素质包括腰腹力量、腿踝力量、肩带、手指、手腕、手臂力量等。力量素质分类的方法很多，根据排球运动的特点，排球运动员所需的力量素质主要有：最大力量、相对力量、快速力量、力量耐力等。

最大力量（也叫做绝对力量）是指肌肉通过最大随意收缩克服阻力时所表现出来的最高力值。相对力量是指运动员单位体重所具有的最大力量。快速力量（也称爆发力）是指肌肉快速发挥强大力量的能力，是力量与速度的有机结合。快速力量水平取决于肌肉的收缩速度和最大力量。力量耐力是肌肉长时间克服阻力的能力，是指肌肉在静力或动力性工作中长时间保持肌肉紧张用力，而不降低工作效果的能力。

2. 排球运动员力量素质的特点

排球运动员的力量素质具有全面性的特点。上肢、下肢、腰背肌群的力量；主动肌和被动肌的力量；大肌群和小肌群等力量素质都要均衡发展。爆发式用力是排球运动的项目特点，弹跳力是排球运动员最重要的素质之一，力量与速度因素是决定弹跳力的主要因素，因此发展力量素质时要突出速度因素，以便最大限度地提高排球运动员的弹跳力和爆发力。

3. 排球运动员力量素质训练的基本要求

（1）力量训练要全面，偏废任何某一方面的做法都是不可取的。

（2）力量训练要与专项相结合，与排球专项技战术特点相适应。力量练习要保持与专项运动相应的髋、膝、踝关节角度。

（3）力量训练要遵循训练适应原理不间断地进行，以保证力量素质的稳步增长，避免力量素质的消退。

（4）排球比赛中的技术动作以爆发用力为主，需要强大的速度力量。所以力量训练中要突出速度因素；力量练习以向心收缩为主，离心收缩为辅；在一节训练课中要遵循从大肌群到小肌群，从爆发力练习到最大力量练习，最后是力量耐力的训练顺序。在常年或多年训练过程中，坚持不间断的进行小肌群训练。

（5）弹跳力是排球运动员最主要的专项素质之一，力量练习要注意发展排球运动员的弹跳能力；要根据排球运动员所需的原地和助跑两种弹跳能力的特点和肌肉工作方式进行力量练习。

（6）合理安排运动负荷。根据运动员所能承受的最大负荷；机体产生运动性适应变化所需的最小运动负荷等,合理安排负荷强度和负荷量,并选择最佳的力量训练时间,以取得最理想的训练效果;不要片面追求负荷强度和难度,应以达到专项所需要的要求为目的。

(7) 力量训练要因人而宜,根据不同形态、年龄、场上位置、个体特征等因素进行因材施教。少年儿童进行力量训练时,应多采用以克服自身体重和发展速度力量为主的练习,适当采用轻器械练习。

(二) 排球运动力量训练的方法

1. 最大力量训练方法

最大力量取决于肌肉生理横断面和肌肉的内协调能力,所以发展最大力量可通过增加肌肉生理横断面和改善肌肉神经系统的协调能力来实现。

增加肌肉生理横断面,可通过采用强度为60%~85%的本人最大负荷,重复4~8次,组数为5~8组,组间间歇时间为2~3分钟或更长;也可采用90%以上的负荷,重复1~3次的练习形式发展绝对力量。95%~100%的极限负荷强度应用时要谨慎,以避免受伤并减轻运动员的心理压力。

要改善肌肉协调能力,可采用85%以上的负荷强度,重复1~3次,做5~8组,间歇时间在2~3分钟;也可采用75%的次极限强度,快速重复6~8次。

练习中要注意负荷强度与负荷量的合理搭配,合理安排负荷量与负荷强度。

好的力量训练应能使参与收缩的肌纤维数目增加、神经冲动的发放趋于同步,从而让肌肉内部的协调能力得到改善。肌肉肥大现象应只是作为对训练适应的结果而出现的,排球运动是隔网对抗类项目,运动员不用刻意追求肌肉的肥大,以避免体重过大而影响弹跳能力,这样增长的肌肉才会在爆发式用力的动作中显示出高效的功率输出。

2. 速度力量训练方法

快速力量取决于肌肉的收缩力量与收缩速度。最大力量提高了,速度力量也会随之提高,反之亦然;但相对而言,提高肌肉力量比提高肌肉速度容易得多。排球比赛要求运动员要快速起跳、移动和挥臂击球,所以要解决好肌肉负荷与肌肉收缩速度的关系,肌肉负荷量与肌肉收缩速度互为反比。练习中可采用在不降低速度的前提下提高负荷量或采用在不降低重量的前提下逐渐提高动作速度。排球训练中的速度力量练习,应以不降低动作速度的练习为主。

速度力量练习一般采用40%~80%的负荷量,重复5~10次,练习3~6组,组间间歇时间在2~3分钟。注意一次训练持续的时间不宜太长,以不降低练习速度为前提,一般持续15~20分钟为宜。排球训练中经常采用的练习方法是连续负重半蹲跳、中小负荷的半蹲跳和快速推举练习。

3. 爆发力训练方法

跳深练习是目前普遍应用的发展爆发力较好的练习形式。跳深练习实际上是一种超等长练习方法。即肌肉先进行快速的离心收缩,紧接着爆发性地完成向心收缩,利用肌肉的牵张反射机制,表现出强大的瞬时爆发力。

跳深练习中台阶高度、缓冲时间及跳起高度之间有密切联系。通常我们会把平台的高度看作是跳深练习强度的标志,而台阶高度的选择是由练习者落地后所能跳起的最大高度决定的。较低的高度可以让肌肉退让与克制的转换速度达到最大值,高度越高力量训练的作用越大。

排球运动员跳深练习的目标应是：发展在适宜的（即符合排球运动实际需要的）缓冲时间内快速起跳的能力。

4. 力量耐力训练方法

排球运动员的力量耐力兼有力量与耐力的双重特点，既要求肌肉具有较大的力量，又要求肌肉能够长时间地坚持工作。因此，力量耐力的好坏主要取决于最大力量以及保证工作肌供氧的呼吸和血液系统的机能能力。

力量耐力的训练方法可采用克服较大阻力，用本人最大力量的50%～80%负荷，数量达到极限重复次数，练习3～5组；如果发展克服较小阻力的力量耐力，可采用较小的负荷强度，即30%～35%，同时练习次数也要达到极限程度。

二、排球运动的速度训练

（一）排球运动速度的特点及训练要求

1. 排球运动速度的种类

排球运动中的速度素质分为反应速度、动作速度和移动速度三类。反应速度是对排球场上由于双方队员行动的变能化和球飞行的位置、速度的变化所产生的快速应答能力；动作速度是指排球运动员完成各种击球动作的速度；移动速度是在单位时间内运动员位移的距离。

2. 排球运动速度的特点

排球运动场上的移动多为短距离的低姿移动，既要起动快，还要加速度快。运动员的移动具有全方位、灵活多变的特点，移动方向左、右、上、下、前、后都有，移动不只是从静到动，还有从动到静，从动到动的定向或变向移动。排球场上的移动以视觉信号为主，运动员的移动多以球和队员的行动为开始信号。排球场上速度素质的外在表现，与运动员的场上意识和比赛经验有关，"先走一步，胜过后赶十步"。挥臂速度是排球运动项目特有的速度素质，挥臂速度既要快且有力，还要挥得轻松、省力。

3. 排球运动速度训练的要求

（1）排球运动的速度训练以视觉信号为主，练习中主要以看球或看人的动作信号开始。

（2）速度训练以短距离为主，强调起动速度和起动后的加速度要快；专项速度耐力以短距离为主。

（3）发展速度与增强力量、提高灵敏性和完成动作的协调性是密切相关的。比赛场上的情况千变万化瞬息万变，运动员任何一个动作或是一连串动作都是速度、力量、协调性和耐力等身体素质及技术水平的综合反映，因此，有效地提高相关素质和运动技术水平，有助于速度素质的发展。

（4）速度素质训练尽可能与场地及专项技术训练相结合。速度训练，特别是反应速度训练最好把专门练习和专项技术结合起来，以帮助运动员建立专项的条件反射，从而快速地提高专项技术的反应速度。

（5）排球运动的速度素质以非周期性的动作为主，但周期性动作的每个动作的效果是提高移动速度的重要因素，对此，在进行训练时要结合比赛实际，设计相应的练习，建立相应的动力定型。

（6）力量训练课中应适当安排一次力量练习后，紧跟着进行速度训练的组合练习，以便力量素质向速度素质的转移。

（7）速度训练要在运动员注意力集中、体力充沛时进行，时间不宜过长，每一次练习持续时间最好不超过 30 秒，严格控制间歇时间和休息方式；速度练习最好安排在准备部分进行。

（8）发展速度素质应从少年抓起，因为 10 岁以后是发展速度素质的最佳时期。

（9）挥臂速度是排球的专项速度素质，它与技术动作密切相关，训练时要注意技术动作的规范性与练习效果，避免多次重复错误动作，形成错误的动力定型。

（二）排球运动速度训练的方法

1. 反应起动速度的训练

排球运动员反应起动速度的练习，主要采用与专项技术特点相一致的练习，多以视觉信号为主。

以手势为起动信号的练习，如短距离冲刺、移动；以球为起动信号的练习，如短距离追球、接球、击球、钻球等；以同伴为起动信号的练习，如跟踪、躲闪、过人、追逐、阻挡等。

2. 动作速度的训练

动作速度与排球技术动作关系紧密，要提高动作速度首先要掌握正确的技术动作并反复练习，使技术动作更有效、更合理、更能发挥最高的动作速度。选择的练习是运动员已熟练掌握的并能高速完成的练习，如扣球的徒手或持重物挥臂动作。其次，要提高动作的频率。可采用固定时间内增加动作重复次数或做固定次数的技术动作，减少练习时间的方法。最后，要模拟比赛中可能出现的各种突然情况，反复地练习运动员反射性接球动作，以提高运动员反射性接球动作的速度，如保护扣球、接触手出界球、接近距离重扣球或突然变向的球。

3. 移动速度的训练

排球运动的移动速度与肌肉的力量、技术动作的熟练程度、运动员的协调性有很大关系。移动速度主要通过脚步移动、扣球、拦网、助跑技术体现出来。

移动速度的训练可采用助力练习、增加负荷的练习、预先加难练习等形式，如下坡跑、顺风跑、小碎步跑、缩短步长的高频率跑、穿沙袋移动、穿沙袋助跑起跳等。

三、排球运动员的耐力训练

（一）排球运动耐力的特点及训练要求

1. 排球运动耐力的分类

根据耐力与排球运动员竞技能力的关系可分为一般耐力和专项耐力。一般耐力泛指肌肉耐力和心血管耐力；专项耐力是指能否长时间地重复与排球专项技战术有关的动作的能力，如移动耐力、跳跃耐力和挥臂击球耐力等。

2. 排球运动耐力训练的特点

排球比赛是一种间歇式的竞技活动过程，即短时间爆发式的身体运动被短暂的间歇休息分隔开来；换言之，排球比赛实际上是由多次高强度的击球活动和低强度的无球活动以及短暂的休息过程所组成的间歇式运动过程。

最新研究表明，根据排球比赛的特点，排球运动的耐力素质是以有氧耐力为基础，以无氧耐力为主导的竞技体育项目。

3. 排球运动耐力训练的要求

（1）耐力训练要将有氧耐力和无氧耐力训练、移动耐力与弹跳耐力训练相结合。

（2）耐力训练要以有氧耐力训练为基础，无氧乳酸供能训练为核心，同时要提高排球运动员良好的抗酸能力。

（3）合理安排耐力训练的时间。课后、冬训或准备期多安排些耐力训练，赛前应减少一般耐力训练，增加专项耐力训练。

（4）耐力训练要紧密结合专项特点，着重发展移动耐力、弹跳耐力和挥击耐力的提高，同时要重视各项串联技术、衔接技术与乳酸能系统供能能力相结合的训练。

（5）耐力训练要循序渐进，应以个人原有耐力水平为基础，逐步增加运动负荷，并要长年坚持训练。

（6）耐力训练可与作风训练相结合，培养运动员顽强的意志品质、克服困难的精神、耐疲劳的心理承受能力。

（二）排球运动耐力训练的方法

耐力训练分为有氧耐力训练和无氧耐力训练。有氧耐力训练以发展一般耐力为主，多采用长时间、小强度的练习方法；无氧耐力训练可采用较大强度、较长时间的运动方式实现。间歇训练法、循环训练法、持续训练法、极限训练法等，是发展一般耐力非常有效的训练方法。排球运动员的专项耐力训练多采用与专项结合的练习方法，在不降低强度的前提下，可安排长时间的专项练习和专项对抗练习，或者采用超过比赛难度或强度的对抗。

四、排球运动的灵敏训练

灵敏素质是指在各种突然变化的条件下，运动员准确、迅速、协调地完成相应动作的能力，又称灵活性。灵敏素质是排球运动员最主要的运动素质之一。

（一）排球运动灵敏的特点及训练要求

1. 排球运动灵敏素质的种类

排球运动员的灵敏素质可分为一般灵敏素质、专项灵敏素质。一般灵敏素质主要是指排球运动员在日常生活和活动中所表现出来的各种应变能力；专项灵敏素质主要是指在排球运动中所表现出来的与排球运动技能紧密相关的应变能力。

2. 排球运动灵敏素质训练的特点

排球比赛中激烈的攻防对抗、快速的攻防转换，要求运动员的动作做到"人球一致"，球到人到，动作要准确、协调，根据场上出现的情况做出正确的应答，要有准确的方位感和时空感，有较强的捕捉战机的能力。

3. 排球运动灵敏素质的训练要求

（1）灵敏性与协调性是密不可分的，应将它们看作是一个统一的整体，二者互相交融、渗透。

（2）灵敏素质是一种综合素质，神经系统的灵活性和可塑性、运动素质的发展水平、运动技能的储备程度、不同的心理特征、智力水平等，对灵敏素质都有影响，训练时要综合考虑。

(3) 灵敏素质与中枢神经系统兴奋程度有关，应在准备活动后或体力、精力比较充沛时进行练习；疲劳时不宜进行灵敏素质练习。

(4) 发展灵敏素质应结合发展速度、力量素质进行，使它们互相促进、互为表现形式，达到共同提高的目的。

(5) 灵敏素质有很强的专项化特点，练习应尽可能结合专项技术来进行，教练员要给予复杂的变换信号，由运动员做出合理的判断，来完成相应的动作。

(6) 发展灵敏素质应遵守从易到难、从简到繁，不断变化动作内容和动作速度的要求。

(7) 全面提高多种相关运动技能，建立相应的条件反射和动力定型，使运动技能正向迁移，提高灵敏素质及其构成素质因子的发展水平。

（二）排球运动灵敏素质训练的方法

灵敏素质训练的内容包括：爆发力训练、速度训练、起动训练、制动能力训练、变向能力训练、空中动作变化训练、地上动作变化训练和结合技术动作的综合训练。可通过各种徒手练习、模仿练习、结合球的练习、越障碍练习、垫上练习和游戏的形式发展灵敏素质。

五、排球运动的柔韧训练

（一）排球运动柔韧的特点及训练要求

1. 排球运动柔韧训练的种类

柔韧素质是指人体关节在不同方向上的运动能力及肌肉、韧带等软组织的弹性和伸展能力，它通过关节的运动幅度表现出来。柔韧素质分为一般柔韧素质和专项柔韧素质。一般柔韧素质是指机体中最主要的那些关节活动的幅度；专项柔韧素质是指专项运动所需要的特殊柔韧性。

2. 排球运动柔韧训练的特点及训练要求

排球运动员对柔韧素质的要求并不太高，但排球运动员肩、腰、髋的柔韧性要好。肩、腰的柔韧性好可以加大扣、发球的动作幅度，加大扣球的力量和控制球的范围；腰、髋的柔韧性好，运动员可迅速深蹲和低姿移动，让即将落地的来球起死回生。所以排球运动员要重视柔韧素质的训练。

首先，柔韧素质的训练要长年坚持，以避免消退；其次，训练中要充分做好热身活动，避免受伤，还要注意温度对柔韧素质的影响；最后，柔韧素质训练切忌手段过于单一，应采用多种训练手段进行柔韧素质训练。

（二）排球运动柔韧训练的方法

柔韧素质的训练方法主要采用拉伸法，它包括主动的动力和静力拉伸以及被动的动力和静力拉伸。

发展肩部、腿部、臂部和脚部的柔韧性主要手段有：压、搬、劈、摆、踢及绕环等练习。发展腰部柔韧性的主要手段有：站立体前屈、俯卧背伸、转体及绕环等练习。

第三节　排球运动员专项体能训练方法

一、排球专项力量训练方法

通常来说，排球专项力量素质训练主要围绕上肢、腰腹及下肢力量展开。

（一）发展手指手腕力量的训练方法

（1）手指用力屈伸练习。
（2）手指用力抓空练习。
（3）两人一球，用单手手指互相推球（手指自然张开，用手指的力量推球）。
（4）身体离墙1米左右，用手指做推撑墙的动作。
（5）向下抖手腕做拍球练习。
（6）两人坐着用指腕力量传排球或实心球。
（7）左、右两手互相对抗，用力抓夺排球。
（8）用小哑铃或杠铃做腕屈伸练习。
（9）手持哑铃做腕绕环练习。
（10）手指或手掌撑地做俯卧撑。俯卧撑姿势，手指向前，以指尖支撑身体。身体保持平直，下降身体直到胸部接触地面，稍停顿后迅速用双臂撑起。下降时吸气，上撑时呼气，重复练习。

（二）发展上肢肌肉力量的训练方法

（1）手卷重物。
（2）哑铃单臂颈后伸肘。
（3）手倒立（靠墙或不靠墙）、手倒立行走或手倒立推起。直立抬头，一只手掌心向下握哑铃，将哑铃举过头顶，直臂。沿半圆运动路线向头后下降哑铃，直到前臂接触肱二头肌，上臂贴近头部。伸直肘关节，恢复哑铃在头上的姿势。向上运动时呼气，向下运动时吸气，重复练习。
（4）单人各种抛球练习。用前臂和手腕动作将实心球抛起用另一手接住，两手交替进行。双手背后将球抛起过头并接住。双手上抛，转体360度接住。仰卧，双手胸前向上传球，迅速起立接球。双手持球，弯腰从胯下向后上方抛球，转身接球。
（5）双手或单手持球上举，立姿或跪姿、坐姿，直臂或屈臂做向前、向后抛掷实心球练习。
（6）双人推小车，正向或反向。
（7）俯撑，脚尖固定，两手交换支撑绕圆圈移动。
（8）肩上单手或头上双手掷实心球练习。
（9）自己或在同伴帮助下做侧手翻练习。
（10）俯撑，手足同时离地做向侧跳跃移动。
（11）手倒立推起（在同伴帮助下）练习。
（12）双手持哑铃做前平举、侧平举和臂绕环练习。

(13) 徒手挥臂或做掷网球练习。

(三) 发展腰腹肌肉力量的训练方法

(1) 徒手或负重进行"元宝收腹"仰卧举腿、仰卧起坐、体侧屈。

(2) 凳上或斜板仰卧起坐（徒手、负重）。

(3) 俯卧体后屈，另一人扶脚（徒手、负重）。

(4) 单杠或肋木上悬垂举腿。

(5) 实心球练习方法：

①双手持球或双脚夹球，在垫上做仰卧收腹或俯卧折体起。

②站立或分腿坐地，双手持球做体转和上体大绕环练习。

③两手持球，臂上举，做以腰为轴上体后屈的腹背运动。

④双脚夹球跳起，将球向前、向上或向后抛出。

⑤一人仰卧于垫上，在其脚部稍远处站一同伴。同伴把实心球传给仰卧者，仰卧者接球坐起，同时将球用双手回传给同伴。

⑥坐在垫上，双手持球，从头上向背后掷实心球。

(四) 发展下肢肌肉力量的训练方法

(1) 负重连续快速提踵、半蹲跳、全蹲跳、弓箭步行走。

(2) 负重（沙枕、沙衣）左右交替快速上下台阶。

(3) 在海滩、沙地或木屑跑道上及软垫上做各种跳跃练习。

(4) 矮子步行走，要求双手摸脚后跟，行走距离视能力的提高而逐渐增加。

(5) 连续蛙跳、跨步跳、多级跳、单足跳练习。

(6) 连续跳跃一定高度的橡皮筋或栏架。

(7) 双足纵跳在空中转体。

(8) 单双脚跳绳及双摇跳绳练习。

(9) 壶铃深蹲跳。

(10) 杠铃负重半蹲快速提踵。

(11) 站立，两脚交替上踢，膝触胸。

(12) 两人相向半蹲，连续侧滑步移动并做双手胸前传球练习。

(13) 双脚夹球，跳起小腿后屈向上抛球后用手接球。

(14) 肩负队员半蹲起、全蹲起或左右脚交替做高凳上下练习。

(15) 肩负杠铃坐在凳上，站起，连续做若干次。

(16) 仰卧拉腿。仰卧在垫子上，踝关节上固定阻力滑轮拉力带，拉力方向向脚下。双手掌心向下，在臀部下稳定上体，双腿交替快速进行抬腿练习。

(五) 综合器械的训练方法

(1) 胸前下拉。抓握拉杆向下拉至上胸部，还原。重复上述动作。

(2) 拉举杠铃。直立，抬头、直背，双臂下垂，在大腿上部高度，双手约肩宽间距握住杠铃杆。沿半圆运动路线，尽量向上提拉杠铃，并举杠铃到头上部。举起杠铃成直立姿势，然后返回开始姿势。杠铃提升时吸气，下降时呼气，重复练习。

(3) 后倾下蹲。通过屈髋关节和膝关节使身体缓慢下降，直至屈膝90度，还原。重复上述动作。

(4) 坐式划船。拉横杠至腰部，挺胸，肩部向后，拉至臂部呈垂直状态，还原。重复上述动作。

(5) 坐凳屈肘训练。一只手掌心向上持哑铃，坐在凳子上，双脚牢固支撑地面。上体微前屈，另一只手扶在同侧膝关节上。持哑铃的臂肘关节顶在同侧大腿内侧，沿半圆运动路线屈肘，抬起哑铃至肩的高度。向上运动时吸气，向下运动时呼气，双臂交替重复练习。

(6) 屈髋收腹。上提膝关节，使之与臀同高，保持躯干稳固，还原。重复上述动作。

(7) 平托臂弯举。通过弯曲肘关节上举曲柄，还原。重复上述动作。

二、排球专项速度训练方法

(一) 排球移动速度的训练方法

(1) 原地快速跑计时练习。

(2) 做原地小步跑或高抬腿跑时，根据教练员发出的信号，突然向前加速跑出的练习。

(3) 结合排球场地练习各种移动步法。向前做小步跑或各种小碎步跑；向两侧做滑步或侧交叉跑；向后做后退跑或结合视、听觉信号做各种移动的互换练习。

(4) 看手势快速起动，在进攻线和中线之间或端线和进攻线之间往返快速移动。

(5) 根据教练员发出的视、听觉信号迅速起动、移动和制动，看哪个队员在规定的时间内移动距离长。

(6) 跑中变方向：

①队员站在距离教练员10米的地方，看手势轮流起动跑向教练员。在离教练2～3米时，教练员突然给两侧手势，队员不减速朝指定一侧跑去。

②同上，从6米处自动后退跑向教练。距2～3米时，教练员发口令同时做方向手势，队员听口令转身朝指示方向一侧跑去。

③两队员相距2米，看手势迅速起动冲向教练员，约冲出3～5米后，教练员突然向两侧给手势，如指向右时，则左边队员追右边队员，要求在10米内追上。

④第一排5、6个队员成纵队直线跑，看手势向两侧跑，看谁先冲出边线。

⑤同上，从后退开始，听口令转身，同时看手势向两侧跑。

⑥全队相距2米，成两行跑，看手势向两侧互追。

⑦同上，成两行后退跑，听口令转身，同时看手势向两侧互追。

(7) 排球半场对角线冲刺跑。

(8) 在网前3米快速移动接起跳拦网练习。

(9) 移动拦网后，后退垫球，再助跑做起跳扣球的组合练习。

(10) 前后、左右连续移动做垫球、传球练习。

(11) 扣球、拦网、调整传球、防守的组合练习。

(二) 排球反应速度的训练方法

(1) 以稍蹲、半蹲、低蹲、俯卧、仰卧或侧卧姿势准备，看手势迅速起动练习。

（2）跑动中看信号变向移动或急停练习。

（3）看信号做双手传、垫球的动作练习。

（4）冲刺接球。教练员单手将球高举，队员在3米处准备，当教练员突然抽手让球掉下时，队员冲跑在球落地之前将球接住。

（5）冲刺钻球。教练员抛垂直球，队员定点起动，力争在球落地前从球下钻过。也可以是教练员将球突然放手，让球下落并反弹起来，队员在第二次球落地前从球下钻过。

（6）一名队员任意抛球，另一队员迅速移动接球后抛回。或一名队员抛球，两个队员轮流接球，也可由一名队员抛球，其他队员绕过若干障碍物将抛出的球接住。

（7）追赶同伴练习。全队做圆圈跑动报数，做好追人的准备，教练员随机喊1或2，被喊到的队员立即加速追赶前面邻近的队员，要求在外圈一圈之内追到。

（8）转身接球练习。队员面对墙站立，教练员向队员后方掷出各种变换球的同时发出信号，让队员转身将球接住后再抛给教练员。

（9）运用视觉或听觉信号，做出各种快速起动和冲刺、移动、变向、急停和跳跃练习。

（10）垫墙上反弹球。队员面对墙2～3米站立做好准备，教练员从队员身后突然将球扔到墙上，要求队员将反弹回的球垫起。教练员扔球的角度需根据运动员的反应能力来决定，并掌握好练习的难度。

（11）主动与被动拦网。两队员隔网相对站立，一人主动甩开对方跳起拦网，另一人力争不被对方甩掉，而与其同时拦网。

（12）两个队员各站在篮球板的两个角下，看教练员手势起跳单手（或双手）摸篮板，然后移动摸罚球线（或排球场端线），如此往返3～5次，看谁完成的速度快。

（13）队员背对墙面站立，自己对墙抛球并迅速转身将反弹球垫起。

（14）从各种距离看手势起跑及冲刺比赛：

①绕过后面的队员做冲刺跑。

②绕过后面队员做一圈半冲刺跑。

③绕过前面的队员做冲刺跑。

④绕过前面的队员后，再踏起跑线后做转身冲刺跑。

⑤前面队员绕后面队员一圈后，后面队员接力起跑冲刺。

⑥后面队员绕过前面队员后，前面队员起跑冲刺。

（15）移动截球。教练员在网前，队员在中场准备，教练员向各位置抛出各种变化球，要求队员判断移动，在球未出半场或落地之前将球截获。

（三）排球挥臂速度的训练方法

（1）徒手连续快速挥臂练习。

（2）手持篮、排、足球或羽毛球、乒乓球掷远。

（3）扣吊球。要求动作放松，并有后振动作，抽打时肩部向上伸展。

（4）快速挥臂以扣球动作鞭打标志物如树叶，树叶应在扣球手臂上方最高处，鞭打时肩部向上伸展。

（5）两人一组，相距10米左右，相互单手肩上掷排球，要求以挥臂扣球动作掷球，并且使球出手与地面近似平行飞行。

（6）以扣球手法，在助跑起跳后挥甩网球、垒球或羽毛球。

（7）做轻杠铃的提、屈、挺等快速练习。

（8）两人一组，相距5～6米，单手掷实心球。

（9）结合球做挥臂练习。采用一人抛球，另一人扣球，在肩的前上方要有一根橡皮条或绳代替排球网，每组扣30次，两人交换。

（四）排球起跳速度的训练方法

（1）连续跨跳、单足跳或蛙跳。

（2）连续做徒手助跑起跳扣球练习。

（3）连续起跳拦快球10～20次。

（4）连续起跳扣半快球10～20次。

（5）计时在30厘米台阶上跳上跳下10次。

（6）连续跳3～5个不同高度的栏架或橡皮筋，要求连接的速度要快。

（7）教练员按规定的节拍左右移动横杆，队员穿沙衣或手持重物跳过横杆。

（8）连续跳跃3～5个栏架或一定高度的橡皮筋，要求脚落地后立即跳起，连续性和节奏感要强。

（五）排球速度素质的游戏训练

1. "鸭步"接力赛

培养运动员的移动速度。排球场内进行，排球若干，起点线和终点线各两条。

游戏方法：将运动员分成人数相等的两组，各队站在起点线后做好准备。收到信号后，练习者模仿鸭子走到终点线。到终点线后再跳过场地上的若干排球，回到该队，与下个队员击掌后才能开始。先做完的组为胜。注意做"鸭步"必须到位，重心要低，并且手必须抓住脚跟；队员归队途中必须从球上跳过，且不能碰到球，碰到球须将球放好后重新做。

2. 叫号赛跑

提高运动员的反应能力和移动速度。排球场内进行，3个排球。

游戏方法：把运动员分为两组，人数相等相隔2米，相对而坐，从左到右依次报数。要求每位同学记住自己报的数字，在两列横队的左边放一个排球代表奇数，在两排横队的右边放两个排球代表偶数，用简单的方法计算。例如，5－2或6×1等进行计算，结果为每队同学的序号。如果结果为偶数时两队同学开始跑动触摸两个球，奇数则摸一个球，先摸到的同学为胜，并得1分，后摸到的得0分，最后以得分多少来决定胜负。注意当出题的人说完题后，再说"开始"时，两队队员才可以站起来跑回目的地；在跑的过程中，不能相互影响，不准抓对方的衣服。

3. 抢球追人

提高运动员的反应速度。排球场内进行，排球若干。

游戏方法：运动员站成圆的队形，面朝圆心，双手将排球平托于背后，选一名练习者做抢球人，在圆圈外延逆时针方向慢跑，在慢跑中趁托球者不备，从其手中抢球后逃跑，被抢者立即追赶，如抢球人在回到被抢球者位置之前被抓，抢球人继续慢跑抢球。如不被抓则被抢者替抢球者慢跑抢球。依此类推。注意运动员必须沿逆时针方向追逃；抢球人若跑出圈外1米范围之外，则算被抓住。

4. 圆周等距跑

发展运动员的速度素质和一般耐力素质。排球场内进行，排球 2 个。

游戏方法：练习者手拉手围成一个圆圈，依次报数并记住自己的数字，在大圆心上画一个直径为 50 厘米的小圆圈，内放两个排球。裁判员任意叫号，被叫到的两人立即起动去抢小圆中的排球，抢到后按顺时针方向从圆外绕大圆跑一周，以从自己原来的位置跑到小圆内并把排球放稳为准，先回到自己的位置者为胜，然后继续叫号，依此类推。注意抢跑者取消游戏资格；叫号后立即起动，抢到球后必须从自己位置上开始绕圈跑动；跑进大圈后，必须把排球放在小圆内，稳定后方可跑回自己的位置。

5. 变向移动

提高运动员跑动时变向移动的速度。排球场内进行，9 个实心球，分别放在排球场中线上 3 个，端线上 3 个，两腰和中心点各 1 个。

游戏方法：将运动员分成人数相等的两队，分别在端线外站好。当听到信号后，排头先向右移动摸端线上的一个实心球，再移动至左侧摸第二个实心球，依次摸第三、四、五、六个实心球后折回本队击拍第二人手掌，第二人再依次摸每个实心球，全队依次进行。速度快的队为胜。注意手必须触及实心球，否则重做摸球动作；触及实心球的方向和顺序要正确，不能干扰另一组移动。

三、排球专项耐力的训练方法

（一）排球速度耐力的训练方法

（1）通过观察教练员的手势连续向右前、前、左前方进退移动，2～3 分钟为一组。

（2）个人连续地跑动传球或垫球 10～15 次。

（3）连续地跑动滚翻或鱼跃救球。

（4）队员连续移动接教练员抛出的不同方向、不同弧度的球。

（5）单人全场防守，要求防起 15 个好球为一组。

（6）36 米移动。运动员站在进攻线后看信号起动，前进时必须用双手摸到中线，后退时双脚必须退过进攻线，前进、后退两个来回后接侧身滑步或交叉步移动（不许转身）两个来回，用单手摸线，然后做钻网跑。单手摸对方场区进攻线，折回时单手摸出发线。

（7）20～30 米冲刺跑练习 7～8 组。

（8）运动员连续移动接教练员掷出的不同方向、不同距离的地滚球。

（二）排球弹跳耐力的训练方法

（1）连续小负荷多次数的力量训练。

（2）连续跳上跳下台阶或高台。

（3）连续原地跳起单或双手摸篮板或篮圈。

（4）连续收腹跳 8～10 个栏架。

（5）规定次数、时间、节奏的跳绳，如 5 分钟跳绳练习。双脚双摇跳 30 秒，左脚弹跳 1 分钟，右脚弹跳 1 分钟，完成两个循环正好 5 分钟（可根据训练水平调整负荷）。

（6）30 米冲刺跑 10 次，每次间歇 15～20 秒。

（7）用自己最高弹跳高度的 80% 进行连续跳，20~30 次为一组，跳若干组，组间休息 2~3 分钟。

（8）个人连续扣抛球，10~20 次为一组，扣若干组，组间休息 3 分钟。

（9）两人轮流连续扣抛球，30~50 次为一组，组间休息 2~3 分钟。

（10）3~5 人一组，连续滚翻救球，每人 30~50 次。

（11）扣防结合练习，队员扣一个球退到进攻线防守一个球，连续进行，10~15 次为一组。

（12）连续移动拦网。队员在 3 号位原地跳起拦两次，落地后移动至 4 号位拦一次，再回到 3 号位拦一次，移动到 2 号位拦两次，再回到 3 号位拦两次。如此重复，2~3 个循环为一组。

（三）排球综合耐力的训练方法

（1）身体训练以后再进行排球比赛或比赛以后再进行身体训练。

（2）象征性排球比赛模仿练习。队员从 1 号位防起一个扣球之后，前移防起一个吊球，再移动到 6 号位调整传球一次，移动到 5 号位防一个扣球，再移动到 4 号位扣一个球，移动到 3 号位做一次拦网动作，后撤上步扣球，再移到 2 号位。一次单脚起跳扣球为一组，连续做若干组。

（3）连续打 5~7 局或 9~11 局的教学比赛，可训练比赛耐力。

（4）按场上轮转顺序，在 6 个位置上做 6 个不同的规定动作，连续进行若干组。例如，1 号位跳发球→6 号位左右补位移动救球→5 号位滚翻防守救球→4 号位扣球→3 号位拦网→2 号位后撤鱼跃救球。

（四）排球耐力素质的游戏训练

1. 看谁摘得多

发展运动员的弹跳耐力，提高排球扣球起跳技术。在排球场上画一条起跑线，在线前 2~4 米处吊起若干个排球。

游戏方法：将运动员分成若干组，各组成一路纵队面对吊起的排球站在起点之后。游戏开始，运动员依次用排球助跑起跳的方法用手触球，触到球者得一分，每人起跳触球若干次后游戏结束，以累计总分多的组为胜。要求运动员必须用扣球助跑起跳的方法触球。

2. 扣球记分

提高运动员的弹跳耐力和扣球的准确性。排球若干，将排球场分割成相等的 6 块并标上分数。

游戏方法：将运动员分成人数相等的若干队，在 4 号位准备扣球。由教师或二传做抛球，全队依次把球扣过球网。以球落点的区域计算得分，在规定时间里累计得分最多的队获胜。注意扣球与吊球得分均有效；扣球时触网、过中线以及球出界则无效。

四、排球专项柔韧的训练方法

（一）手指手腕柔韧性的训练方法

（1）进行压腕练习。

（2）练习者两手相对，指尖向上互触，反复弹压练习。

（3）手持短器械做腕绕环练习。

（4）要求运动员一手侧扶肋木，两腿前后分开，脚跟着地并固定，做前、后转腕练习。

（二）肩关节柔韧性的训练方法

(1) 做两臂前后绕环和上下摆动练习。
(2) 手扶墙（或肋木）压肩、压腰练习。
(3) 在单杠和肋木上做单拉、双拉肩练习。
(4) 运动员两人背向站立，双手互握，左右侧拉。
(5) 运动员两人相对，手扶对方肩部，同时做体前屈压肩练习。
(6) 背对肋木坐下，两手从头上握住肋木，两脚不动，腰尽量向前挺起，持续数秒钟。

（三）腿部柔韧性的训练方法

(1) 两腿交换做前、后、左、右摆振练习。
(2) 做各种踢腿动作：向前踢、向后踢、向侧踢等，可以徒手做，也可以扶墙或肋木等做。

（四）腰腕柔韧性的训练方法

(1) 上体弹振前后屈（后屈时加弹性阻力和保护）。
(2) 双手握单杠或吊环做腰回旋动作。
(3) 做队员背对背直臂互握平举或屈肘互勾的大幅度转体动作。
(4) 纵劈腿，横劈腿。
(5) 正压腿，侧压腿（在地上或肋木上）。
(6) 屈腿坐下，两脚掌心相对，双手将膝关节向下弹压。
(7) 背向双手头上握肋木，双脚固定，做腰、髋前挺练习。

（五）踝关节柔韧性的训练方法

(1) 跪坐压踝。
(2) 踮起脚尖，做踝关节的绕环练习。
(3) 负中等重量，踝关节作屈伸动作，如提踵。
(4) 把脚放在高约 10 厘米的木板上，足跟着地，做负重全蹲练习。

（六）排球柔韧素质的游戏训练

1. 排球接龙

培养运动员髋关节的柔韧性，及团队意识和协作精神。排球场内进行，排球 2 个。

游戏方法：将运动员分成人数相等的两队，成纵队站立，排头持球。首先将排球从胯下传至最后一名队员，再由后至前将排球从头上传至排头，所用时间最少队为胜。注意从胯下传递球时必须是手递手的传接球，而不能将球滚动给下一名队员；由队尾至排头时，必须让球垂直头顶传过，而不能从侧面传。

2. 强者争斗

加强运动员下肢的柔韧性，减少意外受伤，提高团队意识。排球场内进行，排球 4 个。

游戏方法：把运动员分成人数相等的两队，分别站在端线两边，在排球网下画两个圆圈，将 4 个排球分别放在两个圈中。听到口令后，每队的第一名队员开始向前跑动，从网下钻过至另一边，用手摸到端线返回，再返回途中，将网下两个排球抱回交给第二位队员，第二位队员穿过网后，手摸到另一端线返回，到网下将球放入圆圈内，归队与下一队员击掌后，下一队员才可以开始跑动,依次交替进行,先完成者为胜。注意运动员必须从网下钻过且不能触网;到另一侧端线必须手触到端线;球放到圆圈内并且稳定后才能归队。

3. 传球绕标赛

提高运动员的柔韧素质,以及传球、控球能力和眼睛环视的能力。在一块较大面积的平整场地内进行,标杆和排球若干。

游戏方法:将运动员分成人数相等的若干队,成纵队分别在出发线后站好。听到口令后,排头迅速自传球前进,并绕过途中的标杆,当绕过最后一个标杆后迅速跑回本队,将球交给下一人,下一人做同样动作,直至全队依次做完为止。速度快的队为优胜。注意没有绕标杆的为犯规,应重做。全队犯规3次取消比赛成绩;如球落地,应在该处捡球后继续做。

4. 双人俯卧传球赛

提高运动员的柔韧素质,以及传球的节奏感和控球能力。排球场内进行,排球若干。

游戏方法:将运动员分成两人一组,每人一球。听口令后,甲从下传反弹球给乙,乙从空中传给甲,待接到球后,甲乙同时做一次俯卧撑,然后继续做甲从下、乙从上的传球,循环5次后甲乙互换传出球的路线,再做5次。以速度快、传球配合好为优胜。注意传球、做俯卧撑两人应同步进行,配合要好;做动作要到位,不能只求快而忽视动作质量。

5. 背传球

发展运动员的柔韧素质,练习背传技术,提高传球的准确性。排球场内进行,排球2个。

游戏方法:将运动员分成人数相等的两队,各成一路纵队,队员之间相距1米,排头持球。教师发令后,排头用背传方法将球传给排二,然后依次传到队尾,排尾队员接到球后快速跑到队前背传球,游戏继续进行,依此类推,到恢复原队形为止,以先完成的一队为胜。注意传球必须按次序进行,队员之间要保持1米的距离;传球失误,必须由失球人拣回,从失误处重新开始传球,不得遗漏。

6. 推拨球接力赛

提高运动员下肢的柔韧性以及手控球的能力。排球场内进行,排球2个。

游戏方法:将运动员分成人数相等的两组在端线外列队,当听到口令后,排头将一个排球以地滚球的方式推拨前进至限制线,然后再转身往回拨地滚球,交本队第二人,全队依次进行。速度快的队获胜。注意不许持球跑,否则重做;不许脚踹球,触球的手要始终摸到球。

五、排球专项灵敏的训练方法

(一) 控制性的训练方法

(1) 要求运动员两臂同时分别向前、后绕环。按教练员口令,两臂分别做不同顺序、不同起始节拍的动作。左手前平举,右手在体侧不动—左手上举,左手前平举—左手侧平举,右手上举—左手下放体侧,右手侧平举—左手不动,右手还原。

(2) 两足开立和并拢连续跳跃,双手从体侧平举至头上击掌,最后还原。

(3) 分足跳时,双手头上击掌,并足跳时,双手侧平举。

(4) 连续交换单足跳跃。前踢腿时,双手触足尖,后踢腿时,双臂上振。反复进行。一条腿前踢落地后换另一条腿后踢。

(二) 垫上的训练方法

(1) 连续做前（后）滚翻练习。

(2) 做鱼跃前滚翻练习和手撑兔跳练习。

(3) 做左右侧滚翻练习。

(4) 双人前滚翻练习。

(5) 做前滚翻—左（右）横滚动—快速起立—原地鱼跃—跪跳起练习。

(6) 做直体前扑—手掌胸前击掌—推起穿腿—踏足练习。

(7) 双人鱼跃横滚翻前进。

(8) 三人两边交叉鱼跃横滚翻。

(9) 三人两边鱼跃前滚翻练习。

(三) 橡皮筋垫上的训练方法

(1) 高度1米左右（也可根据队员弹跳高度确定），双脚跳起收腹将橡皮筋踩下，再接前滚翻，或接跪跳起，或接鱼跃。

(2) 两条橡皮筋，跳过一条后接俯卧撑，跪跳起后再跳过另一条。

(3) 做一定高度的侧手翻过练习。

(4) 做一定高度的兔跳从下面过，臀部不得碰橡皮筋。

(5) 双脚跳过橡皮筋接跪跳起后再跳过橡皮筋。

(6) 一高一低两条橡皮筋，中间距离尽可能小些，做鱼跃前滚翻，从中间过，要求上下不得碰橡皮筋。

(7) 同上，俯卧式跳高从中间过，再接横滚起。

(8) 同上，兔跳过，可以来回做，也可以从中间过去，从下面回来。

(9) 同上，用向侧前方鱼跃方法从上面过后再接横滚从下面过第二橡皮筋。可以来回做。

(10) 同上，两次鱼跃前滚翻过，或先做兔跳过，再做鱼跃前滚翻过。

(四) 弹跳板的训练方法

(1) 做前屈体摸脚面。

(2) 原地或助跑高跳，做收腹展腹练习。

(3) 做前、后或左、右分腿跳。

(4) 两次转体、落地后接前滚翻或接鱼跃。

(五) 结合场地和球的训练方法

(1) 运动员做拦网落地后，接鱼跃或滚翻垫球，再上步扣球。

(2) 运动员做前扑—向后撤步移动—向前单足蹬地鱼跃—向侧后滚翻的组合练习。

(3) 根据不同信号，运动员分别做快速起动、制动、变速、变向及跳跃、滚动等动作。

(4) 将球用力向地面击打，待其反弹后从球下钻过，反弹一次钻一次，力争钻的次数多一些。可以两人比赛。

(5) 教练员灵活运用扣、吊球手法，将球击到边（端）线附近，运动员移动垫球，接界内球，不要接界外球。

(6) 网前拦网一次,转身退到进攻线救一个球,然后回到网前传一个球。
(7) 两人一组,一人跳传另一人抛来的球后接着做立卧撑,若干次后交换。
(8) 持球躺在地板上,自己向上抛球后立即起立将球接住。
(9) 教练员灵活运用扣、吊或抛球的方法支配球的速度和落点,运动员判断翻动取位将球回传(垫)给教练员。
(10) 三人一组,中间的运动员分别接两边队员的平抛球做向后倒地传球。
(11) 两人一组,一人侧传另一人抛来的低平球后接滚翻,若干次后交换。

(六) 排球灵敏素质的游戏训练

1. 搬家游戏

提高运动员的反应及灵敏性,以及培养运动员之间的团结协作精神。排球场内进行,排球若干。

游戏方法:全体同学先围成圆圈,每3个运动员分一个球。当听到"野兽出没"时,3个运动员迅速并列站在一起,排头运动员持球站立在所画的小圆圈里,当听到"猎人出动"时,两个无球学生手挽手架起一座桥;另一运动员双手持球蹲在圈内;当听到"兔子搬家"时,蹲在圈内的运动员必须跑向另一个圈,依此类推,按口令做动作。注意蹲下的运动员必须持球在圈内,且搬家时必须持球;漏球或跑不到圆圈者重做练习。

2. 圆周等距跑

提高运动员的协调性和灵活性,发展其速度素质和一般耐力素质。排球场内进行,排球2个。

游戏方法:让运动员手拉手围成一个圆圈,依次报数并记住自己的数字,在大圆心上画一个直径为50厘米的小圆圈,内放两个排球。裁判员任意叫号,被叫到的两人立即起动去抢小圆圈中的排球,抢到后按顺时针方向从圆外绕大圆绕跑一周,以先从自己原来的位置跑到小圆圈内并把排球放稳为准,先回到自己的位置者为胜,然后继续叫号,依此类推。注意抢跑者取消游戏资格;叫号后立即起动,抢到球后必须从自己位置上开始绕圈跑动;跑进大圈后,必须把排球放在小圆圈内,稳定后方可跑回自己的位置。

3. 穿梭接力

让运动员熟悉垫球部位,发展其灵敏性和协调性。排球场内进行,排球若干。

游戏方法:将运动员分成人数相等的两组,并在排球场端线站好。听到口令后,排头在垫击球的部位将球托起,并且持球跑动前进,穿过网到对区端线处,将球交给下一个人,该人接过球后依旧持球跑动前进,全队依次进行,完成速度快的队伍获胜。注意球落地后应立即捡回,并在掉球处重新开始;不允许以双臂夹球的方式前进。

4. 抛球换位

发展运动员的灵敏素质,提高其动作速度。排球场内进行,排球3个,等边三角形场地1个。

游戏方法:将运动员5~8人分为一组,共分3组,分别呈纵队面向三角形站在3个圆圈外,排头持球站在顶点上。游戏开始,各组排头听口令同时将球垂直向上用力抛起,随后马上按逆时针方向跑动换位去接右方一组排头抛起的球,排头接球后交给身后第二人抛球,之后站到该队排尾。依此类推,每人抛接数次后结束。以失误少的组为胜。注意抛出的球必须在三角形的顶点上方,尽量垂直;球要有一定的高度;球左右摆动幅度不得超过0.5米。

第八章 乒乓球运动员专项体能训练方法

第一节 乒乓球运动理论及其体能特征

一、乒乓球运动理论

(一) 乒乓球运动的起源

乒乓球运动最初起源于19世纪末期的英国,并在欧洲大陆得到非常广泛的传播。

乒乓球运动的出现与网球运动存在着密切的关联,它的英文名为 Table tennis,意思即为"桌子上进行的网球运动"。根据有关文献记载,在19世纪后半叶左右,很多英国大学生受到网球运动的启示,一种极类似现在乒乓球的室内游戏逐渐在英国风靡开来。这种运动在发球之时,可以将球直接发到对方台面或者把球先发到本方台面再跳至对方台面。球拍用羊皮纸贴成,形状为长柄椭圆形,内部是空心的。为了防止球乱跳而损坏其他的设施,在橡胶或者软木实心球外,往往包一层轻而结实的毛线。这种游戏既可以在饭桌上支起网来进行,也可以简单地在地板上用两个椅子当作支柱,中间挂起网来进行。虽然凭借当时的器材不能保证比赛的激烈性,但仍然有很强的趣味性。这种游戏在最早期的名称是"弗利姆佛拉姆"(Flim-Flam),或者叫作"高希马"(Goossime)。这种游戏在当时并没有统一的规则,有10分、20分为一局的,也有50分或100分为一局的。

发展到后来,一位名叫詹姆斯·吉布(James Gibb)的英格兰人到美国旅行时,偶然发现了一种用赛璐珞材质制成的空心玩具球具有较强的弹性,因此他将这种材质的球运用到这项游戏之中,从而取代了之前所用的橡胶球与实心球。1890年前后,人们开始使用赛璐珞球开展这项运动,这种材质的球逐步在英国与世界各地得到广泛的推广。由于当时普遍使用那种球拍击球和球碰台时会发出奇特的"乒乓"声,因此这项运动就非常形象地被命名为"乒乓球"。最初,乒乓球运动只是流行于宫廷与贵族之间,后来由于其独特的魅力逐渐开始风靡在欧洲的各个角落,最终走向了国际。

(二) 乒乓球运动的发展

1. 世界乒乓球运动的发展

1926—1951年期间可以称作是欧洲乒乓球运动发展的全盛时期。1926年,国际乒乓球联合会(ITTF,International Table Tennis Federation)正式成立,并举行了第一届世界乒乓球锦标赛。乒乓球运动经过近一个世纪的发展,已经成为广大体育爱好者喜爱的运动项目之一。国际乒联和各大洲乒联举办的世界锦标赛、世界杯赛、洲际比赛及各种规模和形式的国际比赛不胜枚举。回顾乒乓球运动的发展历程,大致可分为以下几个重要的阶段。

(1) 欧洲乒乓球全盛时期

从 1926 年第一届世乒赛至 20 世纪 50 年代，国际乒乓球联合会在这 25 年间共举办了十八届世乒赛，除了 1939 年在埃及举办以外，其中 17 次比赛的地点全部在欧洲举办，参加比赛的国家主要是欧洲。在技术打法上，创立了以削球为主的新打法。他们在总共 117 项世界冠军中，获得了 109 项冠军，欧洲选手占绝对优势，统治了乒坛 25 年之久。

1936 年第十届世界乒乓球锦标赛男团决赛时，罗马尼亚和奥地利参赛的三名选手均为削球打法。由于水平接近，比赛连续进行了三天耗时 31 小时，结果奥地利以 5∶4 取胜。针对乒乓球比赛中出现的这种"马拉松"式比赛事例，1937 年，国际乒乓球联合会代表大会的一致同意，对比赛器材和规则进行修改。即，球：由软球改为硬球；球网：球网的高度由原来的 17 厘米降为 15.25 厘米；球台：球台的宽度由原来的 146.4 厘米加至 152.5 厘米；比赛时间：三局两胜制的比赛时间不得超过 1 小时，五局三胜制的比赛不得超过 1 小时 45 分钟。如果在此时间内没有结束比赛，则比分领先者为胜方。

通过对规则和器材的修改，有效地促进了乒乓球运动的健康发展。在这个阶段，开辟了新技术新打法的发展方向。

(2) 日本乒乓球称雄时期

1952—1959 年是日本乒乓球运动称雄的时期。1928 年，日本乒乓球协会加入国际乒乓球联合会，并于 1952 年首次参加世界乒乓球锦标赛。在比赛当中，日本选手所运用的是全新的直拍全攻型打法，这对一直处于技术领先地位的欧洲乒乓球队伍形成了很大冲击，日本乒乓球运动员也正是凭借这一创新技术战胜了很多欧洲乒乓好手，并且一举夺得了该届世乒赛男子单打、男子双打、女子团体以及女子双打共 4 项冠军。日本乒乓球队还在第二十一届至二十五届的世乒赛中蝉联了男团冠军，并且多次斩获该赛事 5 个单项的冠军共计 24 项次。在第二十一届世界乒乓球锦标赛上，日本乒乓球队同时夺得了男女两项团体冠军。在 1959 年于德国多特蒙德举行的第二十五届世界乒乓球锦标赛上，日本队更是一举拿到了其中 7 项冠军中的 6 项。

(3) 中国乒乓球振兴时期

1959 年开始，正当日本处于巅峰状态时，中国选手容国团在二十五届世乒赛上，成为中国乒乓球队的第一个世界冠军。中国队以正贴海绵拍，在世界乒坛开始崭露头角，确立了具有"快、准、狠、变"独特技术风格的中国近台快攻打法和以"稳、低、转、攻"为指导思想的中国削球打法，使中国乒乓球运动在世界乒乓球运动发展潮流中始终保持着领先地位，把世界乒乓球运动推向了一个新的发展阶段。

1960 年至 1969 年国际乒联共举办了五届世锦赛，中国运动员参加了其中的三届，中国队以独特的近台快攻打法和旋转多变，配合有效反攻的积极防守打法，获得了 21 枚金牌中的 11 枚金牌。这些优秀的战绩显示出中国近台快攻的打法技术优势。这种打法充分发挥出海绵拍速度快、力量大的特点，同时又解决了反手位不足的劣势，体现出这种技术打法顺应了乒乓球运动的发展趋势，标志着中国乒乓球已经进入世界先进水平的行列。

20 世纪 60 年代初，日本运动员创造了一种新技术——弧圈球。由于它当时还处于初级阶段，未能显示出应具有的威力。不过，弧圈球对以后世界乒乓球技术的发展却起到了很大的促进作用。从此，乒乓球运动进入速度与旋转的较量中。

(4) 欧洲复兴与欧亚争夺时期

1971—1988 年是欧洲乒乓球运动的复兴时期，同时也是欧亚之间进入争夺阶段的重要时期。当乒乓球运动发展到 20 世纪 70 年代，乒乓球运动的技术实现了突飞猛进的发展。欧洲运动员在结合中国快攻以及日本弧圈优点的基础之上，创造出了弧圈结合快攻与快攻结合弧圈的创新性打法，从而对亚洲的乒乓球选手造成了很大的威胁。

在这一时期，欧洲还涌现出了一大批有实力的年轻乒乓球运动员，其中具有代表性的人物包括瑞典队的本格森，匈牙利队的约尼尔、克兰帕尔，苏联的萨尔霍扬以及捷克斯洛伐克的奥洛夫斯基等。在第三十一届世界乒乓球锦标赛上，瑞典队的本格森夺得了男子单打冠军；第三十二届世界乒乓球锦标赛上，瑞典男队打破了亚洲保持长达 20 年之久的团体冠军纪录；在第三十三届世界乒乓球锦标赛上，欧洲选手约尼尔与斯蒂潘契奇之间展开了激烈的男单冠亚军争夺；第三十五届世界乒乓球锦标赛上，匈牙利队夺得斯韦思林杯，而南斯拉夫男队夺得男双冠军。欧洲选手在经过 20 年的努力之后又重新走上了复兴之路。

(5) 中国乒乓球鼎盛时期

从 1991 年至今是中国乒乓球运动发展的鼎盛时期。在中国乒乓球队 1981 年赢得冠军之后，经过 14 年的奋斗，终于走出低谷，一举夺得了第四十三届世界乒乓球锦标赛全部比赛的 7 项冠军，创造出了辉煌的战绩。

2. 我国乒乓球运动的发展

乒乓球运动于 1904 年从日本传入我国，之后这项运动就逐渐在北京、天津、青岛、上海、广州等地逐渐开展起来，并举行了不同规模、一定数量的国内、国际乒乓球比赛。1935 年，中华全国乒乓球协会成立，发起并组织了中华人民共和国成立前的第一届全国乒乓球比赛。1935 年 1 月，国际乒联主席蒙塔古先生曾致电邀请我国加入国际乒联，并参加第九届世乒赛，但是并没有取得成绩。

中华人民共和国成立之后，在党和人民政府的关怀与重视下，我国的乒乓球运动得到了迅速的发展与普及。1952 年 10 月，我国举行了中华人民共和国成立以来的第一次全国乒乓球比赛大会，在比赛之后还组建了中国乒乓球队。从中国乒乓球队第一次参加世乒赛至今，其战斗历程大体可分为以下五个时期。

(1) 起步阶段（1953—1957 年）

1953 年，中国乒乓球队第一次参加了第二十届世界乒乓球锦标赛。赛后，男队被评为一级第十名，女队被评为二级第三名。

在当时，中国乒乓球队的技术水平是非常低的，但是他们没有盲目地跟在外国人后面跑，而是以中国选手的特点为基础，认真研究乒乓球运动的客观规律，虚心学习外国队的长处，使自身的技术得到了不断的发展与提升。

第二十一届和第二十二届世界乒乓球锦标赛中国队都没有参加。1956 年，中国队参加了第二十三届世乒赛。赛后男队被评为一级第六名，女队被评为一级第十一名。这届世界乒乓球锦标赛充分显示了中国快攻打法既快又狠的优越性，同时也暴露出中国选手在击球准确性方面的不足。

1957 年，中国队参加了第二十四届世界乒乓球锦标赛，赛后男队被评为一级第四名，女队被评为一级第三名，其中王传耀、孙梅英还分别被评为世界男、女的第七名优秀选手。

在 1953—1957 年之间的这些年中，中国乒乓球队取得了很大的进步。

（2）腾飞阶段（1959—1965 年）

在 1959 年的第二十五届世界乒乓球锦标赛上，中国选手容国团为祖国夺得了第一个乒乓球世界冠军。此外，中国队还在男团、女团、女单、女双和混双 5 个项目上都获得了第三名，男单有 4 人进入了前八名。容国团是我国率先提出要夺取世界冠军的运动员，他为丰富与发展我国的传统快攻打法做出了非常巨大的贡献，他还用实践的技术风格又加了一个"变"字。

第二十六届世界乒乓球锦标赛是中国第一次举办的世界比赛并获得了圆满的成功。在这届赛事当中，中国队获得男团、男单、女单 3 项冠军、4 项亚军以及 8 个第三名。这一胜利极大地鼓舞了全国人民，同时也在一定程度上推动了我国乒乓球运动的发展，从此在中国大地上掀起了"乒乓球热"。

在第二十七届世界乒乓球锦标赛上，中国男队获得全面的胜利。男团决赛，中国队除了两名直拍快攻选手外，还有一名被称作"魔术师"的直拍削球手张燮林，比上届比赛显示出了更大的优势。男双冠军由两名削球选手张燮林与王志良获得。但是女团、女单、女双和混双皆与冠军无缘，这对中国乒乓球女队产生了很大的震动。为了帮助女队取得更好的成绩，徐寅生同志对女队作了《关于如何打乒乓球》的讲话。乒乓女队认真学习了徐寅生的讲话，思想上的提高带动了技术上的进步，并在第二十八届世界乒乓球锦标赛上打了一个漂亮的翻身仗。在该届赛事中，中国队一共获得了 5 项冠军、4 项亚军以及 7 个第三名。国际舆论普遍认为中国是"世界头号乒乓球国家"，称乒乓球为中国的"国球"。

1959—1965 年是我国乒乓球运动发展的第一次高峰，不管是直拍快攻还是防守型削球打法都取得了很好的成绩。在该历史时期，我国乒乓球运动的各种类型打法实现了相互促进与发展。

（3）重整旗鼓阶段（1971—1979 年）

1970 年底，与世界乒坛隔绝 4 年的中国队参加了斯堪的纳维亚公开赛，受到了欧洲选手强有力的挑战。在此次比赛中，中国队发现自己逐渐落后，面对欧洲选手的进步与挑战，中国乒乓球界在 20 世纪 70 年代初展开了一场学术性的讨论，徐寅生同志力主在原来"快、准、狠、变"的指导思想上再加一个"转"字，同时提出了用反胶打快攻的设想。此后还增加了拉上旋小弧圈和快带、盖打、推挤等对付弧圈球的技术，具有创新精神的直拍反胶快攻也取得了可喜的成绩，两面不同性能球拍打法也有新的发展。

在 1971 年的第三十一届世界乒乓球锦标赛上，中国队勇夺男团冠军，同时还获得女单、女双以及混双冠军。在 1973 年的第三十二届世界乒乓球锦标赛上，中国队只取得男女单打与混双 3 项冠军。1975 年第三十三届世界乒乓球锦标赛只获得男女团体冠军。

1977 年第三十四届世界乒乓球锦标赛保住了男女团体冠军，同时还夺得了男双与女双冠军。在 1979 年的第三十五届世界乒乓球锦标赛上，中国队在有女子参赛的项目中皆获冠军，而 3 个男子项目的第一名都被外国选手夺走，中国男队这次全面失利。中国男队在认真分析了失利的原因之后，提出要"苦练意志、苦练技术、苦练身体"，争取在最短的时间内夺回世界冠军。

（4）再创辉煌阶段（1981—1987 年）

1981 年第三十六届世界乒乓球锦标赛，中国队一举夺得全部比赛项目的 7 个冠军和 5 个单项的全部亚军，创造了世乒赛历史的新纪录。在此之后的 3 次世界乒乓球锦标赛中，中国队每届都获得6项冠军。四届比赛共有锦标28个，中国队夺得25个。尽管每届都不容易、项项都不轻松，但中国队在世界乒坛的地位已经不容动摇。在这一时期，各国都加强了对中国队的研究，并以在7个项目中的任何一项、任何一轮打败中国选手为荣，该时期堪称是中国乒乓球运动的"第二次高峰"。

在这一历史发展时期，中国队取得好成绩的主要原因是大胆启用新人，人新球艺新。在第三十六届世界乒乓球锦标赛中国队与匈牙利队争夺男团冠军之时，3名上场队员的平均年龄只有20岁，其中的蔡振华、谢赛克都是第一次参加世乒赛。第三十七届世界乒乓球锦标赛的男团决赛上，第一次参加世界比赛的江嘉良分别以2：1和2：0战胜瓦尔德内尔和阿佩伊伦，为中国队再次获得斯韦思林杯立下汗马功劳。第三十八届世界乒乓球锦标赛上，中国男队又出新人：陈新华能攻善守、灵活多变；陈龙灿的直拍正胶快攻，速度快、球路刁。二陈与江嘉良合作，在团体决赛中以5：0大胜瑞典队。女队由横拍两面拉弧圈球的新人何智丽与老将童玲、戴丽丽、耿丽娟组成，在团体赛中盘盘皆胜。在第三十九届世界乒乓球锦标赛上，中国男队由新老结合的滕毅、江嘉良、陈龙灿再次以5：0大胜瑞典队。女队由新老结合的李惠芬、焦志敏、戴丽丽组成，以3：0打败了由强手梁英子和玄静和组成的韩国队。

（5）鼎盛阶段（1988年至今）

1988年第二十四届奥运会上，乒乓球运动正式被列为奥运会的比赛项目。中国选手在4个比赛项目中获得了男双金牌（陈龙灿、韦晴光）和女单的金、银、铜牌。陈静、李惠芬、焦志敏同时登上了领奖台。

而欧洲男选手在经过一段时间的磨炼之后，技术变得更加全面，打法也更加成熟。中国队在长期的胜利中隐藏了失败的因素。尽管在1992年第二十五届奥运会乒乓球比赛中，中国队夺得了4个比赛项目中的3枚金牌，中国男队在世界乒乓球锦标赛中连续三届（第四十届、四十一届和四十二届）与含金量最高的团体与单打冠军无缘；中国女队在第四十一届世界乒乓球锦标赛中痛失团体冠军；享有"双保险"之称的邓亚萍与乔红在第四十二届的单打比赛中都被淘汰，整个中国女队无人进入单打决赛。为了让中国乒乓球队伍尽快走出困境，1993年末至1994年初，中国乒协及时举办了全国乒乓球奥运会重点省市男队主教练和业余体校的教练员研讨班。中国乒协主席徐寅生、副主席李富荣做了重要讲话，这次会议对中国乒乓球运动的发展起到了重要的作用。

1995年第四十三届世界乒乓球锦标赛在天津举行，这是该项赛事第二次在中国举行，中国队囊括了全部冠军。中国乒乓球队自第四十三届世界乒乓球锦标赛获得全胜之后，从根本上改变了自20世纪80年代末至90年代中期世界乒坛的实力次序。至此，中国队终于走出低谷，迎来了中国乒乓球运动的第三次发展高峰。

在1996年的第二十六届奥运会上，中国队首次在这项全世界最重大的赛事中夺得了所有乒乓球赛的金牌。第四十四届和第四十五届世界乒乓球锦标赛，中国队都取得了6项冠军的好成绩。

在1999年第四十五届世界乒乓球锦标赛的单项比赛中，中国队又一次获得了巨大的胜利，包揽了5个单项的冠亚军。

2000年的第二十七届奥运会，中国队第二次囊括了所有乒乓球金牌，这也为中国队在这一阶段的小球时代画上了圆满的句号。

2001年的第四十六届世界乒乓球锦标赛，中国队第三次实现了7项冠军的大包揽。

在2003年的第四十七届世界乒乓球锦标赛单项赛上，第一次执行11分制与无遮挡发球规则。这届赛事中的男单金牌被欧洲选手施拉格夺得之后，中国乒乓球队又在四十八届与四十九届包揽了全部的7项冠军。在2009年第五十届世界乒乓球锦标赛中，中国队获得了除女团冠军外的全部冠军。

2011年第五十一届单项世界乒乓球锦标赛，中国队包揽了5个单项的全部冠亚军。2012年第五十一届团体世界乒乓球锦标赛在德国的多特蒙德举行，中国队获得了男女团冠军。在2015年的第五十三届世界乒乓球锦标赛女团决赛上，中国队以3∶0击败日本，第20次获得了冠军。2016年的马来西亚世乒赛团体赛，中国男女团分别在决赛中战胜日本队双双夺冠。2016年的里约奥运会上，中国乒乓球队包揽了4枚金牌，单打项目各2人参赛均包揽金银牌。2017年在德国杜塞尔多夫举行的世界乒乓球单项锦标赛上，马龙卫冕男单冠军，中国男单7连冠；丁宁卫冕女单冠军，第三次夺冠；樊振东/许昕男双夺冠；女双丁宁/刘诗雯夺冠，中国女双15连冠。2018年的乒乓球世界杯上，樊振东夺得男单冠军，丁宁夺得女子冠军，中国男队、女队在团体决赛中双双夺冠。2018年在伦敦举行的乒乓球世界杯团体决赛中，中国男队、女队双双夺冠。2019年在布达佩斯举行的第五十五届世乒赛上，中国军团获得全部5项冠军。在2020东京奥运会上，陈梦获得乒乓球女子单打金牌，马龙获得乒乓球男单金牌。

综观我国乒乓球运动的发展历史，有过领先于世界的辉煌，也有过失去领先的痛楚。但值得我们骄傲的是，长期形成的"乒乓精神"对一代又一代运动员产生了巨大的激励作用，使其坚持不懈地奋斗、钻研、创新、为国争光，这种精神也激励着我们每一个国人。

（三）乒乓球运动的项目特征

1. 设备简单而项目独特

乒乓球运动在室内和室外都可以开展，只需要简单的器材设备即可，练习者可以自由调整运动量的大小，不同性别、年龄和身体素质的人几乎都适合参加这项运动，因此乒乓球运动广受大众欢迎。

乒乓球速度快，不断变化，这对练习者的反应和应变能力提出了较高的要求，练习者需要在短时间内判断瞬息万变的来球并灵活回击，这有助于促进练习者神经系统的灵敏性和协调性的增强。

乒乓球运动有单打和双打的形式，这不仅能够对练习者独立思考、单独作战的能力进行培养，还能提升练习者的协作能力及集体主义精神。

2. 竞技能力全面

乒乓球运动是非周期性的有氧代谢运动，主要考验的是练习者的速度、爆发力、灵敏等运动素质。乒乓球以技术训练为核心，技术战术训练为重点，技战术训练结合得非常密切，区分并不是特别明显。乒乓球身体素质训练应将一般素质训练与专项素质训练结合起来，以前者为基础，以后者为主。总之，作为一项高速度、强对抗的竞技运动项目，乒乓球运动体现了技能、体能、智能的结合，这些竞技能力是密不可分的。

（1）体能是乒乓球运动的基础

体能对技能的发展、竞技水平的发挥都有重要影响。随着乒乓球竞争的日趋激烈，对练习者的体能提出了越来越高的要求。身体训练在乒乓球训练体系中是基础，包括速度训练、爆发力训练、耐力训练和灵敏度训练等。身体训练与技术训练的适宜比例为3：7，具体视练习者的情况而调整。

（2）技能是乒乓球运动的核心

体能是技能的基础与前提，在体能训练的基础上，要重点训练技能，技能在一定程度上体现在战术和智能上。乒乓球技能包含丰富而复杂的内容，这是由乒乓球运动的特点、实践运用及其发展创新的要求所决定的。

（3）智能是乒乓球运动的灵魂

智能以体能和技能为依赖，同时也在很大程度上影响着体能和技能的发展、提高。乒乓球运动智能包括两种类型，一种是训练智能，另一种是比赛智能，随机性、对抗性是乒乓球智能的主要特点。

3. 技术动作快

乒乓球的发展、技术风格的变化等都离不开一个"快"字，"快"本身具有千变万化的意思，也就是说格调是不统一的。综合起来，"快"在乒乓球运动中的表现如下。

（1）反应速度快

乒乓球运动员一定要反应快，这是打好乒乓球的一个必要条件，运动员要通过视觉判断迅速做出相应的动作，虽然有的运动员预见能力较强，可以由此做出相应的动作反应，但以视觉判断为依据而做出动作还是最主要的。反应是一种心理能力，受遗传影响，因此在乒乓球运动员选材中要注意这一点。

（2）预测判断快

预测判断就是在早期判断对方球路，包括对球的时空特点、位置和距离等的判断，预判能力对于乒乓球运动员而言非常重要，也非常具有发展潜力。运动员在反应速度和移动速度上的不足可以从良好的预断能力上得到弥补，这也有助于体力的节省。通过不断的训练和参与实战是可以改善预断能力的。提高青少年运动员的预断能力有助于提高其整体水平。

（3）技术动作选择快

武术、体操比赛有预先编排好的成套动作，但乒乓球没有统一套路，技术动作千变万化，运动员要以对方的回球情况为依据而运用不同的技术。乒乓球飞行快，飞行时间短，运动员一定要及时果断坚决地选择技术动作，不能犹豫。运动员选择技术的速度与平时技术训练的熟练度有关，技术越熟练，选择技术动作的速度就越快，因此熟练掌握和运用各种乒乓球技术，是提高乒乓球运动员竞技水平的关键。

（4）击球动作快

乒乓球运动员在球场上上肢击球的手法、下肢移动的步法等充分反映了乒乓球场上的"快"，上下肢的动作相辅相成，协调配合。运动员不是天生就具备这两种能力的，这是经过长期科学、系统的训练，付出大量汗水而获得的。青少年正处于发展上下肢速度能力的关键时期，所以要抓住最佳机会加强锻炼，在此阶段形成快速的步法移动能力和上肢击球的速度能力。无机胶水在乒乓球运动中的使用对运动员的速度能力提出了更高的要求，主要体现在下肢步伐移动的准确性、及时性等方面。

(5) 球速快

乒乓球的回球突然性强，球在空中飞行快，时间短，就是球速快的表现。球速的快慢主要受以下因素的影响。

①球本身的重力。

②击球力量。

③击球角度、方向。

④球的高度。

⑤运动员的球感，球感越好，球速控制能力越强。

(6) 变化快

乒乓球比赛中击球节奏快、战术不断变化，这就是变化快的表现。乒乓球比赛千变万化，运动员不可能只用一种打法、以不变的速度来应付对手。运动员只有根据赛场上的变化及时转变战术或调整速度才能将对方的节奏打乱，从而争取主动。

(7) 恢复快

高水平的乒乓球比赛充满激烈的竞争，而且比赛时间长，局数多，运动员消耗的体力非常大，如果双方技术能力接近，那么胜负主要看双方的耐力。乒乓球与周期性项目不同，在比赛中无氧代谢和短暂的间歇相交替，所以运动员在短暂间歇后的身体恢复能力决定了其耐力水平，而恢复能力又与训练水平有关。抓好体能训练是提高恢复能力的重点。

4. 专项突出、灵活多变

(1) 球体轻、球速快

乒乓球虽然重量较轻，但在空中的飞行速度和转动速度快。在速度和旋转的牵制下，运动员需要具备良好的感觉能力、反应能力、调控能力等才能准确击球。

(2) 技术种类多

乒乓球主要技术大约可以分为 8 大类，具体又包含 80 多项，而且多旋转变化的技术，有 26 种是典型的旋转，这些变化对运动员来说是比较艰难的挑战。

(3) 打法多样

乒乓球运动有多种打法，如快攻、削球、弧圈球等。球拍有生胶、长胶、正胶、反胶和防弧圈等多种。不同的乒乓球运动员又有自己不同的技术风格，如稳、狠、变等，高水平运动员更是各具特色，所以乒乓球比赛对参赛队员的适应能力、应变能力和调节能力提出了很高的要求。

(4) 专项技能要求高

乒乓球运动员在击球时，全身各关节、肌肉都要保持高度协调，手腕、手指的动作尤其要准确、细腻。乒乓球运动员需掌握全面的技术，而且技术不能有容易被对方识破的漏洞，在全面掌握技术的基础上，又要有自己的特长；乒乓球技术动作结合了速度与旋转，攻防转换快，速度、节奏不断变化，因此运动员必须扎实掌握基本技术，灵活应用战术。总之，对于乒乓球运动员来说，掌握多项技战术、组合技术，提高综合能力非常必要且重要。

(5) 意志品质要求高

优秀的乒乓球运动员必须具备良好的意志品质，主要表现为上进心、思维灵活、意志顽强、心理素质健康等。

二、乒乓球运动员的体能特征

(一) 乒乓球运动员的形态特征

乒乓球运动由于其独有的特点,在身体形态上要求运动员符合脚步移动快、灵活性好、手臂摆速快的要求。因而对运动员体型总体要求是运动员身高、体重适当,身材匀称,四肢、小腿、跟腱较长,腰短,踝细,足弓较高,骨盆较小,臀部肌肉向上紧缩。乒乓球运动对运动员的身高并没有做具体的要求,具体的情况要根据不同的要求来确定。

在乒乓球运动中,对乒乓球运动员身高的要求因打法不同而存在一定的差别。相对来讲,弧圈型打法的运动员要求身材匀称、高大、强壮;削球型打法的运动员要求身材匀称、较高、四肢较长,快攻型打法的运动员要求身材匀称。乒乓球格外要求四肢较长、躯干较短以满足重心平稳、移动较快、控制范围大、易于发力的需求。其中削球型打法还要求上肢较长,指距指数较大。

由于乒乓球运动员握拍动作用力较大,上臂肌群要承受较大的负荷、刺激,使上臂肌纤维增粗,所以上臂围度较大,肌肉的横断面积较大,运动员的力量也较大,肌肉的爆发力也就较好,当然这与运动员的肌肉发育状况也有很大关系。

(二) 乒乓球运动员的机能特征

乒乓球项目的主要特点是动作速度快,赛程时间较长。运动员一般每天要参加多场比赛,每场单项比赛均要打上4～7局,主力队员还要兼项。在如此紧张的高密度赛程下,比赛至少也要持续4～7天,对运动员的体能是一个极大的考验。加之随着国际乒联一系列改革措施的出台,世界顶级乒乓球选手间的技战术水平差距正逐渐缩小,每局比分也咬的比较紧,比赛关键时刻心理压力增大,如果体能储备不足,胜负往往受到选手专项耐力、速度耐力的影响。由此可见,从人体能量代谢途径分析该运动应属于有氧代谢运动。然而每次击球瞬间,因其速度快、爆发力强、脚步的移动不同于一般的周期性运动,为一项多次重复的高强度运动,因而,能量代谢途径又属于无氧代谢,主要为ATP-CP供能。因此,乒乓球运动的能量供应形式应概括为以无氧代谢为主、有氧代谢参与的混合供能。

乒乓球运动总体上要求运动员心肺功能良好、磷酸原代谢水平较高、能量储备较大、神经过程灵活稳定、机体恢复能力良好。随着赛制的改变,世界顶级乒乓球选手技战术水平差距逐渐缩小,比赛关键时刻的胜负往往受到选手专项耐力、速度耐力的影响。因而耐力训练时应重点以发展心肺功能来满足专项耐力的需要,其中主要以速度耐力为主。

(三) 乒乓球运动员的素质特征

1. 专项速度素质

乒乓球的专项速度是非周期性的单个动作速度,即击球时的挥拍速度和为了取得适宜的击球点而移动身体的速度。乒乓球比赛过程中,球在单个回合中的飞行时间很短暂,运动员需要快速地对来球做出判断。由于击球范围的限制,需要的移动速度是短距离起动速度及制动和变换方向的速度,而不是长距离的位移速度。乒乓球运动需要的挥臂速度主要体现在执拍手远端关节的末端(包括球拍),不仅需要踝、膝、髋关节的蹬转发力,而且肩、肘、腕都要协调用力。要在快速而又复杂多变的比赛中，把握每个有利的击球时机，占据主动权，这就要求运动员要有良好的专项速度素质。

2. 专项灵敏素质

乒乓球比赛中，每一回合的攻防转换速度极快，要求运动员必须具有良好的反应速度与身体灵活性。随着当今乒乓球竞技向着更凶狠、技术更全面的方向发展，专项灵敏素质在乒乓球运动中的重要性更为突出，因此在体能训练中需要重点发展专项灵敏素质。

3. 专项力量素质

乒乓球运动员击出球威力的大小主要靠挥击的速度，特别是挥臂所需要的上肢、肩带和腰腹的肌肉要具有快速收缩的能力。在乒乓球运动中，这种快速的力量叫作爆发力，它是一种在极短的时间内肌肉快速收缩的能力。所以，加强快速力量的练习还能改善身体各部分肌肉的高度协调性。随着"无机胶水"时代的到来，乒乓球旋转和速度相应减弱，很大程度上旋转与速度的获得需要靠击球力量来实现。

4. 专项耐力素质

由于乒乓球运动项目的特点，打乒乓球时所需要的耐力是一种在运动节奏和强度均处于不断变化，并与速度、力量和灵敏紧密相连的专项耐力素质。特别是当前国际乒联改用了40毫米的大球进行比赛，并且还修改了部分发球规则，在发球时执行无遮挡式发球，使乒乓球的发球技术隐蔽性减弱，从而使双方运动员在比赛中的持球回合次数明显增多。乒乓球运动员在参加重大的国内和国际比赛中经常要连续进行4～8天左右，运动员要承受激烈比赛时的运动负荷，就必须具备良好的专项耐力素质。

5. 专项柔韧素质

乒乓球运动的柔韧素质主要表现为动力柔韧性，即肌肉、肌腱、韧带根据动力性技术的需要，拉伸到解剖学允许的最大限度能力，随即利用强有力的弹性回缩力来完成所要完成的动作。所有爆发力拉伸都属于动力柔韧。静力柔韧性是肌肉、肌腱、韧带根据静力性技术动作的需要，拉伸到动作所需要的位置角度，控制其停留一定时间所表现出来的能力。

第二节　乒乓球运动员基础体能训练方法

一、乒乓球运动力量素质训练

（一）乒乓球力量素质训练的特点

乒乓球运动的球体较小，因此在击打过程中就具有球飞行速度快、飞行弧线多样、旋转性强、落点多变等特点。再加上技术动作结构等必然要求，使得大多数乒乓球技术都是依靠脚步的移动和手臂的挥动来完成的，这就需要身体不同部位的协同用力，进而对身体不同部位的力量素质有一定的要求，特别是速度力量与瞬间的爆发力。

速度力量在乒乓球运动中被最多关注，也是力量训练的重点，它实际上就是单位间内肌肉所能达到的最大力量，对这种力量的提升应以中等负荷（极限负重的40%～60%）、重复多次的方式为主，这样训练出来的就是快速有力的力量表现形式。

(二)乒乓球力量素质训练的要求

1. 确定阻力大小

(1)一般在进行力量素质训练时都会有一定的负荷,这种负荷是以阻力的形式出现的,如杠铃的重量、重复的次数以及这些占极限用力重量百分比等。因此,在进行力量训练时首先要确定阻力的大小,具体如表 8-1 所示。

表 8-1 重标准、重复次数与占极限用力重量百分比的换算关系

标准	一次练习重复的次数	占极限用力重量的百分比
极限重量	1	95%以上
次极限重量	2~3	85%~95%
大重量	4~7	60%~85%
中等大重量	8~12	40%~60%
中等重量	13~18	30%~40%
小重量	19~25	30%以上
很小重量	25 次以上	20%

(2)不同的重复次数和占极限用力重量的百分比对乒乓球力量素质训练会起到不同的效果。表 8-2 中展示了它们之间的关系,可在训练时用作参考。

表 8-2 不同的重复次数和占极限用力重量的百分比所起的主要作用

一次训练可重复的次数	1~3 次	4~8 次	9~12 次	13 次以上
占极限用力重量的百分比	85%以上	60%~85%	40%~60%	40%以下
主要作用	发展肌肉内协调能力或绝对力量	促使肌肉功能性肥大	速度性力量	发展小负荷时的力量耐力

(3)对于运动员力量素质的发展有效区来说,只有那些负荷在运动员极限承受重量的 35%~40%时才能起到促进力量素质发展的作用,如果低于 20%,那么基本对力量素质的发展没有多少帮助,训练效果会很差。

(4)不将负荷重量设置在高水平可以在很大程度上避免运动性伤病的发生,而且在力量训练的初始阶段,训练效果也并不绝对取决于阻力的大小,只要将负荷重量设置在运动员的极限重量的 35%~40%或稍稍高于这个标准,力量素质也能得到提高。

(5)对于爆发力的发展来说,负荷的制订要以运动员的实际情况为准。常见的几种量的组合方式如负荷重量大、强度高、重复次数少,或是负荷重量小、强度小、重复次数多。但就这两种组合方式来说,总的负荷强度基本是一致的。对于爆发力的训练有时要应用极限或接近极限的速度来完成动作,每组动作 3~5 次即可,且组数不宜过多。

2. 选择适宜频率

在力量素质训练中,频率的确定是非常考究的。事实上,频率并非越快越好,不同频率会

对不同种类的力量产生效果，如快速的频率更易产生兴奋性的扩散；较低的频率则会导致运动对肌肉产生的刺激过低。因此，只有根据运动员的实际情况找到最适宜他们力量素质发展的频率才能有利于能力的进一步提升。

3. 注意调节呼吸

力量训练中运动员的呼吸是否顺畅决定了他们的训练效率。通常在力量训练中经常会看到运动员以憋气的方式力求获得更大的力量，但这种方式并不科学，这会导致胸廓内压力增加，从而使肺的血液循环受阻而引起脑贫血，重者会出现休克现象。合理的力量训练的呼吸节奏应该符合如下要求。

（1）不应给刚开始参加力量素质训练的运动员安排太多涉及极限用力的练习项目，并且在此之前不应忽视对他们力量训练过程中的呼吸方式的指导。就初训运动员来说，力量训练的安排频率为每周 3 次为宜，如果是针对已经历一段时间的运动员的话，力量训练的频率可以适当增加 1 次或 2 次。

（2）如果训练项目的最大力量相持时间不长或者重复做不需要很大力量练习时，运动员便不应憋气。

（3）完成一组训练前，尽量不要做深吸气。这是由于力量训练的时间普遍不畅，深吸气带来的更多氧气不仅无法给动作的完成提供帮助，相反还增加了胸廓内的压力，导致出现不良反应的概率提升。

（4）如果需要采用憋气的形式协助发力的话，则应首先考虑用慢呼气的方式来进行辅助。这种狭窄的声门呼吸法在实际运用中可以达到与憋气非常相近的协助力量指标。

4. 合理安排时间

力量素质训练的负荷通常较大，从运动风险的角度上看无疑风险较大。因此，为了提升力量训练的安全性，可在正式上量前先做几次低负荷的适应性练习，若运动员没有感到身体有异常的情况，再开始规定负荷的训练。

在一堂训练课中为了增加训练效果，上量的训练可采用两次重复法，即在每堂训练课的基本部分的开始和结束时安排上量的力量训练，或者采用重量波浪式交替法。但不管力量训练的方法和节奏是什么，在每次力量训练中的间隔以及训练课结束前都要安排适当的时间休息，做好相应的恢复运动。

5. 一般力量与专项力量训练相结合

乒乓球运动作为一项专业运动项目，在力量素质训练方面也有自己许多专门性的内容。而一般力量训练更多只是在综合层面上起到提升运动员力量素质的作用。为此，在对乒乓球运动员进行力量训练的过程中，要将两种训练内容相结合，如此才能在总体提升力量素质的基础上使专项力量素质获得提升。

（三）乒乓球力量素质训练的方法

常用的乒乓球运动力量素质的训练方法有以下几种。

1. 上肢力量素质训练

（1）持轻哑铃做变速模仿削球练习（见图 8-1），用时 1～2 秒。

图 8-1

（2）各种徒手挥拍动作练习，动作可以为正反手攻球或是弧圈球动作，要设定好练习次数与组数。

（3）持轻哑铃做挥拍练习（见图 8-2）。

图 8-2

（4）反握持哑铃弯举，同时做内旋动作（见图 8-3）。

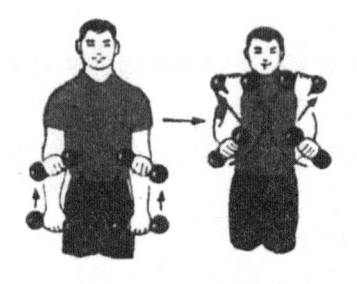

图 8-3

（5）持轻哑铃做变速正手攻球动作（见图 8-4），速度由开始的 3 秒完成到最终的 1 秒完成。

图 8-4

（6）持轻哑铃做变速弧圈球动作（见图8-5），速度由开始的3秒完成到最终的1秒完成。

图 8-5

（7）持拍或持哑铃做反手推挡球动作，还可做加力推动作的练习。
（8）持铁球拍做各种技术的挥拍练习。

2. 下肢力量素质训练

（1）肩上扛杠铃做负重蹲的静力训练，整个动作持续时间根据实际情况为10～30秒。下蹲的过程有半蹲和全蹲两个阶段，身体由直立到半蹲需要6秒的时间，半蹲维持6秒，再用6秒完全蹲下。在起身阶段中的时间配比与之前一样。另外为了增加难度，在半蹲阶段时还可以做左右侧滑步行进的练习等，这个动作的完成速度以慢速为宜。

（2）运动员在杠铃的负重条件下，做侧跨步行进、左右跨跳、快速箭步上挺、提踵、双脚前后跳或左右跳、交叉步行进等动作。

3. 其他力量素质训练

（1）立定跳远

对腿部、髋关节与肩部的力量进行训练。

双脚分开，手臂高举，然后膝部弯曲，手臂后摆蓄力，在手臂向前带动的同时用力蹬伸腿向前跳出。

（2）跳栏架

对腿部、髋关节与肩部的力量进行训练。

每隔将近1米的距离放置一个栏架，共放置3～5个。运动员在第一栏前准备，开始后双脚连续向前跳越栏架。要求在连续跳跃过程中膝关节并拢。

（3）后抛实心球

对腰部、肩部、腿部和髋关节的力量进行训练。

两脚开立与肩同宽，双手持球放于身体前面。背向投球方向，身体弯曲下蹲蓄力，然后利用挺髋和腿部的爆发力将球从头后上方抛出。

这个动作的完成更多依靠腿部与髋的发力，也是锻炼人的协同发力的好方法。在每次投球时都应尽全力投出。

（4）换脚跳

对腿部、髋关节与肩部的力量进行训练。

在行进过程中开始起跳，每次跨越的距离从30～100米逐渐增加。这个练习的意义在于让运动员更好地体会地面给身体造成的反作用力感觉。

(四) 乒乓球力量素质训练的注意事项

(1) 力量素质训练的强度通常较大，因此在进行前要做好充分的准备活动。对力量素质训练的内容要选择正确，明确训练目标，并且秉承循序渐进的原则确定好适当的负荷量。

(2) 制定必要的运动性伤病应急措施，以应对可能在力量素质训练中大概率出现的伤病问题，确保运动员在受伤的第一时间获得妥善处理。

(3) 进行乒乓球力量素质训练的过程中，在重视局部力量训练的同时不能忽视对整体的力量素质训练，这是由乒乓球运动技术动作的特点决定的，身体的许多部位都会参与到协同发力之中，忽视其他部位的训练不利于更加精准地控制技术动作以及影响整体发力的效果。

(4) 乒乓球力量训练普遍强度较大，如此来看两天一练较为合理。在安排训练内容时也要按照交替进行的方式轮流训练，以此减少同一部位的疲劳积累。

(5) 力量训练是一项长期的训练内容，只有这样才能一直保持肌肉力量在较高水平上。研究显示，肌肉力量消失的速度约等于获得肌肉力量速度的1/3。如此看来，只有每周都进行至少一次力量训练，才能勉强维持已有的力量水平。

二、乒乓球速度素质训练

(一) 乒乓球速度素质训练的特点

从乒乓球运动的实践特点可以知道，力量与速度之间有着众多关联，具体体现为力量素质的提高对速度素质的提高有直接关系，力量的属性不同，那么其所带来的速度属性也就有所不同。

基于这个观点，使得在乒乓球速度素质训练中要结合力量素质的训练，并依据专项特征和个人的运动特点，从整体上形成一种对速度力量的训练。

(二) 乒乓球速度素质训练的要求

(1) 在速度素质训练中对各项速度素质的结合主要有速度耐力与速度力量相结合；最大速度与爆发力量和速度力量相结合；提高专项运动能力与专项力量和速度力量相结合；改进技术训练与最大力量和爆发力量相结合。

(2) 被选择作为速度素质练习的动作应该是那些可以以最快速度来完成的类型。

(3) 运动员应在身体状态相对良好的情况下才更加适宜进行速度素质训练。因此，通常将速度素质训练的内容安排在训练课的前半部分。

(4) 速度素质训练中的大多数项目的练习时间通常在20～30秒，次数也不宜太多。次数太多，持续时间较长的速度训练可能导致身体反应变慢、动作速度变慢等情况，如此反而妨碍了速度素质的提高。

(5) 专项速度素质训练的内容应更加贴近技术动作的结构，从而使运动员的速度素质有针对性地提高。

(6) 速度素质与灵敏素质之间有着较多关联，因此为了提高训练效率和突出运动实践的特点，在速度素质训练中还可以结合灵敏素质一同训练。

(7) 在训练中安排好间歇时间，以使运动员的身体得到短暂恢复，如此有利于保证后续训练的身体状态。

(三) 乒乓球速度素质训练的方法

1. 移动速度训练

移动速度是指运动员利用步法在最短时间内到达击球位置的能力。因此，在对乒乓球运动员的移动速度加以提高的训练中应该结合乒乓球步法来练习，这样对移动速度的提升更具有针对性且更加高效。

（1）以左右边线延长线为宽度的步法练习，30秒～1分钟为一组（见图8-6）。

（2）以球台中线或左右边线为宽度的左右跨跳练习，30秒～1分钟为一组（见图8-7）。

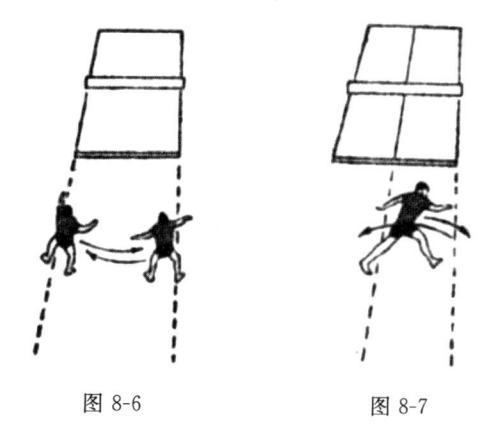

图 8-6　　　图 8-7

（3）以两边底线为宽度的交叉步移动练习，30秒～1分钟为一组（见图8-8）。

图 8-8

（4）推、侧、扑步法练习，30秒～1分钟为一组（见图8-9）。

图 8-9

(5) 近、中台步法移动练习，30 秒～1 分钟为一组（见图 8-10）。

图 8-10

(6) 摸球台两端线角练习，30 秒～1 分钟为一组（见图 8-11）。

图 8-11

(7) 多球不定点正手攻球练习（见图 8-12）。

图 8-12

(8) 面朝同一方向绕球台移动练习（见图 8-13）。

图 8-13

（9）面向球台绕球台侧滑步移动练习（见图 8-14）。

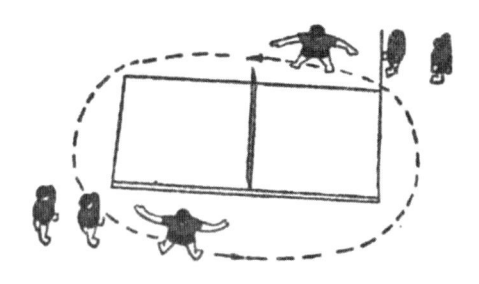

图 8-14

2. 反应速度训练

(1) 根据教练口令做相应技术动作，如口令为"正弧圈"，运动员即做正手弧圈球技术动作；口令为"反搓"，运动员即做反手搓球技术动作。
(2) 根据口令做左右移动的步法练习，步法可以是并步、侧身步或交叉步等。
(3) 接多球发球练习。运动员根据发球属性连续回接。
(4) 二人想象比赛（见图 8-15），要求运动员观察对手的动作和预判球路，然后做出回接动作。

图 8-15

(5) 在单一线路对攻的练习中，某一方突然改变回球线路，另一方快速反应回接。
(6) 两个人都相继发多球，另一人接发球。发球与接发球角色交替进行（见图 8-16）。

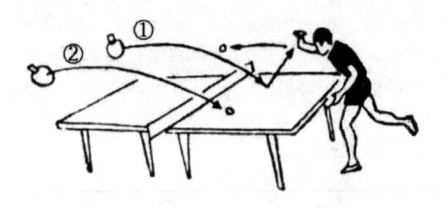

图 8-16

(7) 听口令做急停、急起练习（见图 8-17）。

图 8-17

(8) 目视教练向上击球，要求运动员按旋转球落台反弹的方向，原地转一周后，沿球台跑一圈（见图 8-18）。

图 8-18

(9) 运动员距墙 1.5 米左右面对墙站立，教练在其背后朝墙面供多球，运动员回接从墙面反弹回来的球（见图 8-19）。

图 8-19

3. 动作速度训练

（1）采用多种直观感觉信号指示运动员做出相应动作。就感觉信号来说，灯光或声音的方式最为理想。

（2）要求运动员在规定时间内以最快速度或最高频率完成规定项目的动作练习。

（3）各种形式或方向的快速跑练习。

（4）利用器械重量变化后的后效作用进行练习。最直接的、对乒乓球运动技术最有效的方式就是使用铁质球拍做动作，然后再使用正常球拍时会让运动员感到挥拍速度更快，正反手摆速频度更高，速度力量得以显著提升。

（5）组织各种速度灵敏类体育游戏。

（四）乒乓球速度素质训练的注意事项

（1）乒乓球速度素质训练需要在运动员身体状况相对良好时进行，此时训练的成果更为显著。训练时要特别注意训练的质量，不要过多追求训练量的一味加大。

（2）乒乓球速度素质的提升不是一个短暂的和简单的过程，它更是多种素质相结合形成的。因此，在训练速度素质时不应只注重速度性练习内容，还应结合一些灵敏性和快速爆发等性质的练习。

（3）速度训练不推崇"疲劳战术"的练法。一般的速度练习内容的持续时间都不超过20～30秒，练习组数也不会太多。疲劳的身体和反应的减慢不利于运动员速度素质的提高。

（4）速度素质训练中对于重物负重的方式的运用应该谨慎一些。如果需要使用，则在做专门性动作速度练习时重物的重量应比单纯发展力量或速度力量时要小。而如果要将重物运用在专项动作本身上时，所握持的重物仍旧应该只稍稍高于专项标准即可，如铁质球拍的使用等。

（5）进行专项速度训练时，所设计的动作结构应与专项技术的动作结构类似。

（6）乒乓球速度素质的训练方法不应太多太散，但也应注意不能太过单一，除训练方法和手段外，还可以通过改变训练节奏和频率来解决多样化问题。

（7）每部分或组与组间的练习都要安排合理的休息时间。在休息时间中安排适当的放松方式，以保障运动员能在下次或下组练习中有相对理想的身体状态。

三、乒乓球耐力素质训练

（一）乒乓球耐力素质训练的特点

耐力素质是指运动员长时间在运动过程中的抗疲劳能力。耐力素质训练的最大价值在于能够让运动员的身体机能储备更多的能量和最快消除代谢附属物的能力，以使机体内部环境始终保持稳定。

乒乓球比赛虽不像足球篮球那样对运动员体能和其他身体素质有着较高的要求，但耐力较好的运动员更可能在比赛中，特别是在比赛后期占据一定的体能优势。

（二）乒乓球耐力素质训练的要求

（1）乒乓球耐力素质训练一般安排在训练课基础部分的后半段。

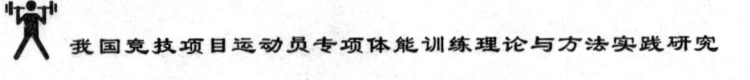

（2）在乒乓球耐力素质的训练中应对有氧耐力训练给予较高的重视，这部分训练内容在耐力素质训练的所有内容中的占比应该更高，训练的频度也应该更高。

（3）训练乒乓球运动员的专项耐力素质训练中，运动员要承担较大的负荷，以此来提升能够支撑乒乓球运动的专项耐力水平。

（4）耐力训练通常较为单调，再加上其运动强度过高，往往会使运动员感到厌倦。但这同时也是对他们意志品质的一种培养方式。

（三）乒乓球耐力素质训练的方法

（1）3分钟换放多球的训练（在2~4个小凳上放置多球筐，图8-20、图8-21、图8-22）。

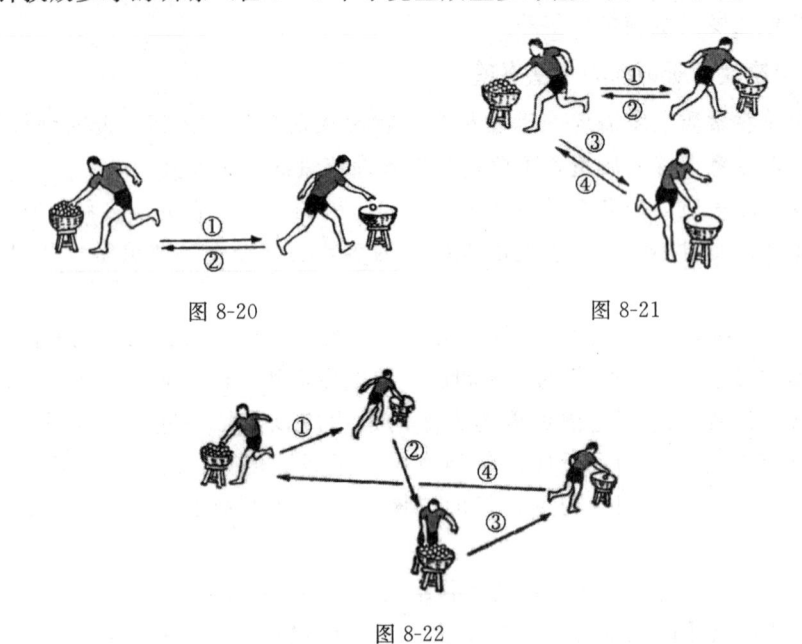

图8-20   图8-21

图8-22

（1）推、侧、扑步法训练，持续时间为3分钟。可采用徒手或多球的训练方式（见图8-23）。

图8-23

（2）800~1500米变速跑。学生6~10人列成纵队，听信号从排尾跑到排头，在这段距离内可以使用多种步法完成（见图8-24）。

图 8-24

（3）长短球步法训练，持续时间为 3 分钟（见图 8-25）。

图 8-25

（4）跳绳，持续时间为 3 分钟。跳绳的样式要多样化，如单摇、双摇、正摇、反摇、编花等（见图 8-26）。

图 8-26

（5）双人利用多球在移动中练习扣杀，持续时间为 3～5 分钟（见图 8-27）。

图 8-27

（6）先拉后扣的多球练习，持续时间为 3～5 分钟（见图 8-28）。

图 8-28

(7) 连续扣杀的多球练习，持续时间为 3~5 分钟（见图 8-29）。

图 8-29

(8) 带球跑 5 分钟、10 分钟或 15 分钟。可以使用足球带球的方式，也可以使用篮球运球的形式。

(四) 乒乓球耐力素质洲练的注意事项

(1) 乒乓球耐力素质训练直安排在训练课基本部分的后半段进行，

(2) 由于有氧代谢供能是无氧代谢供能的基础。因此，在乒乓球耐力素质的讲练中，应对有氧耐力训练给予必要的重视。

(3) 乒乓球耐力素质训练对运动员体能的消耗较大，因此在安排负荷量的时候，一方面要符合运动科学规律，另一方面还要依据运动员的能力和营养等情况。

(4) 在耐力素质训练中要关注呼吸的协调作用，通过指导和实践使运动员掌握相关耐力训练内容中呼吸的配合与调节方式，从而使机体保持良好的运动状态。

(5) 乒乓球耐力素质训练要始终贯穿体能训练的始末，对运动员耐力的提升是一个长期且渐变的过程，不要试图仅仅依靠采用以上大量的方式就能获得突飞猛进的上涨效果。

四、乒乓球灵敏素质训练

(一) 乒乓球灵敏素质训练的特点

灵敏素质包括人的反应、协调性和动作幅度等因素。就乒乓球运动来说，决定运动员灵敏素质的关键是中枢神经对运动器官的支配能力，其主要表现为运动员对技术动作的完成准确性与速度。

乒乓球比赛的速度很快，球会因为不同情况的击打而具有千变万化的属性。在如此速度快和球性复杂的情况下，运动员必须要对来球全面观察，迅速做出判断并制定回球对策，然后就是身体对反应做出落实，合理击球，以适应各种复杂的动作和技战术变化。

(二) 乒乓球灵敏素质训练的要求

（1）提高运动员灵敏素质的关键在于提升大脑皮质神经过程的灵活性和兴奋性，如此才能使运动员的运动相关器官对外界的刺激做出迅速的反应。

（2）决定灵敏素质的元素很多，如力量、速度、协调等。如此一来，对灵敏素质的发展可以从这些元素的提升做起，特别是要结合乒乓球运动的特点来组合设计符合实际需求的训练方法和内容。

（3）灵敏素质需要运动员在身体情况良好时进行。训练的负荷安排要高，但持续时间和重复的次数要少。每组练习间要留有适当的休息时间。

(三) 乒乓球灵敏素质训练的方法

（1）4人沿球台跑动，过程中按照比赛基本规则轮流击球（见图8-30）。

（2）在球台两端线角位置放置目标，由教练员供多球，2人一组比赛，哪一方在规定的时间内击球命中目标的次数多为胜（见图8-31）。

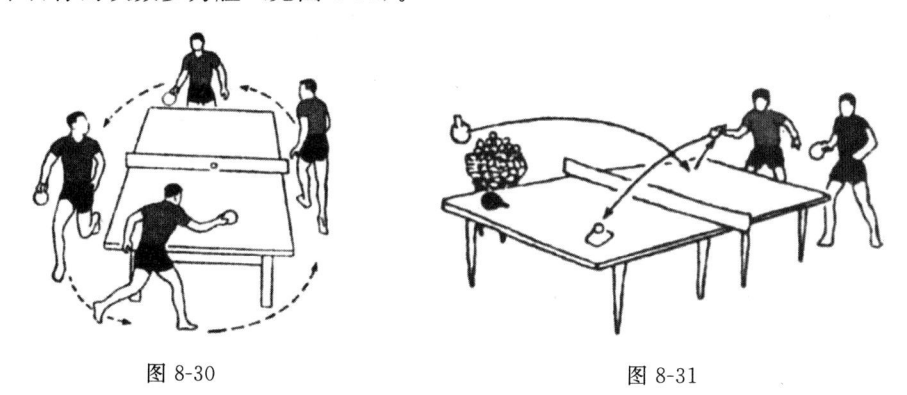

图8-30　　　　　　　　　图8-31

（3）将运动员每3人分为一组，两队开始规则同双打类似的轮换击球。每名刚刚击球后的运动员要做一次俯卧撑，然后再准备打下一板球（见图8-32）。

图8-32

（4）将运动员分为两组，每组3人或4人。用球拍和乒乓球进行类似足球比赛的游戏。在规定时间内，进球多的一方获胜（见图8-33）。

图 8-33

(5) 托球折返跑练习。要求托球要稳，跑动过程中如果球掉落要捡起球后在球刚刚掉落的位置重新起跑（见图 8-34）。

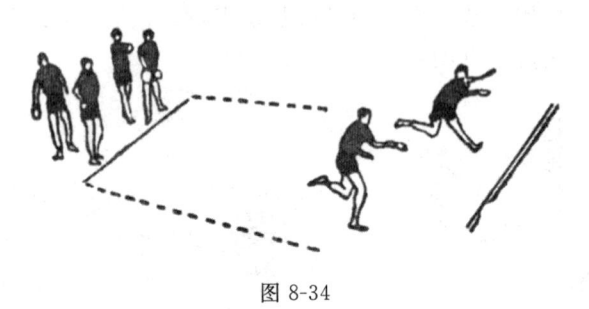

图 8-34

(6) 追逐游戏。设定一名追人者和若干躲避者。追人者手持球拍托球，在限定范围内追逐别人并将乒乓球击到被追者身体上就算追逐成功。双方互换角色继续进行（见图 8-35）。

图 8-35

(7) 传球抢截游戏。将运动员分为两组，每组 3 人或 4 人。在限定范围内，运动员手持球拍进行传球抢截游戏，要求一拍出球。一方球失误掉落或被对方拦截，双方交换球权（见图 8-36）。

图 8-36

(8) 采用规定步法进行托球"∞"字跑接力游戏（见图 8-37）。

图 8-37

(四) 乒乓球灵敏素质训练的注意事项

(1) 运动员灵敏素质的培养还与其对事物的专注度有关。因此，越是能够集中注意力的运动员，其准确分析动作的能力越强，做出的正确反应也就越快。

(2) 运动员的灵敏素质的培养与其他很多素质有联系，因此这是一个长期的培养过程。不要试图仅仅依靠突击训练的方式获得素质的短期提升上涨效果，这会对运动员的身体造成伤害。

五、乒乓球柔韧素质训练

(一) 乒乓球柔韧素质训练的特点

处于不同年龄阶段的运动员的柔韧素质训练有很多不同之处，导致这些不同的原因在于运动员的身体发育阶段性特点。

(1) 儿童时期（4～5岁），主要针对髋和脊柱进行柔韧训练，以为日后开始的乒乓球训练打好基础。

(2) 少年期（6～10岁），主要针对髋关节侧向活动进行柔韧训练。在这个时期的七八岁时是少年柔韧水平发育的高峰，应抓紧利用这个时机加强这方面的训练。

(3) 青少年期（13～16岁），可以接受综合性和专项性较强的柔韧素质训练。但由于这个时期运动员的柔韧素质基本定型，所以在训练中要注意控制强度，以避免运动性损伤的发生。

(4) 青年期（16岁以上），可以适当加大柔韧素质训练的负荷强度和难度，训练的内容和方式等与成年运动员基本没有区别。

(二) 乒乓球柔韧素质训练的要求

(1) 对运动员的柔韧素质的训练要符合乒乓球运动的需求。为此，就需要对训练的强度、方法、内容等进行考量，做到科学训练。

（2）人体的柔韧素质普遍退化较快，因此，为了保持住或进一步提升柔韧素质，就需要经常参加素质训练。

（三）乒乓球柔韧素质训练的方法

1. 肩关节柔韧素质训练

（1）压肩练习

运动员面向球台，双手扶球台做压肩练习。

（2）双人压肩练习

两人面对站立，双手互相扶对方肩膀，做压肩练习。

（3）双人背向拉肩练习

两人背向站立，双手上伸高于头部，相互拉手，后同时做弓箭步前拉。

（4）侧向压肩练习

运动员侧向面对肋木，靠近肋木的手下握肋木，另一手抓握肋木上部，后开始侧拉。

（5）借助同伴压肩振臂练习

运动员采取坐姿，手臂上举，另一人在背后膝部顶住练习者的背部，同时双手后拉练习者的双手，向后拉肩振胸。

（6）正、侧压腿练习

前后左右劈腿练习；可独立前后振压，也可以将腿部垫高，由同伴帮助下压。

（7）棍、绳或橡皮筋转体练习

用木棍、绳等器械做直臂向前、向后的转肩练习。为了增加难度可以逐渐将手的握距缩小。

2. 腰腹部柔韧素质训练

（1）挺身起

运动员背对助木，双手正向握助木，提踵屈膝站立。开始时脚蹬地向前送髋、挺身至最大限度。

（2）后下屈体

运动员背向肋木站立，向前挺髋、挺胸、抬头，手经头上向后握住肋木，然后握持的位置逐渐下移，直至身体后屈到最大限度。

（3）后倒成背弓

运动员屈膝跪立，上体缓慢后倒，肩部触地，然后慢慢挺胸展髋，两手支撑成背弓。

3. 下肢柔韧素质训练

（1）正摆腿

运动员侧向肋木，一手扶助木，外侧腿向正前上方快速摆动，脚尖绷直，两腿交替进行。

（2）屈膝坐侧压腿

运动员上体直立，两腿屈膝，两脚掌相对并触及坐下。双手下压两膝关节至两膝触地。

（3）外摆腿

直立站立，两手侧平举，左腿先向前踢，后向左外侧摆动碰手，腿的动作轨迹是一个弧线形态，两腿交替重复进行。

(4) 侧压腿

上体直立,两腿分开,以左腿为支点,下压身体,左腿屈,压右腿,如此两腿交替进行。

4. 踝关节柔韧素质训练

(1) 踝屈伸

运动员双手握较低助木,双腿后伸,两腿提踵支撑。一脚屈踝至全脚掌撑地,另一脚提踵,注意两脚尽量后伸,如此两脚轮流进行。

(2) 体前屈伸膝、踝

运动员屈膝,身体前屈手触地,然后双腿伸膝、伸踝和提踵。如此重复练习。

(四) 乒乓球柔韧素质训练的注意事项

(1) 在乒乓球柔韧素质训练中要始终秉承循序渐进的原则,不要妄图揠苗助长,也不要操之过急,否则会增加运动性损伤的概率。

(2) 练习的过程中每一种动作都要在规定的范围内完成,切记不要发蛮力。练习时运动员应将思维更多放在放松及拉长的肌肉和韧带上。

(3) 在乒乓球柔韧素质训练中要选择经验丰富的辅助练习者。训练的内容要力求动静、左右、上下等相结合。

第三节 乒乓球运动员专项体能训练方法

一、乒乓球专项力量素质训练

乒乓球力量训练实践表明,不同的动作技术对运动员力量素质的要求不同。最大力量、爆发力量、速度力量、力量耐力是改善和提高专项力量的基础。专项力量应与专项运动能力训练科学相结合,与专项技术的用力方式融合在一起,这是发展运动员专项力量素质的有效途径。提高运动员专项力量素质的训练方法主要有以下几种。

(1) 各种徒手(规定练习次数和时间)的挥拍动作练习。

(2) 持铁制球拍(约为0.5千克左右)的各种挥拍动作练习。

(3) 用持拍手进行乒乓球掷远练习;进行扣球击远练习。

(4) 持拍推球练习。包括快推(图8-38)和加力推(图8-39)两种练习方法。

图 8-38

图 8-39

二、乒乓球专项速度素质训练

乒乓球的专项速度属于非周期性的单个动作速度，即击球对的挥臂速度和选择最佳击球位置而移动身体重心的速度。乒乓球运动项目的特点：球小、球速快、动作快、移动快、变化快，运动员只有具备较高的专项速度素质，才能在瞬间万变的比赛中，争取积极主动，抢先上手，才能赢得比赛的胜利。发展乒乓球专项速度素质的训练方法主要有以下几种。

（1）在保证基本动作规范的前提下，做单一技术或者组合技术的徒手挥拍练习 30 秒至一分钟，还可规定练习的次数。

（2）通过加快多球练习的供球速度，迫使练习徒手击球的摆速和击球速率。

（3）并步或跳步左右移动的手法、步法练习 30 秒至 1 分钟（在球台两边线之间）。

（4）用并步或交叉步移动摸球台两角练习 30 秒至 1 分钟（在球台两端线之间）。

（5）进行推挡、侧身、扑右（左）角的手步法练习 30 秒至 1 分钟

（6）进行多球练习：加快供出各种不定点和不同旋转节奏性质的球，迫使练习者在回击时迅速提高判断反应速度、步法的移动速度和击球的挥拍速度。

三、乒乓球专项灵敏素质训练

发展灵敏素质可以进一步改进专项技术动作中的协调性，从而提高动作的准确性。如果一个运动员的动作很不协调，不管他是否具有其他素质，其灵敏性就比较差。如果一个运动员不能随机应变地操纵自己的身体，不能精确地控制自己的动作，这也说明他缺乏灵敏素质。在专项运动中，改进灵敏性的最好方法是在对抗中正确地、快速而反复地练习这些动作，重视发展专项的协调性是提高专项灵敏素质的重要途径之一。专项灵敏素质通常与专项技术敏捷、灵巧和精确紧密相联。

发展专项灵敏素质的训练方法主要有以下几种。

（1）按照事先规定，听哨声或者看手势，或者快速向前跑、后退跑，或者向前跑、向后转跑，或者急跑、急停等。

（2）看或者听到信号后，按照要求变换各种步法结合练习。

（3）掂球接力赛：分两队，掂着球跑并绕过规定目标后折返跑，将球传给下一同伴，快者为胜方。

（4）追逐跑：在托球跑动中，听到一声哨声，单数追双数；吹两声，双数立即变为追单数，不断变换。

（5）进行轮换击球练习：三人为一组，两人各站球台一端，另一人站在球网附近，按照顺时针（或者逆时针）方向进行跑动中轮换击球练习。

（6）多球练习：两人一组，在球台的任何位置上放置目标，在规定的多球数目中看谁击中目标的次数多。

四、乒乓球专项循环练习

乒乓球运动员采用循环练习，可以按不同打法类型来选择和编排各专项素质的循环练习内

容，其练习量也因不同的类型打法特点而有所区别。同时，可根据不同的练习目的选用不同的练习动作，也可以在相同的练习动作中采用不同的练习量以示区别。这样对不同类型打法的运动员更有针对性，也是乒乓球专项训练中采用循环练习的进一步发展。专项循环练习的训练方法主要有以下几种。

（1）循环练习一

①俯卧撑练习。

②原地跳练习。

③仰卧起坐练习。

④哑铃操练习。

⑤跳绳练习（单或双摇跳）。

（2）循环练习二

①立卧撑跳练习：立正，俯撑，立正，起跳。

②哑铃操：腕部练习。

③仰卧两头起练习。

④移动摸球台两端线。

⑤模仿动作（持铁拍）练习。

⑥正手攻台内球。

⑦反手推挡。

⑧侧身攻球。

⑨挡侧身扑右（左）角。

⑩反手攻球。

（3）循环练习三

①立卧撑跳练习：立正，俯撑，立正，起跳。

②哑铃操：腕部练习。

③仰卧两头起练习。

④移动摸球台两端线。

⑤模仿动作（持铁拍）练习。

⑥正手搓。

⑦反手快拨。

⑧反手削长、短球。

⑨正手削长、短球。

⑩正手削中反攻。

第九章　羽毛球运动员专项体能训练方法

羽毛球运动对人们的体能有着很高的要求，特别是对羽毛球运动员而言，想要打好羽毛球并取得优异的成绩，就必须通过体能训练提升自身的体能水平。本章从羽毛球运动的体能要求着手，分别对羽毛球运动的起源与发展、项目特点、羽毛球运动员的体能特征进行介绍，之后阐述了羽毛球运动的基础体能训练和专项体能训练的具体内容。

第一节　羽毛球运动理论及其体能特征

一、羽毛球运动基本理论

（一）羽毛球运动的起源

目前，对于羽毛球运动的起源，仍然没有一个较为确切的说法。在众多关于羽毛球运动起源的说法中，人们最认可的观点是羽毛球是由毽子球游戏演变而来的。国际羽毛球联合会，在其成立50周年的纪念册上是这样写的："羽毛球运动早在1934年前就有着悠久的历史，很多世纪以前，在荷兰和中国就有使用球拍的类似当今羽毛球的体育游戏。"从文字记载和相关学者的研究中，羽毛球运动的起源从整体上可以分为古代羽毛球和现代羽毛球两种。

1. 古代羽毛球运动的起源

关于古代羽毛球游戏的起源，主要有三种说法：即中国、日本和印度起源说，具体如下。

（1）中国古代羽毛球游戏

在我国的《民族体育集锦》中对羽毛球运动有着一定的记载："相传，中国在远古时期就有类似羽毛球活动的存在，其玩法、性质以及所用的一些器材，同世界上较早有这项活动的国家相比没有太大的差异，只是在对这种游戏活动的称呼上不同而已。"发展到今天，仍旧可以从我国一些少数民族的游戏中看到羽毛球活动的影子。如苗族祖先在正月间把一些五颜六色的鸡毛做成花毽，然后成群结队玩"打花毽"游戏。游戏在称作"毽塘"的场地上进行。又如古代基诺人则玩"打鸡毛球"。所用的球是将一束美丽的羽毛插入用油布包着的木炭球托上，制球原理和结构非常接近今天的羽毛球。

（2）日本的"追羽根"

日本也有关于羽毛球运动的记载，在日本的贞享二年（1685），流行一种名为"追羽根"的游戏，日本女子在新年正月里，一面歌唱似地数数，一面用羽子板做"追羽根"游戏，这种游戏与现代羽毛球运动非常相似，但是由于此游戏的器材造价太高，并没有在日本得到普及，因此便逐渐消失，与此相关的记载也很少。

(3) 印度人的乡土游戏

古代羽毛球运动在印度也有相似的游戏，被印度人称为"浦那"（Poona）。这种游戏据说是1820年印度孟买城的一条名叫Poona街道的居民发明的，其球是用直径大约6厘米的圆形硬纸板或以绒线编织成球形，中间插上羽毛而制成，板是木质的。其玩法是两人相对站着，手执木板来回反复地击球。从中可以看出，这种游戏与羽毛球运动极为相似。这也与后来现代羽毛球的兴起联系非常紧密，以后逐渐普及到全印度乃至全世界，因此今日的羽毛球运动，又被称为印度人的游戏。

2. 现代羽毛球运动的起源

据考证，现代羽毛球运动的诞生地是英国。1870年，印度返英度假的英国军官把"扑那"游戏带回了英国，这种游戏就是羽毛球运动的前身。当时的羽毛球是一个毽子，而网球拍则当作毽子板，以后毽子板与毽子逐渐改良，乃成为今日的羽毛球运动。因这项活动极富趣味性，很快就风行开来。此后，羽毛球作为一种高雅的娱乐性活动快速在英国流行。就这样，伯明顿庄园成为现代羽毛球运动的发源地，羽毛球运动也被命名为伯明顿，伯明顿骄傲地成为羽毛球的英文名字而在世界广泛地流传。

1877年英国制定第一本羽毛球比赛规则，其中一些内容在今天的羽毛球规则中仍保留使用。1893年，英国成立了世界上最早的羽毛球协会。1899年，该协会举办了第一届全英羽毛球锦标赛，以后每年3月份的最后一周都要在伦敦温布利体育中心进行比赛。

现代羽毛球运动诞生后，经过一段时间的传播与发展，便迅速地在世界范围内流行起来，先是从不列颠诸岛流传到英联邦各国和斯堪的纳维亚半岛，随后又流传到美洲、亚洲、大洋洲各地，最后传到非洲。发展至今，羽毛球运动已经成为名副其实的全世界盛行的一项体育运动，深受人们的欢迎和喜爱。

1934年，国际羽毛球联合会成立，其主要是由英国、法国、丹麦、加拿大、新西兰、荷兰、苏格兰、爱尔兰、威尔士等国家和地区联合成立的，总部设在伦敦。1939年国际羽毛球联合会通过了各会员国共同遵守的《羽毛球竞赛规则》。这也标志着现代羽毛球运动开始在世界范围内得到规范化的发展。

（二）羽毛球运动的发展

1. 世界各国羽毛球运动的发展

现代羽毛球运动在诞生初期只是局限在欧美地区，准确说主要是在北欧的少数国家。而20世纪40年代举办"汤姆斯"杯赛后，羽毛球运动便开始进入快速发展期。

（1）从欧洲走向世界

在英国举办的"全英羽毛球锦标赛"是历史最为悠久的羽毛球比赛。它是在1899年开始举办的，起初由英国人垄断了所有比赛项目的冠军，而后的数十年里，丹麦人打破了垄断，成为新的世界羽毛球运动的霸主。到了20世纪40年代末，马来西亚的羽毛球选手横空出世，率先打破欧美垄断的局面。从此，使得羽毛球运动从欧洲开始向亚洲倾斜。

（2）马来西亚——亚洲羽毛球运动的先驱

1937年，马来亚成为第一个正式加入国际羽毛球联合会的亚洲国家，在国际羽毛球运动的历史上占有重要的地位。在全英羽毛球锦标赛中，马来亚是亚洲最早取得男子单打冠军和汤姆斯杯冠军的国家,并且一直独具领先地位,始终在国际羽坛上发挥着重要作用。

到了20世纪50年代,马来西亚著名羽毛球运动员黄秉顺以全面精湛的技术所向披靡,成为当时世界羽毛球运动重要的代表人物。其时,另一名马来西亚选手庄以民与黄秉顺一起,从1950年至1957年交替霸占全英羽毛球锦标赛男子单打冠军长达8年。到了20世纪80年代,西德克兄弟为马来西亚羽毛球运动作出了卓越的贡献。由此可见,马来西亚是亚洲羽毛球运动的先驱,其在世界羽毛球运动发展中,也占据着非常重要的位置。

马来西亚的运动员在世界羽毛球男子团体赛——汤姆斯杯赛中,取得了较为显赫的战绩,并且曾获得第一届、第二届和第三届汤姆斯杯冠军,后来又分别获得第七届和第十七届冠军。

(3) 印度尼西亚——羽毛球王国

印度尼西亚的优秀羽毛球运动员人才辈出,被认为是世界羽毛球王国。印度尼西亚在1953年加入国际羽联。1957年,印度尼西亚首次参加第四届汤姆斯杯赛就崭露头角,大胜新西兰和澳大利亚后进入次年的决赛,在决赛时终止了马来西亚连获第一届、第二届和第三届汤姆斯杯冠军的局面。其后,一直成绩优异。而在2000年以前所举行的二十一届汤姆斯杯比赛中,印度尼西亚一共获得12次冠军。这足以说明印度尼西亚成为新的羽毛球运动强国。

在印度尼西亚,梁海量是羽毛球运动中的"天皇巨星",他在1968年至1976年间,一共获得了8次全英羽毛球锦标赛的单打冠军,在国际比赛中几乎没有出现败绩。他由于全面的技术,良好的球场作风,赢得世界羽毛球界的尊敬,是印度尼西亚乃至世界羽坛的代表人物。梁海量之后,印度尼西亚的林水镜凭借凌厉的杀球上网,在世界羽坛非常著名,印度尼西亚风头一时无两。从此,羽毛球运动在印度尼西亚成为国球。

印度尼西亚的女子羽毛球运动也在男子羽毛球队称雄世界羽坛之后崛起。直至今日,世界上也只有印度尼西亚女队能与整体实力强大的中国羽毛球女子团体进行抗衡。

(4) 丹麦——欧洲羽毛球运动的佼佼者

羽毛球运动在丹麦极为普及,因为丹麦不仅是国际羽联创始国之一,也是欧洲羽坛巨擘,其羽毛球运动的竞技水平一直都在欧洲各国处于领先地位。丹麦的优秀羽毛球运动员不断地涌现,例如在20世纪60年代的男子选手考普斯、20世纪70年代的女子选手科彭、20世纪90年代初的著名男子单打选手莫顿·弗罗斯特,以及走红的彼特·盖德、彼特·拉斯姆森等。在1996年的亚特兰大奥运会上,拉尔森获得羽毛球男子单打的金牌。这是欧洲羽毛球运动员在奥运会羽毛球比赛中夺得的唯一一块金牌。

2. 我国羽毛球运动的发展

羽毛球运动在20世纪初传入中国,当时主要流行于上海、广州、天津、厦门等外国租界内和基督教青年会、教会学校。由于中华人民共和国成立前,我国参与羽毛球运动的人数非常少,所以几乎没有进行过什么重大的比赛,因而,当时我国的羽毛球运动水平很低。但在中华人民共和国成立后,在党和政府的重视和领导下,我国的羽毛球运动得到了蓬勃的发展,发展至今天,已居于世界一流之列。总体来看,我国的羽毛球运动发展过程可分为以下几个阶段。

(1) 起步阶段

中华人民共和国成立之后。1953年,在天津首次举办了全国篮球、排球、网球、羽毛球4项球类运动会。1954年6月,王文教、陈福寿、黄世明、施宁安等一批印尼爱国华侨回到祖国定居,他们带回了羽毛球运动的先进技术,全面推动了我国羽毛球运动的发展。

中国羽毛球协会在1958年9月正式成立，标志着我国羽毛球运动进入了组织化管理的阶段。当时协会根据世界羽毛球运动的发展状况，对全国羽毛球竞技运动发展目标进行了规划，并提出"十年之内打败世界冠军"的目标。我国羽毛球运动员还认真、虚心地学习世界先进经验。印尼羽毛球队在1956年2月来我国访问，与中国队进行了10场比赛，结果印尼队全胜。经过一番刻苦训练，1957年4月，我国羽毛球队回访印尼时，情况有了好转，在9场比赛中，获得了7胜2负的好成绩。

(2)"无冕之王"时期

20世纪60年代，中国竞技羽毛球运动进入了赶超世界水平的阶段。中国羽协对又一批从印尼回来的华侨给予了高度的重视，其中包括有汤仙虎、侯加昌、方凯祥、陈玉娘、梁小牧、傅汉洵等人，国家对他们精心培养，使其逐渐成为我国羽毛球运动的中坚力量。虽然我国的羽毛球队在当时没有在正式的比赛中亮相过，但在许多与世界强队的互访比赛中，其比赛成绩足以说明我国羽毛球的竞技水平已经达到了世界先进水平。

在当时，受到国际环境影响和国内因素等限制，中国羽毛球只能通过与一些羽毛球强国的互访赛、交流赛、对抗赛等增加相互了解和技术交流。1963年和1964年，中国队两次以大比分击败世界冠军印尼队。而后的1965年，中国队出访欧洲取得全胜的辉煌战绩。访问丹麦的比赛中，汤仙虎在一局比赛中曾以15∶0战胜6次获得全英锦标赛男单冠军的丹麦名将考普斯。并在与外国羽毛球选手比赛中保持全胜的战绩。中国羽毛球赢得国际羽坛"无冕之王"的称号，这一时期也是中国羽毛球运动的第一个"黄金时期"。

(3)国际羽坛的"中国时代"

随着中国羽毛球运动进入世界体坛，便迎来全面发展时期。1981年5月，中国羽毛球协会正式成为国际羽毛球联合会的会员。1981年5月10—21日，中国男子羽毛球队第一次参加英国伦敦举行的第十二届汤姆斯杯赛决赛阶段的比赛。经过10天的激战，中国队奇迹般地反败为胜，取得汤姆斯杯。这是我国羽毛球队首次获得世界男子羽毛球团体冠军。国际羽坛人士称："中国队首次参赛就获得汤姆斯杯，标志着世界羽毛球运动从此进入了一个新的时代。"而在随后的第十四届、第十五届和第十六届汤姆斯杯上，中国男子羽毛球队实现了"三连冠"，也正式宣布国际羽坛"中国时代"的到来。

中国女子羽毛球队在1984年首次组队参加尤伯杯赛，其快速多变的打法令世人耳目一新。中国女队以5∶0的比分击败英格兰、韩国、丹麦、日本和印尼，获得第十届尤伯杯赛冠军，第一次成为世界女子羽毛球团体冠军。随后，中国羽毛球女队又连续四届夺得尤伯杯，创造尤伯杯赛设立以来"五连冠"的纪录。

到了20世纪80年代，中国羽毛球运动全面发展的目标已经逐渐实现，并且包括韩健、栾劲、孙志安、姚喜明、陈昌杰、李永波、田秉毅、杨阳等一批男子优秀选手，以及张爱玲、李玲蔚、韩爱萍等一些优秀女子选手开始出现，同时还具备在男女单打、男女双打和混合双打5个单项与国际一流选手抗衡的实力，各项国际比赛中一共获得65项世界冠军，是名副其实的"中国时代"。

(4)调整及恢复时期

进入20世纪90年代，中国羽毛球成为其他国家的主要研究对象，许多针对中国羽毛球技术的打法也不断被研究出来。而同时受国内经济大潮的影响，我国羽毛球运动受到了较大的冲击，训练体制和人才体制都相应受到影响，训练质量下降，人才外流，导致了中国羽毛球出现了严重滑坡的现象。男队尤其危急，在1992年的汤姆斯杯赛、奥运会、世界杯三大赛事中，一金未得。女队虽好些，但危机感也同样笼罩着她们。在1994年日本广岛举行的亚运会上，我国羽毛球男女选手无一人进入决赛，这表明我国羽毛球运动水平跌落到自20世纪60年代以来的最低谷。这一残酷的现实要求我们要总结经验教训，找出差距，改革训练体制，搞好普及工作，狠抓尖子队员，加强全面锻炼。

（5）真正成为世界羽毛球霸主阶段

20世纪90年代中期开始，中国羽毛球运动的调整与改革逐步取得效果。教练员越来越优秀，管理方法和训练手段越来越合理；社会各界人士对羽毛球运动的参与和支持、新闻媒体对羽毛球比赛的关注等都达到前所未有的程度。1995年，中国羽毛球队获得第四届世界男女羽毛球混合团体赛苏迪曼杯冠军。1996年，在美国亚特兰大奥运会羽毛球比赛中，中国女子双打选手葛菲和顾俊取得冠军，实现中国羽毛球在奥运会上金牌"零"的突破，这标志着中国竞技羽毛球运动全面恢复与发展。

随后在2000年和2004年的两届奥运会中，中国羽毛球队获得了10枚金牌中的7枚。而在2008年北京奥运会上，中国羽毛球队获得了3金2银3铜的骄人成绩。在2012年伦敦奥运会上，我国羽毛球队更是创造了历史，他们包揽了所有羽毛球项目的金牌，这也正式向世界宣布中国羽毛球回归世界霸主地位。2016年里约热内卢奥运会中，我国获得羽毛球男子单打决赛和羽毛球男子双打决赛的冠军。在最近的2020年日本东京奥运会中，我国羽毛球获得2枚金牌和4枚银牌，我国选手陈雨菲在女子单打羽毛球中获得冠军，王懿律、黄东萍在羽毛球混合双打中获得冠军。

（三）羽毛球的项目特点

1. 羽毛球运动是一种全身运动项目

有人说，羽毛球运动是一项能够让人眼明、手快、全身得到锻炼的体育项目，这种说法非常贴切。无论是进行有规则的羽毛球比赛还是作为一般性的健身活动，都要在场地上不停地进行脚步移动、跳跃、转体、挥拍，合理地运用各种击球技术和步法将球在场上往返对击，从而增大了上肢、下肢和腰部肌肉的力量，加快了锻炼者全身的血液循环，增强了心血管系统和呼吸系统的功能。运动中锻炼者需要运用手腕和手臂的力量握拍和挥拍，还要充分活动踝关节、膝关节、胯关节等部位，做出滑步、踮步和弓箭步等各种步态，所以对于全身肌肉和关节的锻炼也是很充分的。在捡球、接球的过程中，不断地弯腰、抬头等，使腰部、腹部的肌肉也能得到充分锻炼。美国大学运动医学会（ACSM）提出，要达到全身减肥的目的，每天应该做30分钟以上，每分钟心率为120~160次的中低强度有氧代谢运动。据统计，大强度羽毛球运动者的心率可达到每分钟160~180次，中强度羽毛球运动者的心率可达到每分钟140~150次，低强度羽毛球运动者的心率也可达到每分钟100~130次。对于普通羽毛球爱好者来说，30分钟的有氧运动恰恰相当于一场低强度单打比赛的运动量。因此，长期进行羽毛球锻炼，可使心跳强而有力，肺活量加大，耐久力提高，减肥功效显著。

长期练习羽毛球的人都会有这种感受：通过经常观察对手挥拍情况和高速飞行中的球，有经验的运动员能像武林高手一样，在对手击球的一瞬间看清楚球拍翻转变化的微小动作。其实，让人练得"眼明手快"的原因很简单：因为运动中的羽毛球速度很快（据统计，一名优秀运动员的击球速度能达到350千米/小时），这就要求对方球员的眼睛紧紧追寻高速飞行的球体，使得眼部睫状肌不断收缩和放松，大大促进了眼球组织的血液供应，从而改善了睫状肌的功能，长期锻炼就能提高人的视觉灵敏度和眼睛的反应能力。对于普通爱好者，尤其是中老年人和过度使用眼睛的人来说，如果能坚持练习，视觉敏感度将会明显提高。羽毛球运动要求练习者在短时间内对瞬息万变的球路作出判断，果断地进行反击，因此，它能提高人体神经系统的灵敏性和协调性。

2. 羽毛球运动可调节运动量

羽毛球运动适合男女老幼，运动量可根据个人年龄、体质、运动水平和场地环境的特点而定。青少年可作为促进生长发育、提高身体机能的有效手段进行锻炼，运动量宜为中强度，活动时间以40～50分钟为宜。适量的羽毛球运动能促进青少年增长身高，培养青少年自信、勇敢、果断等优良的心理素质。老年人和体弱者可作为保健康复的方法进行锻炼，运动量宜较小，活动时间以20～30分钟为宜，达到出出汗、弯弯腰、舒展关节的目的，从而增强心血管和神经系统的功能，预防和治疗老年心血管和神经系统方面的疾病。儿童可作为活动性游戏来进行锻炼，让他们在阳光下奔跑跳跃，并要求他们能击到球，培养他们不畏困难、不怕吃苦、不甘落后的品质。

3. 羽毛球运动的简便性

（1）不受场地的限制

羽毛球运动对设备的基本要求比较简单，只需两个球拍、一个球和一条绳索即可。正规比赛场地长13.40米，宽6.10米（双打）或5.18米（单打），平时进行羽毛球活动，只要有平整的空地就可以了。在风不大的情况下，羽毛球运动可以在户外进行，只要把球网架起来，在一定长度和宽度的空地上画上几条线，双方就可以对练。因此它不仅可以在正规的室内运动场进行，也可以在公园、生活小区等处广泛地开展。当它作为户外运动时，还可使锻炼者吸入新鲜空气，受到阳光照射，从而改善人体的血液循环和新陈代谢，同时感受大自然的美丽，在运动中怡心健体。

（2）集体、个人皆宜

羽毛球运动既可单兵作战（两人对练），又可集体会战（双打练习或三人对三人对练）。单人对练时，练习者可以随心所欲地打出任意弧线、远度、力量、速度、落点的球来；集体会战则可以使练习者养成协调配合的习惯，培养集体主义精神。

（3）不受年龄、性别的限制

羽毛球运动游戏性较强，运动量可大可小。身强力壮的年轻人可以将球打得又刁又重，拼尽全力扑救任何来球，尽情散发自己的青春气息；年老体弱的练习者可以把球轻轻地击来打去，根据自己的要求变换击球节奏，从而达到锻炼身体、延年益寿的功效，既活动了身体，又愉悦了心情。因此不同年龄、不同性别以及不同体质的人，都能在羽毛球运动中找到乐趣。

二、羽毛球运动员的体能特征

良好的身体素质能促进专项技战术水平的提高，反之会约束、限制专项技战术水平的提高和发展。当前,在世界羽毛球运动技术迅速发展的新形势下,运动员如果没有良好的身体素质,就不可能掌握高难度的技术。体能相当于竞技能力的硬件,是获胜的物质基础。

(一)羽毛球运动员形态特征

由于羽毛球运动对身体形态的要求很高,因此在选拔优秀羽毛球运动员时,需要对身高作特别的要求。对于羽毛球运动员来说,长度指标(身高、上肢、下肢、前臂、小腿和跟腱长)是羽毛球运动员形态特征的关键。长度指标在运动员选材上占第一重要的地位。围度指标是形态特征的第二要素,其中围度包括大腿围和上臂围。围度越大,其肌肉的横断面积较大,运动员的力量也较大,肌肉的爆发力也较好,当然,该指标与被试者的肌肉发育状况也有很大关系。间距指标(指间距)是羽毛球运动员形体特征的第三要素,间距指标越大意味着比较容易地抢到难的击球点,有利于羽毛球运动员的技战术的发挥,从而在比赛中能获得较好的成绩。间距指标在羽毛球项目中占有相对重要的地位。第四要素为宽度指标,包括肩宽、髋宽和盆骨宽。宽度越大表明运动员肌肉越强壮,力量越大,控球能力以及耐力越好。第五要素是重量指标,指运动员体重特征。

(二)羽毛球运动员机能特征

羽毛球比赛的回合运动时间大部分在10秒以内。在数秒内运动员要完成大量上肢的扣杀、劈杀和突发性半蹲位起跳、回动、移动等高强度、高速度的动作,机体必然动用短时间、高功率的供能系统供能,体内以非乳酸能供能系统的输出功率最大,乳酸能次之。所以,羽毛球比赛主要是以ATP-CP供能系统供能。

(三)羽毛球运动员素质特征

1. 专项速度素质

羽毛球运动员在赛场上需要对千变万化的情况做出准确的判断,对球的飞行判断需要反应速度;各种挥拍击球动作、跳跃动作需要动作速度;快速移动抢点、获得击球的有利位置需要移动速度。

羽毛球运动员不论做进攻技术动作还是做防守技术动作,都必须在很短的时间内完成,这就要求运动员反应快,动作速度、移动速度也要快,因此,运动员的快速起动、移动和挥拍速度是首要条件。

乒、羽、网三项中,羽毛球的击球速度是最快的。据报道,在2004年苏迪曼杯比赛中,国际羽联首次对羽毛球的球速进行了测试,结果中国双打选手付海峰的击球速度最快,达到332千米/小时,丹麦的乔纳森次之,为298千米/小时;女子选手中,中国的黄穗也达到257千米/小时。因此,羽毛球对于运动员的反应速度也有很高的要求。

2. 专项灵敏素质

由于运动项目的特点,羽毛球运动的技术动作变化迅速,脚步的移动、身体姿势的变化和反应判断等方面都表现出灵敏素质,这也就决定了专项灵敏素质在羽毛球运动中的重要性,羽毛球运动员在赛场上必须用灵巧的动作迅速地做出各种反应,随机完成的应答动作在空间、时间以及用力特征上相互吻合,组配协调。

3. 专项力量素质

力量素质是羽毛球运动员重要的身体素质之一。人体运动都需要通过肌肉收缩来实现,羽毛球运动员需要的力量素质，一方面必须与速度素质联系在一起，是一种动力性的速度力量，即爆发力。这种力量素质是快速力量的一种表现形式，要求在极短的时间里产生快速强大的力量。下肢爆发性的起动蹬力会加速身体的移动能力。上肢爆发性的手指与腕部力量会使击球动作更加快速有力。羽毛球运动员击出球威力的大小主要靠挥击的速度，因而要求肌肉具有爆发力，特别是挥臂所需要的上肢、肩带和腰腹的肌肉爆发力。另一方面，由于竞赛的无时限性，又要求这种速度力量具备一定的耐久性，因此在速度力量的基础上，还要发展耐力力量。

4. 专项耐力素质

羽毛球运动的这种竞赛方式要求选手需要具备在1～2小时内持续比赛的能力，运动员需要随每一个球的时空变化做较长时间的肌肉持续工作。这也就需要具备较高的专项速度耐力，就是伴随强度不断变化与速度素质、灵敏素质紧密结合的专门性耐力素质。其变化幅度的强弱取决于比赛双方的技战术水平。

5. 专项柔韧素质

为增大动作的幅度，避免受伤，需要羽毛球运动员有良好的专项柔韧素质，尤其是跨步动作，需要运动员做出幅度较大的脚步移动，以便完全发挥技术动作。同乒乓球运动一样，羽毛球运动的专项柔韧素质表现出动力性的特征，即肌肉、肌腱、韧带根据动力性技术动作的需要，拉伸到解剖学允许的最大限度，随即利用强有力的弹性回缩力来完成所要完成的动作。

第二节 羽毛球运动员基础体能训练方法

一、高校羽毛球力量素质训练

（一）羽毛球运动力量素质的特点及训练要求

1. 羽毛球运动力量素质的特点

力量主要体现在球员运动中身体肌肉的发力能力，它是一切运动素质的基础，是羽毛球球员的一项重要素质。发展力量素质对人体的形态结构、能量代谢、神经系统调节能力的改善都有积极的影响。力量素质有助于其他各项素质的发展，它可以更好地帮助身体克服地心引力，从而更快地完成移动和击球动作。力量素质的发展与神经系统和肌肉的生长、发育有密切关系。肌肉横断面积的大小，与肌肉收缩时产生的肌力大小有直接关系。肌肉横断面积越大，收缩时产生的力量也就越大。少年时期，由于神经系统、骨骼、肌肉发育还不成熟，青少年的力量素质也相对差一些。

2. 羽毛球运动力量训练的要求

羽毛球运动中，重点是发展上肢、躯干、腰、腹、背部和下肢力量。可采用杠铃、哑铃、实心球和其他带有一定重量的器械如垒球掷远和引体向上训练等。此外，各种跳跃训练、专项辅助训练，对发展上肢、躯干、下肢力量也有良好的效果。羽毛球队员的力量训练主要是发展速度力量，提高快速力量能力，因此，训练时不能只追求重量而忽视速度，应当在保证快速用力的基础上逐渐增加重量。

（二）羽毛球力量素质训练方法

1. 上肢力量训练

用哑铃进行力量训练，是发展力量素质的一种有效的方法，可采用不同的重量和不同的训练次数。哑铃重量有 3 磅（1.36 千克）、5 磅（2.27 千克）、7 磅（3.18 千克），次数有 10 次×3 组，15 次×3 组、20 次×3 组、30 次×3 组等。这里列举的次数和组数仅是参考数，训练者可视实际情况进行增减。

（1）哑铃推举训练。

（2）哑铃前臂上屈训练。

（3）哑铃侧平举训练。

（4）哑铃体前平举训练。

（5）哑铃两臂上下摆动训练。

（6）哑铃臂屈伸训练。

（7）哑铃扩胸训练。

（8）哑铃腕力训练

①手腕屈伸训练。

②画 8 字训练。

③前臂挥动 8 字训练。

以上内容可以采用两种方法进行，一种是每一内容重复 3 组，依次完成 8 个内容；另一种是每一内容练一组，8 个内容依次完成为一个循环，循环 3 次。

（9）哑铃静力性训练

①侧平举静力性训练 30 秒。

②体前平举静力性训练 30 秒。

③腕力静力性训练 30 秒。

（10）拉橡皮带力量训练

①前臂屈伸训练。

②臂屈伸训练。

③手腕屈伸训练。

④抽击动作快速挥臂训练。

（11）杠铃训练（10~15 千克杠铃）

①握举训练 10~15 次×3 组。

②提铃训练 10~15 次×3 组。

③臂屈伸训练 10~15 次×3 组。

④前后分腿跳挺举训练 10~15 次×3 组。

（12）背卧撑训练。

（13）俯卧撑训练。

（14）引体向上训练。

（15）以砖代替哑铃的力量训练。因地制宜地用砖块代替哑铃进行力量训练，也能取得良好的效果。握砖对指力的锻炼比哑铃还好。

2. 下肢力量训练

（1）跳跃训练

对于初学者而言，当发展下肢力量时，一般采用各种姿势的跳跃训练方法。如果要增加负荷，则可采用沙衣或沙袋。具体有以下六种。

①蹲走训练。

②全蹲向上跳训练。

③双脚跳越障碍物训练。

④收腹跳训练。

⑤单腿跳跳高凳或台阶训练。

⑥纵跳摸高训练。

（2）下肢杠铃负重训练

利用杠铃可以来发展下肢肌肉群的绝对力量和爆发力量。具体分为以下六种。

①半蹲起跳（注意脚弓的踏地爆发力）训练。

②弓箭步跨步训练。

③全蹲起训练。

④提踵训练。

⑤静力半蹲训练。

⑥双脚或单脚前后左右踏跳训练。

3. 发展局部力量的训练

（1）坐在凳子上，脚背绑上哑铃或沙袋等重物，双脚踏在一块高于地面5厘米的板上，训练时将脚尖伸直碰到地面，然后脚腕屈起，如此反复训练。

（2）坐在凳子上，脚背绑上哑铃或沙袋，双脚上举由弯曲到伸直，或两腿轮换伸直上举。

（3）直立，双手扶一固定物，脚腕绑上哑铃或沙袋，一只腿后屈成90度，反复训练一定次数后，换另一只脚训练。

（4）直立，两手叉腰，脚背上绑哑铃或沙袋，大腿上抬，带动小腿向前踢伸。

（5）直立，两手叉腰，脚背上绑哑铃或沙袋，大腿带动小腿做侧向交叉摆腿动作。

完成以上训练内容时，应注意合理的呼吸节奏，用力时吸气，放松时呼气。

4. 发展躯干力量的训练

（1）杠铃负重训练

球员仰卧或俯卧在两条凳子上，将身体中部悬空，把一定重量（2.5～5千克不等）的物体放在身体的悬空部位，并保持此姿势，静力支撑数分钟，通过不间断的训练，可以逐渐发展躯干部位的腰腹、背肌的力量。

（2）箱上或垫上训练

球员俯卧在横跳箱上（也可在垫上），脚后跟勾住肋木，颈背部放一沙袋等重物做屈体后仰训练，发展背部肌肉力量。

球员仰卧在横跳箱上（也可在垫上），脚背勾住肋木，手持重物或是徒手做仰卧起坐训练。

球员侧卧在横跳箱上（也可在垫上），脚踝勾住肋木，手持重物或是徒手做侧卧起训练。

二、高校羽毛球速度素质训练

(一) 羽毛球运动速度素质的特点及训练要求

1. 羽毛球运动速度素质的特点

在羽毛球运动中,速度训练是球员必修的一门训练课。速度素质通常表现为反应速度、动作速度和位移速度等不同形式。速度素质的好坏取决于中枢神经系统的节律转换的调节能力和肌肉的力量。羽毛球球员的速度素质发展较早,少儿时期是发展速度素质的重要时期。此时的速度素质训练主要以基础速度素质训练为主,结合专项特点,注重发展球员的快速反应能力、快速起动变向移动以及快速完成各种击球技术动作等能力。在实战训练课中,速度素质训练应安排在课的开始阶段,这时身体尚未产生疲劳现象,速度训练会取得良好的效果。如果把速度训练安排在课的最后进行,由于经受了训练负荷后身体产生了一定程度或相当程度的疲劳,速度下降,形成慢的速度定型,则会影响速度训练的效果。

2. 羽毛球运动速度素质的训练要求

羽毛球运动中,一般速度训练主要包括反应速度、直线速度、反复速度和越障碍速度。并且在速度训练中,还要对手部速度的训练着重注意。在实践训练中,应将速度训练安排在开始阶段,这样身体在没有出现运动疲劳现象前训练,其训练的效果会更加明显。同时在羽毛球队员进行速度训练时,应还要注意以下几个方面。

(1) 提高对时空的反应判断能力,以提高反应起动速度。

(2) 快速跑动应与技术动作协调。

(3) 着重发展动作的频率。

(4) 合理安排速度训练的运动负荷,选择熟悉的、适合的训练动作来完成训练。

(二) 羽毛球速度素质训练方法

1. 羽毛球的动作速度训练

(1) 快速跑跳台阶训练

①1 级台阶快速小密步上下往返跑训练。

②1 级台阶双脚快速跳训练。

③2~3 级台阶交叉蹬跨步跑训练。

④1 级台阶单脚快速跳训练。

(2) 下坡冲跑训练

训练时要选择平坦、有一定倾斜度的坡,进行短距离下坡冲跑训练,强迫步频转换速度。

(3) 快速超越障碍物训练

球员以规定的动作方式,快速迂回绕过 60 米距离中放置的障碍物。或以快速跨越动作越过有一定高度的障碍物。

2. 羽毛球的反应速度训练

(1) 听口令转身启动跑。球员背向起跑线,可以站着、坐着,也可以蹲着,听到教练员的起跑口令后立即转身冲跑。

(2) 看动作起跑。教练员不发起跑口令,以手势代替,球员看到起跑手势后立即启动冲跑。

(3) 听哨音变速跑。在操场上进行慢跑，听到教练员发出冲跑哨音后立即冲跑，直到发出慢跑哨音后再减慢速度。

(4) 听哨音变方向跑。方法大致同上一训练，听到哨音后立刻改变方向冲跑。

3. 羽毛球的移动速度训练

(1) 不同距离的直线冲跑训练

①10米冲刺跑训练：训练从静止到迅速加速的能力。

②30米加速跑训练：训练起动跑后速度持续加速的能力。

③60米途中跑训练：训练将达到的最快速度保持一定距离的能力。

④100米冲刺跑训练：训练途中跑获得的速度不仅不能下降，而且还要尽可能地有所加快的能力。

⑤200米、400米中距离跑训练：此项训练是提高速度耐力的有效手段。

(2) 往返冲跑训练

①来回跑训练：球员采用5米、8米、10米或是15米不等的距离进行数次来回冲跑训练。要求接近终点时不能降低速度，应保持最快的速度立即转身折返跑。其中要着重注意为保持速度不减低，冲跑的距离不宜过长，往返次数也不宜过多。

②10米前后冲跑训练：球员从起点快速跑至终点，又由终点快速后退跑至起点，如此反复训练。

③10米左右侧向并步跑训练：球员以右脚在前、左脚在后并步侧向跑至终点。再以左脚在前、右脚在后并步侧向跑回起点。训练时可用两种动作姿势，一种是直立姿势跑，另一种是半蹲姿势跑。无论以何种姿势跑均要求以最快速度完成。

(3) 接力跑训练

①接力跑：在训练时，把学生分成若干组，每组人数相等。听到口令后各组的第一位球员开始向终点冲跑，跑至终点迅速绕过标志往回跑。当跑回起跑线迅速拍击下一位同伴，同伴以同样的方式开始冲跑，以此方法持续训练，以最先跑完一轮的小组为胜。

②在训练的过程中，球员要分成两组，每组6人，在地上画两条平行线，两线之间相距2米。

两组学生间隔一定距离，沿画线站成纵队。听到起跑令后，站在最后的学生持球以蛇形方式依次绕过队友跑到队前，再立即把球抛给本组的最后一名球员，该球员接到球后做同样蛇形跑，依次进行。以率先完成传球并在跑的过程中没有触及本组队友的小组为优胜。

三、高校羽毛球耐力素质训练

(一) 羽毛球运动耐力素质的特点及训练要求

1. 羽毛球运动耐力素质的特点

发展一般耐力有两个基本任务：为承担大的负荷创造先决条件和向专项运动训练所需要的耐力过渡。这就决定了各个专项所提出的不同要求，各运动项目中一般耐力发展的手段与方法也有着更大的差别。

主要差别在于对不同性质的工作来说，用于发展一般耐力的手段的负荷量上的不同。主要包括：大部门肌肉器官参加工作的中等强度训练持续时间；发展速度、速度力量和力量训练的持续时间；对无氧能力提出很高要求的训练持续时间以及发展柔韧性和协调性手段的持续时间。例如，对于专门从事中长距离的周期性运动项目训练的球员来说，一般耐力的发展与提高机体有效完成大、中强度工作的能力和最大限度地发挥有氧能力有关。这就要求承受很大的训练量，训练结束后要有充分的恢复，并且要为在专项工作中表现很高的有氧耐力水平创造必要的先决条件。

对于从事羽毛球运动的球员来说，发展一般耐力的过程是相当复杂的。用于发展有氧耐力的工作，在负荷量上应该是保证有效地完成专项性工作和促进恢复过程的进行，同时不能对以后速度素质的发展和改善速度性技术造成妨碍。其基点应该是提高在完成各种一般训练和辅助性训练时的工作能力，用以发展速度力量素质、无氧能力，柔韧性和协调性。

2. 羽毛球运动耐力训练的要求

（1）球员在耐力训练时，要注意结合专项的特点，从专项的需要发展专项耐力。

（2）在发展无氧耐力的同时，注意协调地发展有氧耐力，有氧耐力是无氧耐力的基础，它们之间存在着良性迁移的关系。有氧耐力的提高有利于球员氧输运能力和氧利用能力的提高。

（3）在耐力训练时，应注意与培养自己的意志品质、思想作风和心理素质的提高与发展结合起来。

（4）在耐力训练时，要注意呼吸的科学性，尤其要注意呼吸的节奏，呼吸的频率、呼吸的深度和呼吸的方法等。

（二）羽毛球耐力素质训练方法

基础耐力素质是运动的基本素质，根据运动强度和运动中能量供应的特点，耐力素质可分为无氧耐力和有氧耐力。下面就如何发展羽毛球选手的基础耐力素质，提供一些训练方法。

1. 各种中等距离或长距离跑步训练

（1）400米、800米中距离跑步训练：保持一定的速度，发展速度耐力。

（2）1 000～5 000米不等长距离跑步训练：发展耐力。

（3）长距离变速跑训练：在相当距离内，如2 000米、3 000米和5 000米以上的不等距离内，采用快慢交替的速度，进行变速跑步训练。

（4）越野长跑训练：在郊外，规定一定的时间和距离，进行长跑训练。

2. 各种上下肢和干力量耐力训练

参考力量素质训练中上肢、下肢和躯干力量的训练内容，依据各自具体情况，采用小重量，多次数的方法进行训练，以发展力量耐力素质。

四、高校羽毛球柔韧素质训练

（一）羽毛球运动柔韧素质的特点及训练要求

1. 羽毛球运动柔韧素质的特点

柔韧素质指的是人体各关节活动的幅度，肌肉和韧带的伸展性和弹性。羽毛球运动作为一项全身性的协调运动，每一个技术动作的完成都需要协调和柔韧。柔韧性和协调性的优劣，直接影响着动作力量的大小、速度的快慢和动作的准确性，缺乏柔韧性是产生不正确动作的经常性原因之一。特别是肩关节与腕关节的柔韧性，对手部技术和步法幅度的影响较大。

柔韧性提高了，肌肉活动的协调性就会加强，既有助于较快地掌握新动作的要领和迅速提高运动技术水平，又可以防止伤害事故。

2. 羽毛球运动柔韧素质的训练要求

（1）训练要循序渐进、持之以恒

运动员在长期的训练中，肌肉、韧带等的伸展性都会得到增强。因此在训练时应逐步提高训练要求，循序渐进，不能急于求成。在拉长肌肉时，要对出现的疼痛现象进行具体分析，要以原有水平作为衡量标准，不能盲目地急于求成。在同伴帮助下进行被动性训练时更应谨慎，以避免肌肉、韧带拉伤。柔韧性发展较快，但停止训练后，肌肉、肌腱、韧带已获得的伸展能力消退也快。因此，柔韧训练要做到系统化、经常化，这样才能达到所期待的效果。

（2）要注意项目和个体的差异性

个体之间的身体素质是具有一定差异性的，任何一项训练都必须在科学的原则下进行。柔韧性训练必须根据项目特点和运动员具体情况安排。例如：羽毛球项目的运动员对手腕、肩、腰等部位的柔韧性要求较高，跳跃项目的运动员主要对腿部和腕部的柔韧性要求较高；游泳运动员主要对踝关节和躯干的柔韧性要求较高。所以，训练时必须根据项目特点确定重点。此外，每个运动员的具体情况不一样，因此训练过程中要区别对待，才能收到良好的训练效果。

（3）注意柔韧发展水平的控制

在运动活动中，虽然专项对柔韧性往往有较高要求，但一般来说，没有必要使其发展水平达到最大限度，只要控制在保证顺利地完成必要的动作，并有一定的柔韧性"储备"（即柔韧水平稍许超过完成动作时的最大限度）即可。超过关节的解剖学结构限度的灵活性（即过分发展柔韧性），会导致关节和韧带变形，影响关节结构的牢固性。某些部位柔韧性的过分发展，会对运动员的体态有所影响。

（4）要兼顾有关联的部位

协调发展是训练中应当把握的一个原则。在有些动作中，柔韧性的表现不仅仅是在一个关节或一个身体部位，而是牵涉到几个相互有关联的部位。例如：体操中的"桥"，就是由肩、脊柱、髋等部位的关节所决定的。因此，应该对这几个部位都进行发展。如果其中某一个部位稍差，就应立即采取措施使其得到改善。另外，也可通过其他部位的有效发展使其得到补偿。这样做可以使各部位的柔韧性得到发展。使专项训练成绩稳步提高。

（5）注重从小的柔韧素质的培养

良好的素质，从小时候就应该培养。从小发展的柔韧性，由于是在有机体自然生长发育过程中实现的，因此能得到巩固和保持，不易消退。此外，柔韧素质发展的敏感期是5～12岁，所以，在此期间要抓紧训练，并在12岁以前使柔韧素质得到较好的发展。

（二）羽毛球柔韧素质训练方法

1. 木棒操

（1）两手握住木棒举在头上。上体很快地前屈，使木棒几乎触及地面。站直后把木棒水平抛向头上，然后用两手接住。反复训练3～4次。

（2）两手把木棒搭在肩后。先使两肩胛骨尽量靠拢，然后把木棒经过头顶移向前方。弯曲左腿，用右脚掌踩木棒，然后再把木棒搭回肩后，同时两腿还原。反复训练。

（3）把木棒的一端垂直立在左手的两个手指上，一方面保持木棒直立不让它倒下，一方面竭力坐下再站起来。

（4）两足左右开立，与肩同宽，两臂侧平举，右手持木棒（纵向）的一端。松开右手，上体迅速向右转，两脚不得移动，用左手抓住空中的木棒。左、右手轮流做。

（5）两臂前平举，两手横握木棒。放开两手使木棒下落，上体迅速前屈，在木棒落地之前抓住它。反复训练。抓木棒时要一次比一次地接近地面。

（6）木棒垂直立于地面，下蹲的同时两手侧平举，站起，在木棒还未倒下之前抓住它。反复训练。

（7）两脚并拢，两手在身前抓住木棒。右脚穿过右臂，再穿过木棒。上体用力前屈，左手握木棒由身前越过头顶，向背后移动，两手不得放开。木棒沿着背部继续向下移动，一直到左腿。右脚落地，左脚由前至后地跨过木棒，这时木棒就移到了前面，握在翻转的两只手里。然后按相反的程序恢复到原来的姿势。

（8）双手握棒至头顶，然后直臂后翻，再恢复到预备姿势。

2. 上肢柔韧性训练

采用站、坐、仰卧不同姿势，依次轮流做肩、肘、腕关节的各种柔韧动作。

（1）肩部柔韧训练

①面对肋木架，双手握肋木，做前、后、左、右拉肩和压肩。

②上臂屈伸。

③上臂外展、内收。

④上臂外旋、内旋。

⑤上臂向前、向后绕环。

（2）肘部柔韧性训练

①前臂屈伸。

②前臂外展、内收。

③前臂外旋、内旋。

④前臂以肘为轴转绕。

（3）腕部柔韧训练

①手腕屈伸。

②手腕外展、内收。

③手腕顺时针、逆时针转动。

3. 下肢柔韧性训练

（1）向前下和向后摆腿。做这个动作时，可以用手扶着固定物体，使腿部的摆动幅度加大。10次×2组，左、右腿轮换做。

（2）大腿后摆和上体后仰。这个动作可以原地做，也可以在行进中完成。训练时，动作要放松，呼吸要自然，手脚动作要协调，熟练后还可以加起跳动作。这与羽毛球后场腾空的"满弓"姿势较为相似。

（3）大腿内收、外展摆动训练。

(4) 劈叉。进行这一训练时，柔韧性差的可以用手撑地，有保护地慢慢下降，不能过于急躁地猛烈下压，以免拉伤。

(5) 坐在垫上，两腿向两侧分开，身体向前，向左、向右压。也可以一只腿在前伸直，一只腿在后屈膝，如同跨栏动作一样，身体向前压。

(6) 两腿屈膝跪在垫上，并左右分开，臀部下降坐到垫上压髋。

4. 腰腹柔韧训练

(1) 仰卧起坐。10次×3组。

(2) 两头起，双手触拍脚尖。10次×3组。

(3) 收腹，左手碰右脚尖，右手碰左脚尖。10次×3组。

(4) 俯卧后仰训练。训练者俯卧在垫上，下肢由同伴压住，上身向后仰，后仰得越高越好。10次×3组。

(5) 向左侧起，向右侧起。动作方法如训练（4），只不过训练者是侧身躺在垫上。10次×3组。

(6) 双手反握肋木，身体垂直，收腹向上举腿。5次×3组。

五、高校羽毛球灵敏素质训练

(一) 羽毛球运动灵敏素质的特点及训练要求

1. 羽毛球运动灵敏素质的特点

灵敏是一种综合素质，是运动技能和各种素质在运动中的综合体现。羽毛球运动击球速度快，对身体灵敏性要求很高，特别是下肢步法。选手在近40平方米的场地上进行各种急起、急停、曲线、直线、前后左右移动、上下位置的转向与跳跃等快速挥臂击球，灵敏性对技战术运用和提高有至关重要的影响。

2. 羽毛球运动灵敏素质的训练要求

(1) 应做到训练手段的多样化

灵敏素质的发展与各种分析器和运动器官机能的改善都有着密切的关系。运动员能否在运动中表现出准确的定向、定时能力和动作准确、迅速变换的能力，都取决于各种分析器和运动器官功能的提高与否。一旦运动员对某一动作技能熟练到自动化程度时，再用该动作去发展灵敏素质的意义就不大了。因此，在发展灵敏素质时，采用多种多样并能经常变换的手段，可以有效地提高运动员各种分析器和运动器官机能，对灵敏素质的提高有很好的促进作用。

(2) 要提高运动技能的掌握量并努力提高多种运动能力

建立熟练的运动技能是灵敏素质发展的基础。动作技能的动力定型建立的数量越多，动作熟练性越强，做出的动作也就越灵活。因此，训练中应反复训练，尽快建立条件反射和合理的动力定型，并掌握大量运动技能。由于灵敏素质是人体综合能力的表现，发展灵敏素质还必须从培养运动员的各种能力入手，在训练中广泛采用发展其他运动素质的方法来发展灵敏素质，并培养运动员掌握动作的能力、反应能力、平衡能力等。

(3) 训练要与专项要求相结合

灵敏素质训练是在掌握羽毛球基本技术的基础之上进行的，它具有专项化的特点。在训练中应根据运动员所从事的专项要求和特点，采用不同的训练手段与方法，使训练效果与专项要求相一致。如平时的训练可多做一些脚步移动的躲闪训练等。

(4) 训练时间的安排要合理

科学、合理的安排训练时间是提高灵敏素质的保障，在整个训练过程中，都要适当安排灵敏素质训练，使之系统化，但训练时间不宜过长，且训练次数不宜重复过多。因为机体疲劳时运动员力量水平会下降，速度将减慢，节奏感被破坏，平衡能力会降低，这些情况都不利于灵敏素质的发展。此外，在具体训练过程中，灵敏素质的训练通常会安排在训练课的开始部分，使运动员处在体力充沛、精神饱满、运动欲望强的状态下进行训练，这样往往能够达到事半功倍的效果。

(5) 消除紧张的心理状态

在进行灵敏素质训练时，应采用各种有效的方法与手段，消除运动员紧张的心理状态和恐惧心理。因为运动员心理紧张，必然会引起肌肉等运动器官的紧张，造成运动员反应迟钝，动作的协调性下降，这种情况往往会在训练过程中起到反面的效果。

(二) 羽毛球灵敏素质训练方法

1. 抛接羽毛球训练

(1) 将球向上抛起，即刻下蹲双手触地，再迅速站起用右手把球接住。训练中可采用游戏方式进行，如连续接10次球比赛，以协调配合好、完成速度快者为优胜。

(2) 右手持球，抬起右腿，右手将球从抬起的右膝下向左上方抛起，再用左手接住。

(3) 两臂侧平举，右手将球经过头顶向左侧方向轻轻抛出，左手接住球后，以同样方法回给右手，如此反复训练。

(4) 左臂向前平举，用右手把球从左臂下面向上抛起，再用右手接住球，连续做数次后，再换左手做同样的练习。

(5) 用右手把球向上抛起，同时原地起跳向左转体360度，然后接住球。再换左手做同样的动作，但要向右转体360度，如此反复进行训练。

(6) 单脚站立，同侧手把球从身后经肩上方抛向身前，再用抛球手接住，接球后才能把提起的脚放下。再换另一只脚站立，用另一只手做同样的抛球接球训练，如此反复进行。

(7) 两脚左右开立，上体前屈，一手持球经胯下把球从背后抛向身前，然后身体快速站直把球接住，反复训练。

(8) 在地上画一直径3米的圆圈，沿圆圈顺时针方向边跑边持拍颠击羽毛球，再换方向逆时针做颠球跑。跑的时候全身上下要协调配合，规定双脚要踏在线上同时用球拍控制好球，不让球落地。

(9) 在地上画1米左右的直线，两头各放一个球，选手持球站在线的中间向上抛起后，迅速弯腰分别抬起地上左右两侧的球，再接住落下的球，如此反复训练。

2. 小足球 (排球) 训练

(1) 带球沿着曲径跑。在地上画两条相距30~40厘米的蛇行曲线，长20~30米。用脚踢小足球，沿着曲折小径前进。

(2) 带球绕越障碍跑。在20~30米的直线上，放5~6块木块或其他较固定的障碍物，用脚盘带小足球越过每一个障碍物。

(3) 踢球过人。在1米长的直线两边，各站一名队员（相距3米）。一方力争将球踢过直线并使对手防守不到球，另一方则力争挡住对方踢过来的球。

(4) 截击足球。训练时众队员围成一圈，一队员站在圈内，其他队员将足球互相传递的时候，圈内队员设法截击，成功后换另一队员入圈。

(5) 排球击人。训练时众队员围成直径9～10米的一个圆圈，一队员站在圈内，其他队员选择有利时机用排球袭击圈内队员的下肢，击中后换另一队员入圈。

3. 应变能力训练

(1) 过人游戏训练：训练者两人对面站立，一方进攻，一方防守。进攻方设法越过防守方而不被防守方触击身体，防守方则伸开双臂拦阻对方，设法不让其越过横线，训练移动中闪躲防守方的变向能力。

(2) 抢球训练：训练者分为两个小组，一组传接羽毛球，另一组则设法截夺羽毛球，看哪方控球时间长。但要求控球者不能长时间持球不放，必须适时地传球给同伴。

4. 跳绳训练

力量训练列举的跳绳训练用在灵敏性训练中，对提高小腿和踝关节的灵活性也十分有益。其要求是动作的跳动要轻快、敏捷，频率要适当加快，训练时间可以稍短一些。

第三节　羽毛球运动员专项体能训练方法

一、高校羽毛球运动的专项力量训练

运动员在具有一定绝对力量的基础上，根据羽毛球运动特点对力量素质的要求，进行专项力量素质训练时，应以发展速度力量和耐力力量素质为主，以保证在长时间的比赛中能够完成各种技术动作和正常发挥各种战术。因此，选手在进行基础力量素质训练的同时，应着重进行一些负荷强度小、速度快、重复次数多的速度力量和耐力力量训练。具体在训练中可采用减重量加次数的训练负荷方法，由基础性的大力量训练逐步转入专项所需要的小负荷爆发速度和耐久力量性训练。

专项力量素质的训练应以动力性训练为主。训练中注意掌握好训练密度和重量的关系。一般情况下，负荷重量大，单位时间内训练次数要少，速度频率慢，休息时间间隔短；负荷重量小，单位时间内训练次数多，速度频率快，训练强度大，休息时间间隔拉长。例如，训练重点是以发展爆发速度力量为主，总次数不可太多，强调单位时间内动作速度要快，一旦出现单位时间内速度下降，应立刻停止或是转换为其他内容的训练。再如该项训练重点是以发展耐力力量为主，则要求选手尽力保持速度，坚持下去。另外在进行专项力量素质训练时，还应该适当地穿插一些跑跳、灵敏、韧性和协调性的训练，对发展速度专项力量十分必要。

（一）羽毛球上肢专项力量训练

1. 六项哑铃操训练

(1) 哑铃小臂头后举训练。

(2) 哑铃两臂上下"8"字绕肩训练。

(3) 哑铃小臂屈伸训练。

(4) 哑铃手腕屈伸训练。

(5) 哑铃体前手腕绕"8"字训练。

(6) 哑铃体前小臂挥动"8"字训练。

以上动作每一动作练 1 小组，6 个动作依次循环完成为 1 大组，每次练 4 至 6 大组或视个人实际情况而定。

2. 拉皮筋训练

用一条有一定拉力的粗橡皮筋，将其一头绑牢在固定物上，另一头持拍手以持球拍方式握住，用各种羽毛球击球技术的相似动作进行拉皮筋训练。

(1) 肩上小臂屈伸动作训练（类似上手击球动作）。

(2) 体侧肩上小臂前后摆动训练。

(3) 体前小臂屈伸训练。

(4) 体前大臂展收训练。

(5) 手腕屈伸训练。

(6) 正、反手小臂快速抽击动作挥臂训练。

(7) 反手击高球动作挥臂训练。

3. 沙瓶或羽、网球拍挥拍训练

以废弃塑料饮料瓶装满沙子和小重量哑铃为负荷物或是用羽毛拍和网球拍交替做以下击球相似动作的训练，以发展上肢击球力量。注意握持方式应以实战击球握拍方式相同。

(1) 手腕屈伸训练：持拍手手持负荷物或羽、网球拍，直臂举至肩上方，小臂和手肘均不移动，仅以手腕快速做前后屈伸训练。注意进行该项训练时，手肘如出现弯屈和移动现象，效果不好。

(2) 小臂屈伸训练：持拍手手持负荷物或是羽、网球拍，屈臂举至肩上方，此时手肘以下的大臂部位固定不动，只是小臂和手腕部分以手肘为轴心，做小臂前后快速屈伸训练。注意当手臂伸至肩上方最高点时，手腕要配合做击球内旋转动作。

(3) 后场击高球或是杀球动作挥拍训练：持拍手手持羽、网球拍做高球或是杀球击球动作的挥拍训练。此项训练可以原地击球动作挥拍训练，也可以结合后场起跳的转体击球动作做挥拍训练。但要求有一定数量并规定保持一定的挥拍速度。

(4) 体侧正、反手抽球动作挥拍训练：持拍手手持负荷物或是羽、网球拍，在体侧做正反手抽球击球动作挥拍训练。

(5) 小臂前后快速挥臂训练：持拍手手持负荷物或是羽、网球拍，置于体侧肩以上部位，以肩为轴心，快速做小臂前后摆臂训练。

(6) 手指、手腕环绕训练：持拍手手持负荷物或是羽、网球拍，于体前固定位置，分别以腕或以肘为轴心，用手指或手腕交替做环绕挥动训练。

(7) 反手高手击球动作挥拍训练：持拍手手持负荷物或是羽、网球拍，置于体侧左肩上方，做反手高手击球动作挥拍训练。

4. 小实心球投掷训练

面对墙壁或是 2 人相距 8~10 米站立，持拍手持小实心球，以羽毛球后场相似的击球动作投掷小实心球训练，以发展手指、手腕的爆发力量。注意投掷时发力的顺序是上肢通过大臂带动小臂，最后运用手腕、手指的力量将球投出，爆发力越强、距离越远、力量越大为好。

（二）羽毛球下肢专项力量素质训练

1. 沙衣或沙袋负重下肢跳跃力量训练

（1）全蹲向上起跳训练。

（2）双腿收腹跳训练。

（3）单、双脚向前、向后、向左、向右跳跃训练。

（4）单、双脚全力向上纵跳训练。

（5）弓箭步前后交叉腿跳训练。

（6）弓箭步左右两侧并腿转髋跳训练。

（7）单、双脚蹬台阶跳跃训练。

（8）左右转髋跳跃训练。

此项训练如有条件的话，也可以在沙坑里进行，效果更好。

2. 跳绳训练

（1）单、双足跳绳训练：依据个人实际情况，训练时间可采用15分钟、20分钟、30分钟或1个小时不等。训练中可适当增加负荷，利用沙衣或沙袋负重跳绳训练，以发展足踝关节的力量。

（2）双足双飞摇跳训练：完成规定次数，相对较长时间的双飞摇跳训练，以发展上肢手腕和下肢的速度力量和耐力力量。训练负荷可采用150次×6组，或是连续完成总数600~800次的双飞摇跳训练。

3. 杠铃负重训练

（1）脚弓蹬跳训练。

（2）左右脚蹬高训练。

（3）交叉弓箭步跳跃训练。

（4）原地左右蹬跨弓步训练。

（三）羽毛球躯干专项力量训练

1. 实心球训练

（1）躯干前后屈仰训练：2人一组，相互间隔1.5米左右，背对背站立。持实心球做上接下传前屈后仰动作的传接球训练。

（2）左右转体训练：2人一组，相互间隔0.5米左右，背对背站立。2人持实心球做相反方向（即一人向左，一人向右）的转体传接球训练。要求转体时双脚不能移动，仅上体快速左右转体，速度越快越好。

（3）抛掷实心球训练：2人一组，相距10米左右，面对站立。双手或单手做肩上抛掷球训练。要求运用类似鞭打的动作将球抛出，抛掷距离越远越好。

2. 发展腰部肌肉训练

（1）左右正踢腿训练：训练时注意前踢腿向上踢的快速爆发力，另一支撑腿踝部要配合前踢腿做向上垫踝动作。

（2）左右侧踢腿训练：训练时注意侧踢腿向上踢，髋部同时做侧转体运动。另一支撑腿同样配合侧踢腿向上做垫踝动作。

（3）左右后踢腿训练：后踢腿向后踢的同时，上体做后仰动作。

腰部前俯后伸训练：两腿与肩同宽靠肋木站立，一手扶住肋木，持拍手辅助腰部做前俯后伸训练。训练中往后仰时，尽量以持拍手摸足跟部。前俯时，持拍手由后仰向前上方用力，带动腰部以类似后场击球做大弧度的仰挺收腹动作。大力发展腰部力量和韧性。

二、高校羽毛球运动的专项速度训练

速度素质在羽毛球专项身体素质训练中占有核心地位。从某种意义上说，羽毛球竞赛就是以不同形式的速度竞赛决定胜负。技战术风格中的第一条规定"快"字，就是通过不同形式的速度来体现的。因此，羽毛球运动专项速度素质训练，主要是围绕发展该项运动所需要的快速反应速度、起动加速度、变向移动速度、挥臂速度和前后场配合的连续速度等方面进行的。

（一）羽毛球专项视听反应速度训练

1. 场地步法

听或看手势信号做快速全场移动步法。以及前场、中场和后场各种分解和连贯步法训练。

2. 指令移动法

看手势指令进行各种向前、向后、向左右两侧的场地并步、垫步步法训练，以提高选手的反应速度。

3. 击球挥拍动作训练

听教练喊1、2、3、4数字口令，选手做出相应的事先规定好的击球动作。

4. 起动步法训练

听或看信号做起动步法训练，提高判断反应速度。

（二）羽毛球专项动作速度训练

1. 多球训练

（1）快速封网训练：训练者站前发球线附近准备，陪练者站场地另一侧快速持续地发平射球，训练者快速持续数次移动在网前封击。

（2）多球双打快速近身杀球训练：训练者站场地中部，陪练者站场地另一侧用拍快速从前场向训练者近身位置拍击球，训练者用正、反手姿势快速进行防守反击训练。

（3）多球双打快速平抽挡训练：训练者于中场位置以防守反攻站位准备，陪练者站场地另一侧用拍从中场快速持续向训练者扣球，然后双方连续平抽快挡，一球失误后，迅速扣下一个球，不间断地反复训练。

（4）多球前场快速接吊、杀球训练：训练者于中场位置以防守站位准备，陪练者站在同侧场地前场位置用杀球和吊球线路向训练者抛球，训练者连续做被动接吊杀球训练。

（5）多球扑球训练：训练者在网前位置准备，陪练者站在场地另一侧用多球快速向训练者抛近网小球，训练者做正、反手姿势快速扑球或推球训练。

（6）快速击全场球训练：训练者站在单打场地中心准备，陪练者站在场地另一侧运用多球向训练者发各种位置的球（适当缩小场地移动距离），训练者跟上发球速度，连续快速地回击。

2. 快速跳绳训练

（1）单足快速变速跳训练：采用 1 分钟快、1 分钟慢的小步频、高抬腿、前后大小交叉步等专项步法动作，做快速变速跳绳训练。

（2）1 分钟快速双飞摇训练：1 分钟内以最快速度完成双足双飞摇跳，要求突出的是速度，以次数多者为佳。

3. 击墙壁球训练

（1）封网动作快速击球训练：面对平整墙壁一米左右站立，在头前上方以小臂手腕的封网动作，向墙壁快速连续击球。

（2）接杀球击球训练：面对墙壁，用接杀挑球或平抽球动作，快速向墙壁连续击打体前腰部上下位置的球。

4. 快速挥臂训练

（1）肩上手腕前屈后伸快速持续挥拍训练：持拍手臂贴耳置于肩上，上臂和前臂伸直不动，仅靠手指控制握拍，手腕以前屈后伸动作做快速持续挥拍的训练。

（2）前臂屈伸快速挥拍训练：持拍手臂贴耳置于肩上，上臂不动，以肘为轴，仅以前臂后倒前伸击球的动作做快速持续的挥拍训练。

（3）前臂体侧前后摆动挥拍训练：持拍手置于与肩齐平的高度，手肘微屈而前后摆动，用类似抽打陀螺的动作做快速摆臂训练。

（4）快速抽球动作挥拍训练：按信号或节拍做各种正、反手快速持续抽球挥拍动作训练。

5. 下肢快速频步训练

（1）原地快、慢变速高频率小密步踏步训练。

（2）原地快、慢变速高抬腿训练。

（3）原地快、慢变速向前、向后屈腿踢训练。

（4）原地快、慢变速转髋训练。

（5）原地快、慢变速体前左右交叉跳训练。

（6）原地快、慢变速向前小垫步接向后蹬转训练。

6. 跨越障碍物训练

将障碍物摆放成各种形状，训练者以各种跑跳姿势快速穿越或跳越这些障碍物。

（三）羽毛球专项移动速度训练

（1）直线进退跑训练：由场地底线开始快速全力向前冲跑至前场网前，跨步用手触网后又迅速后退至底线做起跳击球动作，然后又向前跑，依次反复进行。

（2）左右两侧跑训练：训练者面向球网，用接杀球步法向右移动触地后，迅速退回中心位置，又用向左侧移动的接杀球步法向左侧移动触地，依次反复进行训练。

（3）低重心四角跑训练：用上网步法向前、后四个角快速移动。

（4）杀球上网步法训练：快速连续完成后场左右移动跳跃步杀球击球动作，然后再迅速接上网步法。

（5）场地四角跑训练：沿半块球场的长方形边线快速冲跑，在转角处变换方向要快。

三、高校羽毛球运动的专项耐力训练

羽毛球运动中所需要的专项耐力不是诸如长跑体能运动项目所需的长时间的持续耐力,而是一种在快速的反复运动前提下进行的间隔时间长短不一的速度耐力。对抗中数千次的反复快速起动、移位、击球动作,持续的快速运动贯穿整场比赛,速度耐力素质在羽毛球运动中起着极其重要的作用。因此,专项耐力素质的训练,应以发展强度高、间歇短的速度耐力为主。

(一)羽毛球专项速度耐力训练

1. 跑步、步法训练

200 米、300 米或是 400 米全力冲跑后,没有间歇地立刻进行 45 秒或是 1 分钟全场步法训练,两项训练完成为一组。组与组之间可间歇 2~3 分钟,一堂教学训练课依据各人情况不同,可进行 2 组、3 组、5 组不等的负荷训练。

2. 各种长时间的综合跑跳步训练

内容见专项灵敏素质训练,只是加长训练负荷的时间。

3. 长时间的单、双足跳绳训练

采用专项速度素质训练中的跳绳内容,加长训练负荷时间。

(二)羽毛球专项综合步法训练

(1)手势指挥各种步法,如网前上网步法、中场接杀步法、后场后退步法和全场范围的综合步法训练等。

(2)场地上低重心四角跑训练,加大负荷密度和强度。

(3)场地前后跑训练,掌握好训练密度和强度。

(4)场地左右跑训练,控制好训练负荷量。

(5)长距离、长时间的场地四边跑训练:在一定范围内,选手听到信号后迅速转身向相反方向跑。

(6)10~15 米或 15~20 米短距离往返跑训练。

注意训练时要加大训练的数量租时间,以达到速度耐力训练的目的。

(三)羽毛球专项多球耐力训练

运用多球,进行全场各种位置的连续击球训练。

(1)多球后场定点连续大力击高吊杀训练。

(2)多球连续被动接吊杀训练。

(3)多球连续全场杀球上网训练。

(4)多球双打后场左右连续杀球训练。

(5)多球全场封杀球训练。

(6)多球全场跑训练。

(四)单打持球各式进攻防守训练

运用 5 至 6 个球,一人专门负责捡球,当失误出现时,不间断地立即再次发球,使主练选手保持规定时间内连续的移动击球。

(1) 二一式 20 或 30 分钟全场进攻训练。
(2) 三一式 30 分钟全场接四角球和接吊杀球训练。
(3) 三一式、四一式半场或全场防守训练。

四、高校羽毛球运动的专项柔韧训练

羽毛球运动中，各种位置击球的动作，均要求选手各关节活动幅度和范围要大，肌肉和韧带的伸展度要好。柔韧素质的好与坏，关系到上下肢和躯干协调性的好坏，直接影响到运动中完成各种技术动作的质量。常用的专项柔韧素质训练方法有以下几种。

（一）发展上肢各关节韧带伸展性的训练

1. 绕肩训练

两手举到头顶，以直臂或屈臂姿势向前绕臂，再向后绕臂，如此快速向前、向后做绕肩训练。

2. 手腕柔韧训练

手腕以屈伸、外展、内收等动作，做顺时针，逆时针转动绕环的训练。

3. 持拍做肩部大绕环训练

方法参见上肢专项灵敏素质训练，注意加大肩关节绕环幅度。

（二）发展下肢各关节韧带伸展性的训练

1. 腹背屈仰训练

手扶一固定物，两脚与肩同宽自然站立。右手持拍者手臂上举，先向后仰用手触摸右跟腱部位，再以击球姿势收腹，同时再向前屈体用手触摸右足尖部位。左手持拍者动作相反。

此训练，也可改为两人背向站立，相距 1 米左右，持实心球做上体前屈、后仰的传接实心球训练。

2. 拉跟腱训练

手扶一固定物，双脚脚尖站在台阶外延，脚后跟空出，并逐渐向下沉，主要在下沉时，保持双脚伸直，直到产生拉伸感。在训练时要循序渐进，切忌突然用力，而拉伤跟腱。

3. 踢腿训练

快速正向、侧向和后向的踢腿训练。

（三）发展腰部柔韧伸展性的训练

1. 绕环训练

两腿与肩同宽直立，向左前、右前，左后、右后、左侧、右侧做伸仰接球的训练。

2. 转腰训练

两人背向站立，相距 1 米左右，持实心球做左右转体传接球训练。也可运用头顶被动击球动作做腰部快速后伸前屈的训练。

五、高校羽毛球运动的专项灵敏训练

专项灵敏素质是运动技能和各种素质在运动中的综合表现，是一种身体与球和谐统一的特殊素质。羽毛球击球最大飞行时速近三百公里，羽毛球在空中飞行速度快，方向变化大，对运动者身体的灵活性提出了特殊的要求，特别体现在瞬间的方向距离感适中和突变能力强。下面介绍一下提高羽毛球专项灵敏素质的常用训练方法。

（一）羽毛球上肢灵敏训练

1. 上肢接球训练

（1）快速、变向地用手接前半场小球训练。

（2）快速左右前后一步腾空步接球训练。

（3）快速手接身体上下、左右和前后球训练。

2. 手指灵敏性训练

（1）捻动拍柄训练：手持拍柄，用手指捻动拍柄做左右上下转换拍柄位置的训练。

（2）抛接球拍训练：手持球拍，将球拍向前后左右和向上抛起，再用手迅速接住，如此反复训练。

（3）持拍绕环训练：双手持拍在体侧前方位置做同侧前后手臂大绕环训练，或是做异侧大绕环训练，即一只手向前绕环，另一只手同时做反方向大绕环。

（二）羽毛球综合灵敏跳绳训练

变换各种姿势进行跳绳训练：跳绳训练是发展羽毛球专项素质能力的一种行之有效的手段，它不仅可以加强大腿、小腿、踝关节和手腕、前臂的力量，而且对发展上下肢协调配合的灵敏素质有很大帮助。另外，跳绳训练比较简单，训练效果好，也不受场地限制，只要有一条尼龙跳绳即可进行训练，是各国羽毛球选手首选的专项身体素质训练方法之一。

（1）前后小交叉步、大跨步交叉跳绳训练。

（2）高抬腿跳绳训练。

（3）双脚前后左右跳绳训练。

（4）起动步法跳绳训练。

（5）左右脚花样跳绳训练。

（6）左右向外、向内转髋跳绳训练。

以上各种动作可根据自己的情况，选择 20 分钟或是 30 分钟训练。也可以采用变速形式训练：1 分钟全力快速跳训练后，再进行 40 秒左右的慢跳调整，然后又开始下一分钟，另一动作的快速跳训练，以此交替反复训练。

（三）羽毛球下肢综合跑训练

（1）小步跑训练。

（2）高抬腿跑训练。

（3）后蹬跑训练。

（4）后踢腿跑训练。

（5）左右向前、左右向后垫步跑训练。

（6）左右侧身并步跳训练。

（7）前后交叉步侧向移动跑训练。

（8）双脚向后跳训练。

（9）体前交叉转髋训练。

综合跑训练可选 30 米的距离，用以上动作来回重复两次，连续完成全部内容为一组，具体负荷组数视个人情况而定。

（四）羽毛球髋部灵活性训练

1. 快速转体训练

以左脚为轴，右脚向前、向后做蹬步转体训练。

2. 前后交叉起跳转体训练

即连续的后场起跳击球动作训练。

3. 原地转髋跳训练

髋部向左、向右连续转动，向右转时右腿向外旋，左腿向内旋，两脚尖方向保持一致向右，身体面向前，上体保持平衡，仅下肢转动。髋部向左转时，左腿向外旋，右腿向内旋，两脚尖方向保持一致向左。

4. 高抬腿交叉转髋训练

高抬腿姿势，当腿抬至体前最高点后迅速向左或向右转体，左右腿交替持续完成高抬腿交叉转髋动作。

5. 收腹跳训练

双脚全力向上纵跳的同时，双腿向胸前屈收，完成屈腿收腹动作，连续跳跃一定次数，反复进行。

6. 小密步垫步前后蹬转训练

右脚向前移动半步，左脚紧跟其后迅速垫一小步靠向右脚，此时以左脚为轴心，右脚向后蹬地转体，左脚退回小半步，右脚再向前移动半步（开始重复第二次），如此反复进行。

7. 半向前后左右转体垫步移动训练

训练时，在短距离内视信号快速变换方向。

第十章　网球运动员专项体能训练方法

网球运动是深受人们喜爱的一项运动,在运动员进行网球运动训练时,科学的体能训练不仅有助于提升运动员的体能素质,还能提升运动员的网球专项运动能力。本章首先阐述了网球运动项目基本理论以及体能特征,然后分别对网球运动的基础体能训练和专项体能训练展开研究,以期为网球运动提供科学化的体能素质训练方法。

第一节　网球运动理论及其体能特征

一、网球运动基本理论

（一）网球运动的起源

法国作为网球运动的起源地,早在12—13世纪,法国传教士常常在教堂的回廊里用手掌击打一种类似小球的物体,以此来调节教堂生活。随后,法国宫廷的王室贵族接受了这种活动,并将其作为他们的娱乐游戏。起初,这种游戏只能在室内进行,后来在室外一块开阔的空地上,将一条绳子架在中间,两边各站一人,双方用手来回击打一种裹着头发的布球。

14世纪中叶,击打布球游戏便传入了英国。英国人称这种球为"Tennis"（即,网球）,并流传至今,因此网球的专用语也就固定为"Tennis"。

15世纪,这种游戏击打球的方法发生了改变,人们不再用手掌击球而是改用板拍打球,一种用羊皮纸做拍面的卵形球拍很快出现了。当时这种球拍并不美观,拍柄也较重,但与用手掌击球的方法相比,无疑是一种极大的进步。同时,场地中央的绳子也换成了网。因此许多贵族对这种游戏产生了兴趣。而网球运动通常称为"宫廷网球"和"皇家网球",便是由于这种活动最初只是流行在法国和英国宫廷中所致。

16—17世纪,网球运动经历了由单纯的游戏向竞技比赛的转变,专门的球场和相应的比赛规则也应运而生。

18世纪,网球运动在各阶层中开展起来。到了19世纪,网球成为欧美盛行的一项运动。1873年,英国人菲茨德尔少校把草坪作为网球的场地,他还出版了《草地网球》一书,书中提出的网球打法已接近于现代网球。1874年,又对球网的大小和高低做了进一步的规定,在英国创建了草地网球比赛。1875年英国板球俱乐部修订了网球比赛规则后,于1877年7月举办了第一届温布尔顿草地网球锦标赛。后来这个组织又把场地定为23.77米×8.23米的长方形,球网的中央高度为99厘米（以前高度是2.134米）,并确定了每局采用15、30、40……的记分方法。1884年英国伦敦玛丽勒本板球俱乐部又把球网中央的高度定为91.4厘米。至此,现代网球运动正式出现,并很快在欧美盛行起来,成为一项深受欢迎的室外体育运动。

1877年在伦敦郊外温布尔顿举行的男子单打比赛是最早的国际网球比赛。网球的男子单打与双打在1896年雅典举行的第一届奥运会上被列为正式比赛项目。后来，由于国际奥委会和国际网球联合会在"业余运动员"的定义上有争议，网球比赛项目在第八届奥运会中被取消，直到1984年洛杉矶奥运会，网球运动才被列为表演项目，1988年的汉城奥运会上，网球重新又被列为正式比赛项目。

（二）网球运动的发展

1. 国外网球运动的发展

16—17世纪，网球活动在法国和英国宫廷颇受欢迎，这也是网球运动发展中的鼎盛时期。在当时，人们对于用手击球的游戏感到厌倦，便想出了用板拍和球拍作为替代。起初，皇室贵族们用一种介于驾驶手套和棒球手套之间的皮制手套击球，后来，手套逐渐演变成板拍，而板拍由蒙着羊皮的木制球拍代替。同时，场地中间的绳子，增加了许多的短绳子，直至17世纪初场地中间的绳帘才改成小方格网子，并且球拍也改成穿线的球拍。伴随着球拍的变化，球也随之发生变化。最初的球是由羊毛和麻制成，很柔软。球拍出现后，又出现了一种比较结实用皮革充填锯屑和细砂制成的球。后来出现了穿线球拍，于是人们便用皮革、棉、麻缠在一起并在接缝处缝合起来的球，并根据场地的背景，把球分黑、白两色。直到1845年，用橡胶制成的网球的出现，才给网球运动带来了一次革命。

1858年，英国人哈利·梅姆在伯明翰建造了一个"网球场"，促进了早期网球游戏的开展。然后他又于1872年建造了莱明顿网球俱乐部，进一步扩大了网球游戏的影响力。

1873年，美国人沃尔特·克洛普顿·温菲尔德改进了早期的网球打法，并取名为"草地网球"。他还于同年出版了一本以《草地网球》为题的书，书中详细介绍了此项运动，于是草地网球取代了板球成为英国最流行的室外活动，温菲尔德因此被誉为"近代网球之父"。

1874年，在英属百慕大度假的美国人玛丽·奥特布里奇女士将网球器材带回纽约，在纽约附近斯特誉岛的一个板球和棒球俱乐部的草坪上建起了网球场。网球运动传入美国后，很快在纽约、新港、波士顿、费城等大城市开展起来。两次世界大战期间，网球赛事在世界各国都停止了，唯独美国没有受到影响，反而取得了令人惊异的发展。

1875年，随着网球运动在8字形球场上的进一步开展，全英槌球俱乐部在槌球场边另设了一片草地网球场。紧接着，古式网球的权威组织者玛利博恩板球俱乐部为这项运动又制定了一系列详尽的规则。

1877年，全英槌球总会改名为全英槌球和草地网球总会，由亨利·琼斯担任裁判，并与其他三名会员修订网球规则。当时决定球场为长方形，长23.77米（78英尺），宽8.23米（27英尺），发球线离网7.92米（26英尺），网中央高度为0.99米（3英尺3英寸）。发球员发球时，脚可站在端线前，另一脚站在端线后，发球失误一次而不判失分。采用古式室内网球的0、15、30、40的计分法。可以说，亨利·琼斯是现代网球的奠基人。新的规则修订完成后，在英国伦敦郊外的温布尔顿建造了几片新的草地网球场，并在同年7月，举办了首届草地网球锦标赛，即第一届温布尔顿锦标赛，共有22名男选手参加，现代网球运动得以诞生。

1878年，人们又对规则和场地进行了修改。增加了双打，场地两边各增加1.37米（4英尺6英寸），发球线距网的距离缩短，从原来的7.92米（26英尺）修改为现在的6.40米（21英尺）。

从 1878 年以后，草地网球由英国的移民、商人或驻军传至全球，如加拿大（1878 年）、瑞典（1879 年）、印度和日本（1880 年）、澳大利亚（1880 年）、南非（1881 年）。

1881 年，世界上第一个全国性网球协会，美国全国草地网球协会（"全国"两字于 1920 年取消）宣告成立，并统一了网球规则。该协会于当年 8 月 31 日至 9 月 3 日，在罗得岛纽波特港举行了第一届美国草地网球锦标赛，设有男子单打和男子双打两项，参加比赛的有 26 人，采用温布尔顿的比赛规则。

1882 年，人们又将网高降至现在的高度，中央为 0.914 米（3 英尺），两端为 1.07 米（3 英尺 6 英寸）。从那时起，网球场地的面积规格及球网的规格保持至今。

近代网球运动诞生后，迅速传至世界各地。除英国、法国、美国外，加拿大、德国、比利时、捷克斯洛伐克、瑞典、澳大利亚、斯里兰卡、南非、印度、日本等国的网球运动都得到较快发展。各国的网球赛事日趋频繁，网球协会相继成立。

1884 年，温布尔顿网球锦标赛第一次增加了女子单打项目，该届比赛中共有 13 名女选手参赛，其中玛蒂·沃森技压群芳夺得冠军。

在 19 世纪 90 年代中期，网球进入了初步发展的阶段，许多国家和地区组织成立了网球协并定期举办比赛。

1896 年，在第一届奥运会上网球就被列为正式比赛项目，后来由于国际奥委会和国际网球联会在"业余运动员"的定义上有分歧，国际奥委会取消了奥运会中的网球项目。

1984 年，在第二十三届洛杉矶奥运会上，网球比赛被列为表演项目，1988 年在汉城奥运会上，网球又重新被列为奥运会正式比赛项目。

1913 年 3 月 1 日，世界网球的最高组织——国际网球联合会在法国巴黎正式成立。国际网球联合会的成立，是网球运动发展史上重要的里程碑，为世界范围内网球运动的进一步发展开辟了广阔前景。

20 世纪 20—30 年代是网球的黄金时代，网坛上出现了许多有史以来最优秀的选手。其中一个就是美国的唐·巴基一连包揽了澳大利亚、法国、温布尔顿和美国网球公开赛的冠军，成为历史上第一个获得大满贯的选手。第二次世界大战后，澳大利亚和美国的选手在网坛上独领风骚，并把网球技术发展到了更高的水平。双手握拍击球技术被普遍采用，比赛时间越来越长，争夺越来越激烈。

自 20 世纪 70 年代以后，网球运动在世界也得到了空前的发展。网球运动发展较快的主要原因有如下两点：首先，科技在球拍等器材制造中的应用，促进了先进器材的生产、技术水平的提高造就了一批年轻的优秀选手。其次，允许职业选手参加温布尔顿等锦标赛，开创了职业网球巡回赛的先河，取消了职业选手与业余选手的界限，增加了大赛的激烈程度和热烈争夺的气氛，增强了广大网球爱好者从事该项运动和观看的热情，提高了评论网球比赛的积极性，从而使网球运动能够更好地向前发展。同时，随着时间的推移，在美国、法国、英国、德国、瑞典、澳大利亚、俄罗斯等一些网球强国中，人们对网球运动的热情与日俱增。

在世界体坛所有的运动项目中，网球比赛是较为频繁和活跃的。特别是从 1968 年规定业余和职业选手都可参加同一比赛之后，网球比赛的次数、名目获得了明显增加。锦标赛、大奖赛、公开赛、挑战赛、巡回赛、总决赛等各种赛事几乎在每个周都会举行。

近些年来，网球运动在全世界进一步普及，很多国家都涌现出了世界级球星，打破了美国、澳大利亚等少数国家一统天下的局面。

进入 21 世纪，随着网球运动的不断发展，各种协会组织成立，网球向着职业化、商业化的程度发展，竞争也随之加强。网球运动以其自身的魅力赢得越来越多的爱好者和参与者。

2. 我国网球运动的发展

1885 年前后，网球运动开始由外国的商人和传教士传入中国，先是在上海、广州等大城市出现，后来一些教会学校也开展起这项运动，如北京汇文学校、通州协和书院、上海圣约翰书院、广州岭南学校以及香港的教会学校，但是参与的人仅限于上流社会人士和少数学校师生。

1898 年，中国网球史上最早的校内比赛是在上海的圣约翰书院举行的斯坦豪斯杯赛。

1906 年，北京汇文学校、协和书院、清华学校、上海圣约翰大学、南洋公学、沪江大学，以及南京、广州、香港的一些学校开始举行校际网球赛，这些都促进了网球运动在中国的传播。

1910 年，中国举行第一届全运会，网球被列为正式比赛项目，并在随后的七届全运会上都被列为正式的比赛项目，但是只允许男子参加。

1913 年远东运动会设立，网球列入比赛项目，后历届均设。

从 1915 年第二届远东运动会起，中国开始派运动员参加，至 1934 年共参加了九届。

1917 年 2 月中国图书公司出版了孙揆著的《网球术》。该书包括网球沿革、球场、用具、比赛方法、各种击球法等内容，是中国最早的网球理论专著，其问世促进了中国网球运动的开展。

1923 年起，中国还派运动员参加了第六届至第十届远东运动会的女子网球表演赛。当时，中国网球局限在少数有钱人的圈子里，水平不高。

1924 年，中国首次参加了温布尔顿网球锦标赛。中国运动员邱飞海进入了第二轮。这也是中国运动员最早参加的四大网球公开赛（温网、美网、法网、澳网）。

1928 年，中国开始从旅美留学生中选派球员参加戴维斯杯比赛。由于旧中国的网球运动不普及，技战术水平较低，因此虽先后 6 次派队参加戴维斯杯赛，却多在第一、二轮就被淘汰。

1938 年，中国网球运动员许承基作为第 8 号种子参加了第五十八届温布尔顿网球锦标赛，在男子单打中进入第 4 轮，这是之前中国运动员参加温布尔顿网球赛史上取得的最好成绩。另外，他还蝉联了 1938 年和 1939 年英国硬地网球锦标赛的两届单打冠军。

我国网球运动起点低、基础差，中华人民共和国成立后，在党和政府的重视和关怀下，网球运动得到了空前发展，网球运动技术水平也在不断提高。

1953 年，成立了中国网球协会，由吕正操担任主席，并于同年在天津首次举行了全国网球比赛。

1956 年，举行了全国网球锦标赛。此后，每年都举办全国性网球比赛。从 1958 年起，增加了青少年网球比赛。

1956 年，中国网球协会正式成立，孙耀华当选第一任主席。之后我国网球队加强了与国际间的交往，先后出访了许多国家和地区，并积极组队参加各种国际比赛，取得了较好的成绩。后来全国网球等级联赛定期举行，并实行升降级制度，还定期举办全国网球单项比赛、全国硬地网球冠军赛、全国青少年网球比赛等。另外，老年网球赛、高校网球赛、少年网球赛也蓬勃开展起来。这些竞赛对促进网球技术水平的提高起到了积极的推动作用。

1956 年 7 月 9 日至 8 月 17 日，印度尼西亚草地网球协会派队访华。双方先后在北京、天津、上海、南京、广州等地进行了 24 场比赛，客队胜 15 场、负 8 场、平 1 场。这是中华人民共和国成立后首次进行的网球国际交往,促进了网球运动在中国的发展。此后,中国网球运动员曾先后同30多个国家和地区交往,参加过不少大型的国际比赛,并取得了较好的成绩。

1959年,中华人民共和国的第一代网球选手朱振华和梅福基在波兰"索波特国际网球赛"中首次夺得男子双打冠军。

1965年,戚风娣和徐润珍分别获得"索波特国际网球赛"的女子单打冠军和亚军。

1966年—1976年,我国网球运动水平停滞不前,甚至倒退,与国际网坛也几乎断绝了交往。

1972年,中国恢复了网球运动的开展。

1978年改革开放后,我国的网球运动逐渐恢复生机。20世纪80年代以后,我国经济得到了空前发展,这为我国网球事业的腾飞打下了坚实的基础。网球运动出现了勃勃生机,参与网球运动的人数急剧上升。另外,国家投入了大量的财力、物力,采取了多种措施,大力培养青少年选手,采用"请进来,送出去"的方法,设立了多种不同级别的赛事,极大地推动了网球运动的发展。

1980年,我国网球协会被国际网球联合会接纳为正式成员。

1980年,我国女子网球运动员余丽桥在东京女子网球公开赛上获得单打冠军。

1981年1月,我国的优秀少年选手李心意和胡娜获得美国白宫杯少年网球锦标赛女子双打冠军。

1982年,聘清国务院总理万里任中国网球协会名誉主席。

1983年,我国男子网球队在吉隆坡夺得了亚洲最高水平的网球赛——加法尔杯网球赛的男子团体赛桂冠。

1986年,我国女子网球队夺得了第十届亚运会网球团体赛冠军。同年,在第十届汉城亚运会上,李心意获得女子单打冠军。

1990年第十一届北京亚运会上,我国选手获得三枚金牌(男团冠军、男单冠军、男双冠军)、三枚银牌和一枚铜牌。其中,我国选手潘兵和陈莉荣获男女单打冠军。

1991年,女队参加联合会杯网球团体赛,在58个参赛队中进入16强;在国际网球联合会排名中,我国女选手李芳进入了前50位。

1992年,澳大利亚网球公开赛中,我国选手李芳进入第三轮。

1994年,国家体委成立了网球管理中心。同年年终的国际网球联合会排名中,我国男选手潘兵列215位,夏嘉平列313位;女选手李芳列66位,陈莉列233位,唐敏列237位。

1995年1月,李芳进入世界女子排名前50强,继而又前进至世界排名第37位。

1996年,法国网球公开赛,易景茜进入第二轮,追平了李芳在罗兰加洛斯创造的中国网球选手最好战绩。

2000年,澳大利亚网球公开赛,易景茜进入第三轮,不敌2001年和2002年冠军卡普里亚蒂。

2001年,第二十一届世界大学生运动会网球赛中,我国选手李娜夺得女单、女双和混双三枚金牌。

2002年3月4日—9日,中国女子网球队在联合会杯亚太区地区赛中,实现了历史性突破,首次冲出亚洲,打入了联合会杯世界组外围赛。在亚太区A组11个国家为期一周的较量中,中国队以全胜的战绩，进入了联合会杯世界组的比赛。

2003年，是我国网坛硕果累累的一年，男女运动员均取得了不俗的成绩。女运动员李婷/孙甜甜除多次在ITF赛事中夺冠外，还4次打入WTA赛事决赛并3次捧杯，其中2夺总奖金额为17万美元的WTA赛事双打冠军（加拿大贝尔公开赛女双冠军和泰国沃尔沃公开赛女双冠军），双打世界排名上升至48位，达到中国女双历史上的最高排名。女运动员郑洁则继续领衔中国女单头号，其世界单打排名达到94位，是继李芳和易景茜后第3个进入世界排名前100位的中国选手。男网选手朱本强/曾少眩在上海喜力公开赛上，获得了中国男网历史上首次ATP双打亚军。此外还有多名颇具潜质的青少年选手活跃在国际青少年赛事中，并取得了多项冠军。

2004年9月，在北京举行的中国网球公开赛总奖金设为50万美元，起点很高，被定位为国家级赛事。我国运动员晏紫/郑洁在澳大利亚网球公开赛女子双打比赛中历史性地进入了前8名。而李婷/孙甜甜则作为赛会16号种子直接参加了澳网女双的正选赛，并进入了前16名。同年，我国运动员孙胜男和中国台湾运动员詹咏然在澳大利亚网球公开赛青少年组比赛中，以2号种子的身份荣获女子双打冠军，圆了我国运动员在四大满贯赛事上的夺冠梦。另外，法国网球公开赛，四川姑娘郑洁进入了第四轮，创造了中国选手在大满贯赛事中女单比赛的最佳成绩。

近年来，我国的女子网球发展迅速，取得了令世界瞩目的成绩。

女子双打方面，李婷和孙甜甜获得2004年雅典奥运会的双打冠军；郑洁、晏紫分别在2006年的法网和2010年的温网打进四强；并且还获得了2006年澳网和温网的冠军；女子单打方面，李娜和郑洁是目前我国女子选手国际排名最高的两位球员。李娜世界排名在2011年夺得法国网球公开赛冠军后升至第四位，是历来中国网球选手排名最高的，并且李娜夺得了2011年澳网的亚军和法网的冠军，李娜和郑洁还共同打进过2010年澳网四强，掀起了中国风暴。2013年李娜获得澳网亚军，2014年李娜再次征战澳网，一举夺得澳网冠军，实至名归。

与女子相比，中国的男子网球处于落后的局面，甚至世界排名前300的选手都寥寥无几，就更不用说各大公开赛的战绩了。

总体来说，我国网球运动发展到目前，可谓取得了比较令人欣喜的成果。我国女子网球发展迅速，已成为现今世界网球运动不可忽视的一股力量，相对女子网球来说，我国的男子网球发展缓慢，还需要加快发展。

（三）网球运动的项目特点

1. 网球自身个性鲜明

网球运动本身具有个性鲜明的特色，具体内容如下。

（1）发球方法的独特性和多样性

网球规则规定：参加运动的双方在一局中一人连续发球，直到该局结束，此局被称为发球局。在每次的发球中，均有两次机会，即一发失误，还有二发的机会，使得发球威力大增。由于个体的特征不同，发球动作也呈现出不同的特色。例如，罗迪克的大力发球注重的是力量；费德勒的发球则更加强调角度和落点的变化。

（2）空中击球的动作快速而有力

网球运动参与者，无论是网球运动员还是一般的网球运动爱好者，都必须用拍子击空中球、地面反弹球和接对方击球。网球运动在空中击球，球速必须快而有力。因此，参加网球运动的人在时间和空间上的感觉是其他运动项目难以比拟的。

（3）计分方式与众不同

与其他运动项目记分方式不同，在网球运动的每局比赛中，采用的是 15、30、40 以及平分的计分方法，每盘比赛采用 6 局形式，这种以 15 分为单元的计分法始于中世纪。

（4）比赛时间难以控制

无论是正式的网球比赛还是业余性质的网球比赛，想要分出胜负都不会很容易，是需要耗费一定时间的，这是由网球运动特殊的计分方式及其运动特征的独特性决定的。正式的网球比赛为男子五盘三胜、女子三盘两胜。一般比赛时间在 3~5 小时，历史上最长的比赛时间达到 6 个多小时。

（5）比赛强度较大

在正式的网球比赛中，如果遇到实力相当的选手，会使比赛时间消耗过长，从而进一步提高了对运动员体能的要求。在比赛中，有时会因为运动员体能储备不足而导致伤病现象的发生，从而影响比赛成绩。由此可见，网球运动的比赛强度较大。

（6）对运动员心理要求较高

网球运动的比赛规则有严格的要求，除了团体比赛在交换场地时，教练可以进行场外指导外，其他任何比赛，不管是单打还是双打都不允许教练在旁指导，就连打手势等动作都不可以，如果违犯都要接受惩罚。整个网球比赛过程中都要靠个人独立作战，因此，自我调节心理的变化很重要。如果没有过硬的心理素质，是无法获得比赛胜利的。所以说，网球运动对运动员的心理要求很高。

（7）网球运动适宜人群较广

由于网球运动不仅可使运动者消耗多余热量，而且还可使运动者从网球运动中获得极大乐趣。因此，网球运动受到全世界许多人的喜爱。另外，网球运动对参与人群没有限制，更不要求完美的体形，适宜大部分人参与其中。网球运动适宜人群范围较广，男女老少、高矮胖瘦的人都可以参与其中。

2. 网球运动赛事频繁

纵观世界体坛所有的体育比赛项目，网球比赛尤为活跃。虽然 1924 年网球运动被置于奥运会比赛之外，但这并没有阻碍网球运动的发展，相反，网球比赛却随着时间的推移越来越多。尤其是在 1968 年规定职业和业余网球运动员均可参加同一比赛后，网球比赛的次数和名目增加得越来越快。国际网坛几乎每周都有各种各样大型的网球赛事，比如世界锦标赛、大奖赛、挑战赛、巡回赛等。

众所周知，在国际性的网球大赛中，温布尔登网球锦标赛、美国网球公开赛、法国网球公开赛、澳大利亚网球公开赛和戴维斯杯赛、联合会杯赛这 6 个著名比赛是影响最大、水平最高，且久负盛誉的重大比赛。其中，前 4 个是单项比赛，号称世界"四大网球公开赛"，后面两个是公认的国际网坛最重大的团体锦标赛。这 6 个比赛都得到国际网联的正式认可，每年举行一次。"四大网球赛"以个人名义参加，设高额奖金；戴维斯杯赛和联合会杯赛以国家或地区为单位参加。

3. 网球比赛奖金丰厚

网球运动能够成为当今世界的热门项目，除了网球运动本身特有魅力之外，还有一个重要的原因，那就是国际网球比赛大都设有巨额奖金，这也是人们热衷于网球运动不可忽视的重要因素之一。尤其是允许职业网球选手参加各种比赛以来，其奖金数额更是逐年升级。有些分站赛事只允许排名靠前的选手参加，并且获得较高名次的选手可以获得高额的奖金，这就促使大量的优秀运动员展开竞争，不断去参加比赛来获得积分，以使排名上升。另外，由于良好的运动成绩和自身形象也可吸引众多的企业对其进行投资，他们可因此获得巨额广告签约。因此，网球比赛丰厚的奖金作为网球运动的一大特点，成功吸引了更多人对网球运动的关注，甚至在世界范围内产生了巨大的反响。

二、网球运动员的体能特征

网球运动员的体能特征可以简单地概括为身材高大，最大力量和爆发力较好，具有很好的耐力水平。

（一）网球运动员形态特征

虽然网球、乒乓球和羽毛球都是隔网对抗项目，并且都是手持球拍进行比赛，但是对于运动员的身体形态要求有较大的差异。在这三个项目中，乒乓球运动员对身高的要求最低，而网球则要求运动员身材高大。从国际赛场来看，网球运动员大型化的趋势明显，特别是欧美运动员普遍身材高大，男子运动员最高已经达到2米以上，女子运动员也有多人在1.90米左右。网球运动员身材增高的趋势反映了网球运动对运动员力量、速度、耐力等素质有更高的要求，以适应网球运动场地大、活动范围广、运动负荷大的特点，这是与乒乓球、羽毛球项目的显著区别之一。

（二）网球运动员机能特征

由网球运动的供能特点所决定，网球运动的70%是靠磷酸原供能系统供能，20%的能源供应来自糖酵解系统，而仅有10%来自有氧代谢供能系统。而一场网球比赛所需的能量基本上取决于对攻时间的长短。在短时间的对攻中（5~10秒），出现疲劳征兆少，因为在每分之间的间歇时间或交换场地的时间内，磷酸原供能系统消耗的能量可以得到恢复；在较长时间的对攻中（10~15秒至1~2分钟），疲劳征兆增多，由于得不到充分的休息时间，导致出现乳酸堆积的问题；而在整场比赛中（1~4小时），在每一个动作后的恢复期（每分之间的间隙时间或交换场地的时间）使用有氧代谢供能。

因此，网球运动是一种非周期性不规则的、以无氧代谢为主、有氧与无氧混合供能、大小强度和快慢速度交替的运动项目。

（三）网球运动员素质特征

技战能主导隔网对抗性项群项目的运动员普遍具有灵敏性好、反应速度快、动作速度快、爆发力好、心理素质好等特点，但是也各有不同之处。

1. 专项速度素质

网球场上的运动大多数是短距离的移动，往往是在事先无准备或准备不足的条件下，从动态中改变方向的移动，移动方向随机多变，大多介于2~6米之间（最长14米，平均为4米）。移动形式大多采用分腿垫步、跨步、跑步、交叉步、冲刺步等形式。主要移动的方向为侧向、向前和向后。运动员主要通过视觉感受器接受各种刺激（如各种不同性质的来球、对方的站位等），然后根据本人技术和战术的需要，经过瞬间复杂的思维与判断，迅速采取行动。在这整个反应过程中，不仅时间非常短促，而且运动员所遇到的情况也非常复杂。所以网球运动员的专项速度素质应着重于反应速度和动作速度。

由此可见，网球运动所需要的专项速度的特点是身体的移动和击球不是周期性的动作，在比赛中运动动作的先后顺序没有固定的规律。此外，一个动作完成后到下一个动作开始前有一定的间歇时间，使运动的肌群可以得到收缩和放松的交替变化，因而能够持续较长时间且不易产生疲劳。从上述特点中可知，专项速度是网球比赛中运动员取胜的基本条件，而这种速度素质在实践中应首先得到发展。

2. 专项灵敏素质

网球运动员的专项灵敏素质是运动员的运动技能和各种素质在运动过程中的综合表现。只有在运动技能熟练之后才能表现出来，这是通过大量训练的基础上大脑皮质的灵活性和可塑性提高的结果。灵敏素质主要表现在移动时快而有效的起动、迅速变换动作和变换方向的能力方面。协调肌肉运动，使肌肉具有适时地以适当的速度和强度进行合理运动的能力及短时间内发挥运动最佳效果的能力。它要求运动员在极短的时间里有良好的判断能力，并且在完成动作的过程中能准确、协调地处理好自己身体各部位及合理的人球关系。

在现代网球运动中，快速爆发力和高度的灵敏性是职业网球选手取胜的关键。比赛时对方来球落点时左时右、或高或低、时前时后、或快或慢，对此运动员必须具有较好的灵敏协调性才能打好球。网球运动员所需要的灵敏性是在比赛中遇到突然变化的情况下，随机应变地采取快速、协调行动的能力，需要有力量、速度和柔韧的保证。因此，专项灵敏素质对动作的技战术效果起着不容忽视的作用。

3. 专项力量素质

根据网球运动的特点，速度力量和力量耐力均为网球运动的主要专项力量素质。而网球运动员的力量是以爆发性用力为主的，网球运动的技术动作很多都需要爆发力来完成，如各种移动需要腿部爆发力，发球时需要上肢和腰背的爆发力。据有关统计显示，世界优秀网球选手在高水平的网球比赛中，发球和击球的球速可以达到200千米/小时以上（约60米/秒）。网球运动员击球的爆发力不仅与身体各部位协调发力有关，也与其上臂爆发力水平有关。提高上臂爆发力水平对运动员完善技术水平、提高击球速度和运动成绩有着重要的意义。

对于能够运用爆发力进行移动的运动员而言，其可以快速地到达预定位置并做好击球准备，从而打出质量更高的球。同时，速度爆发力能够使运动员具有一定的速度把球击得更远。在顶尖水平网球比赛中，10个来回球只需要15秒左右，而且每得1分平均约有4次变线。在网球场上的冲刺距离介于2~6米之间。因此，起动的爆发力和动作速度的爆发力对一名网球选手来说尤为重要。

4. 专项耐力素质

网球运动员的专项耐力是指速度耐力和力量耐力。速度耐力是指人体在较长时间内，能够保持快速运动的能力。力量耐力是指人体在较长时间内，保持高度用力的能力。网球运动员的专项耐力需要的是连续抽杀或持续挥臂的力量耐力以及步法移动的速度耐力，比赛中主要体现在长时间的位置移动和连续挥拍的扣杀、相持迂回等方面。网球运动所需要的耐力是一种强度经常处于变化中并与速度紧密结合的专门耐力素质。从大型比赛中的统计可知其强度常处于一种变化的状态下，而且变化的幅度还常取决于对手技术水平的高低和进攻能力的强弱，这是网球专项耐力素质的特点之一。同时，这种专项耐力素质还要始终与速度相结合、相适应，如果开始几场或几天的速度好，而后几场或几天的速度不好，那就会大大降低比赛成绩。由于比赛时间较长，运动员大脑皮层长期处于紧张状态，对于神经系统的要求很高，这是网球专项耐力的特点之二。

5. 专项柔韧素质

柔韧素质的好坏不仅取决于人体结构方面的变化，而且取决于神经系统支配骨骼肌的机能状态。在网球比赛中，一些技术动作对身体的柔韧性提出很高的要求，如发球、高压球、大力扣杀、大范围跑动扑救球等，这主要体现在肩拉得开、胯有开度、躯干伸展。发展柔韧素质是使中枢神经系统调节对抗肌的协调性得到改善，可以提高肌肉紧张与放松的能力，使肌肉更加协调，这样可以大大增加肌肉的活动伸展度。网球运动员的专项柔韧素质突出表现在网球运动所特殊需要的髋、腰、膝、腕关节活动幅度以及上下肢肌肉和韧带的伸展能力上。它对于网球运动员掌握和提高技术动作（尤其是高难度技术动作）、避免运动创伤和发展其他身体素质均发挥者重要的作用，如肩关节柔韧性好的运动员有助于发球速度和击球速度的提高。因此，网球专项柔韧素质的训练应着重发展肩、腰、髋三个关节部分及周围肌肉韧带的活动能力。

第二节 网球运动员基础体能训练方法

一、高校网球力量素质训练

（一）网球运动力量素质的特点与要求

力量素质是肌肉在紧张和收缩时所表现的一种能力。其中力量素质主要包含了以下几种。
（1）最大力量：肌肉收缩时所表现出来的最大力量。
（2）速度力量：肌肉在短时间内快速收缩的能力，也称爆发力。
（3）力量耐力：肌肉长时间持续用力的能力。

根据网球运动的特点，网球运动最主要的力量素质就是速度力量和力量耐力。爆发力是作为网球运动中最重要的一项专项素质，爆发力是网球运动许多技术动作完成的基础。例如各种移动需要腿部爆发力，发球需要上肢和腰背的爆发力。影响爆发力发展的因素是肌肉的力量和收缩速度，增强力量和提高收缩速度都能增加爆发力。力量同时也是肌肉耐力的一个重要因素。力量还有助于灵敏素质的发展，因为适宜的力量可更好地控制和操纵自己的身体。总之，力量素质可以说是其他身体素质的基础。网球球员的力量素质应着重发展上肢、下肢和腰腹力量。

（二）网球运动力量素质的训练方法

1. 上肢力量训练方法
（1）手持哑铃或轻杠铃片做腕屈伸、腕绕环、手上举、侧举、前平举或侧平举。

(2) 站姿或坐姿持杠铃做前推举、头后推举、肩后臂屈伸。
(3) 手持哑铃或杠铃片做仰卧扩胸或俯卧扩胸。
(4) 单杠正反握引体向上。
(5) 体前屈提铃到胸前或做划船动作。
(6) 双杠支撑上推。
(7) 俯卧撑、击掌俯卧撑。

2. 腰腹力量训练方法

(1) "元宝"收腹或仰卧起坐。
(2) 肩负杠铃或手提杠铃做上体屈伸、左右转体、体侧屈。
(3) 斜板上仰卧、两手抱头，连续快速做仰卧起坐。
(4) 凳上仰卧起坐或俯卧体后屈，一人扶脚。
(5) 单杠或肋木上举腿。
(6) 沙地跳起抱腿，使大腿紧贴胸部。
(7) 双脚夹实心球跳起，将球向前上抛或背后上方抛。
(8) 坐地双脚夹实心球，做举腿或绕环动作。

3. 下肢力量训练方法

(1) 负轻杠铃半蹲跳、全蹲跳、弓步前进或左右脚交替上板凳。
(2) 负重连续快速提踵静力训练（即提踵持续一段时间）。
(3) 负大重量杠铃稍蹲起、半蹲起和全蹲起。
(4) 双手提哑铃在两板凳上做蹲起跳。
(5) 脚挂哑铃小腿屈伸。
(6) 同伴骑在肩上做负重深蹲起。
(7) 持续站桩静力训练。
(8) 在沙地上两手抱头后做连续深蹲跳。
(9) 坐姿或仰卧在训练器上双脚蹬杠铃。

二、高校网球速度素质训练

(一) 网球运动速度素质的特点与要求

速度素质是人在最短时间内完成某一动作的能力。网球运动中的速度素质主要包括了以下两方面。

(1) 动作速度：完成动作的最高频率。
(2) 移动速度：最短时间通过某一距离。

动作速度与力量、灵敏及耐力等素质之间有着密切的联系，尤其是爆发力，它是影响动作速度发展的主要因素。网球场上的运动大多数是短距离的移动，而且是从动中改变方向的移动，所以要着重注意网球运动中的反应速度和动作速度。但是要想拥有快速的反应能力，提高自己的移动速度，就必须经历一个训练过程。在速度训练中，应该选择精神饱满、体力充沛、运动欲望强烈的情况下进行，以利于建立快速的条件反射。

（二）网球运动速度素质的训练方法

1. 反应速度训练方法

（1）原地小步跑、后踢腿跑或高抬腿跑，看手势（听声音）快速跑。
（2）行进间小步跑、后踢腿跑或高抬腿跑，看手势（听声音）突然加速跑
（3）行进间后退跑，看手势（听声音）突然转体向前加速跑。
（4）行进间小步跑，看手势（听声音）变后踢腿跑，再变高抬腿跑，最后冲刺跑。
（5）行进间看手势（听声音）多次往返折回跑。
（6）看手势连续做前后左右快速变向移动。

2. 动作速度训练方法

（1）原地徒手挥臂击打高点树叶。
（2）原地对墙以高压球挥臂动作扔垒球、网球等。
（3）手持轻杠铃片连续快速做正反击球挥臂动作。

3. 移动速度训练方法

（1）30米、50米反复跑，100米变速跑。
（2）原地快速高抬腿跑。
（3）斜坡向上或向下冲刺跑。
（4）各种移动步伐连续快速训练。
（5）场内往返移动。

①球员从0处开始快速起动跑至1，利用交叉步手触碰1处再迅速跑回0处，在0处做分腿垫步后跑至2处触地，再到0处，一次将8个点全部跑完为一组。在进行此项训练时要注意身体重心要低，起动快、制动转向快、移动快（图10-1）。

②球员排成一列纵队或个人站在球场中线上，通过教练的手势或口令，快速向两边做横向移动，至边线时用手触地。此项训练球员要注意力集中，听清或看清注意教练的口令或手势，反应要快捷，移动要迅速，还原要快（图10-2）。

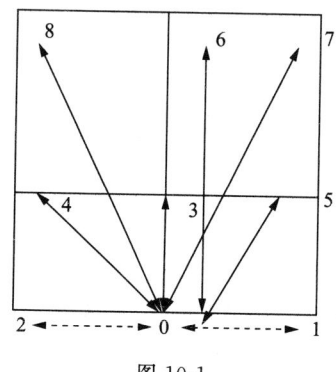

图 10-1

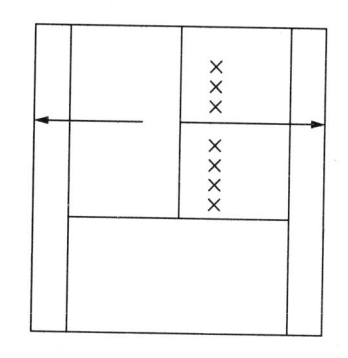

图 10-2

③球员从边线出发，快速跑至对面单打边线然后返回，再跑至双打边线并用手触摸，返回，再跑至中线用手触摸，返回。此项训练时要注意在急停急转时交叉步的使用，可一人或多人同时进行，并在规定时间内完成此项训练（图10-3）。

④球员面向前方，根据数字顺序做向前、后、左、右移动。在向前的2、3、4，除移动时，是跑动；向1、5处移动时则用交叉步跑；向6、8处移动时，用侧向跑；向7处移动时，用后退跑。此项训练球员需要保持自己始终面向前方（图10-4）。

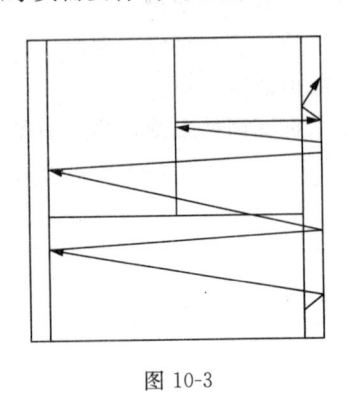

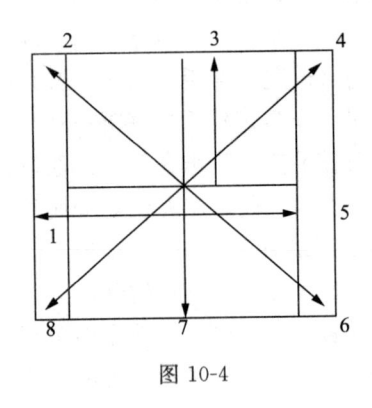

图 10-3

图 10-4

三、高校网球耐力素质训练

（一）网球运动耐力素质的特点与要求

耐力素质是人体能够在尽可能长时间内进行活动的能力，也是长时间内克服疲劳的能力。在网球比赛中，球员需要长时间进行位置的移动和连续的挥拍抽杀、相持迂回等，这就需要其拥有较好的速度耐力。

在发展运动员的一般耐力时，各种形式的中长跑训练，较长距离的游泳都是较为有效的手段。在训练中要注意循序渐进，逐渐加大训练的强度和密度。网球运动的耐力素质特征主要体现在有氧耐力和无氧耐力两者的结合上，其耐力素质可分为一般耐力和专项耐力。一般耐力是指有机体在有氧供应比较充分的情况下，坚持长时间工作的能力。这种长时间的工作主要靠有氧代谢供能，故又称为有氧耐力。一般耐力训练主要发展心血管系统和呼吸系统的有氧工作能力，以及神经系统的机能调节能力，它的发展可为专项耐力的训练打下基础。专项耐力是指人体克服专项运动负荷所产生的抗疲劳能力。

（二）网球运动耐力素质的训练方法

（1）4～6组30米反复跑。

（2）跳绳：跳绳在各个运动项目中都得到了广泛的运用，它不仅对速度、灵敏、协调起到良好的发展作用，对耐力素质的发展也是相当有效。例如，采用3分钟跳绳方法，每分钟80～100次，有助于发展网球球员的耐力素质。

（3）12分钟跑：将跑步的时间控制在12分钟内，看球员所跑的距离是多少，跑时要选择适宜的生理负荷，一般将负荷控制在训练者所能承受的最大强度的75%～85%，一般心率在140～170次/分之间。开始训练时，球员的训练水平可能只达到一般甚至差的水平，但经过一段时间的训练，所能跑的距离逐渐增加，如果能达到良好以上水平，那么便说明耐力素质获得了明显提高。

（4）3 000米跑。

（5）1 500米变速跑：直道时全速跑，弯道时慢跑。

(6) 跨步跳：在跑道上做计步跨步跳，每组 30 次。

(7) 左、右跨步跳：两脚开立，左腿踏地，右腿向右跨步，然后右腿短地，左腿向左跨步，依次连续进行。每组两腿各跨 30 次。

(8) 连续跳高台：在楼梯或看台上做双脚连续跳上高台的训练。跳楼梯时每组次数可达到 40 次，跳看台每组次数 20 次左右。

(9) 变速跑：将加速跑和慢跑组合在一起，进行交替训练，其中加速跑 30 米，慢跑 70 米，共跑 5 组；加速跑 50 米，慢跑 50 米，共跑 5 组；加速跑 100 米，慢跑 50 米，共跑 5 组。

(10) 组合训练：训练过程中可将 30 米疾跑、30 米侧步交叉跑、30 米小步跑、30 米高抬腿跑组合训练；可将跳起摸高 10 次、变向跑 30 米、蛙跳 15 米组合训练。组合训练一般进行 30 分钟，每周进行 1～2 次。

四、高校网球柔韧素质训练

（一）网球运动柔韧素质的特点与要求

柔韧素质是人体各关节的活动幅度，肌肉韧带的伸展性与弹性。网球球员柔韧素质的好坏，对技术动作的协调性和伸展幅度有着直接的影响，对进攻与防守的质量和防止伤害事故的发生有着很好的促进作用。网球运动是由上下肢、躯干参与的全身性的协调活动。协调和柔韧贯穿于每一个技术动作。因此网球柔韧素质的训练应着重发展肩、腰、髋三个关节部分及周围肌肉韧带的活动能力。同时，柔韧素质的提高还可以加强肌肉的活动性，促进新技术的掌握和运动水平的提高，有效地防止伤害事故的发生。

（二）网球运动柔韧素质的训练方法

1. 跪姿压肩

并脚跪立，两臂向前伸直，手扶地做下振动作，通过数次下振，将肩压至极限后静止 15～20 秒。逐渐加大幅度。

2. 双人压肩

二人面对分腿站立成体前屈，两双臂各搭对方的肩上，一起做上体同时下振动作，也可做左右侧压肩动作，要求腿不能弯屈。

3. 上下振臂

两脚开立，一臂上举，另一臂下举做同时用力的后振动作，两臂交换训练，反复做。逐渐加大振幅。

4. 分腿半蹲转肩

两脚并立宽于肩，屈膝外展成半蹲，两手扶膝盖，向左转肩 90 度，还原后再向右转肩 90 度，左右反复训练。要求两腿静止不动，转肩要充分。

5. 扩胸振臂

两脚开立，两臂胸前平屈，手心朝下用力后振，然后两臂前伸，手心向上翻转，用力向两侧后振，反复训练。逐渐加大振幅。

6. 并腿体前屈

两脚开立，两手抱住踝关节，上体下振，振到一定程度时，上体贴住两腿停留 15 秒。要求两腿伸直，逐渐加大振幅。

7. 体后屈

两脚开立，上体后屈，脚跟提起，双手触及脚跟后还原成直立，反复训练。后屈时挺腹，注意保持身体平衡。

8. 体侧屈

两脚开立，两手腹前五指交叉翻掌上举，同时重心侧移，一腿站立，一腿脚尖侧点地，上体侧屈做侧振动作，振到最大幅度时静止15～20秒。左右侧交换训练，侧振时直体不得屈。

9. 前弓步压腿

两腿成前弓步姿势，两手扶膝，身体下振，数次后换腿再做，两腿交替进行。要求后腿充分蹬直，脚后跟不离地，上体保持正直，逐渐加大振幅。

10. 仆步侧压腿

左腿伸直。右腿全蹲，两脚掌全着地，左手按左脚背，右手位于两脚间，做下振动作，然后两腿交换训练。侧伸腿要直，逐渐加大振幅。

11. 体前屈

球员站在条凳上，双手向下尽量下移，腿不能弯曲，脚尖的延长线为水平线，低于脚尖水平位置为正分，高于脚尖水平为负分。当双手下伸够到最大限度时，要保持5秒钟的时间。

五、高校网球灵敏素质训练

（一）网球运动灵敏素质的特点与要求

灵敏素质不仅是人体在各种条件下能够协调地完成复杂动作的能力，也是速度、力量及柔韧素质的综合反应。在动作过程中，灵敏素质能够表现出空间和时间的准确定向、定时的能力，并且对动作的准确性和所需要变换的速度也有充分的表现。

在网球运动中，球员所掌握的运动技能越多，其灵敏素质就表现得越是明显。灵敏素质只有在运动技能熟练之后才能表现出来，这是在通过大量训练的基础上大脑皮质的灵活性和可塑性提高的结果。力量、速度和柔韧是灵敏素质发展的基础。网球球员的灵敏素质可分为一般灵敏素质和专项灵敏素质。一般灵敏素质是指与专项有一定联系的基础灵敏能力，专项灵敏素质是指专项所专门需要的一些特殊灵敏能力。网球球员的灵敏素质训练应对作为上下肢纽带的腰腹部的专门训练进行特别的注意。

（二）网球运动灵敏素质的训练方法

1. 单腿摆动协调训练

单腿有节奏地跳跃，异侧腿配合做摆动，两臂前后摆动，触摆动腿的脚尖。10次为一组。

2. 十字交换跳

直立，双脚起跳，在地面上做前后左右十字交换跳。交换频率越快越好，15秒为一组。

3. 跳起空中抱腿

原地双脚跳起，腾空后两腿上收，双手抱膝，下落时还原。腾空高度越高越好，20次为一组。

4. 蹲撑直腿交换跳

从蹲撑开始,左右腿依次做直腿交换跳动作。20次为一组。

5. 顺逆跑

一组运动中围成一个圆圈,手拉手顺时针跑(身体半向右转)。反复做,变向做,变向要快,每次20秒。

6. 急跑急停

从篮球场端线快跑至中线急停,原地转身接滑步跑至篮下急停跳起摸篮板。

7. 闪躲跑

画两条平行线,距离30米,每隔6米插一根标枪。训练者站在一线后,听信号后快速跑向另一线并要闪躲跑过4根标枪。可以计时。

8. 模仿跑

二人一组,前后站立,距3米。前者在快跑中做出变向、急停、转身等不同动作,后者及时模仿前者在跑动中做出的各种动作。15秒钟后两人交换进行,30秒为一组。

9. 对墙接球

二人一组,一人面对墙站立,距墙2~3米,身后一人持球(篮球或排球),对墙传出各种不同方向的球,前面人接住球后转体180度传给后面的人。30秒为一组,两人交换进行。

10. 传接球

二人一组,一人向左右前后等不同方向、距离传抛球(篮球、排球或网球),另一人快速移动将球接住传回。二人交替进行,30秒为一组。

11. 围圈传、截球训练

多人围成半径为5~8米的圆圈,一名或多名队员在圈内。圈上队员传球,圈内队员抢截球。传球失误的队员与抢截成功的队员换位。

12. 区域传、截球训练

6人或8人为一组,一组再分为人数均等的两队。一队队员在有界线的场地内互相传球,另一队队员抢截球。抢截成功后相互交换。

13. 跳绳训练

跳绳训练有多种方式,如多人跳绳、单人跳绳、编花跳、单脚跳、换脚跳、单摇跳、双摇跳等。

14. 钻越人障

把训练者分成两人一组,每组配备一个低凳。甲队员在低凳上做俯撑动作,乙队员从甲队员身下钻过,做5~10次后,甲、乙队员交换位置。注意进行该训练时,应告诉乙队员在钻人障碍时不要起身过早,以免撞击同伴。为增加该训练的趣味性,可采用计时比赛形式进行,也可让甲队员直接在地上做俯撑,以增加难度。

15. 跳绳训练

跳绳训练对于加快脚步动作和提高耐力都是有益的。在训练过程中能长时间把重心放在前脚掌上,这样与球员在网球场上的步法特别相似。因为网球球员快速的步法是良好的网球技术的基础,网球球员必须具有急停急起到位击球的能力,并且能长时间把重心放在前脚掌上。在跳绳训练中,正摇跳、反摇跳和双摇跳等都要练,最初每次跳2分钟,以后提高到5分钟,也可以计数形式进行训练。每天训练一次，每天的运动量可根据球员的实际情况而定。

16. 单腿跳跃摆腿训练

一腿支撑跳，另一腿前后摆，两腿交换进行。要求双臂上举前后摆，向前摆时触脚面。

17. 各种方向的跳跃训练

向前单、双足跳，向后单、双足跳，旋转180度、360度跳，向侧（左或右）单、双足跳。

18. 看信号冲刺跑

在边线外用各种不同的姿势准备出发。用面向场内站立、背向场内站立、跪姿、仰卧或俯卧各种不同姿势准备好，看信号迅速起动，冲刺跑到对面边线。也可以在边线外连续做俯卧撑、仰卧起坐、快速跳脚或连续向前跳等动作，看到信号后迅速起动，冲刺跑至对面边线。

第三节 网球运动员专项体能训练方法

一、高校网球运动的专项力量训练

在网球实战中，各种技战术是以全身协调用力动作来完成的。因此协调地发展全身各部肌肉力量是非常必要的，只有强劲的肌肉力量作保证，在高速度的网球比赛中，高超的技战术才能得到充分的发挥。对网球专项球员以发展专项力量为主，尽快达到增强肌肉力量和爆发力的目的。网球球员的专项力量训练可以采用徒手训练、杠铃训练、哑铃训练、橡皮带训练和单双杠训练。下面介绍徒手训练、杠铃训练和哑铃训练。

（一）哑铃训练动作

这里选择的哑铃训练动作主要用于发展上肢力量。上肢力量在网球运动中起着决定性的作用。

1. 哑铃屈肘旋臂

两脚开立稍宽于肩，双手持哑铃置于体侧，两手同时做内旋和外旋动作（两臂保持弯屈）。在训练时还可以变换训练手段，如两臂交叉做内外旋，同时还可以向体侧或体前边举边旋。此项训练主要用于发展手臂的旋力，在网球活动中对改变球的路线有着很重要的作用。

2. 仰卧哑铃头上胸前举

仰卧在长条凳上，双臂弯屈与肩同宽置于头上方，双手手心相对持铃。两臂由头上反复向胸上方举起至臂伸直。上举时双臂同时内旋，还原时双臂外旋。此项训练主要用于发展上臂力量，有助于大力挥拍，对发球和大力扣杀有重要作用。

3. 仰卧哑铃飞鸟

仰卧在长条凳上，双手持铃置于体侧，双臂反复由体侧举至胸前上方。上举时可加内旋，下落时可加外旋。此项训练有助于上臂内收力量的增加。有利于侧身击球，配合手腕动作，有助于加大上旋球的速度。

4. 俯卧哑铃飞鸟

俯卧于较高的长条凳上，双手相对持铃垂于凳下，两臂尽可能大幅度地外展。如此反复做如同"飞鸟"。在外展时两臂可以有意识地外旋。此项训练有助于增加击打反手球的力量。如果配合好腰部力量会有更佳效果。

5. 旋臂外举

两脚开立稍宽于肩，双手持哑铃手心朝下屈肘，置铃于上腹前，两臂交替做旋臂外举动作。该动作可加大击反手球的力量，同时手臂的外旋与上举，可以增加反手球的上旋。哑铃训练的特点是哑铃重量较轻，训练的次数相对较多；组数适当少些，速度快些。

以上哑铃训练，每一个项目做15～20个为一组，选择可做15～20个极限动作重量的哑铃，每个动作做3～6组。

（二）杠铃训练动作

杠铃训练选择的内容较多，这里以分组的形式，采用了不同的搭配方法，选择几组训练。主要用于发展球员下肢和躯干的力量及全身协调用力能力的训练。

1. 第一组训练的内容

（1）直立颈后臂弯举

两脚自然开立，双手反握杠铃，屈臂将杠铃置于颈后，以肘关节为轴，反复屈伸。发展该部位的肌肉力量，可以提高动作的隐蔽性，在动作较小的情况下击出角度较大、力量较强的球。在运动负荷上，该组训练一般选择可做8～12次的重量，每个动作可做3～6组。注意循序渐进。

（2）俯身提拉

两脚自然开立，俯身双手正握杠铃，腰部保持紧张，控制好腰部和下肢使之保持稳定，抬头前视。双臂上拉贴胸，然后下落，反复进行。俯身提拉的训练用于发展背阔肌和三角肌后束肌肉，可以提高大臂反手用力的能力。在运动负荷上，该组训练一般选择可做8～12次的重量，每个动作可做3～6组。注意循序渐进。

（3）俯卧提拉

俯卧于长条凳上，将杠铃置于长凳下方，反复上下提拉。俯卧提拉的训练用于发展背阔肌和三角肌后束肌肉，可以提高大臂反手用力的能力。在运动负荷上，该组训练一般选择可做8～12次的重量，每个动作可做3～6组。注意循序渐进。

（4）直立体前直臂上举

两脚自然开立，双手正握持杠铃于体前。直臂将杠铃举至头上方。反复训练。直立体前直臂上举训练用于发展背阔肌和三角肌后束肌肉，不仅可以提高大臂反手用力的能力，还可以提高反手扣杀的能力。在运动负荷上，该组训练一般选择可做8～10次的重量，每个动作可做3～6组。注意循序渐进。

（5）仰卧绕头胸上举

仰卧于长条凳上，双手持杠铃于头后。屈臂慢起置于胸前向胸上方举起，臂伸直，然后还原。反复训练。仰卧绕头胸上举训练用于发展背阔肌和三角肌前束肌肉，可以提高大臂正手和向下扣杀的能力。在运动负荷上，该组训练一般选择可做8～12次的重量，每个动作可做3～6组。注意循序渐进。

2. 第二组训练的内容

（1）杠铃负重蹲跳

左右脚适宜的距离站立，双手正握杠铃，将杠铃扛于颈后，挺胸拔腰。上体保持稳定姿势,稳稳下蹲,利用双膝半屈半伸的作用力,尽可能高地跳起。落地时仍然保持半屈膝的姿势,如此利用膝关节的反复屈伸垂直跳起。该动作主要发展下肢的爆发力,有利于网球运动中的突然起跳、突然启动。在运动负荷上,该训练一般6~12次为一组,做3~6组。训练时从较轻的重量开始,逐渐增加重量,注意起跳时有一定的速度,上下跳起时注意背部始终挺直,以防止受伤。

(2) 杠铃弓步走

双手正握杠铃,将杠铃扛于颈后,挺胸拔腰成大弓步。以尽可能大的步幅向前跨步行进。髋关节离地面越近越好。在网球运动中跨步是很多的。杠铃弓步走的训练就是提高这一能力。该项训练一般可反复行进20步左右,做3~6组。

(3) 杠铃负重提踵

两脚自然开立,双手正握杠铃,将杠铃扛置于颈后,挺胸拔腰。踝关节做反复屈伸训练。训练时膝关节可以微微屈伸,配合踝关节。该训练在网球运动中用于提高弹跳力。训练时的负重稍大些,提踵的速度要快些。重复进行,8~12次为一组,做3~6组。

(4) 提杠铃

将杠铃置于体前地上,两脚自然开立,下蹲双手正握杠铃,挺胸拔腰。双腿伸直后将杠铃提起直立,接着将杠铃继续上提经颈前至头上方。该训练用于提高身体协调用力的能力。在训练时应选择中小重量,重复进行,15~20个为一组,做3~6组。

3. 第三组训练的内容

该组训练主要是提高腰背部肌肉用力的能力,以配合臂部用力,加大击球力量,提高杀伤力。

(1) 杠铃转体

两脚自然开立,双手正握杠铃,将杠铃置于颈后,挺胸拔腰,双臂置于杠铃杆上,稳住杠铃,做腰部转体动作。配合大力发球、大力扣杀等需要腰部配合的全身用力动作。训练时反复转体10余次为一组。与下面的"体侧屈"训练交替进行2~4组。

(2) 体侧屈

两脚自然开立,双手正握杠铃,将杠铃扛置于颈后,挺胸拔腰,双臂置于杠铃杆上,稳住杠铃后,尽可能大地向左屈,还原后再向右屈。配合大力发球、大力扣杀等需要腰部配合的全身用力动作。重复进行,10余次为一组。与上面的"杠铃转体"训练交替进行2~4组。训练时注意杠铃片不要脱落。

(3) 俯身起

两脚自然开立,双手正握杠铃,将杠铃扛置于颈后,挺胸拔腰,双臂置于杠铃杆上,稳住杠铃。身体慢慢前屈,接近90度时再还原。配合大力发球、大力扣杀等需要腰部配合的全身用力动作。重复进行,10次左右为一组,做2~4组。

以上三组训练可以根据自己的体能情况,有选择地进行训练。开始训练时重量不要太大,一定要注意循序渐进。

(三) 壶铃训练

这里选择的各种壶铃训练,可以与哑铃、杠铃训练结合起来进行。

1. 坐姿双臂肩上弯举

一手扶一固定物，俯身单臂持铃于异侧脚一处，单臂转体加提拉。该动作主要发展腰背部、肩带和臂部肌肉，发展臂部与腰部的协调能力。在训练时，左右臂交换，反复进行，10～15 次为一组，做 3～6 组。

2. 转体抛铃

身体坐在椅子上或凳子上，双臂持铃于肩上弯举，注意要控制好大臂，手心朝上，小臂上下持铃运动。可单臂做，也可双臂交换做。该动作主要发展腕部的控制力和小臂挥摆能力。在训练时，左右臂同时进行，也可交换进行，反复 10 次左右为一组，做 3～6 组。

3. 弓身单手提拉壶铃

两脚开立，上体前屈，伸直双臂持铃置于右脚尖前。两臂用力向左上方抛甩（注意不要把壶抛出），然后还原，反复进行。该训练动作有利于提高击球能力。在训练时 10～15 次为一组，做 3～6 组。

4. 壶铃体绕环

两脚开立，与肩同宽，两手持铃于体前，持铃臂随身体在头上环绕。该动作使背阔肌、斜方肌、背长肌和腹肌等腰部肌肉都参与活动。左右绕环交替进行。在网球运动中，腰背部配合挥臂的动作很多。壶铃体绕环就是帮助提高这一能力。在训练时，左右各 10～15 次为一组，组数不宜过多。

5. 壶铃跳

身体半蹲，两手握住壶铃，然后伸膝展体，屈足用力蹬地，使身体垂直跳起。该动作用于发展弹跳力。在训练时，可选择 10～15 次为一组，做 3～6 组。

以上选择的几个壶铃训练对腰背部配合挥臂的动作很重要，在网球运动中很适用，可以作为主要的训练手段。

（四）拉力器训练

1. 体前开胸拉

面对拉力器，双手握拉力器手柄，直臂最大幅度地开胸拉后还原，反复进行。该动作用于发展反手用力的能力。在运动负荷上可选择能做 10～15 次的重量为一组，做 3～6 组。

2. 体侧合胸拉

背对拉力器，直臂前拉，还原，反复进行。该动作用于发展正手用力的能力。在运动负荷上可选择能做 10～15 次的重量为一组，做 3～6 组。

3. 体前下拉

身体位于拉力器的下方，屈臂握住拉力器，向下拉至两臂拉直，还原，反复进行。该动作用于发展手臂下压的能力。在运动负荷上可选择能做 10～15 次的重量为一组，做 3～6 组。

4. 颈后下拉

身体位于拉力器的下方，两臂上举握住拉力器，向颈后拉引，两臂弯屈，还原，反复进行。该动作用于发展手臂屈伸的能力。在运动负荷上可选择能做 10～15 次的重量为一组，做 3～6 组。

（五）斜板与垫上训练

1. 斜板仰卧起坐

仰卧于斜板上，固定下肢，双手交叉于头后，抱头抬起上体使头尽可能接触脚部。为了加大难度，可以在抬起的同时加转体，用抱头的肘尖尽可能接触异侧的脚，左右转体交叉进行。

2. 斜板收腹举腿

头朝上仰卧于斜板上，固定上肢。收腹尽可能大幅度地举起下肢，为了加大难度，还可以在举腿的同时加转体，左右转体反复进行。

3. 垫上两头起

头朝上仰卧垫上，伸展上肢。用力收腹使手与伸直腿同时在腹前上方接触，反复进行。

4. 俯身背屈伸

俯卧于垫上或腰腹训练器上，固定下肢，双手交叉于头后，抱头抬起上体使头尽可能后仰。为了加大难度，还可以在抬起的同时加转体，头向侧上看，左右转体交叉进行。

以上的斜板和垫上训练主要用于发展腰背的肌肉。训练时组数可以适当少些，次数适当多些。

（六）挥拍训练

将拍套带在球拍上做挥拍训练，通过增加挥拍时的阻力，提高挥拍时身体和手臂的力量。

（七）拉橡皮筋训练

利用橡皮筋或拉力器，模仿正反手击球挥拍动作和发球的挥拍动作，增加击球时身体及手臂的力量。

二、高校网球运动的专项速度训练

在网球比赛中，速度是各项技术和战术完成的重要条件。在网球比赛中，速度可分为即时速度、起动速度和各种不规则的直线、斜线跑动速度。其中即时速度是最为关键的，它是球员预测到对方来球的方向、速度和落点后，决定怎样还击来球的行动。网球的跑动速度要求起动中变换路线跑动。专项速度训练主要是指动作速度、移动速度和反应速度三种，主要训练方法有以下几种。

（1）在一侧球场中间，面对球网，左右并步移动。

（2）前冲与后退跑：站在网球场端线向网前冲跑，到网前后立即后退向后退跑。

（3）交叉步跑：在一侧球场的中间，面对球网，前后、左右交叉步跑。

（4）垫步跑：在一侧球场的中间，面对球网前后、左右垫步跑。

（5）急停急起跑动训练。

（6）四角回心跑：在一侧球场的中间，面对球网，依次或看教练员手势向场地四角跑，手或球拍接触角线后立即返回中心。

（7）碰线移动：此训练要求训练者步法快速移动，同时改变前后移动方向。在网球场地上，从双打边线外 2 米处开始向前跑，用手碰双打边线—单打边线—发球中线—另一单打边线—另一双打边线—单打边线—双打边线。此训练可两人分别站在自己半场内同时比赛，通过计时来看谁的成绩最好。

（8）五球移动训练：此训练要求训练者在快速的移动中变换方向。

在双打边线外 2 米处放 5 个球，训练者同时站在该处，先不拿球，当教练发出口令后立即拿一个球快速冲刺至最近的边线，把球放在线上，然后快速跑回拿第二只球，冲刺至下一条边线上，同样把球放在线上。重复同样的动作，直至把五个球都放在不同的线上。也可把所有的球都放在线上后，把球一个个地捡回来放在原处。该训练要用计时完成。

（9）20～30米短距离加速跑。

（10）根据信号反应训练：根据同伴发出的口令，哨音或手势，向前、后、左、右各个方向做快速移动，以提高反应速度。

（11）快速挥臂训练：徒手快速挥臂进行鞭打动作（发球的挥拍动作），用"鞭打"动作投掷轻器械（如网球、羽毛球、乒乓球等）训练，以提高发球时的挥臂速度。训练时两人对掷或单人掷，然后丈量成绩。

（12）快频率训练：跟随同伴击掌（或击拍器）的节奏，做快频率的原地跳脚训练和高抬腿训练。跟随节奏进行由慢至快或快慢交替进行。

三、高校网球运动的专项耐力训练

专项耐力主要包括速度耐力和力量耐力。速度耐力是人体在较长时间内，能够保持快速运动的能力。力量耐力是人体在较长时间内，保持高度用力的能力。

由于速度耐力训练具有训练时间较短、强度大、单位时间内消耗的能量大的特点。因此，在训练时可以采用间歇训练法来发展速度耐力。

在发展力量耐力时，可以采用连续的也可以采用间歇的训练方法。如果训练强度较小（30%～50%），可以采用连续法；如果训练强度较大（50%～80%），可以采用间歇的训练法。

（1）速度耐力的训练。100米跑做3～6组；200米跑做3组；400米跑做2组。

（2）在专项速度训练和专项力量训练时适当增加训练次数。

（3）多球训练。采用规定的球数在规定的时间内进行。训练时，首先判断来球方向再进行快速移动至力竭。要重点突出即时速度。

（4）超量实战训练。增加比赛局数或规定较长时间的比赛。

（5）训练者在底线附近，当听到教练的开始口令时从底线冲到网前，再从网前快速后退到底线的训练，直至疲劳力尽。

（6）看教练手势做不同方向的快速移动，训练时重心一定要低。

（7）在30米处设一标志，当队员从起点开始跑到该标志时做急停转身往回跑。可多设几个同样的场地，让队员进行计时比赛

（8）采用间歇训练法提高速度耐力，如400米×3（间歇6分钟）、120米×3（间歇6分钟）、60米×8（间歇1分钟）等。

四、高校网球运动的专项柔韧训练

（一）发展上肢柔韧的训练

（1）肋木压肩拉肩。采用站、坐、仰卧等不同姿势，面对或侧对肋木架，单手或双手握肋木，做压肩或拉肩的训练。

（2）上臂屈伸、内外收展、内外旋、前后绕环。

(3) 前臂屈伸、内外收展、内外旋、前后绕环。

(4) 手腕部屈伸、内外收展、顺时针、逆时针转动。

(二) 发展下肢柔韧的训练

(1) 摆腿训练。手扶固定物，左右腿轮换，做前后、左右的摆腿训练。

(2) 劈叉训练。做这一训练时，要注意循序渐进，开始时手可以撑地，有保护地慢慢下压。

(3) 压腿训练。坐在垫子上，两脚分开，身体向前、后、左、右压腿。也可一腿前伸，一腿后屈（跨栏腿），做前后压腿训练。

(4) 跪姿压髋。两腿屈膝左右分开跪在垫子上，臀部下坐压髋。

(三) 发展腰部的柔韧训练

(1) 俯卧后仰训练。俯卧于垫上，下肢由同伴压住，上身最大幅度地后仰。

(2) 仰卧起坐。可在"腰腹屈伸器"上训练。

(3) 俯身起。可在"腰腹屈伸器"上训练。

五、高校网球运动的专项灵敏训练

网球运动的专项灵敏素质的高低决定和反映了技术水平的高低，灵敏素质是力量、反应能力、速度、爆发力和协调等素质的综合反应，因此发展灵敏素质对于提高网球运动员的专项水平的提升具有十分重要的意义。

(一) 髋关节的灵敏训练

(1) 起跳90度、180度、360度转动。两脚左右开立，起跳后髋部转动带动身体做90度、180度、360度转动。

(2) 单脚移动。左脚为轴，右脚向前向后移动；以右脚为轴，左脚向前向后移动。

(3) 迈步转髋。髋部向左转动，右腿高抬向左前方迈出，右脚落地时，髋部立即向右转，抬起左腿向右前方迈出。反复进行。

(4) 交叉步移动跑。两脚前后交替左右方向交叉步跑。

(二) 小腿与踝关节的灵敏训练

(1) 快速前后左右提踵跳。该动作在沙地做更好，用最快的速度做15秒左右。

(2) 原地两脚交替快速跑。用最快的速度在10~20秒钟完成。

(3) 移动训练。并步左右移动；跨步左右和向前移动；交叉步左右和向前移动。

(三) 手指与腕关节的灵敏训练

(1) 快速挥动小竹棍（带竹稍），做鞭打动作。

(2) 拍起地上的篮球。

(3) 球拍操练习。

参考文献

[1] 郭书胜. 现代体能训练方法设计研究 [M]. 长春：吉林出版集团股份有限公司, 2022.

[2] 徐洋. 游泳体能训练 [M]. 哈尔滨：哈尔滨东北林业大学出版社, 2022.

[3] 侯向锋. 体育教学与篮球体能训练研究体育教学与篮球体能训练研究 [M]. 长春：吉林出版集团股份有限公司, 2022.

[4] 刘阳, 王鑫刚, 薛铭. 体能训练理论分析与专项体能训练实践 [M]. 北京：九州出版社, 2021.

[5] 郭茵茵. 舞蹈专项体能训练研究 [M]. 长春：吉林人民出版社, 2021.

[6] 贺道远. 体能训练理论与方法 [M]. 长春：吉林大学出版社, 2021.

[7] 马波. 科学跑步 实用体能训练方法 [M]. 长春：吉林科学技术出版社, 2021.

[8] 冯强明. 中国大学生田径运动体能训练机制和方法 [M]. 天津：天津大学出版社有限责任公司, 2021.

[9] 吕万刚, 陈小平, 袁守龙. 体能训练理论与方法 [M]. 北京：高等教育有限公司, 2020.

[10] 邱雨. 高校体能训练理论与方法的应用实践 [M]. 北京：中国经济出版社, 2020.

[11] 盖文亮. 实用体能训练理论与方法解析 [M]. 长春：吉林人民出版社, 2020.

[12] 张建梅. 高校体育教学与大学生体能训练 [M]. 长春：吉林科学技术出版社, 2020.

[13] 徐海波. 大学生体能训练理论与方法解析 [M]. 长春：吉林人民出版社, 2020.

[14] 田学礼. 青少年运动员体能训练方略研究 [M]. 长春：吉林出版集团股份有限公司, 2020.

[15] 董琦. 高水平游泳运动员陆上体能训练研究 [M]. 北京：北京邮电大学出版社, 2020.

[16] 赵焕彬, 魏宏文. 体能训练理论与方法 [M]. 北京：高等教育出版社, 2020.

[17] 王玲, 李平斌. 大学生体能实训指导与运动伤病防护 [M]. 武汉：武汉大学出版社, 2019.

[18] 邹毅超. 体能训练的理论与实践研究 体能训练对大学生体质健康的影响 [M]. 成都：电子科技大学出版社, 2019.

[19] 侯本华. 体能训练方法设计及其科学监控研究 [M]. 北京：九州出版社, 2019.

[20] 由元春. 体能训练的新思路 [M]. 青岛：中国海洋大学出版社, 2019.

[21] 赵琦. 体能训练实用教程 [M]. 南京：东南大学出版社, 2019.

[22] 袁运平, 戴名辉. 网球运动实用体能训练 [M]. 北京：中国水利水电出版社, 2019.

[23] 陈孟忠. 篮球无器械体能训练研究 [M]. 北京：冶金工业出版社, 2019.

[24] 郭庆. 体育运动中的体能训练分析 [M]. 北京：北京工业大学出版社, 2019.

［25］曾理，曾洪林，李治．高校体能训练理论与训练教学指南［M］．北京：新华出版社，2018．

［26］郑森．现代体能训练设计与方法［M］．北京：中国书籍出版社，2018．

［27］赵琦．体能训练理论与方法［M］．南京：东南大学出版社，2018．

［28］郭岩，余锋，左昌斌．实用体能训练指南［M］．北京：中国书籍出版社，2018．

［29］张晓晖．水中体能训练基础理论研究［M］．北京：中国社会出版社，2018．

［30］张弘．竞技健美操体能训练研究［M］．北京：九州出版社，2018

［31］刘凤虎．优秀男子散打运动员体能训练理论与实践［M］．北京：知识产权出版社，2018．

［32］胡磊，张超．篮球运动技战术与体能营养研究［M］．成都：西南交通大学出版社，2018．

［33］孙建国．高校学术文库体育研究论著丛刊 体能学练方法设计与实际运用研究［M］．北京：中国书籍出版社，2018．

［34］秦剑博，常宇伟．大学生体能健身理论与方法［M］．北京：北京体育大学出版社，2018．

［35］陆泽昱．核心力量训练对普通高校男子排球运动员专项体能影响的实验研究［D］．兰州：西北师范大学，2021．

［36］张竞驰．重庆市大学生网球运动员专项体能特征及训练方法研究［D］．重庆：西南大学，2021．

［37］乔栋琛．核心力量训练对高校男子篮球运动员专项体能影响的实验研究［D］．石家庄：河北师范大学，2021．

［38］余思源．足球体能训练的问题与对策研究——以恒大足球学校为例［D］．武汉：武汉体育学院，2020．

［39］李超．湖南省普通高校高水平400米运动员专项体能结构及其训练研究［D］．长沙：湖南师范大学，2020．

［40］魏庆鹏．体能训练器械向安全救助技能训练器械转化的可行性研究［D］．郑州：郑州大学，2019．

［41］潘凤涛．铅球项目教学中体能训练方法的实践研究［J］．田径，2022（02）．

［42］梁昊，张伟，董晶晶．高校大学生体育训练中体能素质的培养［J］．文体用品与科技，2022（02）．

［43］谢洪胜，龙文蓉．高校田径运动训练中学生体能训练的研究［J］．当代体育科技，2021，11（33）．

［44］赵剑宇．新时代青少年乒乓球运动员专项体能训练方法创新发展［J］．田径，2021（12）．

［45］殷梦媛，李屹峰．网球运动员的体能特征及其发展对策研究［J］．文体用品与科技，2021（14）．

［46］晏阳天．我国现代体能训练的现状、问题与发展路径［J］．文体用品与科技，2021（11）．

［47］索朗白姆．关于高校田径训练中体能训练的要点分析［J］．发明与创新（职业教育），2021（04）．

［48］陈展．大学生排球专项体能训练策略［J］．文体用品与科技，2021（04）．

［49］黄秀风，汪巧琴．高校游泳教学中体能训练内容与方法研究［J］．青少年体育，2020（12）．

［50］孙杨杨．大学生体能训练的影响因素及体能素质提高策略研究［J］．青少年体育，2020（11）．

［51］王天怡．高校大学生乒乓球运动员专项身体素质训练研究［J］．科学咨询（科技·管理），2020（10）．

［52］王志广．普通高校大学生长跑体能训练方法探究［J］．冰雪体育创新研究，2020（13）．

［53］胡盟盟，李米环．高校学生体能训练原则探析［J］．文体用品与科技，2020（13）．

［54］刘少卓．大学生网球运动员专项体能特征及训练方法研究［J］．文体用品与科技，2020（12）．

［55］热合玛·库尔班．基于当前大学生排球专项体能训练策略及实践探讨［J］．体育风尚，2020（04）．